U0336795

我读巴芒

永恒的价值

王冠亚

著

PERMANENT
VALUE
OF
BUFFETT
AND
MUNGER

 机械工业出版社
CHINA MACHINE PRESS

巴菲特和芒格是投资界的一对"双子星"，两人搭档近半个世纪，将伯克希尔从一家濒临破产的小纺织厂打造成一家市值超过 7000 亿美元的企业集团，创造了投资史上的奇迹。不仅如此，他们还通过每年的致股东信、伯克希尔股东大会，将投资和人生智慧无私地分享给全球投资者。本书系统梳理了巴菲特致合伙人的信（1957～1970 年）、巴菲特致股东的信（1965～2023 年）中出现的重要事件和案例，结合作者多年对巴芒的研究和自己的投资实践，完整梳理出 10 大模块，细分为 80 个专题，解读了 400 多个子话题，为学习巴芒投资学的读者提供了一个全新的视角。

图书在版编目（CIP）数据

我读巴芒：永恒的价值 / 王冠亚著 . -- 北京：机
械工业出版社，2024. 7. -- ISBN 978-7-111-76114-3

Ⅰ. F830.59

中国国家版本馆 CIP 数据核字第 202444FA95 号

机械工业出版社（北京市百万庄大街 22 号　邮政编码 100037）
策划编辑：王　颖　　　　　　责任编辑：王　颖
责任校对：张爱妮　陈　越　　责任印制：张　博
北京联兴盛业印刷股份有限公司印刷
2024 年 10 月第 1 版第 1 次印刷
186mm×240mm · 32.25 印张 · 3 插页 · 451 千字
标准书号：ISBN 978-7-111-76114-3
定价：118.00 元

电话服务　　　　　　　　　网络服务
客服电话：010-88361066　　机 工 官 网：www.cmpbook.com
　　　　　010-88379833　　机 工 官 博：weibo.com/cmp1952
　　　　　010-68326294　　金 书 网：www.golden-book.com
封底无防伪标均为盗版　机工教育服务网：www.cmpedu.com

赞　誉

　　冠亚现在还很年轻，但以他对投资的认识，他开放和理性的学习态度，以及他对自己的严格要求、高度自律，我敢断定未来他的投资成就还会更上一层楼。《我读巴芒》的宝贵在于我们有幸能提前看到一位年轻投资人学习、思考、成长的轨迹。这比等他成功后再回头阐述投资理念的著作，多了些实况直播的味道，更可信、更亲切、更有可复制性。

——知名投资人、财经作家　唐朝

　　用一生去证明"好人也能成功"，这是巴菲特值得学习的最大亮点。王冠亚先生集数年之功，对巴菲特数十年股东信进行了条分缕析、分门别类的归纳解析，便于阅读，容易理解。相信各行各业的人，都可以从中找到属于自己的成功路径。

——金石致远投资管理有限公司 CEO　杨天南

　　冠亚请我为他的新书《我读巴芒》写一段书评，我几乎是立刻愉快地答应了。

　　冠亚请我写书评，我想有两个原因：一是我是冠亚在武汉大学读 EMBA 时的导师，曾经一起探讨企业管理的理论和实践；二是我也是一名价值投资的爱好者，对巴芒二位智者有着同样的尊敬和敬仰。

IV

出于职业习惯的原因，我总是从目录开始掂量一本书、一篇论文的品质，应该说，这本书的目录就深深吸引了我：股票投资、企业管理、资本配置、师友故交、风险管理、公司治理、财务政策、会计诡计、美满人生、精神不朽、永恒的价值。惜墨如金却又涵盖了巴芒思想精华。

近期资本市场波动巨大，因此我挑选了应对市场波动的专题进行阅读，并迅速被文中的一段话吸引："我们平时常常讲，要理性面对市场波动。行情向好或者至少中性的时候，大家会觉得，面对市场波动是一件非常容易的事。现在不妨再问问自己，面对以情绪主导的短期波动，比如一天下跌10%会不会感到恐慌？一周下跌30%会不会感到焦虑？如果不会，那么恭喜你，长期而言，你在市场上赚到钱几乎是大概率事件。"读着冠亚的文字，心情就开始渐渐平复。

冠亚已出版的三本书都是译著，而这本书是著作，而且是一本学习巴芒思想的切身心得。此书的出版，标志着巴芒二位智者的思想和智慧已经进入了冠亚的灵魂深处。

愿此书能够影响更多的朋友走上价值投资之路。

——武汉大学经济与管理学院教授　吴思

冠亚在《我读巴芒》中详细阐述了阅读巴菲特致股东信的心得，引用了不少中国传统文化智慧，让舶来品"价值投资"变得通俗易懂，从企业到财务，从成功投资到圆满人生，揭示出"价值"的深刻内涵，值得广大投资人阅读、思考、借鉴。

——厚恩投资创始人　张延昆

《我读巴芒》展示了巴菲特和芒格最重要的与众不同的特质：他们既是伟大的企业家，又是杰出的投资家。这是对巴菲特曾说的"我是一个更好的投资者，因为我是一个企业家；我是一个更好的企业家，因为我是一个投资者"的最好诠释。

——财经作家、《在苍茫中传灯》作者　姚斌初识冠亚兄是在雪球嘉年华大会上，休会间隙见他仍在笔耕不辍，所以交流仅是只言片语。真正了解他，是读到《我读巴芒》之后。同样研究学习巴菲特多年的我，在这本书中获得了极大的共鸣。与同类书籍相比，本书从1957年的合伙人信到2023年的股东信，几乎涵盖了巴菲特的整个投资生涯，尤其是2000年之后股神的进化历程，书中也进行了详尽的解读。相信每一位阅读本书的读者，都会从中得到自己的启发和收获。

——雪球博主、市赚率发明人　丁宁

巴菲特和芒格之所以拥有如此多的追随者，不是因为他们惊人的财富，而是因为他们创造财富的方法和思想。人们喜欢巴芒的赚钱方式，更喜欢他们的智慧、理性与品格。感谢冠亚带来一本好书，《我读巴芒》一定会给读者带来新的启发。

——中海富林投资管理有限公司创始合伙人　马喆

巴菲特和芒格改变了我的人生，我的床头、案头都是他们相关的书籍，每当遇到波折，随手翻来一读都有新的理解和启发，常有醍醐灌顶之感。两位老人的智慧不限于投资，他们关于经营、人生的哲学也让我受益匪浅。巴芒智慧的"珍珠"常常散落在各种演讲、股东信和股东大会纪要中，今天冠亚先生把它们串成了"珍珠项链"，加上他多年研读、朝圣和对投资的理解、经验，让巴芒智慧更加熠熠生辉。相信《我读巴芒》一定能帮你找到巴芒智慧的真谛，开启你的价值人生之路。

——巴菲特读书会创始人　周立秋

巴菲特与芒格是投资史上的泰山北斗，反复阅读他们的文字，学习他们的智慧，是投资者成长的重要方式之一。谢谢王冠亚在新书中分享他的成果。

——雪球博主　谦和屋

推荐序一　学思行合一

冠亚请我为他的新书《我读巴芒》做推荐，我马上应允。冠亚是我校 2015 届 MBA 校友，我之前看过他的公众号文章，有趣味、有故事，希望更多的校友能够从他的分享中受益，便推荐到 MBA 教育中心的公众号上，开了一个专栏——"冠亚解读巴菲特"，如今已做到第 45 期。冠亚先给我发了新书的电子版，我开始读起来时，又收到他寄来的打印的书稿，便于我阅读，这份细心让我感动。相对电子书，我确实还是更喜欢纸质书，既有翻书的质感，又有阅览的自由。

很多人喜欢谈论巴菲特，可能更多是被他的传奇投资业绩所吸引，但估计很多人难以坐下来仔细读完每一封《巴菲特致股东的信》，因为致股东信已经写了 50 多年，每封信的篇幅都很长。我至今也没有从头到尾完整地读过，冠亚的这本新书则弥补了这个缺憾，他带领读者阅读、思考，一起领悟《巴菲特致股东的信》的精髓。拿到冠亚发来的书稿，我立即被吸引了。《我读巴芒》的目录看似很专业，但内容却通俗易懂，书中有很多精彩的故事和案例，完全符合巴菲特"老妪能解"的文风。

中国哲学强调"知行合一"，又讲"学而时习之"。我认为学是知的前提，习就是行动，因此学习的本质是"知行合一"，但"知行合一"的中间还需要加一个"思"字。

孔子讲，"学而不思则罔，思而不学则殆"，因此，思在知和行之间架起了桥梁，在实现知行合一中发挥了关键作用。读冠亚的《我读巴芒》，我的感受可用"学思行合一"这五个字来概括。

学，然后知。我推荐大家先读第 4 章"师友故交"。在这一章你可以找到巴菲特成长的秘密，即他在师友故交那里收获的学习之道。巴菲特直到 19 岁第一次读到《聪明的投资者》时，才算是真正跨进了投资的大门。巴菲特有一句经典名言："在大师门下短短几个小时的学习效果，远远大于我过去 10 年的独自摸索。"冠亚将其理解为"学习行业的顶尖人物，是成长最快的捷径"。巴菲特通过阅读提升自己的认知。从冠亚的书中，我们不仅可以看到冠亚对巴芒书籍的专注阅读，还可以看到每一章都大量引用中国传统典籍。特别妙的是冠亚的自序，每一部分都由一句中国传统经典名言引出，与巴菲特的故事还如此贴切，可见其对中国典籍的广泛阅读，对中国传统智慧的深研。

思，能明理。《尚书》中讲，"思曰睿，睿作圣"。《现代汉语词典》对睿的解释是"看得深远"。通过思，人能够贯通成圣。巴菲特被投资界誉为"股神"。巴菲特认为，作为一名投资者，最重要的不是高智商，而是理性。理性是独立思考的结果。冠亚不仅熟读巴菲特致股东的信，更重要的是结合自己的思考，从股票投资、企业管理、资本配置、风险管理、公司治理、财务政策、会计诡计七个方面，用专题的形式进行分类解读。每一个专题虽然都用了专业的术语，但内容都深入浅出。每一个子话题的最后都有他自己的思考，但他并没有全盘接受巴菲特的思想，很多地方给出了自己独特的见解，给读者带来新的启发。冠亚将巴菲特的思想和中国的传统智慧放在一起比较思考，发掘出了巴菲特精神内核与古老的东方智慧之间的暗合之道。

行，才能至。巴菲特不仅是满腹经纶的投资理论家，更是举世无双的投资实践家，创造了多项投资界"前无古人"的记录。巴菲特致股东的信，是他自己投资实践后对股东的报告。正是通过不断实践和反思，巴菲特不断完善自己的投资理念和准则。冠亚不仅学习巴菲特的理念，他自己也成了一名基金经理。我从没问过他的投资业绩如何，但从他不怎么关心股市涨跌的状态看，应该是执行了价值投资准则。如果没有管理基金的实践，我想他也很难从阅读中收获如此深刻的体会。

　　投资也是人生的修炼。正如冠亚在书的最后写的那样，"价值投资"只不过刚好是"价值人生"在投资上的反映。投资追求的不仅是价值，当你把它变成生活的一部分，就能像巴菲特和众多伟大的投资者一样，享受"跳着踢踏舞去上班"的快乐与美好。

　　希望冠亚的这本书陪伴你追寻快乐与美好！

文豪

中南财经政法大学工商管理学院副院长、教授

2024 年 6 月 8 日

推荐序二　像冠亚一样对巴菲特"信而后见"

　　我与冠亚相识于向他请教参加巴菲特股东大会现场活动的相关信息，此后也在网络上交流过几次，真正在雪球大会上见到他的时候，才发现他竟然如此年轻。

　　由于工作的关系，此前也结识过一些国内的价值投资者，其中不乏对巴菲特有着深入研究和独到理解的人，但他们大都年纪较长，阅历较深。我曾经根据不算太多的样本，不太严谨地总结过，真正发自内心认可和实践巴菲特投资理念的国内投资者，年龄大都在 45 岁以上，专业从事证券基金行业或者个人投资经验超过 20 年，至少经历过两轮牛熊轮回，他们对于价值投资的信奉，大都经历过长时间的淬炼和考验。

　　比如杨天南老师，是国内最早将巴菲特及其著作引介到中国的投资者和翻译者，在 A 股市场已经浸淫了几十年，也是国内很早去奥马哈面见巴菲特的投资人；再比如唐书房主理人唐朝先生，据他在书中自述，当年也是在技术分析屡屡碰壁之后才幡然醒悟，开始转向价值投资，并从此一发不可收拾，走上"读书为业、顺带赚钱"的坦途。

　　只看冠亚的文字，我在内心已把冠亚归到了与上述典型价值投资者相似的群体。冠亚的文笔和文风、对巴菲特投资经历和所投资公司的熟稔，甚至在分析巴菲特投资理念时对于中国传统文化的化用，都让人觉得他像极了这个群体的一员。

虽然巴菲特名满天下，但是能把巴菲特读得这么细、这么深，其实是一件越来越罕见的事情，尤其是在年轻人当中。说个不太恰当的比喻，巴菲特之于价值投资，有点像金庸之于武侠小说，虽然被整整几代人都奉为经典，但是下一代人可能已经有些兴味索然，这倒不是因为他们找到了更加出色的武侠小说家，而是因为他们可能连武侠小说都不怎么读了。

近十年以来，科技巨头占据了美国市场的舞台中央，从微软到苹果，甚至比特币这样的另类资产，一个接一个吸引着全世界投资者的眼球，这些被称为"TINA"（There Is No Alternative）的巨头公司看起来彻底击碎了成长的天花板。而巴菲特和他的伯克希尔－哈撒韦公司似乎正在远离舞台中央，巴菲特曾经投资过的那些公司，比如喜诗糖果，华盛顿邮报等，距离我们的生活似乎也已经越来越远，越来越多的人开始质疑巴菲特和价值投资投资理念，认为巴菲特已经跟不上这个时代了。

这让我想起了巴菲特和媒体的一段往事。很多人都知道巴菲特和芒格有阅读《巴伦周刊》和《华尔街日报》的习惯，也曾经向读者推荐过这两份刊物，但是他们可能未必知道，《巴伦周刊》和《华尔街日报》并非巴菲特的忠实信徒，实际上，《巴伦周刊》最著名的封面故事之一，恰恰是出于对巴菲特投资风格的质疑和挑战。

那是在 1999 年，道琼斯工业指数上涨了 25.22%，而当年伯克希尔的账面价值只增长了 0.5%，股价更是下跌了 19.68%，跑输市场近 45 个点。1999 年底，《巴伦周刊》推出了那个著名的封面故事——"出什么事了，沃伦？"（What's wrong, Warren?）《华尔街日报》则不客气地给巴菲特上起了投资课——"趋势投资已经深入人心，专注于价值投资已经完全落伍，学一学吧，沃伦·巴菲特"。这之后不久，很多长期追随巴菲特风格的投资者终于选择向市场投降，买入了如日中天的互联网股票。

后面的事情大家应该都知道了。又过了小半年，当 2000 年 3 月纳斯达克指数攀升到了 5048 点的最高点之后,互联网泡沫开始破灭,从 5048 点一直跌到 2002 年 10 月的 1114 点,跌幅高达 78%,而同期伯克希尔的股价上涨幅度则超过了 40%,巴菲特再度封神,《巴伦周刊》和《华尔街日报》也不得不承认,之前说话声音的确大了点儿。

作为一个媒体从业者和资质平庸的投资者,我非常能够理解人们在面对巴菲特和价值投资时的种种质疑,不管价值投资理念说起来如何令人信服,当互联网公司高入云霄的股价在眼前晃荡时,很难不把原则暂时放到一边,毕竟"这次不一样"。同时,媒体客观上也需要不断推出吸引眼球的热门话题,如果一家媒体数十年如一日地念叨价值投资的基本原则,只报道分析值得长期持有的寥寥四五家公司,恐怕早就被读者抛弃了。价值投资与追逐热点似乎天然就是互相排斥的。

其实,在经历过几轮市场周期,坐过几次财富过山车之后,大部分人也能够开始体悟到价值投资的好处,但是人生短暂,等到真正相信和践行的时候,能够享受复利成长的时间可能也已经不多了。很多人都说做价值投资要活得久,其实还要悟得早,这两样都要做到,才能充分拉长复利增长的时间段。

对于巴菲特,我们大部分人都"见而未信",少数人能够做到"见而后信",而冠亚则是"信而后见",这是一个能够让他少走很多弯路的性格特质。所以,我一直特别希望从冠亚身上了解的是,作为一个没有经历过几次牛熊轮回的年轻人,他当初为什么能够选择坚信巴菲特和价值投资?在当下频繁的信息碎片轰炸中,他又如何能够做到如此笃定和淡然,日复一日、年复一年地将读巴芒经典这件事做到极致?仔细读读冠亚的《我读巴芒》,也许能找到一些答案。

彭　韧

《巴伦周刊》中文版主编

自序　薪火相传的那盏灯[⊖]

2016 年，我初次读到《巴菲特之道》时，让我印象最为深刻的是译者杨天南老师对这本书的介绍：

"这种股市中浑浑噩噩的摸索直到 1995 年，一本有关巴菲特投资思想的书首次出现在我的生命中，如同黑屋中忽然射进一道灿烂日光，又如茫茫暗夜中的航船发现了指路明灯，令我懂得了投资的真正意义。"

当我读到杨天南老师的这段文字时，一如当年他读到这本书的感受，内心拍案叫绝，充满了震撼感。这正是文字的力量——穿越时光，跨过山海，让志同道合者最终心神相交。

宋代大儒朱熹说，天不生仲尼，万古如长夜。可以说，如果没有巴菲特和芒格，包括我在内的很多人都会在投资的暗夜里摸索更久。巴芒二老的投资思想，让我对技术分析弃如敝屣；巴芒二老的人格魅力，让我对价值投资奉若神明。

如今，芒格斯人已逝。在不久的将来，巴菲特终究也会离开伯克希尔的舞台。但是，巴芒二老的投资和人生哲学永不过时、历久弥新。我有理由相信，价值投资一定会薪火相传、生生不息。杨天南老师翻译的投资经典、唐朝

⊖ 本文曾获金石致远主办的第一届全国财经写作大赛 30 万元大奖，基本囊括了作者学习巴菲特和芒格之道的精髓，选用为本书自序时，文字略有改动。

老师解读的巴芒智慧，都是我身边存在的明证。

出版本书，也是希望以巴菲特、芒格先生为偶像，以唐朝、杨天南等老师为标杆，以文字和书籍为媒介，"让那些照亮过我们的，去照亮更多的人"。我虽萤烛之光，但愿以己绵薄之力，为投资世界增添一抹亮色。

一、缘起

> 天贤一人，以诲众人之愚，而世反逞所长，以形人之短；天富一
> 人，以济众人之困，而世反挟所有，以凌人之贫，真天之戮民哉！
>
> ——《菜根谭》

在投资界，巴菲特创造了多项"前无古人"的纪录：

第一，投资周期最长。

1941年，巴菲特花费114.75美元购买了3股城市服务公司的优先股，这是他进入股市的最早记录。时至今日，巴菲特仍然活跃在投资的第一线，职业生涯的时间跨度长达80年。与巴菲特同时代的很多人，"风流总被雨打风吹去"，早已在历史的长河里湮没无闻。能穿越无数个投资周期，度过无数次金融危机，在股市中屹立不倒八十载的唯有巴菲特一人。

第二，长期业绩最佳。

1956～1969年，巴菲特经营合伙企业期间，年均复合回报率达到29.5%，比同期道琼斯指数高出22个百分点，且没有一年跑输指数，没有一年录得亏损；1965～2023年，巴菲特经营伯克希尔期间，年均复合回报率达到19.8%，比同期标普500指数高出9.6个百分点；1964～2023年，伯克希尔每股市值累计增长4.38万倍。放眼全球投资界，无能出其右者。

第三，积累财富最多。

以职业和阶层划分，企业家群体无疑是社会财富的集中拥有者，比如亚马逊的杰夫·贝佐斯、微软的比尔·盖茨，等等。在全球排名前10的超级

富豪当中，巴菲特是唯一的投资家。早在1993年的《福布斯》排行榜上，巴菲特就已经登顶全球首富。在此后二十多年的时间里，巴菲特常年跻身全球富豪榜前列。根据《福布斯》最新实时排名，巴菲特的身家超过1000亿美元。

第四，社会影响最广。

从1956年开始，巴菲特每年都会写至少一封致合伙人/股东的信，开诚布公地谈自己的投资理念、当年的经营状况、当前的市场环境等内容。时至今日，《巴菲特致股东的信》早已被众多投资者和企业家奉为指导投资与经营的金科玉律，其受众范围也早已远远超出股东群体。与之相映成趣的是，去伯克希尔股东大会"朝圣"的投资者也越来越多。

2006年6月26日，巴菲特在这么多纪录上又加上了浓墨重彩的一笔——慈善捐赠最多。这一天，巴菲特在世人面前庄严承诺，将其拥有的价值逾300亿美元的财富捐给世界上最大的慈善机构——比尔及梅琳达·盖茨基金会。比尔·盖茨认为，巴菲特称得上是"世界上最伟大的美德投资家"。诚如斯言，拥有美德是巴菲特最为迷人的人格魅力之一。我想到《菜根谭》里的一段话：

"天贤一人，以诲众人之愚，而世反逞所长，以形人之短；天富一人，以济众人之困，而世反挟所有，以凌人之贫，真天之戮民哉！"

世人的常态是拼命秀优越感——仗着自己聪明，嘲笑别人愚蠢；仗着自己富有，欺凌别人贫困。而巴菲特却真正做到了"贤而诲众人之愚"，将自己的投资智慧毫无保留地公之于众；真正做到了"富而济众人之困"，将自己超过99%的财富毫无保留地回馈社会。

更难能可贵的是，巴菲特根本就没有以自己名字命名的基金会，他选择了直接将巨额财富交给比尔及梅琳达·盖茨基金会打理，原因很简单——自己更擅长赚钱，而盖茨夫妇更擅长花钱。巴菲特活到了极致，他真正达到了庄子笔下"至人无己，神人无功，圣人无名"的完美境界。

　　我常常会想，连巴菲特都如此谦逊和质朴，我们作为普通人，哪里又有一点点值得骄傲的资本呢？我也常常想到天南老师曾经说的"侠之小者，力所能及"。我们也许没有巴菲特的影响力，但我们可以选择做最好的自己。贤而不形人之短，富而不凌人之贫，这也成了我为之奋斗终生的目标。

二、师友

　　　三人行，必有我师焉。择其善者而从之，其不善者而改之。

　　　　　　　　　　　　　　　　　　　　　　　——《论语》

　　巴菲特 19 岁时，第一次读到了本杰明·格雷厄姆的著作《聪明的投资者》，"就像看到了一道光"。格雷厄姆那些闪耀着智慧和理性光芒的真知灼见，让年轻的巴菲特眼前为之一亮，耳目为之一新。格雷厄姆对巴菲特的影响几乎是全面的：

　　在投资之道方面，格雷厄姆提出"股票是企业所有权的一部分"，提出关于"市场先生"的精彩譬喻，提出投资必须遵循"安全边际"。这三项原则，奠定了价值投资的理论基石。

　　在投资之术方面，格雷厄姆以财务指标的量化分析为基础，提出"以低于公司净资产 2/3 的价格买入公司"，提出"买入低市盈率的股票"，形成了"捡烟蒂"式的鲜明投资风格。

　　运用格雷厄姆的方法，巴菲特赚到了很多钱。但是，巴菲特并没有就此止步。在随后漫长的投资生涯中，巴菲特不断吐故纳新，而对他影响最大的两个人，莫过于菲利普·费雪和查理·芒格。

　　费雪认为，要想获得超额利润，有两条可行路径：一是投资于那些拥有超出平均水平潜力的公司；二是与能干的管理层合作。而芒格则教会巴菲特，为一家伟大的公司支付公平的价格，胜过为一家平庸的公司支付低廉的价格。巴菲特向费雪和芒格虚心学习，让我想到《论语》里的一句话：

"三人行，必有我师焉。择其善者而从之，其不善者而改之。"

梅纳德·凯恩斯说过，难的不在于如何接受新思想，而在于如何摆脱旧思想。可见，"择善而从"本就不易，"择不善者而改之"就更难了。巴菲特从格雷厄姆逐渐转向费雪和芒格，我认为原因是多方面的：

第一，时代的新旧变迁。

格雷厄姆亲身经历了1929～1932年的美国"大萧条"和股市下跌89%的"大崩盘"，所以他对选股特别谨慎，而当时市场上的"烟蒂股"随处可见。到了20世纪六七十年代，随着美国经济的繁荣与增长，市值大幅低于净资产的股票已不多见。而巴菲特的管理规模与日俱增，必须找到合适的资金安放之处。

第二，决策的难易评判。

"烟蒂股"的买卖并不容易，比如，低估时买入通常会遭遇"价值陷阱"，当时看起来被低估的股票，算上资金的时间成本，投资回报可能并不理想；高估时卖出则要考虑资金如何处理的问题，需要不断做出决策。而买入一家优秀企业的股票则容易多了，不必为糟糕的经营业绩寝食难安，也不必为过早的卖出决策而懊悔不已。

第三，内心的善恶选择。

巴菲特为人善良，他极不情愿为金钱破坏周围的人际关系。但如果买入了一家平庸甚至差劲的企业，为了改善经营业绩，就必然会采取减薪、裁员、清算等一系列措施，这一切都是巴菲特不愿意面对的。他不愿意背负"冷血的资本家"的恶名，他崇尚的生活方式是"与喜欢和欣赏的人一起工作"。

巴菲特和格雷厄姆、费雪、芒格始终都保持着亦师亦友的良好关系。巴菲特也从不吝惜对他们的溢美之词，他说自己是85%的格雷厄姆+15%的费雪，他说芒格让他"从猩猩进化成了人类"。这种发自内心的真诚赞美，也让巴菲特收获了"人际关系的良性循环"。

　　"人际关系的良性循环"是杨天南老师在其另一本译著《巴菲特致股东的信》的译者序里提到的观点。我认为，要达成"人际关系的良性循环"，最重要的就是像巴菲特那样——对帮助过你的人，始终怀着一颗感恩之心。因为杨天南老师的缘故，后来我又结识了机械工业出版社的编辑老师、投资界著名的"隐士"唐朝老师等良师益友，真正体会到了这种越来越融洽的人际关系带来的良性循环。

三、准则

> 目失镜，则无以正须眉；身失道，则无以知迷惑。
>
> ——《韩非子》

　　巴菲特给自己的定位，既不是市场分析师，也不是宏观经济分析师，更不是股票分析师，而是企业分析师。在畅销书《巴菲特之道》中，作者哈格斯特朗总结出了巴菲特常用的企业分析四大准则：

- 企业准则

  一看业务，企业业务是否简单易懂？

  二看过去，企业是否有持续稳定的经营历史？

  三看未来，企业是否有良好的长期前景？

- 管理准则

  一看能力，管理层是否能保持理性？

  二看态度，管理层对股东是否坦诚？

  三看心智，管理层能否抗拒惯性驱使？

- 财务准则

  一看资产质量，重视净资产收益率，而不是每股盈利。

  二看利润质量，计算真正的"股东盈余"。

  三看企业盈利能力，寻找具有高利润率的企业。

四看资本配置能力，每一美元的留存利润，至少创造一美元的市值。

- 市场准则

一看内在价值，必须确定企业的真实价值。

二看市场价格，相对于企业的内在价值，能否以折扣价格购买到？

按照巴菲特列示的投资准则清单，很多企业、股票都是可以被快速排除掉的。比如一家企业的主营业务繁芜；商业模式复杂；上市未满 5 年；市场空间有限；管理层不重视维护股东利益，不注重缩减成本和开支，大肆进行无关的并购，报喜不报忧；资产和利润质量不佳；股价过高⋯⋯

我想到《韩非子》里的一句话：

"目失镜，则无以正须眉；身失道，则无以知迷惑。"

诚哉斯言！没有镜子，就无法正衣冠；没有道义，就无法明事理。市场上存在的很多"踩雷"，要么是因为没听过巴菲特的投资准则，是为不知；要么是因为没有恪守巴菲特的投资准则，是为知而不行。按照上述准则，做到知行合一，就足以排除 80% 以上的上市公司了。避免了亏损，盈利自然就来了。

四、躬行

> 士虽有学，而行为本焉。
>
> ——《墨子》

杨天南老师曾说："知不易，行更难，知行合一难上难。"唐朝老师曾说："真知，行不难。"两者的说法并不矛盾，因为"真知"了，当然就"行不难"了，但获得"真知"本身是不易的。在我看来，知的关键点在于道，解决的是能否赚钱的问题；行的关键点在于术，解决的是赚多少钱的问题。知而不行，无异于纸上谈兵；不知而行，无异于缘木求鱼。因此，必须将道与术、知与行结合起来。正如《墨子》所言：

"士虽有学，而行为本焉。"

巴菲特是满腹经纶的投资理论家，更是举世无双的投资实践家。《巴菲特之道》选取了9个案例，尽管绝大多数案例都集中体现了前文所述的12项选股准则，但我认为具体到每个案例，还是各有千秋：

（一）华盛顿邮报公司（关键词：长期主义）

1973年，美股处于熊市，道琼斯指数连创历史新低。此时，华盛顿邮报负面消息缠身：与白宫的关系日益恶化，电视台经营许可证申领悬而未决，工会发起大罢工……在市场和个股都表现惨淡的情况下，巴菲特开始买入华盛顿邮报公司的股票。

巴菲特并不具备所谓"精准抄底"的能力。他一边买入，股价一边下跌，整个买入过程持续了近一年之久。巴菲特完成建仓之后，持仓市值最低缩水至800万美元左右，浮亏30%。一直到1976年，他在华盛顿邮报公司上的投入才开始盈利。信奉长期主义的报偿就是，巴菲特在华盛顿邮报公司上的最终投资回报累计超过百倍。

（二）盖可保险公司（关键词：独立思考）

1951年，巴菲特首次买入盖可保险时，当时的保险业专家普遍认为这家公司存在估值过高、市场份额较低、销售队伍薄弱等一系列问题。1976~1980年，巴菲特再次买入盖可保险时，盖可保险因为放松承保政策和降低保单价格等原因，已经连续多年经营不善，导致股价暴跌，一时人心惶惶。

巴菲特两次入手盖可保险，都与当时的主流和权威意见相左。但巴菲特始终坚持独立思考，始终牢记老师格雷厄姆告诉他的一条原则：你既不会因为大众同意你而正确，也不会因为大众反对你而错误。一切以事实为依据，而不是大众的看法。

（三）大都会/ABC公司（关键词：知人善任）

1984年，巴菲特以172.5美元/股的价格，买入大都会/ABC公司300万股，总计投资5.17亿美元。相比其他投资，这笔投资的买入价格并不低，它最大的安全边际来源于人的因素——这家公司的CEO汤姆·墨菲。

汤姆·墨菲素以高效经营的管理风格闻名，深得巴菲特的欣赏和信赖。事实上，巴菲特一直都非常看重管理层，这是他收购一家企业的必要条件之一。巴菲特的用人风格就是：让明星CEO自由发挥天分，不给他们添乱。

（四）可口可乐公司（关键词：一击必中）

巴菲特曾以棒球运动来比喻投资："等待完美的抛球，等待完美一击的机会，意味着将步入名人堂的旅途。不分青红皂白地挥棒乱击，意味着将失去成功的入场券。"一言以蔽之，在投资目标落入理想的价格区域之前，不轻易挥棒，不降格以求。

巴菲特从孩提时代就与可口可乐结下不解之缘，他喜欢喝可乐，也做过贩卖可乐的小生意，可以说对可口可乐非常熟悉。在巴菲特正式投资之前，他甚至研究了可口可乐100多年以来的经营历史。1988年巴菲特开始买入可口可乐的股票时，他已经关注这家公司超过半个世纪了，此时，他才终于找到了一击必中的机会。

巴菲特还有美国运通、富国银行、IBM、亨氏食品等经典投资案例，它们各具特色且始终贯穿着一个理念：持有企业的股票好过持有现金。人们常说的"落袋为安"其实是错误的，因为这相当于把可以盈利的股权资产换成了无法生息的现金资产。

巴菲特说他"喜欢的持有期限是永远"，如果优秀企业的盈利能力可以一直保持，且股价没有被极度高估，有什么理由卖出呢？同样的道理，我认为有了一份好的工作，也是无须退休的。喜欢并热爱着自己的事业，且可以一直做下去，这才是最好的人生状态。

五、专注

> 吾生也有涯，而知也无涯。以有涯随无涯，殆已。
>
> ——《庄子》

《巴菲特之道》这样描写华尔街精英人士殚精竭虑的工作状态：他们同时接听两部电话，疯狂地记录着什么，同时盯着多块电脑屏幕，上面永远闪烁着不断跳动的数字，一旦股票价格下跌，他们便露出一脸痛苦的表情。

这一切的喧嚣和忙碌却与巴菲特毫不相干。巴菲特对于每分每秒的价格变化毫无兴趣，因为他的投资周期，从来都是以"年"为单位。巴菲特也无须盯着一大排电脑屏幕，因为他的持仓从来都是集中且有限的。这让我想起《庄子》里的一句话：

"吾生也有涯，而知也无涯。以有涯随无涯，殆已。"

是啊！人生百年，也不过三万六千日。即便终其一生，又如何能够穷尽万事万物的真理呢？面面俱到最有可能导致的结果并不是全面发展，而是全面平庸。唯有屏蔽外面灯红酒绿的花花世界，甘愿与单调和寂寞为伍，才能在自己擅长的领域不断精进。巴菲特对待投资，始终保持着高度专注的状态。

（一）专注于投资事业

巴菲特几乎不关注商业以外的任何事情——艺术、文学、科技、旅游、建筑，他全都视而不见、充耳不闻。早在 1969 年，巴菲特在给合伙人的信里就写下了这样一段话：

"投资占据了我成年以后的 18 个春秋里几乎全部的时间和精力。因此，除非我现在把自己从投资中抽离出来，否则我想我不能在未来的岁月里追求新的目标。"

巴菲特解散合伙基金后，并没有真的选择退休，而是仅仅稍做休整，便以伯克希尔为投资平台，重新踏上了投资的漫漫征途。直至今日，虽然精力有所衰减，但已过耄耋之年的巴菲特仍然享受着每天"跳着踢踏舞去上班"的工作乐趣。

（二）专注于少数股票

传统的观点认为，"不要把鸡蛋放在同一个篮子里"。巴菲特却认为，"要把鸡蛋放在同一个篮子里，然后小心地看好它"。这是关于分散投资和集中投资非常形象的表述。分散投资做到极致，就是指数基金——不选股，不择时，不区分行业，下注的是经济的整体增长；集中投资做到极致，就是重仓单票——大多数企业家都是如此，比如马化腾的绝大部分财富都在腾讯，下注的是个股的表现。

巴菲特的策略是集中投资——挑选极少数表现能够长期超越平均水平的股票，重仓买入并持有，在市场遭遇短期波动时，坚持忍耐。由于专注于少数股票，巴菲特的投资组合可能比指数的波动性更大。但我们知道，真正的投资风险并不是波动性风险，而是本金永久损失的风险。为了获取更高收益的可能性而选择承受一定的波动，这是必须付出的代价。

（三）专注于优秀企业

集中投资必须有一个前提，那就是投资的都是优秀企业。购买5～10家优秀企业的股票，既可以避免因为投资过于集中而导致承担过多的个股风险，也可以避免因为投资过于分散而产生平庸的收益。同时，持仓的股票并非平均下注，而是根据确定性排序，确定性排序越靠前的股票，所占的仓位比例就应该越大。

因为专注于投资少数优秀企业，巴菲特既可以对每家企业都有很深入的了解，形成认知和财富上的双重复利积累，又不必为企业糟心的经营状况而忧心忡忡、疲于奔命，更不必卷入裁员、破产、重组、清算等一系列负面事件，从而形成了人际关系和事业发展上的双重良性循环。

我给自己定下的目标就是，专注研究巴菲特，专注价值投资实践。倘若我肯花20年甚至更长时间，大概率也会获得一个中等以上的结果。正如天南老师常说的那样，"一事精致，足以动人"，在放弃花花世界的精彩、忍受冷冷清清的寂寞之后，专注的报偿一定会不期而至。

六、不争

> 上善若水。水善利万物而不争，处众人之所恶，故几于道。
>
> ——《老子》

《巴菲特之道》还提到了投资心理学，在我看来，投资过程集中反映了人性的弱点，概括起来的一个共同点，就是大部分人都输在一个"争"字上。

（一）与他人争：过分自信

投资者普遍认为自己的投资水平高于他人，认为自己能够洞察别人的情绪，认为自己有能力将高价买来的筹码转给"接盘侠"，认为自己可以抢先一步逃顶……事实证明，这些往往都是自我感觉良好的错觉。

很多时候，你认为你是掌控别人的那只手；但真实情况可能是，你只是别人手里的那张牌。避免过分自信，就是要让自己的心境平和下来，不和别人比，不和别人争，承认自己没有别人聪明。我们要在这个充斥着"聪明人"的世界里，做好"笨笨的"自己。

（二）与市场争：过度反应与损失厌恶

过度反应是说，人们对于坏消息反应过度，对于好消息反应迟钝。损失厌恶是说，投资者在遭受损失时所承受的痛苦两倍于获得盈利时所得到的快乐。反映在投资者的情绪上，表现为下跌时"事半功倍"（感受到的痛苦大于实际痛苦），上涨时"事倍功半"（感受到的快乐小于实际快乐）。

短期的上涨和下跌，其实根本就没有理由，纯粹是市场情绪作祟。和疯疯癫癫、情绪失控、喜怒无常的"市场先生"去争，最终只会让自己也变得神经质。因此，面对无序波动的市场的短期涨跌，我们要么无视，要么利用，而不要受其影响。

（三）与自己争：心理账户

心理账户是说，我们倾向于在心里将钱放在不同的"账户"里。持有的烂股票，之所以宁愿亏损也不愿意卖出，就是因为在投资者心里，一旦卖出就发生了实质性的亏损。而只要一直持有，似乎就只是账面损失而非实际损失。

持有亏损的烂股票而卖出盈利的好股票，被彼得·林奇戏称为"拔除鲜花，浇灌杂草"。事实上，股票从被买入的那一刻起，所有的投资决策便与买入成本再没有关系，那只是你自己的心理账户。祛除心理账户的心魔，就要做到不和自己争，不和自己的买入成本争。投资比较的永远是股票价格和内在价值，而不是股票价格和买入价格。

巴菲特几乎从来不争。他不跟别人争，坦承自己看得懂的行业并不多；他也不跟市场争，很少关注也从不预测市场涨跌；他更不跟自己争，每次写致股东的信，都从不讳言自己的投资失误。这让我想到《老子》里的一句：

"上善若水。水善利万物而不争，处众人之所恶，故几于道。"

市场过热，众人争相买股时，卖给他们，是为不争。

市场遇冷，众人争相抛售时，我来接盘，亦是不争。

不争，才是最大的人生智慧。

七、耐心

骐骥一跃，不能十步；驽马十驾，功在不舍。锲而舍之，朽木不折；锲而不舍，金石可镂。

——《荀子》

巴菲特的耐心，体现在两方面：

首先，巴菲特选择保持理智，而不是跟随情绪。

当别人沉溺于技术分析和股价波动时，巴菲特选择了基本面分析和内在价值评估。巴菲特清楚地知道，所谓的二级市场只不过是一种幻象，只有他专注的基本面研究才是真实的商业世界。巴菲特每天花在阅读年报上的时间超过 6 个小时，日复一日，年复一年，从无间断，这就是对耐心最好的注解。

其次，巴菲特选择看长期，而不是短期。

一方面是经营上的长期。比如巴菲特旗下的国民赔偿保险公司，在面对市场疯狂打价格战的行业乱象时，始终坚守承保底线，即使出现连续十多年营收和利润双降，也丝毫没有动摇。另一方面是投资上的长期。巴菲特从来不会以高频交易打断来之不易的复利积累。巴菲特清楚地明白，只有坚持长期主义，时间才会最终成为优秀企业的朋友。

为什么必须要有耐心呢？我用《荀子》里的一句话来回答：

"骐骥一跃，不能十步；驽马十驾，功在不舍。锲而舍之，朽木不折；锲而不舍，金石可镂。"

值得一提的是，"金石可镂"正是杨天南老师"金石致远"的出处之一。杨天南老师曾在文章中写道：我们有八成的时间是在寂寞、忍耐和等待中度过的。但随着时间的推移，资本增值的速度将加快。唯有时光，从不撒谎。

八、得道

> 得道者多助，失道者寡助。寡助之至，亲戚畔之；多助之至，天下顺之。
>
> ——《孟子》

何谓"投资家"？杨天南老师给出了非常清晰的定义：一个投资家应该在穿越周期的情况下，跑赢指数，绝对盈利，解决问题，并将投资知识传播于社会，帮助他人达到财务自由的境界。毫无疑问，无论从哪个维度衡量，巴菲特都堪称有史以来最伟大的投资家。

按照《巴菲特之道》的说法，巴菲特的成功有赖于在三个方面积累的优势：

一是行为优势。巴菲特认为，作为一名投资者，最重要的不是拥有高智商，而是保持理性。巴菲特的理性，表现在独立思考、坚持原则、善于决策等方面。

二是分析优势。巴菲特不关心股市涨跌，也不关心宏观预测，始终把分析研究作为投资工作的重心，始终牢牢遵循着价值投资的"四项基本准则"。

三是组织优势。源源不断的现金流入，是巴菲特无惧熊市的重要原因；杰出高效的资本配置，让资金流形成良性循环；删繁就简的管理序列，让管理团队得以充分发挥主观能动性，同时巴菲特也可以集中精力做好投资工作。

巴菲特的成功，不仅仅体现为他日益增长的金钱和财富，更体现为享誉全球的声望和影响力。如今，每逢伯克希尔股东大会，就有数以万计来自世界各地的投资者前往奥马哈"朝圣"，这就是明证。正如《孟子》所述：

"得道者多助，失道者寡助。寡助之至，亲戚畔之；多助之至，天下顺之。"

巴菲特的虚心实腹，让他收获了本杰明·格雷厄姆、菲利普·费雪、查理·芒格等一众良师益友；巴菲特的与人为善，帮他招揽了罗斯·布鲁姆金（B夫人）、凯瑟琳·格雷厄姆、汤姆·墨菲等众多明星CEO；巴菲特的无私分享，使他赢得了全球投资者的广泛赞誉和万分景仰。人际关系的良性循环又带来了投资事业的良性循环，这就是巴菲特"得道"的真实写照。

尾声　传世

> 太上有立德，其次有立功，其次有立言，虽久不废，此之谓不朽。
>
> ——《左传》

巴菲特现在已经进入迟暮之年。回望这一生取得的辉煌成就，巴菲特从未自满。他总是谦逊地说，自己是中了"卵巢彩票"，搭上了美国国运的"顺风车"，有幸遇上了芒格才"从猩猩进化成了人类"……但谁都知道，运气从来都只是强者的谦辞。

巴菲特身上闪耀着太多人性的光辉。他是绝无仅有的投资家，是出类拔萃的企业家，是名满天下的教育家，也是广济众生的慈善家。行文至此，我想到《左传》里的一句话：

"太上有立德，其次有立功，其次有立言，虽久不废，此之谓不朽。"

论立言，自创业之初，巴菲特就每年至少给股东写一封信，数十年如一日，从无间断。如今，《巴菲特致股东的信》已经成为投资者争相传颂的必读经典。

论立功，巴菲特集财富的密度、做人的深度、知识的广度、生命的长度于一身，早就实现了世俗意义上的成功。

论立德，巴菲特史无前例的巨额捐赠，以及他对世人的循循善诱和无私布道，让他成为投资界一座不可逾越的丰碑。

虽然巴菲特生于20世纪30年代的美国，但我们不难发现，巴菲特的精神内核竟与古老的东方智慧——孔孟之道、老庄之道、士大夫之道暗合。所谓大道至简，殊途同归，即是此理。《巴菲特之道》全书的最后一句话是这样写的：

"这个世界上没有什么比我在伯克希尔的工作更有乐趣，很幸运，我在这里。"

是的，巴菲特。很幸运，你在这里。光阴百代，茫茫人海，没有早一步，也没有晚一步，无数像我一样因你而改变命运的人都很幸运，因为你在这里。

王冠亚
2021 年 2 月初稿
2024 年 3 月修订

目　录

赞　　誉

推荐序一　学思行合一（中南财经政法大学文豪教授）

推荐序二　像冠亚一样对巴菲特"信而后见"（《巴伦周刊》
　　　　　中文版主编彭韧）

自　　序　薪火相传的那盏灯

第1章　股票投资

专题1　投资核心要义 ……………………………………… 2

专题2　应对市场波动 ……………………………………… 8

专题3　看懂商业模式 ……………………………………… 31

专题4　寻找竞争优势 ……………………………………… 47

专题5　评估企业价值 ……………………………………… 69

专题6　留足安全边际 ……………………………………… 80

专题7　构建投资组合 ……………………………………… 84

专题8　长期主义之辩 ……………………………………… 92

专题9　投资不为清单 ……………………………………… 105

第2章　企业管理

专题10　双轮驱动 ………………………………………… 122

专题11　业务板块 ………………………………………… 125

专题12　并购真相 ………………………………………… 137

专题13　善意无价 ………………………………………… 145

专题14　充分放权 ………………………………………… 168

专题 15 永续经营 ……………………………………………… 171

专题 16 节制资本 ……………………………………………… 172

专题 17 珍视信誉 ……………………………………………… 179

专题 18 知人善任 ……………………………………………… 182

专题 19 接班人选 ……………………………………………… 189

第 3 章 资本配置

专题 20 保险浮存金 …………………………………………… 197

专题 21 新股发行 ……………………………………………… 200

专题 22 股票回购 ……………………………………………… 209

专题 23 现金分红 ……………………………………………… 215

专题 24 套利 …………………………………………………… 217

专题 25 外汇 …………………………………………………… 220

专题 26 债券 …………………………………………………… 222

专题 27 优先股 ………………………………………………… 224

专题 28 非常规投资 …………………………………………… 228

专题 29 投资管理 ……………………………………………… 230

专题 30 交易成本 ……………………………………………… 235

专题 31 指数基金 ……………………………………………… 237

第 4 章 师友故交

专题 32 本杰明·格雷厄姆 …………………………………… 244

专题 33 菲利普·费雪 ………………………………………… 247

专题 34 查理·芒格 …………………………………………… 250

专题 35 大卫·多德 …………………………………………… 253

专题 36 沃尔特·施洛斯 ……………………………………… 255

专题 37 比尔·鲁安 …………………………………………… 257

专题 38 卢·辛普森 …………………………………………… 259

专题 39 汤姆·墨菲 …………………………………………… 262

专题 40 罗斯·布鲁姆金 ……………………………………… 264

专题 41　凯瑟琳·格雷厄姆 ··· 266

专题 42　唐·基奥 ··· 268

专题 43　基恩·阿贝格 ·· 270

专题 44　约翰·博格 ··· 272

专题 45　大卫·戈特斯曼 ·· 274

第5章　风险管理

专题 46　保险经营 ··· 278

专题 47　合理负债 ··· 297

专题 48　现金为王 ··· 304

专题 49　投机之殇 ··· 306

专题 50　衍生品的风险 ··· 308

专题 51　巴菲特犯过的错误 ··· 311

专题 52　"过错"与"错过" ·· 315

第6章　公司治理

专题 53　信息披露 ··· 320

专题 54　股东指定捐赠计划 ··· 323

专题 55　独立董事与董事独立 ·· 325

专题 56　高管与员工薪酬 ··· 329

专题 57　股东利益至上 ··· 333

第7章　财务政策

专题 58　内部融资 ··· 340

专题 59　透视盈余 ··· 341

专题 60　股东盈余 ··· 344

专题 61　财务审计 ··· 346

专题 62　市值、账面价值与内在价值 ·· 348

专题 63　营业盈余与投资盈余 ·· 358

专题 64　会计商誉与经济商誉 ·· 363

专题 65　报表利润与真实经营 ……………………… 367

专题 66　一般公认会计原则 ………………………… 370

专题 67　节税与纳税 ………………………………… 373

专题 68　并购的会计处理 …………………………… 382

专题 69　存货的计价方式 …………………………… 384

第 8 章　会计诡计

专题 70　股票期权 …………………………………… 388

专题 71　EBITDA ……………………………………… 390

专题 72　保险会计 …………………………………… 392

专题 73　财务舞弊 …………………………………… 395

专题 74　数字游戏 …………………………………… 399

第 9 章　美满人生

专题 75　福：众人爱 ………………………………… 402

专题 76　禄：赚得多 ………………………………… 409

专题 77　寿：活得久 ………………………………… 417

第 10 章　精神不朽

专题 78　立德：巨额慈善捐赠 ……………………… 424

专题 79　立功：万亿财富帝国 ……………………… 426

专题 80　立言：投资集大成者 ……………………… 433

结　语　永恒的价值：从价值投资到价值人生 ……… 442

附　录

附录 A　解读 2021 年巴菲特致股东的信 …………… 446

附录 B　解读 2022 年巴菲特致股东的信 …………… 457

附录 C　解读 2023 年巴菲特致股东的信 …………… 468

致　谢 ………………………………………………… 480

第 1 章

股票投资

専题 1

投资核心要义

1. 投资复利三要素

在 1962 年致合伙人的信里，巴菲特引用哥伦布环球探险的案例，来证明复利的巨大威力。巴菲特说，当年伊莎贝拉女王给哥伦布的探险资金不过 3 万美元，在当时已经算是非常成功的一笔风险投资了。但是，这笔投资的回报远远赶不上对 IBM 的投资。如果当初的 3 万美元被投到年复合增长率为 4% 的项目里，如今已经是 200 万亿美元。

巴菲特用具体数字举例说明，同样投资 10 万美元，如果年复合增长率是 5%，30 年后的终值是 432 191 美元；如果年复合增长率是 15%，30 年后的终值是 6 621 140 美元。后者是前者的 15 倍（而不是 10%×30 倍）。随着时间的流逝，原本每年 10 个百分点这种看似不起眼的差异，最后会呈现出天壤之别。

伯克希尔自身的成长就是一个鲜活的案例。1965～2023 年，伯克希尔每股市值的年复合增长率为 19.8%，同期标普 500 指数的年复合增长率为 10.2%，伯克希尔每年领先不到 10 个百分点。但如果算 1964～2023 年的累计回报，伯克希尔是 4.38 万倍，而同期标普 500 指数只有 312 倍，收益相差近 140 倍。

对于我们来说，决定最终投资回报的，无非三个要素：本金、收益率、投资年限。如何取得投资成功呢？用一句话概括就是，尽可能早地开始投资，磨炼技能，多攒本金，刻苦学习，努力提升投资水平，坚持锻炼身体，保持身心愉悦，让自己活得足够长，有更多积累复利的时间。

2. 学好投资的两门课

在 1996 年致股东的信里，巴菲特提出了他的著名论断："我认为，投资专业的学生只需要学好两门课程，一门是如何评估企业价值，另一门是如何面对市场波动。"除此之外，β 值、期权定价、新兴市场理论、有效市场假说、现代投资组合理论等大学金融专业教科书中流行的知识都无须掌握。巴菲特甚至说，最好对它们一无所知。

"如何面对市场波动"属于入门课。我们要认识到，股价的短期波动是随机的、无序的。在投资的时候，要摒弃一切"预测股价"的想法。"等股价企稳了再进场""现在市场应该是见底了"之类的臆断，都仅仅存在于我们的幻想之中。因此，为了避免自己被"市场先生"所伤，一定要记得三大要点：长期资金、适度分散、不加杠杆。

"如何评估企业价值"属于高阶课。众所周知，企业价值等于企业未来所有自由现金流的贴现值。由于很多企业没有自由现金流（比如说初创型科技公司），或者说自由现金流无法估算（比如说房地产和保险业的公司），那么它们可能就不属于价值投资者的能力圈。不过没关系，巴菲特也说了，重要的不是能力圈的大小，而是要知道它的边界。

在我看来，入门课解决的是"能否赚钱"的问题，只要你懂得"低买高卖"的道理，股价跌了不恐惧，股价涨了不贪婪，基本上很难在股市中赔钱；高阶课解决的是"赚多少钱"的问题，你对个股的研究越深入，你就越能对企业价值做出准确的判断，从而做出合理的买卖决策。对于投资者来说，入门以后，研究企业就是我们终身要面对的课题。

3. 伊索寓言里的投资智慧

在 2000 年致股东的信里，巴菲特写道："在伯克希尔，我们从来没有妄想从一堆不成气候的公司里，挑选出幸运儿。我们自认为没有那种超能力，我们对此绝对有自知之明。相反，我们试着遵循 2600 年前《伊索寓言》中的古老智慧，耐心地研究树丛里到底有多少鸟儿，以及它们出现的时机。"

巴菲特曾多次引用《伊索寓言》中"双鸟在林，不如一鸟在手"的金句，他还不无幽默地说，等到他孙子那一辈的时候，可能会将这句话改成"五个电话簿上的女孩，不如一个敞篷车上的女孩"。无论是哪种表述，其实都蕴含着非常朴素的思想：你是要眼前的利益，还是要牺牲即时的快乐，取决于你当下的延迟满足能否使你在未来获得更强大的购买力。

未来现金流折现的思路，实际上就是投资的本质。当然，我们永远没有办法精准地预估一家公司未来的现金流入与流出，那该怎么办呢？巴菲特的方法是，首先采用比较保守的态度去估算，其次尽量选择那些不易错估形势的公司。巴菲特说，即便如此，他还是会经常犯错，比如他就曾经买过蓝筹印花、德克斯特鞋业、二流百货公司等。

巴菲特还谈到了股权投资和证券投资的区别。股权投资让巴菲特招揽了一众杰出的经理人，并获得了良好的生意，但它至多能让巴菲特获得合理的回报。真正能够使他获得超额收益的机会，存在于股市非常惨淡、业界一片悲观之时。在我看来，巴菲特很少发明"标新立异"的观念，而是遵循着传统的商业和人生信条。这才是真正的大智慧。

4. 在股市赚的三种钱

在 2004 年致股东的信里，巴菲特写道："自从我们买进股票以后，由于市盈率的提升，股价增幅还会高于利润增幅。就单一年度而言，股价与企业本身的经营状况往往并不同步。在股市泡沫期间，股价的涨幅会远远超过企业经营的表现；在泡沫破灭以后，其表现则恰恰相反。当然，如果能抓住波动，也许伯克希尔的业绩会更好，不过我们并没有这种超能力。"

　　巴菲特的这段话实际上提到了在股市赚的三种钱。第一种，盈利增长的钱。公司营业收入、净利润的不断增长、企业价值的不断提升推动股价上涨。第二种，估值抬升的钱。由于巴菲特通常在股票价值被低估时买入股票，所以当股价回到合理价位或者高估时，就能赚到估值的钱。第三种，股市波动的钱。低吸高抛，做"波段"，很多初学者往往沉迷于此。

　　巴菲特认为，通过所谓的"技术分析"预测股市波动来赚钱，基本上属于"事后诸葛亮"，而投资者真正需要的是"先见之明"。回望历史，股市涨跌一目了然，技术分析可以说得头头是道；展望未来，股市是涨是跌，根本就是晦暗不明、无法预测的。更何况，伯克希尔的资金规模巨大，根本不可能在股市频繁地买入和卖出。

　　在我看来，盈利增长的钱是最容易赚的，只需要估算企业未来的自由现金流。赚估值抬升的钱相对难一点，毕竟需要"市场先生"的配合。估值差赚到了就赚到了，没赚到也没关系，抱有一颗平常心就好。赚股市波动的钱其实不像大家想象得那样简单，多数初学者最后的结果往往是赔上了大把的时间和大笔的佣金。价值投资者赚的主要是第一种钱。

5. 三类投资资产

　　在 2011 年致股东的信里，巴菲特写道："我们的行事目标，并不是即刻实现财报利润的最大化，而是要最终实现资产净值的最大化。"在永久性持股之外，伯克希尔还有各种各样的投资品，如长期普通股、中期混合收益证券、长期固定收益证券、短期现金等价物等，总体上可以分为三大类：

　　第一类，基于货币的资产。这类资产包括货币市场基金、债券、按揭、银行存款，等等。这类资产通常会被认为具有较高的安全系数，但事实并非如此。由于通货膨胀的存在，持有货币型资产必然会导致购买力的不断缩水，看起来最"安全"的资产，其实是最"危险"的资产。就像流行的话说的那样，有些看似稳定的工作，其实只是"稳定地穷着"。

第二类，没有产出的资产。以黄金为例，它既没有太多的实际用途，也不能自我繁殖。绝大多数人投资黄金，是因为他们相信黄金的价格会持续走高，但事实并非如此。据杰里米·西格尔教授的统计，1802～2012 年，1 美元的黄金资产仅能增值至 4.52 美元，而 1 美元的股票资产则可增值至 704 997 美元。

第三类，可以生息的资产。农场可以产出玉米，房地产可以用于收取租金，一些优秀的公司可以产生利润，它们都属于可生产性的资产。对于这些现金"奶牛"而言，它们的资产价值并不取决于交易，而是取决于它们的产奶能力。这一类资产，无须"接盘侠"，且能够有效对抗通胀，是我们最理想的投资之选。

6. 农场、房地产与股票

在 2013 年致股东的信里，巴菲特以农场、房地产和股票为例，系统谈论了关于投资的一些思考。1986 年，巴菲特耗资 28 万美元，买下了奥马哈以北的一座 400 英亩$^\ominus$的农场。巴菲特虽然对农业一无所知，但他对未来有两点预判是确定的：一是农作物产量会继续提升；二是农产品价格会继续上涨。28 年过去了，农场的价格上涨至原来的 5 倍甚至更多。

1993 年，巴菲特又买下了纽约大学附近的一处房产。巴菲特虽然对房地产研究不多，但他对未来有两点预判是确定的：一是租金价格还会不断上涨；二是占地 20% 的廉价租约在 9 年后会到期，物业收入必定会大大提升。对于巴菲特而言，这两笔投资的规模很小，却揭示了一些投资的基本原则：

第一，不必成为专家，但要遵循常识；第二，不必懂每笔投资，但要懂自己的投资；第三，投机虽然不违背道德，但也赚不到什么钱；第四，多看"赛场"（产出），少看"记分牌"（股价）；第五，宏观经济对投资无意义；第六，无

　　$\ominus$　1 英亩＝4046.856 平方米。

须关注利率或股市走向。

　　投资农场、房地产和投资股票的区别在于，股票是实时报价的，而农场和房地产并非如此。对于股票投资者而言，股价频繁、剧烈的波动是一个巨大的优势，因为它会给你提供更多买入或卖出的机会。近年来，经常会有人讨论，"大起大落的 A 股究竟适合价值投资吗？"其实，巴菲特早就给出了明确的答案。

专题 2

应对市场波动

7. 熊市与牛市的特点

巴菲特在 1958 年致合伙人的信里写道:"1958 年的股票市场,至少可以用'亢奋'来形容。在过去的一年里,为了证明股票投资的正确性,几乎所有的理由都被拿来说事。"1958 年是美股牛市,道琼斯指数从 435 点上涨至 583 点,再加上股息,总收益率高达 38.5%,巴菲特认为这种非理性的"亢奋"不会一直持续下去。

正如巴菲特所说,牛市的特点就是,几乎所有的理由都被拿来说明投资的正确性。反之亦然——熊市的特点就是,几乎所有的理由都被拿来说明投资的错误性。换句话说,牛市没有坏消息就是好消息,熊市没有好消息就是坏消息。比如 2022~2023 年的 A 股和港股市场,在没有明显利好提振的情况下,几乎是惯性地快速杀跌。

最近两三年是典型的熊市氛围,利空消息满天飞。比如大厂裁员、巨额罚款。放在正常的市场环境下,公司日常的人员优化,以及监管的规范要求,几乎不会引起太多的关注。但现在别说是正常的消息,哪怕只是一两句谣言,都可以引发 5%、10% 的暴跌,可见市场恐慌到了何种的地步!

越到此时，越考验真知。我们平时常常讲，要理性面对市场波动。行情向好或者至少中性的时候，大家会觉得，面对市场波动是一件非常容易的事。现在不妨再问问自己，面对以情绪主导的短期波动，比如一天下跌 10% 会不会感到恐慌？一周下跌 30% 会不会感到焦虑？如果不会，那么恭喜你，长期而言，你在市场上赚到钱几乎是大概率事件。

8. "食得咸鱼抵得渴"

巴菲特在 1964 年致合伙人的信里写道："对于一名股票投资人来说，遭遇下跌 20% 甚至更糟的年份可谓家常便饭。如果市场价格下跌 20%～30% 就令您情绪紧张，财务压力陡增，那我建议您远离股票投资。就像哈里·楚门所言，'食得咸鱼抵得渴'。在进入股市之前，请您三思。"

"食得咸鱼抵得渴"，意思是你不能既想要咸鱼的美味，又不想承受因为味道很咸带来的饥渴感。类似的表达，还有"甘蔗不能两头甜""鱼与熊掌不可兼得"。股票本来就是高波动、高风险、高收益特征的投资工具，如果我们希望在较长的周期内，取得较高的收益，那么在短期内承受波动，几乎是法定待遇。

在所投公司的基本面没有显著恶化的情况下，对于投资基金而言，此刻最怕的是两种状况：一是基金上了杠杆；二是投资人不能承受压力，在此刻选择赎回。无论是哪一种状况，都有可能导致基金净值快速逼近止损线或清盘线，基金管理人被动卖出，从而将市场波动的"假风险"变成了永久损失的"真风险"。

2022 年下半年的市场表现，让我更加明白了"不加杠杆"和"选择合适的投资人"的重要性。此时此刻，我非常庆幸，哪怕市场继续下跌，我也没有爆仓和大额赎回的风险。至于市场的短期波动，暂且承受着吧！毕竟，正如巴菲特所说，20%～30% 的下跌是很常见的，不仅今天会遇到，未来还会遇到。在这样的环境下，最重要的是保证自己"活下去"。

9. 巴菲特获得超额收益的秘诀

在 1958 年致合伙人的信里，巴菲特写道："从某种角度来看，我们在熊市中的业绩可能要好于在牛市中的业绩。我相信在市场下挫或者震荡时，合伙基金的业绩将会高于市场平均水平。但是在市场上涨时，我们只能做到与市场同步。"

巴菲特合伙基金在 1958 年的表现，证明了这一点。1958 年，道琼斯指数从 435 点上升到 583 点，再加上股息收益率，当年实际收益率为 38.5%；而巴菲特管理的 5 只合伙基金，收益率为 36.7%～46.2%，平均而言，略高于38.5%。

为什么在牛市的时候，作为价值投资者只能做到与市场同步呢？因为在极其火热的牛市氛围中，很多股票价格的上涨幅度会远远超乎想象。特别是那些市值不高的中小型企业，更容易成为市场炒作的对象。此时此刻，作为一名理性的投资者，能跟上指数的涨幅就实属不易了。

为什么"熊市少亏钱"比"牛市多赚钱"更重要呢？我们不妨列一道简单的算术题：$(1-x)(1+x)=1-x^2$。一只净值为 1 的基金，跌多少再涨多少，其极大值为 1。同样的涨幅，无法弥补跌幅造成的损失。至少在不晚于 28 岁的时候，巴菲特就明白了，获得超额收益的秘诀在于，牛市正常赚，熊市少亏钱。

10. 与市场绝缘

在 1961 年致合伙人的信里，巴菲特写道："与市场绝缘是一柄双刃剑，特别是在市场这个大火炉热气腾腾时，环顾四周，我们会发现，即使是业余厨师（尤其是业余厨师）也能烧出美味可口的菜肴，而我们自己的大部分股票却根本不在炉子上。"

巴菲特之所以说这段话，是因为当时股市已经呈现明显过热的势头。以道琼斯指数为例，1958 年的收益率为 38.5%，1959 年的收益率为 19.9%，1960

年的收益率为 -6.3%，1961 年上半年又上涨了大约 13%。很显然，这样的涨幅已经远远超过了公司的基本面表现。

在这种情况下，巴菲特选择了更为保守的投资组合。市场越上涨，巴菲特就越谨慎，持有的"与市场绝缘"的股票也就越多。这样一来，当市场暴涨转为暴跌时，巴菲特会免于遭受损失；不过在市场延续暴涨的阶段，巴菲特的表现会有所落后。

巴菲特的这段话，有两个词特别精妙。第一个词是"即使"——即使是业余选手，在牛市也会有很好的表现，毕竟水涨船高嘛；第二个词是"尤其"——尤其是业余选手，在牛市的表现反而更好，因为无知者无畏嘛，他们不会因为股票被高估就卖出，而是会期待"股价永远涨"，直到迎来暴跌。

11. 可知的和不可知的

在 1961 年致合伙人的信里，巴菲特写道："我无意预测股票市场或某只股票价格一年或两年内的走势，因为我对此一无所知。我不知道市场何时上涨或下跌，我也不认为这对一个长期投资者有什么意义。我们致力于扩大合伙基金相对于道琼斯指数的长期优势，而不关注基金某一特定年份的绝对收益。"巴菲特这段话，至少透露了三层意思。

第一，股价短期走势无法预测。站在 2022 年 3 月的时间节点上，我们无法知道 2022 年全年会是什么行情，也无法知道 2023 年或 2024 年股市是上涨还是下跌。但是我们可以确定的是，未来 10 年，总有些年份会上涨 20% 或者更多（牛市），也有些年份会下跌 20% 或者更多（熊市）。除了牛市和熊市，更多的年份会是涨跌 20% 以内的震荡市。

第二，预测短期走势没有意义。刚才我们说了，股价短期走势是无法预测的，所以问怎么看今年或明年的投资行情，本身就是个很不专业的问题，没有人能一直给出准确的答案。所以，即使预测对了，也无法复制；预测错了，就更不如不预测。所以总体上看，对于长期投资者而言，关注短期走势几乎没有价值。

第三，业绩比较基准值得参考。如果我们运作一只基金，今年是赚了20%还是亏了10%，单凭一个数字其实没法有效衡量投资水平。如果你赚了20%但指数涨了30%，那很难说你的表现是优秀的；同理，如果你亏了10%但指数跌了20%，那也很难说你的表现是糟糕的。长期而言，只要我们能超越指数，就能取得不错的、正向的投资回报。

巴菲特给自己定的目标是，长期而言，年化收益率超过道琼斯指数10个百分点。我们来看巴菲特的投资实绩：1965～2023年，伯克希尔每股年化增长率为19.8%，同期标普500指数年化收益率为10.2%。巴菲特在1961年时立下的"flag"，至今依然成立。花了60年的时间来坚守自己的梦想，这样的巴菲特怎能不令人钦佩呢？

12. "赚钱"与"躺赚"

在1964年致合伙人的信里，巴菲特写道："我们最中意的投资对象，是那些盈利能力和资产价值大幅上升，但在我们买入的过程中，其市场价格并没有发生较大变化的公司。买入这类投资对象对合伙基金的短期业绩并无作用，尤其是在牛市的时候，但这是获得长期利润最安全和最舒适的方式。"

很多投资者最中意的投资对象，是那些一买入价格就上涨的股票。但巴菲特不是这样想的，他希望买入之后股价不要立即上涨，这样他才有可能买到更多筹码。按照巴菲特的思路，其实投资根本就不可能亏钱，因为只有两种结果：一是赚钱，二是躺赚。

所谓"赚钱"，就是很多投资者喜欢的那种情况，一买就涨。这种情况的优点就是，你持股的心情是非常愉悦的，相当于市场很快就对你的决策给出了奖励。但它的缺点就是，你可能是刚刚介入，所持股份不多，最后的结果可能是收益率较高，但总收益不高。

所谓"躺赚"，就是巴菲特说的那种理想情况，买了不涨，但公司的内在价值一直在增加。这种情况的缺点就是，如果你对自己的持股没有绝对的信心，那持股的过程可能会有点煎熬。但它的优点就是，你可以一直买入，买到足够多的股份，终有价值兑现的那一天。

13. 承受市场波动

在 1964 年致合伙人的信里，巴菲特写道："对于一名股票投资人来说，遭遇下跌 20% 甚至更糟的年份可谓家常便饭。如果市场价格下跌 20%～30% 就令您情绪紧张，财务压力陡增，那我建议您远离股票投资。就像哈里·楚门所言，'食得咸鱼抵得渴'。在进入股市之前，请您三思。"

巴菲特跟合伙人讲这些的时候，其实并没有在投资上遇到挫折，而是一路顺风顺水。1964 年，巴菲特合伙基金的收益率是 27.8%；1957～1964 年，巴菲特合伙基金的年化复合收益率是 27.7%。但就在这样的顺境下，巴菲特依然居安思危，保持着非常清醒的头脑。巴菲特认为，这样的高收益率是不可持续的，他对投资收益的预期是这样的：

长期而言，道琼斯指数的年均复合回报率约为 7%；巴菲特合伙基金大概率能取得超越指数年均 10 个百分点的回报率，也就是 17%；巴菲特合伙基金的有限合伙人，扣除给普通合伙人的收益提成之后，年均复合回报率约为 14%。当然，这只是在较长时间周期内的年度平均业绩。具体到某一年，则完全有可能出现大涨或大跌。

在我看来，巴菲特的投资研究和投资管理都做得极其出色。一方面，巴菲特通过深入的投资研究，不断为合伙人创造着高额的投资回报；另一方面，巴菲特通过有意的投资管理，引导合伙人理性看待市场涨跌，降低合伙人对长期超额回报的收益预期。两者结合起来，会非常有利于形成良好的合作关系。

14. 投资的铁律

在 1985 年致股东的信里，巴菲特写道："1973～1974 年，华盛顿邮报的表现依旧良好，这使得其内在价值持续增加。尽管如此，我们对其持股的市值却由原始成本的 1060 万美元变成 800 万美元，减少了 25%。"

巴菲特 1973 年买入华盛顿邮报时，公司的内在价值为 4 亿～5 亿美元，但当时的市场价格只有 8000 万美元，基本上相当于两折出售。这种情况下，买入之后是不是就可以期望立即上涨呢？

并不是这样的。本来已经是物超所值的股票，没想到一年后，"智慧"的市场先生不但没有促使它的价格走上价值回归之路，而且使其继续暴跌了四分之一。如果当时有网络，相信不理智的网友也一定不会对巴菲特口下留情。

对于个股而言，低估之后更加低估，是一种常态。要不然，怎么说市场先生是"疯癫"的呢？所以我们不能拿短期资金去参与股票投资，也不要"单吊"一只股票。这些原则看起来只是简单的常识，但真的是投资的铁律。

15. 以史为鉴谈投资

在 1985 年致股东的信里，巴菲特谈到华盛顿邮报时，说自己体验到了"三重享受"：①公司内在价值的提升；②由于公司实施回购，公司的每股价值也在不断增长；③估值抬升使得股价表现超越公司内在价值的增长。

第 1 点和第 3 点其实就是"戴维斯双击"：公司的净利润在增长，随着市场情绪恢复到正常甚至乐观，公司股价大幅上涨。往往容易被投资者忽视的是第 2 点，公司本身的低价回购，也是有利于提升股东权益的。

这实际上告诉我们，只要公司的基本面向好，哪怕你自己手里的"子弹"打光了，也没有必要担心下跌。因为你买满了，还有公司没买满呢。公司买回低价股然后注销，一样是值得我们开心的事。

巴菲特买入华盛顿邮报之后，第二年又下跌了 25%，给巴菲特造成的浮亏超过 260 万美元。直到四年之后，巴菲特才开始扭亏为盈，并最终获得了百倍以上的回报。

16. 巴菲特如何应对 1987 年股灾

在 1987 年致股东的信里，巴菲特谈到当年 10 月份股市发生的异常波动时，语调非常平淡。他只是说，1987 年的股市开局表现不错，精彩连连，不过在 10 月份以后突然收敛起来，道琼斯指数全年只上涨了 2.3%，完毕。巴菲特在讲这一段历史的时候，甚至没有用到"股灾""黑色星期一"等词汇。

巴菲特评价说，1987 年 10 月，之所以出现股指一泻千里的情况，罪魁祸首之一就是市场上出现了大量的"投资组合保险"。这种策略的核心要义，就是在下跌的时候止损。一旦市场发生暴跌，大量的止损单涌出，就会触发更多的止损单，导致市场进一步暴跌，这就是索罗斯所讲的"反身性"，或者可以说是一种"负向反馈"。

这种仅仅因为股价下跌就卖出止损的策略，无疑是非常荒谬的。举个简单的例子，如果你是一位农场主，你会不会因为隔壁农场刚刚被贱卖了，就认为自己的农场一文不值了呢？如果你是一名房东，你会不会因为隔壁的房产刚刚被贱卖了，就一定要急着低价售出自己的房子呢？答案显然是否定的。然而，在股市，这样的"荒诞剧情"每天都在发生。

1987 年 10 月 19 日"黑色星期一"，道琼斯指数创下了有史以来的最大单日跌幅。我们现在读到这段历史，依然会觉得非常震撼，它给当时市场造成的冲击就更不用说了。然而，就是这样的"史诗级"暴跌，在巴菲特看来都不值一提。因此我们不妨想想，我们今天发生的所谓"重大事件"，有多少能载入史册呢？又有多少是真正值得关注的呢？

17. 荒谬的"有效市场理论"

在 1988 年致股东的信里，巴菲特再次对"有效市场理论"展开批驳。巴菲特认为，学术界的这些专家之所以认为市场有效，是因为他们能正确地观察到市场运行"通常"是有效的，却错误地得出市场"总是"有效的结论。这两者之间的差异是非常巨大的，犹如白天和黑夜一般分明。

"通常"有效，意味着市场有时"有效"，有时"无效"。而价值投资者正好利用了这一点，在"市场无效"（低估）的时候买入，在"市场有效"（估值回归）的时候持有，再在"市场无效"（高估）的时候卖出。如果按照"有效市场理论"，那市场就不是"通常"有效，而是"总是"有效，那就意味着没有低估和高估的交易机会。

巴菲特用实践证明，"有效市场理论"是非常荒谬的。1926～1956年的格雷厄姆－纽曼公司、1956～1988年的巴菲特合伙公司及后来的伯克希尔，累计的投资经历长达63年，它们取得的年化收益率大约是20%，高于市场约10%的年化收益率。由于这三家公司在63年间投资了上百家公司，极大地避免了"幸存者偏差"现象，很有说服力。

有主动管理能力的投资和被动投资的区别有多大呢？巴菲特举例说，1000美元，经过63年，年化收益率为10%的情况下，可以变成40.5万美元；年化收益率为20%的情况下可以变成9700万美元。不过，支持"有效市场理论"的学者们似乎对此视而不见。巴菲特也无意纠正他们，因为面对这样一群对手，自己已经赢在起跑线上。

18. 股权投资与证券投资

在1992年致股东的信里，巴菲特写道："二级市场常常受到大众愚蠢行为的影响，不管价格多么离谱，那都代表着这只股票的持有人想要脱手的价格。不论何时，总有一小部分股东会有买入或卖出的念头。在很多情况下，一只股票的价格仅仅相当于它实际价值的一半，甚至远低于一半。"

巴菲特的这段话，非常直白地道出了股市的美妙之处：无论股价有多高，总有高位进场的"接盘侠"；无论股价有多低，总有割肉出逃的"韭菜"。牛市的顶点和熊市的底点，其实都是交易出来的结果。2020年有人在2000元以上买入贵州茅台，2022年有人在300港元以下卖出腾讯控股，不难想象市场究竟有多疯狂。

巴菲特说，如果他是在公开市场上买入股票，取得的成绩一定会比他协议买入整家公司更好，核心原因就在于交易对象的不同。在二级市场，你面对的交易对手大多是缺乏专业投资技能的散户；但在一级市场（IPO 以前）或者定增市场（IPO 以后再募资），你面对的交易对手其实是公司的大股东，他可能比你更清楚这家企业究竟值多少钱。

如果二级市场更容易赚钱，那巴菲特为什么还要买下那么多没有上市的子公司呢？这主要是由于伯克希尔的资金规模太大，单纯靠二级市场投资已经无法满足需要，所以必须在规模和效益之间做一个权衡。对于我们普通投资者来说，股市完全可以容纳我们的资金，这可以说是非常幸福的。

19. 股价和业绩是正相关吗

在 1993 年致股东的信里，巴菲特谈到了伯克希尔及旗下事业的经营及股价表现情况。1993 年，伯克希尔每股净资产增长了 14.3%，但是当年股价却飙升了 38.9%；1991～1993 年，可口可乐的每股盈利增长了 38%，股价却只上涨了区区 11%，这种短期股价和经营表现不同步的现象，在股市随处可见：

比如说，2021 年洋河股份的营业收入从 211.01 亿元增长至 253.50 亿元，同比增长 20.14%；归母净利润从 74.82 亿元增长至 75.08 亿元，同比微增 0.35%；净资产从 384.85 亿元增长至 424.86 亿元，同比增长 10.40%；公司股价却从 228 元 / 股下跌至 162 元 / 股，跌幅高达 28.95%。

那么，巴菲特是如何看待"股价"和"业绩"之间的关系呢？对于可口可乐的股价表现不如业绩，巴菲特没有焦虑，他相信股价在未来一定会补涨；对于伯克希尔的股价表现超出业绩，巴菲特也没有兴奋，他只是觉得这样有点反常，并不会长期维持下去。

放眼当下的市场，很多优质公司的股价基本上和它的业绩表现已经脱钩。在恐慌情绪主导市场的时候，业绩下滑，股价会跌；业绩目前没有下滑，预计未来会下滑，股价还是会跌。跌到什么时候、什么价位，是不可预测的。但我们要坚信，总有股价表现和经营业绩同步的一天。

20. "真风险"和"假风险"

在 1993 年致股东的信里，巴菲特集中谈论了他对风险的认知。学术界普遍认为集中是风险，波动也是风险。巴菲特却认为，集中不是风险，对投资对象缺乏了解的盲目分散才是风险；波动也不是风险，造成本金永久性损失才是风险。巴菲特对风险的看法，决定了他的持仓风格偏于集中，同时对市场波动持欢迎的态度。

关于如何理解市场波动，巴菲特最常引用的就是格雷厄姆关于"市场先生"的经典譬喻。对于理性的投资者而言，"市场先生"越疯狂，对自己就越有利。比如说，"市场先生"能把价值 100 美元的股票价格打压至 10 美元，能把价值 10 美元的股票价格炒作至 100 美元，就像完全没做任何思考一样。那作为对手的我们，岂不是平添了许多机会？

关于如何评估投资风险，巴菲特给出的标准是：一项投资在其持有期内获得的全部税后收入，能否让投资者维持原有的购买力，再加上合适的资金成本。如果答案为否，则意味着风险较大，反之亦然。在评估的时候，须考虑的因素包括：公司的竞争优势、管理层运用现金的能力、管理层回报股东的意愿、买进企业的价格、投资人获得的实际收益，等等。

巴菲特说，上述要素虽然无法精确量化，但可以做定性分析。在我看来，学术界之所以选用 β 值作为衡量波动和风险的标准，很大程度上是因为它简单粗暴、容易量化、适合教学。但在投资实践中，我们一定要回归商业本质，切忌纸上谈兵。

21. 巴菲特的矛盾心理

在 1997 年致股东的信里，巴菲特谈及当前股市形势的时候说道："目前不管是市场整体还是单一股票的市场价格都过高，但我并不是要预言股市将会下跌，我们从来不会就股市发表任何看法。我们只是想提醒大家，未来新投入资金的预期回报率将会大大降低。"面对股市一片热火朝天的景象，巴菲特展现出了一种矛盾的心态。

一方面，巴菲特认为当前绝不是投资的好时机。巴菲特援引了棒球明星泰德·威廉姆斯在《击球的科学》中传授的经验，打球的时候先把打击区域划分为 77 块方格，当且仅当棒球落入最理想的方格时，泰德才会挥棒打击，这样才能保证较高的击打率。同理，在股票价格高高在上的时候，也不要轻易挥棒，不要降格以求。

另一方面，巴菲特也会担心错失机会。当时的背景是，从 1982 年开始，标普 500 指数持续上涨了 14 年，中间仅有 1 年微跌。如果现在买入股票，则未来的投资收益率可能不高；如果现在呆坐不动，谁又能保证未来就一定能够出现好的投资机会呢？巴菲特甚至也会轻度怀疑，像过去那样极具吸引力的超低价格是否已经不复存在了呢？

在我看来，股价高企分为两种情况：一是股价处于合理估值的上沿，它不适合继续买入，也还没有到需要抛出的地步，那就继续持有；二是股票处于被高估的状态，也就是说它已经偏离了合理估值，此时我会选择卖出。虽然在 50 倍市盈率卖出的股票，市盈率也有可能继续涨到 100 倍，但我们要有严格的操作纪律，才能保证长期的胜率站在我们这一边。

22. 对股市波动的看法

在 1997 年致股东的信里，巴菲特专门用一大段篇幅，讲到了自己对股市波动的看法。巴菲特先引入了一个小测试：如果你每天要吃牛肉汉堡包，但是自己又不养牛，那你希望牛肉价格是上涨还是下跌呢？如果你每隔一段时间就要换车，而自己又不是汽车厂商，那你希望汽车价格是上涨还是下跌呢？答案是显而易见的。

到了股市，如果你在未来 5 年扮演的是"净买入者"的角色，那你希望股价是上涨还是下跌呢？其原理和买车、买汉堡包是一样的，既然你不是企业主，不是股票的提供方，而是股票的采购方，对同一只股票而言，当然是越便宜越好。但很奇怪的一点是，很多投资者看到股价涨了欣喜若狂，看到股价跌了反而无精打采。

为什么人们对买股票和买车、买汉堡包的态度会出现这么大的差异呢？原因在于，你买车、买汉堡包是为了消费，而不是为了倒手卖个更高的价钱。股价涨了会开心，股价跌了会难过，本质上还是因为你在潜意识里把它当成了交易品。而如果以投资的眼光去考量股票，心态自然就会大不一样。

在我看来，巴菲特是善用逻辑的高手，他总是从身边浅显的事例入手，一步步引导我们进入理性思考。

23. 股市暴跌代表投资者损失惨重吗

在 1997 年致股东的信里，巴菲特写道："下次当你看到'股市暴跌，投资者损失惨重'的新闻头条时，就知道应该要改成'股市暴跌，抛售者损失惨重而投资者获利'。新闻记者常常会忘记一个常识：只要有卖方就代表会有买方，一方损失就代表着另一方获利。"这段针对股市下跌的评论可谓一针见血，相当犀利。

每当熊市的时候，我们就能看到很多"耸人听闻"的新闻标题，比如说"×× 股总市值两天蒸发上万亿元"。从新闻工作者的角度来说，在不违背客观事实的情况下，他们采用的新闻标题一定要足够吸引眼球，像"市值蒸发"之类的说辞更容易引起投资者的关注。但真实的情况又是什么样的呢？

我们不妨来看一个情景。腾讯控股从 400 港元 / 股跌至 200 港元 / 股的过程中，市场上共有三类参与者：一是抛售者，那他们的实际损失就是 50%；二是呆坐者，那他们承受的只是账面浮亏，真正是赚是赔，要等他变现的时候才知道；三是加仓者，他们从抛售者手里拿到了低价的筹码，一旦腾讯控股股价出现反转，他们就开始赚钱了。

　　巴菲特说得没错，一单卖出就意味着一单买入，抛售者的损失实际上就是加仓者的获利。在巴菲特多年的谆谆教诲下，伯克希尔的绝大多数股东都能够在熊市中保持淡定，每到年底，大约有 97% 的股东会选择继续持股。在我看来，股市暴跌的时候，我们一定不要做抛售者，即便没钱加仓，至少也应呆坐不动。

24. 伯克希尔的"难关"

　　在 1999 年致股东的信里，巴菲特开篇就提到了当年"惨淡"的业绩表现：伯克希尔每股账面价值增长 0.5% 至 37 987 美元，每股市值下跌 19.9%，同期标普 500 指数上涨 21%。仅从股价表现上看，伯克希尔当年跑输指数超过 40 个百分点，是巴菲特表现"最差"的一年。

　　面对股价下跌，巴菲特并没有做任何的辩解或掩饰，他甚至还讲了一个"自嘲"的段子。有位运动员拿了很多"F"和一个"D"的成绩，善解人意的教练说："孩子，我想你只是有点偏科。"巴菲特说，纵观自己在 1999 年的表现，"资金分配"尚可以拿到"D"，至于投资组合及伯克希尔自家股票的表现，可以说是非常惨淡了。

　　不过，巴菲特也没有一味地"埋怨"自己，他和芒格仍然坚信，在未来 10 年，伯克希尔的内在价值增长率可以略微超过同期标普 500 指数的涨幅。巴菲特之所以对跑赢指数抱有强烈的信心，主要是因为他认为指数已经严重高估，未来 10～20 年指数的表现一定不如过去 20 年。

　　在我看来，巴菲特明明知道是市场错了，而不是自己错了，他也没有为自己当年的表现"不佳"找任何借口。很显然，巴菲特考虑了很多股东的感受。从巴菲特自身来讲，他的内心是非常坚定的。但如果是做基金管理人，巴菲特的 1999 年一定特别难过。选择以伯克希尔作为投资平台，可以说是巴菲特一生最正确的决定之一。

25. 巴菲特的"保证"与"不保证"

在 2001 年致股东的信里，巴菲特写道："我们比较重视相对的结果。从 1956 年 5 月 5 日我成立第一家合伙企业开始，这一观念就已经成型。"巴菲特回忆说，当时他与 7 名合伙人开会，列出的"基本原则"之一是这样写的："我们的成绩到底好不好，要看股市整体的表现而定。"巴菲特一开始的比较基准是道琼斯指数，后来变成标普 500 指数。

虽然短期来看，相对绩效并不保证就能获利；但是长期来看，由于美国经济一直在增长，指数的表现并不会差。只要比指数的表现更好，投资回报一定是可以期待的。巴菲特还举例说，虽然喜诗糖果四季经营的波动很大，特别是夏季基本上都在亏钱，但从全年的情况看，它仍是一台不断创造财富的"印钞机"。

1956 年巴菲特合伙企业还有一项"基本原则"：巴菲特本人不敢保证投资的绩效。这是因为，股市的波动是捉摸不定的，它并不是按照每年 15% 的速度匀速增长。有的年份会很好，也有的年份会不尽如人意。不过，巴菲特可以保证的是，他和芒格在持有伯克希尔股票期间的收益率，跟各位股东是完全一样的。

巴菲特作为伯克希尔的董事长，他从来都没有给过自己特殊的优待，薪水也常年维持在 5 万～10 万美元的低水平。与之形成鲜明对比的是，巴菲特将自己 99% 的财富都放在了伯克希尔，这释放出一种"与股东共进退"的极大诚意。"德才兼备"的投资人并不容易遇见，每每念及此，我都感到自己特别幸运，读到了巴菲特的思想，并把它变成了一种信仰。

26. 巴菲特两度谈论股市

在 2001 年致股东的信里，巴菲特写道："就长期而言，芒格和我仍然看好美国企业的未来发展。但以目前的股价水平来看，投资人注定只能获得一般的收益。在过去相当长的一段时间内，股市的表现都优于公司本身的表现，但是市场不可能永远超越企业本身的发展。对于那些寄希望于获得高收益的新手而言，他们大概率会大失所望。"

巴菲特还特意提到他在《财富》杂志上发表的两篇文章。1999 年 11 月 22 日，巴菲特发文称，美股已经经历了长达 17 年的牛市行情。不论何种资产（包括股票），它的价格增速不可能长期高于其利润增速。巴菲特据此断定，在未来的 17 年里，投资者整体能获得的年化收益率大约只有 6%，远远低于过去 17 年的平均收益水平。

2001 年 12 月 10 日，巴菲特再次发文称，1964～1981 年，道琼斯指数几乎没涨；1981～1998 年，道琼斯指数从 875 点上涨到 9181.43 点。以 1981 年为界，往前往后各推 17 年，美股可以划分为泾渭分明的熊市和牛市。此时，互联网泡沫已经破灭了，巴菲特在 2 年前的预言成为现实。

众所周知，巴菲特一直将投资的注意力放在企业等微观层面上。1999 年和 2001 年巴菲特两次对股市整体行情做出判断，是他极为罕见的针对宏观话题的"表态"。在投资者都习惯了从历史的高收益去线性外推未来时，巴菲特却始终保持着清醒的头脑，以务实和理性的态度，冷眼旁观着发生的一切，真可谓"众人皆醉我独醒"。

27. 历史上神奇的一天

在 2001 年致股东的信里，巴菲特提到很有意思也非常巧合的一件事，那就是在 2000 年 3 月 10 日，纳斯达克指数到达 5048 点的历史高点时，伯克希尔的股价到达 41 300 美元的历史低点。"黄钟毁弃，瓦釜雷鸣"的股市两大怪状，居然发生在同一天！从这一天开始，两者背道而行，纳斯达克指数暴跌，伯克希尔股价暴涨。

后面的事情大家都知道，纳斯达克指数在 2000 年 3 月攀升到 5048 点的历史高点后，开启暴跌模式，到 2002 年 10 月才到达底部的 1114 点。无数互联网公司和投资者的财富随着互联网泡沫的破灭而灰飞烟灭。这似乎有一种寓言的意味，是泡沫还是真金，时间终会证明一切。

单纯从一个短周期来观察，我们在 2022 年前 10 个月遭受的市场下跌幅度也可谓不小。但我们看看巴菲特，在五十多年的投资生涯里经历了什么，就知道没有什么好可怕的。从经济周期十年轮回的角度看，经历一轮市场持续下跌的调整，实属正常，没有必要"玻璃心"。况且，年轻时每一次忍耐和等待的磨砺，都是未来最宝贵的财富。

写到这里，不禁想起 2022 年，我们一起经历过的股市戏剧性的深"V"反转。在我看来，无端的大跌千篇一律，低估的机遇万里挑一。下一次市场大跌的时候，你还会抓住机会吗？

28.　"呆坐不动"的威力

在 2004 年致股东的信里，巴菲特列出了伯克希尔持有市值超过 6 亿美元的股票的公司，其中市值最高的四家公司分别为：美国运通、可口可乐、吉列公司、富国银行。这四家公司的股票，是巴菲特在 1988～2003 年分批买进的，投资金额合计 38.3 亿美元。总体来看，巴菲特的平均买进时间是在 1992 年 7 月，平均持股期限已经超过 12 年。

在巴菲特持股不动的十余年间，美国运通的市值从 14.7 亿美元增长至 85.46 亿美元，可口可乐的市值从 12.99 亿美元增长至 83.28 亿美元，吉列公司的市值从 6 亿美元增长至 42.99 亿美元，富国银行的市值从 4.63 亿美元增长至 35.08 亿美元……而巴菲特所要做的，仅仅是观察其基本面有没有变坏，如果没有的话就静静地"呆坐不动"。

29.　大股东减持会打压股价吗

在 2006 年致股东的信里，巴菲特提到，当他决定向比尔及梅琳达·盖茨基金会等机构捐出自己的巨额财富时，绝大多数股东都表示理解、赞赏和钦佩，但也有一些股东表现出了一定的忧虑："收到捐赠的基金会，如果将来有资金用途，要卖出伯克希尔的股票，对股价形成抛压怎么办？"巴菲特认为这样的忧虑是没有根据的，理由如下：

第一，很多公司的股票，全年的换手率超过 100%，而伯克希尔的换手率还不到 15%，用炒家的话讲，这叫"交投清淡，股性不活"；第二，接受巴菲特捐赠的基金会，哪怕真的有资金变现需求，也顶多是在原来的交易量上增加3%，几乎不值一提；第三，即便是那些换手率高的股票，也没有明显的证据证明，更高的交易量会打压股价水平。

巴菲特总结说，伯克希尔的股价如何，最终不是取决于市场买卖，而是取决于企业绩效。对此，我深表赞同。在我看来，"大股东减持"的原因是多种多样的，并不一定是不看好企业的发展前景。如果我们仅仅因为"大股东减持"就感到焦虑，那我们实际上还是在关注市场情绪而不是企业价值。

30. 四十年的"因果"

在 2008 年致股东的信里，巴菲特谈到了伯克希尔过去一年的经营状况，谈到了投资的准绳，谈到了旗下四大板块的业务，谈到了他和芒格一以贯之的工作目标……我特别注意到，对于当年极其严重的市场波动、极其糟糕的市场境况，巴菲特只轻轻地一笔带过。巴菲特能做到这样，源于他在投资上的"知行合一"：

一是拥有不理市场先生情绪的认知。对于巴菲特而言，市场的涨涨跌跌其实是根本无所谓的事情。股价涨了，自己手上的持仓大幅增值，很开心；股价跌了，同等的资金可以在市场上买到更多的股票，照样很开心。如果说范仲淹是"进亦忧，退亦忧"，巴菲特则是"涨亦喜，跌亦喜"。每天都保持这样愉悦的心态，能不长寿吗？

二是拥有不受市场波动干扰的能力。市场先生的譬喻，可能很多投资者都懂，但如果你是做基金的，市场下跌了，客户要赎回，你也只能被动减仓。巴菲特很早就想明白了这一点，所以他早在 1969 年就解散了合伙基金，专注于以伯克希尔为平台来开展投资业务。2008 年能淡然处之是"果"，在 40 年前就搭好的投资架构才是"因"。

我们不妨想想，如果巴菲特一直经营合伙基金，那么在 1999 年他跑输标普 500 指数约 40 个百分点的时候，在 2008 年遭遇 31.8% 巨幅下跌的时候，一定也会顶着巨大的压力，不会像经营伯克希尔那样优哉游哉。在我看来，资金的"长期"性质，是投资成功最关键的因素之一。寻找合适的资金，才是基金管理人应走的正途。

31. 市场先生现实上演

2022 年 3 月 16 日 13:40，我看到一则新闻："腾讯控股股价暴涨 17%，突破 350 港元，市值达 3.37 万亿港元，一日市值增加 5000 亿港元。"此时此刻，让我们再次温习一遍巴菲特关于市场先生的精彩譬喻：

"在市场先生感到愉快的时候，只会看到企业的有利影响因素。在这种心情中，他会报出很高的买卖价格，因为他怕你抢夺他的利益，掠走他近在眼前的利润；在市场先生情绪低落的时候，他只会看到企业和世界的负面因素。在这种悲观心情中，他会报一个很低的价格，因为他害怕你会将你的股权甩卖给他。"

2022 年 3 月 14 日，腾讯控股股价大跌 10%；3 月 15 日，腾讯控股股价大跌 10%；3 月 16 日，腾讯控股股价大涨 23%。我们可以问自己一个最简单的问题：3 月 14 日、15 日，腾讯的内在价值下降了 20% 吗？如果没有，那只能说明市场先生是不折不扣的神经病。此时，我们越是沉着冷静，形势对我们越有利。

算下来，腾讯控股在 2022 年 3 月 16 日的收盘价，和 3 月 11 日的收盘价相当接近。也就是说，如果你最近没有关注市场，股市这跌宕起伏的 5 天，对你而言就相当于没开盘。但如果你离市场太近，你经历的就是惊心动魄的过山车。当然，不关注市场的前提是，你的资金是长期资金且没有杠杆。活得久，永远比赚得多更重要。

32. 暴跌并不是坏事

2022 年 3 月，股市疯狂下跌，我觉得不完全是坏事，说几条简单的理由：

第一，早点见识暴跌，总比晚点见识好。我们内心深处，都是有锚定效应的。比如一只股票的价格有没有跌到 3 年或 5 年新低，就是我们很重要的心理关口。第一次经历，心情自然是跌宕起伏的。但如果你经历过从 6124 点跌到 1664 点，从 5178 点跌到 2441 点，对眼下的这点波动可能免疫力会更强一点。同样的道理，你现在经历的这些，会让你对以后的熊市免疫力更强一点。

第二，越是市场不理性的时候，越能明白巴菲特投资思想的精妙之处。巴菲特反复说，千万不要加杠杆，千万不要加杠杆。在市场风平浪静的时候，我们对这句话的感受是不深刻的。可能会有很多投资者觉得，加了一点杠杆又能怎样，只要我买的是优质公司的股票，怎么可能爆仓呢？我们看看恒生科技指数，从高点下跌已经超过 70%，如果按照 1∶1 融资的话，早就爆仓了。

只要我们一直在市场上，熊市和牛市就总是会遇到的。不妨反过来想，如果市场从来都不下跌或者出现调整，那世界上是不是所有的资金都会涌向股市？这显然是不现实的。有涨有跌，跌的时候还看起来有点吓人，才会劝退一些人。在熊市的时候，忍受市场波动是必须要承受的代价。我们唯一要做的，就是使自己在市场出现极端情况时不被归零。只有活着，才看得到明天的阳光。

33. 人类的潜能取之不尽、用之不竭

在 2010 年致股东的信里，巴菲特写道："如今的媒体评论总是喜欢说，美国有巨大的不确定性。但是，回想一下 1941 年 12 月 6 日，1987 年 10 月 18 日，2001 年 9 月 10 日，无论今天如何风平浪静，未来总是存在不确定性。在

我的一生中，见过无数学者和政客夸大美国面临的问题。然而，与我出生时相比，美国民众的生活水平提高了 6 倍。"

诚如巴菲特所言，无论是日本偷袭珍珠港，还是美股"黑色星期一"，抑或是"9·11"恐怖袭击，这些历史大事件发生的前一天，人们都看不出任何征兆。这种不确定性，是我们任何人都不可避免地会遇到的。但是，不确定性就意味着风险吗？未必。试想，如果没有美股"黑色星期一"的暴跌与回调，巴菲特又怎么可能有机会在 1988 年大举买入可口可乐呢？

站在 2010 年的历史节点上，巴菲特认为，此时的美国就像 1776 年（美国宣布独立）、1861 年（美国南北战争爆发）、1932 年（罗斯福参加总统竞选）、1941 年（美国对日宣战）一样，虽然当下的前景并不明朗，但拉长了时间来看，美国民众的好日子还在后头。其背后的根本逻辑是：人类的潜能是取之不尽、用之不竭的。

2023 年，当上证指数再次跌破 3000 点时，沪深 300 也创下了自 2022 年 10 月以来的新低，当时股市的温度，大概就跟窗外的天气一样，凛冬已至，直逼冰点。未来股市会继续走低还是会超跌反弹，当时的我无从知晓。但我和巴菲特一样，始终相信人类的潜力，相信人类对美好生活的向往。冬天来了，春天还会远吗？

34. 看空美国 ≠ 看空祖国

在 2014 年致股东的信里，巴菲特写道："在美国 238 年的历史上，那些看空的人有谁最终受益了？如果将现在的美国和 1776 年的美国相比，你肯定也无法相信自己的眼睛。在我所经历的年代中，美国的人均产出已经翻了六倍。我父母辈的人在 20 世纪 30 年代时做梦也无法想象我会经历什么。虽然许多人指责美国有这样或那样的问题，但是我从没有见过谁希望从美国移民出去。"

巴菲特的这段话后来在中文社交媒体上广为流传，人们把它解读为"没有人能因为看空自己的祖国而受益"。实际上，巴菲特的原话是这样的：Who has ever benefited during the past 238 years by betting against America? 这里强调的是美国，并非所有国家。

　　那么，对于中国人而言，这个逻辑成立吗？让我们回顾历史，中国是世界"四大文明古国"当中唯一文明没有中断过的国家。1840 年以前，中国曾长期领跑世界。1840～1949 年，中国经历了近代百年屈辱史。1978 年以后，中国从一穷二白逐渐奋斗至全球第二大经济体，创造了人类发展史上的奇迹。

　　展望未来，中美之间的差距正在不断缩小。虽然当下面临一些内外部的困难，但我坚信，我们对美好生活的向往不会改变，我们吃苦耐劳、坚忍不拔的秉性不会改变。中国人是最为后代考虑的民族，正是我们祖辈、父辈的辛勤付出和牺牲，才积累了我们如今的"家底"。无论是短期还是中长期，我还是坚定地看多并做多中国。

35. 伯克希尔史上的四次大跌

　　在 2017 年致股东的信里，如表 1-1 所示，巴菲特指出，在过去 53 年的时间里，伯克希尔的股价经历了四次巨幅调整：1973 年 3 月～1975 年 1 月，股价最高为 93 美元，最低为 38 美元，跌幅为 59.1%；1987 年 10 月，股价从 4250 美元跌至 2675 美元，跌幅为 37.1%；1998 年 6 月～2000 年 3 月，股价从 80 900 美元跌至 41 300 美元，跌幅为 48.9%；2008 年 9 月～2009 年 3 月，股价从 147 000 美元跌至 72 400 美元，跌幅为 50.7%。

表　1-1

区间	最高价（美元）	最低价（美元）	跌幅（%）
1973 年 3 月～1975 年 1 月	93	38	59.1
1987 年 10 月 2 日～1987 年 10 月 27 日	4250	2675	37.1
1998 年 6 月 19 日～2000 年 3 月 10 日	80 900	41 300	48.9
2008 年 9 月 19 日～2009 年 3 月 5 日	147 000	72 400	50.7

　　不难发现，在 20 世纪 70 年代、80 年代、90 年代和 21 世纪的头 10 年，

差不多每一个 10 年内都必然会经历一次股市的大幅调整，随之而来的是股价的暴跌。虽然被誉为"股神"，但巴菲特和普通人一样，并没有精准抄底和逃顶的"神技"。不过话说回来，伯克希尔的股价 1 次下跌六成，2 次腰斩，1 次跌去近四成的另一面，是伯克希尔长期保持了 20% 的年复合增长率，股价累计涨幅超过 4 万倍。

试想，如果你是伯克希尔的一名股东，在任何一次股价的高点精准"逃顶"过后，在相当长的一段时间内，都不免沾沾自喜于自己的"英明神武"。但以 5～10 年为考察周期，你会为当初的卖出后悔不已。巴菲特通过讲述伯克希尔历次股价大跌的故事，生动地向我们揭示了一些投资的基本原则：

第一，短期股价的波动是完全随机的；第二，不要拿借来的钱炒股；第三，大跌提供了非同寻常的买入机会。每次市场大跌时，都有人说"这次不同了"。但事后看来，每一次的危机跟此前的都并无二致。历史不会完全重复，但会以惊人相似的方式重演。事实证明，每次股市"打折"都是日后超额收益的重要来源。

专题 3

看懂商业模式

36. 巴菲特投资登普斯特始末

在 1963 年致合伙人的信里，巴菲特详述了从买入登普斯特农具公司（简称登普斯特）到卖出的投资全过程。巴菲特特别提到了总裁哈里·波特尔的关键作用，他在登普斯特短短两三年，通过大刀阔斧的改革，让公司的面貌焕然一新。通过对比登普斯特 1961 年 11 月和 1963 年 7 月的资产负债表，我们可以看出，哈里·波特尔的改革主要举措：

一是去库存。公司的原有存货超过 420 万美元，经过哈里·波特尔的努力，存货下降到 89 万美元。存货虽然属于流动资产，但是变现率很低。巴菲特在给公司存货估值的时候，采取的是打六折的保守方法。通过去库存，一方面降低了运输成本，另一方面盘活了部分资产。

二是降费用。公司的管理费用和销售费用从 15 万美元 / 月下降到 7.5 万美元 / 月；制造费用从 6 美元 / 工时下降到 4.5 美元 / 工时。哈里·波特尔还关闭了 5 家不赚钱的分支机构和 1 条无效益的生产线，以节省企业的开支。

三是调结构。登普斯特当时的实际情况是主营业务不赚钱，但是投资业务发展得还不错。哈里·波特尔将"去库存"和"降费用"释放出来的现金全部投入流动证券，从而赚取了不菲的利润。公司的业务结构得到进一步调整，资产配置得到进一步优化。

现在经常会有关于"赛道""赛车"和"赛手"的讨论。最理想的情况当然是赛道好、赛车好、赛手也好。但在赛道和赛车都不尽如人意的时候，赛手也并非完全没有主动作为的空间。哈里·波特尔就是巴菲特早期遇到的一位优秀经理人，这对巴菲特以后选人用人，树立了很好的标杆。

37. 定量与定性

在 1967 年致合伙人的信里，巴菲特写道："对股票和投资环境的评价，包括定量和定性因素。专注于定性因素的分析师会强调买入正确的公司；而专注于定量因素的分析师则会强调以正确的价格买入股票。分析师被归于哪一类，取决于他更看重哪方面的因素。"在我看来，股票的定性分析和定量分析是一体两面、不可分割的。

首先，股票的定性分析重点在于鉴定是不是"好公司"，它决定了是否赚钱。行业与行业之间天然是不平等的。有的行业是"赚钱不辛苦"，比如白酒业；有的行业则是"辛苦不赚钱"，比如航空业。从商业模式的角度，去理解一个行业或一家企业，选择那些相对容易的生意，赚钱的概率就会大很多。

其次，股票的定量分析重点在于鉴定是不是"好价格"，它决定了赚多少钱。如果只谈定性不谈定量，那么投资很容易沦为假大空的玄学。因为一门生意在没有被证伪之前，有无数理由可以支撑它的想象空间。但如果我们关注定量，去看它的财务数据，就可以辅助我们做出更加准确的判断。

巴菲特自述，他最成功的投资决策主要来源于定性分析。当然，如果有相对准确的定量分析，那么无疑会大大增加获取高额利润的概率。我习惯的做法是，先定性，后定量。首先判断是不是一家好公司，如果不是好公司，就直接排除掉，省下定量分析的时间。如果是好公司，再通过定量分析判断是否有好价格。

38. 有为，才能有位

在 1971 年致股东的信里，巴菲特谈到了经营纺织业务所面临的困局："虽然我们在降低成本上付出了巨大的努力，并且仍不断寻找价格弹性较低的纺织品，但这仅仅带来了很少的利润。然而，如果没有这些努力的话，我们可能已经出现了巨额的经营亏损。"在我看来，巴菲特这段话至少传递了两层信息：

第一，纺织业是毛利率很低、赚钱很辛苦的行业。首先，纺织业生产的是无差异化商品，虽然伯克希尔的纺织业务占据了美国西装衬里市场的半壁江山，但没有任何消费者愿意为此付出溢价；其次，纺织业不存在竞争优势，一家厂商更新了设备，另一家厂商马上就会跟进。生产效率的提高，最后受益的只有消费者。

第二，伯克希尔的最好结果，也只是勉力维持局面。纺织业的资本支出巨大，每隔一段时间就必须更新机器设备。如果伯克希尔不更新设备，那它的生产力就会落后于同行；如果伯克希尔更新设备，它的生产力也只能维持相对较好的水平。无论采取哪种策略，公司本身都无法获得超额收益，长期的年均收益率大约只有 4%。

从 1970 年巴菲特开始写第一封致伯克希尔股东的信（之前都是致巴菲特合伙基金合伙人的信）起，他都是把纺织业务放在开头的位置，一开篇就讲纺织业务。如果我们留意的话，随着纺织业务的式微，它在巴菲特致股东的信里所占的篇幅越来越小，位置越来越靠后，直至最后完全消失。

39. 行业决定命运

在 1974 年致股东的信里，巴菲特谈到纺织业务时忧心忡忡："我们现在的开工率只有 1/3。很明显，这样的开工率必然会导致出现经营亏损。随着销量下滑，我们不断减少生产，以免出现库存堆积。"巴菲特这段话虽然不长，但是透露出来的信息量非常巨大。按照我的理解，至少能说明以下问题：

第一，纺织业难以形成"规模经济效益"。纺织业的成本结构是，一定的固定成本＋大量的可变成本。如果想要生产10倍的纺织品，那么就必须增加10倍的纺锭等设备，也必须增加10倍的人力，以及10倍的原材料。因此，在行业不景气的时候，为了减少可变成本，只能减少开工率，这意味着企业的产出减少，收入和效益也必然深受影响。

第二，无差异化商品的行情受制于供需关系。当市场供不应求的时候，纺织业可能会有较好的经营表现；一旦市场处于供过于求的状态，减少生产以减少库存是止损的必经之路。无差异化商品的经营是非常艰难的，既要考虑供给端，又要考虑需求端。而有些高附加值的产品，基本上是满产满销，对它们的分析可以重点放在产能上，这样就简单很多。

巴菲特还提到一点，伯克希尔生产的纺织品中窗帘占很大的比重。在经济不景气的时候，人们可能会推迟买房，或者推迟装修，这些都会对窗帘的销售产生不利影响。巴菲特作为一流的投资家与企业家，在面对这些问题时也显得有些力不从心。所以说，有些行业就是天生命苦。男怕入错行，这句话是很有道理的。

40. 纺织业的困境

在1978年致股东的信里，巴菲特写道："纺织业务的收益达到130万美元，虽然较1977年有所改善，但相较于1700万美元的资本投入来说，回报率还是很低。"巴菲特提供的数据，让我们对纺织业的低利润率有了非常直观的认知。按照1978年的经营数据，其利润率大约是7.65%，这还是较好的年份。一般情况下，其长期回报率大约在年化4%。

为什么纺织业务的净资产收益率长期处于低水平呢？巴菲特认为，主要是两方面原因导致的：一是资金周转率较低，应收账款和库存占销售额的比重很高；二是销售利润率较低，这是生产无差异化商品企业的宿命。要想改善利润率，就必须想办法实现产品差异化，使用新设备降低制造成本，向有高附加值的纺织品转型，等等。

然而，不幸的是，伯克希尔的竞争对手也在这么做。这就是巴菲特常常讲的"踮脚效应"——如果你想观看沿街表演的盛大演出，在拥挤的人群中，你会想要踮一踮脚。然而，当大家都踮起脚的时候，你的观演效果跟之前差不多。在纺织业，大家的生产效率都提高了以后，也会因为供过于求导致价格下跌，造成行业"内卷"。

巴菲特感慨地说道："我们希望以后不要再介入这类面临困境的企业。"但是，考虑到伯克希尔是当地非常重要的雇主，管理层和员工都在齐心协力地解决问题，企业又不是完全没有赚钱，所以巴菲特还是决定勉力维持局面。这是巴菲特从企业家的角度做出的妥协，但如果单单从投资的角度来看，及时止损才是更明智的做法。

41. 媒体的"渗透率"

在 1983 年致股东的信里，巴菲特写道："一份报纸的渗透率，是衡量其事业强弱的重要指标。对于广告主而言，若一份报纸能在某一地区拥有极高的渗透率，便能发挥极高的经济效益。反之，若渗透率较低，则无法吸引更多的广告主。"这里谈到了媒体行业非常重要的竞争优势：有更高的渗透率，则有更多广告主，两者会相互作用，形成正向循环。

1983 年，《布法罗新闻报》的渗透率高居全美第一，主要原因包括：第一，布法罗地区的居民流动率较低，大家都更关注本地事务；第二，《布法罗新闻报》拥有非常出色的经理人，且以公正客观的高品质著称；第三，《布法罗新闻报》的新闻版面占比远远高于同业，因而赢得了读者的广泛好评。

20 世纪 70 年代，《布法罗新闻报》周日版的平均发行量在 30 万份左右。到 1984 年，这一数字上升到 37.6 万份，达到历史最高水平。这一方面得益于《布法罗新闻报》本身的优秀，另一方面与《信使快报》退出竞争不无关系。由于拥有极高的渗透率，《布法罗新闻报》的广告收入也大幅增长，业务渐入佳境。

巴菲特所说的"渗透率"虽然针对的是报纸等传统媒体，但也适用于互联网新媒体。以短视频平台为例，创作者越多，作品的质量越高，越能吸引更多的注册用户。注册用户越多，流量越大，越能吸引更多的广告投放和直播打赏，从而给平台创造不菲的商业价值。

42. 能力圈与舒适区

在 1987 年致股东的信里，巴菲特写道："经验显示，能够创造盈余新高的企业，现在做生意的方式，通常与其五年前甚至十年前没有太大差异。当然，管理层绝不能太过自满，因为企业总是不断有机会改善本身的生产和服务等，对此必须要好好把握。"巴菲特的这一席话，充满了辩证色彩的经营智慧。

首先，要固守能力圈。一家企业的主营业务，就是自身的安身立命之本。理想的主营业务应当是稳定的、长期的，同时也是自己擅长的。如果轻易改弦更张，大概率会失败。比如 20 世纪 80 年代，可口可乐曾试图开拓养虾事业，吉列公司曾一度热衷石油勘探，但最终它们还是回归自己熟悉的饮料、剃须等传统业务。

其次，要跳出舒适区。任何一家企业的优势地位都不是先天赋予的，而是后天养成的。随着社会的演进和经济的发展，企业如果不思进取、故步自封，就会从辉煌逐渐走向没落。比如柯达和诺基亚都曾经拥有各自行业的霸主地位，但由于没有跟上时代的步伐，最终被时代所抛弃。

很多优秀的企业都同时具备这两种特质。比如腾讯控股，自建立以来就一直坚守在自己最熟悉、最擅长的领域，即网络社交。腾讯控股依靠网络社交这一"护城河"，多年来不断探索新的业务增长点，才能获得今天万亿元的市值。这给我的启示是，要有自己的一技之长，然后坚持终身学习，不断打磨自己，追求专业上的极致。

43. 巴菲特投资富国银行

在 1990 年致股东的信里，巴菲特再次列出投资超过 1 亿美元的六大持仓，它们分别是：大都会 /ABC 公司、可口可乐、房地美、盖可保险、华盛顿邮报和富国银行。其中，对富国银行的投资，大约有 1/6 的仓位买于 1989 年，5/6 的仓位买于 1990 年。此时，伯克希尔对富国银行的持仓比例接近富国银行总股本的 10%，这是不必经美联储批准的持股上限。

巴菲特坦言，自己并非特别偏好银行业务，原因之一在于银行业的高杠杆经营。很多银行的资产负债率高达 95%，或者说股东权益仅仅只有总资产的 1/20。那么，只要经营发生一点点波动，就完全有可能吞噬掉银行的大部分净资产。所以，投资银行业的重点一定不是"买得好"（价格低），而是"买好的"（质地优良）。

巴菲特之所以买入富国银行，一方面是因为他非常欣赏这家银行的掌舵人卡尔·赖卡特和保罗·哈森。这两人堪称"黄金搭档"，其配合之默契，可以与大都会 /ABC 公司的汤姆·墨菲和丹·伯克比肩。另一方面是因为富国银行的财务状况一直很好，净资产回报率超过 20%，总资产回报率达到 1.25%，远远高于行业平均水平。

1989～1990 年，巴菲特刚好碰上了买入的契机。当时，美国西海岸的房地产业务萧条，很多银行的坏账被披露出来。投资者认为，所有银行的财务数据都不可信，于是纷纷逃离银行股。巴菲特深谙"别人恐惧我贪婪"的投资哲学，他先后斥资 2.9 亿美元买下富国银行 10% 的股份，其平均市盈率不足 5 倍，完成了一次"逆向投资"的神来之笔。

44. 媒体行业的变局

在 1991 年致股东的信里，巴菲特写道："在 1990 年的年报中，我曾表示，媒体行业的获利能力之所以衰退，主要是因为它反映了景气的循环因素。但从1991年出现的情况看，似乎不是那么回事。由于零售业形态的转变，加上广告与娱乐事业的多元化，一度风光的媒体行业的竞争力已经受到了严重的侵蚀。"

巴菲特曾多次盛赞媒体行业是很好的"赛道"，无论是报纸还是电视台，都可以轻轻松松地赚钱。从事投资事业以来，巴菲特大举投资了华盛顿邮报、奥马哈太阳报、布法罗新闻报等媒体公司，用真金白银表明了自己的态度。然而从1991年巴菲特的评价中可以看出，此时他已经清醒地意识到，媒体行业有走向衰弱的迹象。

我们注意看巴菲特的表述，不难发现，他曾以为媒体行业只是暂时不景气，后来才察觉到有可能是行业的土壤发生了变化，这两者的区别是很大的。前者只是遇到了收成不好的年份，我们无须过度关注；后者则是基本面变坏，需要我们高度重视。

2021～2022年，腾讯控股的网络广告业务收入一路下滑，从218亿元（2021年第1季度）跌至186亿元（2022年第2季度），这是其股价下跌的诱因之一。在我看来，这属于巴菲特说的第一种情况，只是由于互联网、教育及金融领域的需求疲软，腾讯控股受到了景气度的周期性影响。假以时日，这片土壤上的"庄稼"还会茁壮成长。

45. 巴菲特对传统媒体的隐忧

在1991年致股东的信里，巴菲特谈到了对媒体行业的隐忧："现在的消费大众在不断寻找不同的信息和娱乐来源，且越来越能接受多种多样的选择。然而很不幸的是，消费者的需求并不会随着供给的增加而变得更多。美国人共有5亿只眼睛，一天只有24小时，就这么多，不可能再增加了。所以结果可想而知，竞争会变得更加激烈。"

巴菲特在30年前的判断，如今早就成了现实。互联网时代最大的特点之一，就是信息大爆炸。以前信息的生产者主要以官方的报纸、电台为主，传播的媒介也相当有限；而现在，每个人既是信息的生产者和传播者，也是信息的接收者。信息生产的数量越来越多，信息传播的速度越来越快。

时间回到 30 年前，那时的世界尚处于互联网革命的前夜，但巴菲特已经非常敏锐地察觉到了时代变革对传统媒体行业可能造成的冲击。从商业的角度去分析，供给端无限膨胀，且提供信息的边际成本几乎为零，而需求端却存在着用户接收时长上的"天花板"。对于供给端的生产者而言，如果不能以较低的成本提供优质的服务，那么必然会惨遭市场淘汰。

在我看来，电视、报纸等传统媒体的式微几乎是不可逆的趋势。报纸的采编、印刷、邮递都需要成本，但传播的时效性远不如互联网。我们不妨想想，自己已经有多久没看过电视和报纸了，它们与我们的生活已经渐行渐远，取而代之的是抖音、视频号等新媒体平台，这些平台已经成为我们获取新闻资讯、享受娱乐的主要信息来源。

46. 巴菲特买入通用动力

在 1992 年致股东的信里，巴菲特回顾了当年的普通股持仓情况，其中新增了一只股票：通用动力。这家公司属于军工企业，负责给军方提供导弹系统、防空系统、航天飞船等。1989 年，柏林墙倒塌；1991 年，苏联解体，冷战宣告结束。随着美国国防资源的精简重整，通用动力的营业额从 1990 年的 100 亿美元下降到 1993 年的 35 亿美元。

1991 年，通用动力股价下跌至 19 美元 / 股，这几乎是十年内的最低点。公司任命威廉·安德斯为 CEO，随即展开了大刀阔斧的改革。安德斯开始收缩公司业务战线，在很短的时间内，陆续出售了价值 12.5 亿美元的非核心业务。安德斯决定只保留居于领导地位的产品，潜心专注于四大业务板块：潜艇、坦克、飞机和太空系统。

1992 年，安德斯利用出售非核心业务所得资金大举减少公司债务。同时，趁着公司股价低迷，通用动力以每股 65～72 美元的价格，回购了 1320

万股，减少了公司 30% 的流通股。安德斯的出色表现，很快引起了巴菲特的注意。巴菲特改变了之前短期套利的计划，转而买入了 430 万股通用动力的股票。

巴菲特为什么要买通用动力的股票呢？这个话题极具争议性。从表面上看，通用动力并非简单易懂的消费品公司，其主要订单来自政府合同，算不上特别理想的投资对象。在我看来，巴菲特更看重的是安德斯的管理能力。事实上，安德斯上任以后，随着通用动力的大举回购和分红，巴菲特大约在一年半之后就取得了翻倍的回报。

47. 伯克希尔的制鞋业务

在 1993 年致股东的信里，巴菲特写道："我们在 1991 年买下了由弗兰克管理的布朗鞋业。基于对弗兰克团队的信心，我们在 1992 年又买下了洛威尔鞋业，它的表现再次超出我们的预期。所以我们再接再厉，在 1993 年又趁势买下了德克斯特鞋业，这是芒格和我在职业生涯中见过的最好的公司之一。"

德克斯特鞋业创立于 1956 年，在阿方德和彼得叔侄两人的共同努力下，公司的年产鞋量很快达到 750 万双，它最擅长的领域就是传统鞋类。德克斯特的制鞋工厂主要分布在缅因州和波多黎各自治邦。此外，德克斯特还拥有 77 家零售门店，主要集中在美国西北地区。

尽管巴菲特明白，相比于海外市场的廉价劳动力，美国本土的制鞋公司并没有成本优势，但他依然选择相信经营团队的管理能力。巴菲特说，自己在 5 年前根本没想过进入制鞋领域，如今他投资的三家鞋厂，单是所雇用的员工就超过 7200 人。巴菲特每天一边开车，一边畅想着鞋厂的美好前景。

巴菲特预计，到 1994 年，伯克希尔旗下鞋业公司的营业收入将达到 5.5 亿美元，税前利润将达到 8500 万美元。1995 年以后，伯克希尔的鞋类业务就一直在走下坡路。事实再次证明，如果行业本身不够理想，再优秀的管理层也无力回天。买有竞争优势的企业，是我们最好的出路。

48. 盖可保险步入良性循环

在 1996 年致股东的信里，巴菲特谈到了盖可保险的商业模式。巴菲特说，盖可保险的成功，没有任何深奥的道理，它所有的竞争优势都来源于"低成本"。在同样的保费规模下，盖可保险的运营成本更低。不过，盖可保险并没有把扩大承保利差作为自己的经营目标，而是把多赚取的利润，以降费的形式返还给客户。

在盖可保险，低成本就意味着低售价。盖可保险的低售价，跟有些违规降低保费的保险公司不同，它没有以牺牲理赔服务质量为代价。在打出"低成本 + 低售价 + 高质量服务"的组合牌后，盖可保险自然而然地吸引了一批又一批高质量客户。仅仅是老客户的推荐，每年至少就能给盖可保险带来 100 万张新保单。

100 万张新保单是什么概念呢？大约相当于盖可保险每年新增业务量的一半以上。这样一来，盖可保险的新业务成本也大幅下降，又进一步降低其总成本，形成完美的商业闭环。1996 年，这种模式大放异彩，自主上门的保单数量增长了 10%，达到了 20 年以来的最高水平。

这其实就是商业领域非常著名的"飞轮效应"，刚起步的时候，要想使飞轮转动，需要很大的助力，越往后，越渐入佳境，也就越轻松。通过巴菲特多年的努力，盖可保险显然已经依靠"低成本"实现了规模经济，即使有其他新的竞争者加入直销保险市场，也根本无力撼动盖可保险的地位。这也再次证明，真正的好公司，拥有自己照顾自己的能力。

49. 巴菲特投资麦当劳始末

在 1998 年致股东的信里，巴菲特写道："今年我们的一些举动，事实上导致我们的利得不增反降，尤其是决定卖出麦当劳让我们损失惨重。也就是说，如果去年我在股票交易上呆坐不动的话，大家可能会过得更好一点。"这是巴菲特首次公开承认，卖出麦当劳也许不算是特别明智的选择。

　　根据巴菲特致股东的信所披露的数据，截至 1996 年底，伯克希尔持有麦当劳 30 156 600 股，持仓成本为 12.65 亿美元，市值为 13.68 亿美元。以市值计，麦当劳是巴菲特的第七大重仓股。然而到了 1997 年，麦当劳已经从巴菲特的重仓股名单里消失了。巴菲特喜欢喝可口可乐，也喜欢吃炸鸡和薯条，那他为什么要卖掉麦当劳呢？

　　据巴菲特在 1997 年、1998 年伯克希尔股东大会和 1998 年佛罗里达大学演讲时的发言，他认为麦当劳不可能获得像可口可乐、吉列那样在各自领域的统治地位。原因很简单，麦当劳和可口可乐虽然同属餐饮行业，但食品市场是天然趋于分散的，相对于麦当劳的汉堡，可口可乐在饮料市场的市占率高得多。任何一家餐饮企业，市占率都很难达到 1%。

　　1996 年底，麦当劳的股价是 12.7 美元 / 股；截至 2022 年 12 月 27 日收盘，麦当劳的股价是 266.84 美元 / 股。不考虑分红因素的话，股价 26 年上涨了 20 倍，年化回报率约为 12.4%，是一笔相当不错的长期投资。巴菲特如果一直持有麦当劳的股票的话，到 2021 年他持仓的市值大约是 287.43 亿美元，仅次于巴菲特在苹果公司和美国银行上的持仓。

50. 伯克希尔的飞行事业

　　在 1999 年致股东的信里，巴菲特谈到了伯克希尔旗下的两家从事飞行事业的公司：飞行安全国际公司（飞安国际）与利捷航空。两家公司都是业内的领导者，其中飞安国际的市场占有率超过行业第二和第三的总和，利捷航空的市场规模则是行业第二的 5 倍。当时，两家公司的经营者仍然是其创始人：阿尔·乌尔奇（飞安国际）和理查德·桑图里（利捷航空）。

　　飞安国际是飞行员培训公司，属于资本密集型行业。飞安国际拥有 222 台飞行仿真器，每台的成本高达 1500 万美元，每台飞行仿真器每次都只能训练一位飞行员。1999 年，飞安国际加上它持股 50% 的飞安国际 – 波音子公司，资本支出合计高达 2.15 亿美元。利捷航空的设备所有权虽然归客户，但它每年也要投入成本，来维持自己的核心机队。

利捷航空的一大竞争优势在于，它的同行都是大型飞机制造商的子公司，它们只能给客户提供其母公司生产的品牌和机型。利捷航空就不同了，它可以提供由全球五大飞机制造公司生产的全系列飞机。由于给客户提供了更多的选择，利捷航空享有了非常重要的"规模优势"，上门的订单络绎不绝。

巴菲特坦言，限制利捷航空营运增长的主要因素就在于飞机数量。为此，巴菲特陆陆续续又下了 42 亿美元的飞机采购订单，来满足客户日益增长的消费需求。虽然利捷航空和飞安国际都从事飞行相关的事业，但它们和航空公司的商业模式有着本质区别。

51. 行业之间天然的不平等

在 2000 年致股东的信里，巴菲特提到了旗下德克斯特鞋业惨淡的经营状况。德克斯特鞋业是当年伯克希尔以换股的代价购得的，其经营管理层是巴菲特所欣赏的类型。但是在廉价劳动力市场的冲击下，美国本土的制鞋企业几乎没有竞争力。在苦苦经营了 7 年之后，对于如何挽救危机中的德克斯特鞋业，巴菲特有一种深深的无力感。

20 世纪 90 年代，中国和东南亚等国家和地区的劳动力优势已经非常明显。特别是中国，在全球工业和制造业的分工体系中，扮演着"世界工厂"的重要角色。巴菲特买入德克斯特鞋业时，是按照"自下而上"的方式选的，主要还是着眼于企业本身的经营和管理，对宏观因素关注得并不多。

看公司的时候，究竟要不要看行业呢？我觉得还是非常有必要的。比如说身处纺织业的申洲国际，仅从财务数据上看，是非常理想的一家企业，给投资者也带来过不菲的回报。但熟悉巴菲特和伯克希尔经营历史的朋友都知道，做纺织业代工很难获得核心的竞争优势，它对管理和运营的要求非常高。

在我看来，行业与行业之间，天然是不平等的。有的行业"辛苦不赚钱"，有的行业"赚钱不辛苦"。在"辛苦不赚钱"的行业，哪怕披星戴月，宵衣旰食，可能也只能取得中等的结果；而在"赚钱不辛苦"的行业，你不用特别费力，也可以获得满意的回报。我们避开"泥沙俱下"的行业，其实也是给自己留了更多的"安全边际"。

52. 巴菲特谈中美能源公司

在 2003 年致股东的信里，巴菲特谈到了伯克希尔旗下的公用事业。通过持有中美能源公司（后更名为伯克希尔－哈撒韦能源公司，简称 BHE）80.5%的股份，伯克希尔持有的股权项目主要包括：一是拥有 370 万用户的英国第三大电力公司约克夏电力及北方电力；二是拥有全美天然气运能 7.8% 市占率的科恩河管线和北方天然管线两条天然气输送管线；三是拥有 68.9 万用户的中美能源电力业务。

除了伯克希尔持有的 80.5% 股份，中美能源公司另外 19.5% 的股份由伯克希尔的三位合作伙伴分别持有：一是大卫·索科尔，二是格雷格·阿贝尔，这两位都是中美能源公司杰出的经理人；三是沃尔特·斯科特，正是在他的引荐下，巴菲特才得以跟中美能源公司结下不解之缘。

虽然伯克希尔持有中美能源公司 80.5% 的股份，但根据美国《公用事业控股公司法》（PUHCA）的相关规定，伯克希尔的投票权最高只能达到 9.9%。根据投票权，斯科特才是中美能源公司的实际控制人。根据一般公认会计原则（GAAP），伯克希尔无法将中美能源公司所有的资产、负债及经营损益并表，只能按照投资比例对中美能源公司的投资金额及损益进行会计确认。

巴菲特特意提到一件有趣的事：约克夏电力及北方电力原本是英国的国营企业，1990 年以后开始民营化。经过 13 年的发展，公司的员工人数从 6800人下降到 2539 人，但是客户数却与从前相当，输送的电力甚至比以往更多。这充分说明，市场化的运营机制是一种非常高效的资源配置方式。

53. 产品与营销

在 2005 年致股东的信里，巴菲特提到，伯克希尔掌握的浮存金，已经从 1967 年的 2000 万美元增长至当下的 490 亿美元，其中，盖可保险的贡献非常突出。巴菲特透露，1996 年伯克希尔完全控股盖可保险时，其广告费支出为 3100 万美元；到 2005 年时，其广告费支出已经增长至 5.02 亿美元，而巴菲特还迫不及待地想继续追加广告费的投入。

盖可保险投放的广告，获得了很高的转化率（网络和电话最终转化为销售的比率）。盖可保险的广告之所以有效，是因为它擅长"讲故事"：与任何一家向所有客户提供汽车保险服务的全国性保险公司相比，在盖可保险投保能够节省更多的钱。如果是伯克希尔的股东，还可以在投保的时候享受额外的优惠。

巴菲特对盖可保险的钟爱，最早可以追溯到 1951 年，当时盖可保险的市值只有 700 万美元，巴菲特发文称盖可保险是"我最喜欢的股票"，并斥资 1 万美元重仓买入。巴菲特认为，盖可保险的"护城河"就是它的"低成本"优势，因此它能够给投保人提供"低价格"。而且，这种"低价格"不是以牺牲效益为代价的，更不会对盖可保险的偿付能力造成侵蚀。

巴菲特愿意增加广告投入，是因为盖可保险本身具有较强的实力；盖可保险本身具有较强的实力，又让它有能力支付更多的广告投入，从而进一步壮大自身实力。这给我的启示是：产品和营销是相互促进的，营销负责招徕客户，产品负责留住客户。产品是营销的基础，营销是产品的渠道。有好产品 + 好营销，企业才能不断在市场上开疆拓土。

54. 巴菲特谈蓝筹印花

在 2006 年致股东的信里，巴菲特谈到，自己和芒格时不时就会赶上一些充满商机的浪潮。比如说，美国航空有"飞行里程"积分，美国运通有"信用卡点数"积分，它们都被视为客户积分计划的鼻祖。而巴菲特和芒格对"积分"

商业模式的洞察更是远远超前，早在 20 世纪 70 年代，巴菲特就买入了专做积分业务的蓝筹印花公司。

蓝筹印花的商业模式是这样的：客户在超市、便利店、加油站等商家购物或消费后，零售商会给客户发放一些印花。客户把印花收集起来，积累到一定数量后，就可以找印花公司兑换烤箱、水壶等小礼品。蓝筹印花公司会先从零售商那里收取现金，在客户来兑换小礼品之前，这笔钱是属于公司的沉淀资金，有点类似于保险公司的浮存金。

1970 年，蓝筹印花的营业收入是 1.26 亿美元，保有的"浮存金"规模在 6000 万～1 亿美元。1980 年，蓝筹印花的营业收入跌至 1940 万美元；1990 年，蓝筹印花的营业收入进一步跌至 150 万美元；2006 年，在伯克希尔 980 亿美元的总收入中，蓝筹印花仅仅贡献了 25920 美元。巴菲特在经营上尽心尽力，也没能逆转蓝筹印花的颓势。

蓝筹印花走向衰落似乎是不可避免的。随着电子支付的普及，很多商家都开通了自家的积分系统，比如中国移动的话费积分、广发银行的信用卡消费积分，这对于客户来说也省去了"集邮"的麻烦。商业模式的好坏，跟所处的时代背景密切相关。有的旧行业会消亡，有的新行业会崛起，这都是历史规律使然。

专题 4

寻找竞争优势

55. 投资路标——ROE

在 1977 年致股东的信里，巴菲特写道："公司通常会将每股收益创下的历史新高定义为公司的盈利创出了新纪录。然而由于公司的净资产会随着收益的累积而增加，所以我们并不认为这样的经营表现有什么大不了的。我们认为，净资产收益率应该是衡量管理层表现比较合理的指标。"

为什么巴菲特对每股收益的增长不屑一顾呢？举个简单的例子，假设一家公司有 1000 万股，2020 年的净资产是 1 亿元，ROE 是 20%，那么每股收益就是 2 元；在股份不变、没有分红的情况下，如果 2021 年的 ROE 下降为 18%，则每股收益为 2.16 元。公司的每股收益虽然在增长，但是其真实的盈利能力（ROE 水平）实际上下降了。

在我的印象中，这是巴菲特首次明确提出，净资产收益率是衡量企业经营表现的合理指标。其底层逻辑就是，公司运用股东的出资，能够给股东创造多少回报。一家 ROE 长期维持在 20% 左右的公司给股东创造的价值，肯定会远远高于一家 ROE 常年只有 5% 左右的公司。

我在投资的时候，会把企业最近 5 年或最近 10 年的 ROE 水平看作一个指示牌。如果企业的 ROE 常年低于 10%，可能我就不会去考虑投资；如果企业的 ROE 常年高于 15%，可能这就是优质企业的一个信号，那我可能就会接着往下研究。按照这一思路，整个市场可能也只有 1% 的上市公司符合这一要求，这样就大大降低了我们的工作难度。

56. 投资股票与投资实业孰优

在 1978 年致股东的信里，巴菲特谈到了自己买入 SAFECO 保险公司股票时的感受："我们以折扣价买进这家行业里最优秀公司的部分股权，而你可能必须以溢价的方式才能买到一整家表现平庸的公司。而且，没有人可以用折扣价成立一家新的保险公司，即便可以，这么做也必然会面临不确定性。"

巴菲特的这段话，谈到了投资的本质。我们为什么要做投资？就是因为对于大多数投资者来说，我们既无能力也无必要去亲自经营一家优质企业。给你足够的钱，你能建立起类似于腾讯控股这样全球一流的互联网企业吗？既然不能，那么在它股价合理甚至股票价值被低估的时候买入，就远远胜过我们亲自去建立或运营一门普通的生意。

说说我身边的案例。有位刚认识不久的校友创办了一家酒企，邀请我入伙，被我一口回绝。原因很简单，上市公司里有很多头部白酒企业，只要价格合适，买入其股票之后，做股东一样很赚钱，何必去碰市场上尚无名气的小型酒企呢？做优秀企业的小股东，远比做平庸企业的大股东来得划算。

57. 买好公司，交好朋友

在 1979 年致股东的信里，巴菲特写道："在某些行业，比如说地方电视台，只要有少量的有形资产，就能赚取大量的收益。这类企业的资产售价也奇高无比，1 美元账面价值的资产可以喊价到 10 美元甚至更高，这样的估值反映出其惊人的获利能力及不菲的身价。"也就是说，由于地方电视台的获利能力较强，市场愿意给出的估值可以达到 10 倍市净率。

而纺织行业则是一番惨淡的景象。巴菲特自述，为了扩大对纺织业的投资，他在数年前买下位于曼彻斯特的 Waumbec 纺织厂。其买价相当便宜，大幅低于这家企业的运营资本，卖家相当于半卖半送，巴菲特因此得到了大量物美价廉的机器设备与不动产。照此估算，其成交价大约只有 0.5 倍市净率。

然而，即便以如此低廉的价格购入，事后巴菲特仍然觉得非常后悔。巴菲特觉得就算拼尽全力，他也无法解决纺织厂冒出来的各种问题。往往是旧问题刚刚解决，新问题又出来了，让人精疲力竭。相比之下，溢价买下电视台这种好生意，不但操心少，而且其持续的获利能力要远远高于纺织厂。

所以，巴菲特郑重得出自己的结论："在投入相同时间与精力的情况下，以合理的价格买下好企业，胜于以低廉的价格买下烂公司。"这给我的启示是，投资要买好公司，交朋友要交好人。但无论是买优秀的公司，还是交优秀的朋友，前期的付出肯定会更多。不过，从长远考虑，这一切都是值得的。

58. 盖可保险的竞争优势

在 1980 年致股东的信里，巴菲特首次把盖可保险单列出来，因为以市价计算，盖可保险已经成为伯克希尔最大的股票持仓。1976 年和 1980 年，巴菲特分两次投入共 4700 万美元，累计买入盖可保险 33% 的股份。截至 1980 年底，伯克希尔持有盖可保险 720 万股，市值约为 1.05 亿美元。巴菲特非常欣赏盖可保险的两点包括：

第一，资金配置的高超技巧。据巴菲特自述，按照伯克希尔的持股比例，盖可保险每年对应的可分配盈余可以达到 2000 万美元，但伯克希尔实际收到的股息大约只有 300 万美元。不过，巴菲特非常认可盖可保险的做法，因为它主要将未分配盈余用于股票回购，使自身的流通股从 3400 万股缩减至 2100 万股，大大增厚了原有股东的权益。

第二，难以模仿的产业优势。巴菲特一向对"困境反转型"企业缺乏兴趣，因为他觉得再优秀的管理层也无法挽救一个没落的企业。不过，巴菲特认为盖可保险是个例外。盖可保险之所以能从 1976 年的破产边缘走出来，并逐渐起死回生，主要是因为它最大的竞争优势——低运营成本的商业模式没有发生根本性的改变。

巴菲特对投资盖可保险非常满意。因为如果是用协议收购盖可保险的这部分股权，按照其 2000 万美元的盈余，交易的对价至少是 2 亿美元，而巴菲特仅仅花了 4700 万美元，这就是股票市场的好处。要补充的一点是，巴菲特在拯救盖可保险的时候扮演了重要角色。如果仅仅是财务投资，则应当更加保守和谨慎一点。

59. 产生现金与消耗现金

在 1980 年致股东的信里，巴菲特写道："由于高通货膨胀率的影响，越来越多的公司会发现，它们必须将所赚得的每一美元再投入，才能维持其原有的生产力。这些公司的账面数字再好看，除非看到真金白银，否则我们对其都将保持高度警惕。"由此，巴菲特说自己偏爱"产生现金"而不是"消耗现金"的公司。

芒格也谈过这两类公司的区别：第一类公司，每年赚 12%，到年底的时候，股东可以把利润拿走，而不影响其原有的生产力；第二类公司，每年也赚 12%，但所有的现金都必须再投资，才能维持其原有的生产力。第一类公司，就属于"产生现金"的公司；第二类公司，则属于"消耗现金"的公司。

前者如贵州茅台，即便把它每年的净利润全部分红，也丝毫不影响它的竞争优势，它甚至会因为净资产的基数变小而出现极高的净资产收益率；后者如伯克希尔－哈撒韦的纺织厂，每年的净利润必须投入纺锭等生产设备的购置和维修，否则公司的生产效率就会下降。

由此，我联想到，什么样的人会受大家欢迎，什么样的人会被嫌弃呢？答案是，能够给他人带来价值的人会受欢迎，不断消耗他人能量的人会被嫌弃。明白了这一点，在人际交往的时候，我们切忌向外界传递负能量，要尽量给别人赋能，让别人因为有我们的存在而变得更好。

60. 抗通胀的两项标准

在 1981 年致股东的信里，巴菲特提到了一类特别有竞争力的公司，这类公司能够抵御通货膨胀，给投资者创造高额回报。如何识别这类公司呢？它们通常满足两项标准：第一，能够相当容易地让产品或服务涨价，却不会轻易失去市场占有率；第二，只要增加少量的资本支出，便可以使营业收入大幅增长。

先看产品提价和销售收入的关系。以贵州茅台为例，i 茅台 app 上线的 53%vol、100ml 的飞天茅台售价为 399 元 / 瓶，5 瓶 100ml 的飞天茅台价格合计为 1995 元。而 1 瓶 500ml 的飞天茅台出厂价为 1169 元，100ml 的飞天茅台相当于变相提价 70%。然而在这种大幅提价的情况下，100ml 的飞天茅台依然供不应求，这充分说明了贵州茅台超强的提价权。

再看资本支出和营业收入的关系。以喜诗糖果为例，1971～1991 年，其利润增加了近 10 倍，给股东创造的分红超过 4 亿美元，营业收入也得到了大幅增长。与此同时，喜诗糖果的资本支出还很少，20 年的时间里仅仅追加了 1800 万美元的留存利润，可以说是不折不扣的"现金奶牛"。

巴菲特在股东大会上回答提问时，多次提到一个观点：对抗通胀的最好办法是投资自己。公司抗通胀的原理，实际上也可以运用到个人身上。如果我们有自己独特的竞争优势，那么我们在人才市场就拥有了议价权。随着自身知识和经验的积累，后续无须大量的开支，我们也可以创造巨大的社会价值。

61. 通货膨胀的影响

在 1981 年致股东的信里，巴菲特谈到了通货膨胀对企业的负面影响："当通货膨胀猖獗时，不良的企业将被迫保留它的每一分钱，才能辛苦地维持它过去拥有的生产力。通货膨胀就像企业体内的寄生虫，不管寄主的身体状况如何，都会拼命从它身上汲取养分。"相对而言，优秀的企业抵御通货膨胀的能力更强一些，举个简单的例子：

一家优秀的企业以 800 万美元的有形净资产创造了 200 万美元的盈利，其盈利是有形净资产的 25%。而一家平庸的企业以 1800 万美元的有形净资产创造了 200 万美元的盈利，其盈利是有形净资产的 11%。熟悉伯克希尔发展史的朋友都知道，这家优秀的企业就是喜诗糖果。

那么现在假设通货膨胀率是 100%，所有物品的价格都上涨一倍，为了维持原有的生产力，两家企业必须将自身的名义利润提升到 400 万美元。对于优秀的企业而言，它仅仅需要投入 800 万美元的有形净资产即可；但是对于平庸的企业来说，它必须投入 1800 万美元的有形净资产。换而言之，通货膨胀对平庸的企业造成的负面影响更大。

巴菲特买下喜诗糖果的时候，出价是 2500 万美元，如果其利润达到 400 万美元，其估值可能会增长到 5000 万美元；而如果是一家平庸的企业，在新增 1800 万美元的投入之后，公司的整体估值可能也只有 3600 万美元。从估值上说，优秀的企业也更容易获得溢价，这也是优秀的企业能够跑赢通货膨胀的秘诀。

62. 同质化与差异化

在 1982 年致股东的信里，巴菲特谈到保险业时写道："若客户不在乎所用的产品或服务由谁提供，成本与价格完全由竞争来决定，企业一定会面临悲惨的下场。这也是为什么，几乎所有的厂商都强调并努力建立自身产品或服务的差异性。"巴菲特以糖果和砂糖为例进行了解释。

消费者在选择糖果的时候，喜诗糖果会有非常明显的品牌溢价。类似的例子还有口香糖，即便绿箭口香糖的价格比杂牌口香糖高出一倍，消费者也会选择绿箭；但是，消费者在选择咖啡的时候，并不会在意砂糖是哪家公司生产的。类似的例子还有纽扣，消费者会在意服装的品牌，但对纽扣的生产商几乎无感。

那么，企业有没有可能实现对"大路货"产品的突破呢？其实很难，因为它还受制于所在的行业。比如，航空公司、保险公司、房产中介、股票经纪等要想实现重大的差异化，可以施展的空间非常狭小。各行业中，天然会存在一些较好的商业模式，以及一些较差的商业模式。

分析一家企业的竞争优势，可以用迈克尔·波特教授的"五力模型"。一般而言，实现了差异化的企业，会较少地受到同业竞争者、新进入者和替代品的威胁，自然也就增加了和上下游议价的能力。我们在选择一家上市公司的时候，如果它没有准入壁垒或者进入门槛较低，应当引起我们的警惕。

63. 喜诗糖果的挑战与优势

在 1983 年致股东的信里，巴菲特单独列出一个话题，盛赞喜诗糖果的管理层，并谈到了喜诗糖果的历年表现。1972~1983 年，喜诗糖果的营业收入从 3134 万美元[⊖]增长至 1.34 亿美元（增长了 328%），销量从 1695 万磅[⊜]增长至 2465 万磅（增长了 45%），店铺数量从 167 家增长至 207 家（增长了 24%），税后盈余从 208 万美元增长至 1370 万美元（增长了 559%）。

从上述数据来看，喜诗糖果利润和收入的增幅远远高于其销量和店铺数量的增幅。这可以说明，喜诗糖果的业绩增长，主要依赖于产品单价的提升，而非产品销量的增加。对于喜诗糖果来说，这样的局面有喜有忧。喜的是，公司的产品具有提价权；忧的是，糖果的销量很难有大幅的突破，会对公司未来的发展形成一定的制约。

巴菲特认为，衡量喜诗糖果单店经营绩效的核心指标，是销售磅数而非销售收入。原因在于，销售收入取决于单价和销量，而单价并不是由分店自行掌握的。分店做得好不好，主要看它能卖出多少磅的糖果。从 1979 年开始，喜

⊖　喜诗糖果 1972 年相关经营及财务数据若存在全书前后不一致的情况，是由致股东的信不同年份公布的数据不一致所致。

⊜　1 磅 = 0.4536 千克。

诗糖果的销量就在 2400 万磅左右停滞不前。

除了销量的问题，巴菲特还在考虑，如何在保证品质的前提下，尽可能压低成本。不过，虽然面临一些挑战，喜诗糖果的总体竞争优势还是相当突出的。喜诗糖果的主战场在美国中西部地区，消费者宁愿为喜诗糖果支付两到三倍的溢价，这就是品牌的力量和价值。

64. 斯科特－费泽的故事

在 1986 年致股东的信里，巴菲特提到了加入伯克希尔大家庭的新成员——斯科特－费泽公司。它的旗下拥有寇比吸尘器、世界百科全书等多项业务。1986 年，"门口的野蛮人"伊万·博斯基向斯科特－费泽提出并购，遭到强烈抵制。公司管理层向巴菲特求助，巴菲特出价 3.15 亿美元，收购了这家公司。

斯科特－费泽的财务状况非常理想。巴菲特收购时，斯科特－费泽的净资产为 1.73 亿美元，净利润为 0.4 亿美元，ROE 高达 23%。账上现金超过 1.25 亿美元，且几乎没有有息负债。按照巴菲特的出价，市盈率不到 8 倍，市净率（＝市值／净资产）不到 2 倍。如果扣除当年斯科特－费泽给伯克希尔的 1.25 亿美元的分红，巴菲特的实际出价大约只有 1.9 亿美元。

1986～1994 年，斯科特－费泽累计实现净利润 5.55 亿美元，分红 6.34 亿美元，分红率高达 114%。其间，斯科特－费泽的 ROE 始终维持在高位，1994 年这一指标甚至达到 87%。在几乎 100% 分红的情况下，其净利润依然从 1986 年的 4030 万美元增长至 1994 年的 7930 万美元，可谓不折不扣的"现金奶牛"。

相比于巴菲特投资的盖可保险、可口可乐等知名案例，斯科特－费泽看起来似乎并不起眼。在我看来，这家公司还是非常具有代表性的。一方面，斯科特－费泽也是多元化经营的典范，这一点与伯克希尔有相似之处；另一方面，斯科特－费泽超高的盈利水平给伯克希尔贡献了超过 10 亿美元的税前利润，为巴菲特的投资提供了充足的"弹药"。

65. 细分领域的"隐形冠军"

在 1987 年致股东的信里，巴菲特提到《财富》杂志的一项研究成果：1977～1986 年，在 1000 家上市公司中，能够达到连续 10 年平均 ROE 超过 20% 且任一年度都不低于 15% 的企业仅仅只有 25 家，占比 2.5%。在这 25 家优秀企业中，有 24 家的股价表现超越同期标普 500 指数，占比 96%。

不难看出，优秀企业的特征主要表现为：长期（10 年）、稳定（业绩波动较小）、高收益（年化收益率较高）。在较长的时间周期内，这样的企业股价跑赢大盘的概率极大，确定性极高。从行业分布看，除了极少数企业在科技和医药领域外，绝大多数从事的都是平凡、传统的业务。

巴菲特举例说，伯克希尔买下的内布拉斯加家具城、布法罗新闻报、喜诗糖果、范奇海默兄弟公司、寇比吸尘器等公司，主营业务看似平平无奇，但是由于非常专注，能够抵御外界诱惑，数十年如一日地本分经营，从而在行业内形成了竞争优势，塑造了领导品牌，取得的业绩有目共睹。

在我看来，巴菲特提供了一种选股思路，那就是寻找细分领域的"隐形冠军"。这些企业通常规模不大，从事的业务也毫不起眼，但它们专注于非常狭窄的领域，在业内享有较高声誉。这样的企业，往往具有较强的竞争力，也更容易获得超额收益。

66. 低毛利率一定没有竞争优势吗

在 1987 年致股东的信里，巴菲特再次对 B 夫人给予大力褒奖。50 年前的 1937 年，B 夫人依靠借来的 500 美元开始创业，凭借着不怕吃苦、顽强拼搏的精神，将内布拉斯加家具城打造成全美知名家具品牌。巴菲特透露，1987 年内布拉斯加家具城的营业收入为 1.4 亿美元，如果客户选择在别处购买家具，可能要多花 3000 万美元。

因此，有人给巴菲特提出建议，如果想要提高伯克希尔的盈利水平，可以让内布拉斯加家具城提高产品价格。按照 1.4 亿美元的年营业额计算，提高20% 的售价，产品价格依然处于合理的水平，却可以增加 2800 万美元的利润。不过这样一来，内布拉斯加家具城"价格公道实在"的形象肯定会受到损害。

由此，我想到一个问题：我们平时选择股票的时候，通常会认为高毛利率是企业竞争优势的一种体现，但是，低毛利率的企业一定没有竞争力吗？拿内布拉斯加家具城来说，它并不是没有能力获得更高的毛利率，但它没有这样做。内布拉斯加家具城的核心竞争优势，恰恰体现在它的低毛利率（同时也是低成本）上。

在我看来，分析一家企业，首先要搞清楚它的战略定位。通常而言，一家企业要么是走"低成本"路线，生产的是大众化产品，表现为"低价格，高周转"，比如沃尔玛；要么是走"高差异"路线，生产的是高质量产品，表现为"高价格，低周转"，比如贵州茅台。不同的战略定位决定了财务数据会呈现出不同的特点。

67. 特许经营之贵州茅台

在 1991 年致股东的信里，巴菲特写道："借由特定的产品或服务，一家公司可以被归为特许经营行业，其特点包括人们对它有需求、找不到类似的替代品、不受价格的管制。一家公司是否具有上述特点，可以从它的资本回报率看出来。更重要的是，被归为特许经营行业的公司能够容忍不当的管理，经理人不会对其造成致命的伤害。"

巴菲特的这段话，简直就是为贵州茅台量身打造的。讲投资的时候提茅台，似乎会让人觉得没有技术含量，但放眼全市场，如此优秀的公司确实少见。第一，"酒文化"传承千年，人们对高端白酒的需求是永续的；第二，茅台的底蕴和品质决定了它的社交属性是其他白酒无法取代的；第三，提价后的茅台依然会供不应求。

我们再来直观地感受一下贵州茅台历年的净资产收益率有多高：32.95%（2017 年）、34.46%（2018 年）、33.09%（2019 年）、31.41%（2020 年）、29.90%（2021 年）、30.26%（2022 年）。由于资本的逐利性，all cash is equal，茅台的净资产收益率之所以远远高于市场平均水平，就是因为它的经济商誉未被记录在资产负债表上，而这恰恰是它真正的"护城河"。

不过话说回来，如此完美的企业，大多数时候都不可能是被低估的。真等到百年一遇的买入时机时，又需要我们拥有"逆向投资"的信心与勇气。

68. 收购喜诗糖果 20 周年

在 1991 年致股东的信里，巴菲特回顾了近 20 年前买下喜诗糖果的投资经历。1972 年 1 月 3 日，喜诗糖果以 2500 万美元的估值卖给了蓝筹印花。20 年过去了，这两家公司都发生了天翻地覆的变化：蓝筹印花的营业收入从 1 亿美元下降至 1200 万美元；喜诗糖果的营业收入从 2900 万美元增长至 1.96 亿美元，税前盈利从 420 万美元增长至 4240 万美元。

从蓝筹印花和喜诗糖果 20 年的经营变迁，我们可以深刻地感受到：时间是优秀企业的朋友，却是平庸企业的敌人。20 年前你投资的是蓝筹印花还是喜诗糖果，决定了 20 年后你是赚得盆满钵满还是亏得一塌糊涂。在这 20 年间，喜诗糖果不但实现了营业收入的大幅增长，而且税前利润率也从 14.48% 提升至了 21.63%。

1972～1992 年，喜诗糖果的有形净资产从 700 万美元增长至 2500 万美元。这就意味着，公司仅仅保留了 1800 万美元的盈余。其间，公司赚取了 4.1 亿美元的利润，均以分红的形式返还给了蓝筹印花和伯克希尔。巴菲特拿着这些资金，投向了更多优质的企业，不断地夯实着集团整体的财务实力。

喜诗糖果给巴菲特带来了非常美妙的持仓体验，这不仅仅体现在财富的增值上。更重要的是，投资喜诗糖果让巴菲特突破了传统的格派投资方式，他因此对强势的特许经营行业有了更深刻的理解。依靠着这一层认知，巴菲特在 20

世纪 80 年代末期大举投资可口可乐，赚到了更多的钱，这就是"知识的复利"。

69. 寻找超级明星股

在 1991 年致股东的信里，巴菲特写道："寻找产业中的超级明星股，是我们唯一能够获得成功的机会。芒格和我天资有限。以我们目前管理的资金规模来看，实在无法依靠机敏地买卖烂公司的股票来获得超额收益。我们认为，其他人也无法通过在花丛中跳来跳去获得长久的投资成功。"

频繁买卖股票，实现低吸高抛，是很多股市投机者做过的"春秋大梦"。他们的如意算盘是，今天追进去，明天赚 1% 出来，一年操作 20 次，高收益似乎唾手可得。到时候，他们可以得意地说："巴菲特就那么回事儿。"理想很丰满，现实很骨感。绝大多数投机者不但很难赚到价差，而且经常陷入"一买就跌，一卖就涨"的尴尬境地。

巴菲特对这种短线操作的手法非常不屑。巴菲特说，这些频繁买卖股票的人，还能称得上投资者吗？如果他们都能算投资者，那花花公子寻找一夜情也可以算浪漫了，这岂不是很可笑吗？投资跟选择对象是一样的，好股票、好对象本来就是稀缺的，如果你本来就觅得佳偶，又何必离婚另寻新欢呢？

巴菲特还引用凯恩斯的话说："随着时光的流逝，我越来越确信，正确的投资方法是将大部分资金投入自己非常熟悉且由自己信任的管理层经营的企业中。"巴菲特是这么想的，也是这么做的。在巴菲特 1991 年超过 1 亿美元的持仓中，只有健力士是新增标的，其他的 7 只股票仍然是"老相识"，可谓"衣不如新，股不如故"。

70. 可口可乐与吉列的竞争力

在 1993 年致股东的信里，巴菲特写道："长期而言，可口可乐与吉列公司所面临的产业风险，比任何计算机公司或销售商都要小得多。可口可乐占全世界饮料销量的 44%，吉列公司以销售额计算的市场占有率则达到 60%。除了称霸口香糖市场的箭牌公司以外，我看不出还有哪家公司能够像它们一样，享有长期傲视全球的竞争力。"

按照学术界的理论，可口可乐和吉列公司的 β 值跟很多平庸公司都很相似。巴菲特说，难道衡量一家公司所面临的产业风险时，不需要把企业竞争优势纳入考虑范围吗？β 值理论却根本不分辨是科技公司还是玩具公司，仅仅根据股价波动的表现"一刀切"。就凭这一点，我们也能看清 β 值理论的荒谬之处。

衡量企业长期的竞争优势，才是投资的正途。但正如巴菲特所言，他和芒格也经常看不懂很多公司。比如说电视机或计算机制造产业的演进，就算是行业内的职业经理人和专业投资人都无法研判，更遑论普通投资者。不过话说回来，为什么一定要有这种前瞻能力呢？没有预测产业快速变迁的能力，也不妨碍在易于理解的行业里赚钱。

可口可乐和吉列公司从事的就是简单易懂的业务，它们的核心竞争力也是显而易见的。第一，它们的市场占有率都很高；第二，它们的品牌形象已经深入人心；第三，它们的渠道非常强大，在全球各个角落的超市货架上，都能看到它们的产品。研究这样的企业，看起来没有多么"高大上"或多少"高科技"，但能轻轻松松地赚钱。

71. 大公司的少数股权与小公司的多数股权

在 1994 年致股东的信里，巴菲特写道："我们宁愿拥有天然钻石的一小部分，也不要纯度为 100% 的人工钻石。伯克希尔持有的很多公司堪称'皇冠上的钻石'。更重要的是，我们不仅拥有现在的这些公司，将来还会得到更多类似的公司。"巴菲特还特意提到伯克希尔拥有少数股权的三家公司：

①可口可乐。1994 年，可口可乐总计卖出 2800 亿罐饮料。伯克希尔持有可口可乐 7.8% 的股份，相当于享有其中约 220 亿罐的权益。②吉列公司。以持股比例计算，相当于伯克希尔享有全球剃须刀市场 7% 的市场占有率。③富

国银行。伯克希尔持有富国银行 13% 的股份，就相当于拥有一家总资产为 70 亿美元，利润为 1 亿美元的银行。

巴菲特看待股票的方式，很值得我们学习。比如上面提到的例子，拥有富国银行 13% 的股份，实际上就等于拥有一家小银行的全部股份，只不过这家小银行的规模只有富国银行的 13% 而已，两者唯一的区别可能在于是否享有控制权。如果仅仅从获得财务回报的角度出发，两者的效果几乎是一样的。

72. 斯科特 - 费泽与贵州茅台

在 1994 年致股东的信里，巴菲特以伯克希尔旗下的斯科特 - 费泽公司为例，谈到了账面价值与内在价值之间的关系。我在前文已经介绍了斯科特 - 费泽公司，1986 年，巴菲特斥资 3.15 亿美元收购了斯科特 - 费泽，当时公司的账面价值是 1.73 亿美元。也就是说，巴菲特认为斯科特 - 费泽的内在价值大约是其账面价值的 1.83 倍。

被伯克希尔收购当年，斯科特 - 费泽的盈利只有 4030 万美元，但是由于公司账面上有大量现金，年底时给伯克希尔的分红就高达 1.25 亿美元。1986～1994 年，斯科特 - 费泽累计实现盈利 5.55 亿美元，累计发放股利 6.34 亿美元，分红率超过 100%。

由于历年分红金额高于盈利，斯科特 - 费泽的净资产也从 1986 年初的 1.73 亿美元下降至 1994 年末的 9400 万美元。净资产逐年下降，净利润却逐年增长，推动其 ROE 不断走高。以实际经营成果计算，斯科特 - 费泽的 ROE 可以排在当年《财富》500 强名单的首位。更难能可贵的是，斯科特 - 费泽始终维持着很低的债务水平。

斯科特 - 费泽的财务特征可以概括为：低负债、高分红、超强的盈利能力。这让我想到了贵州茅台。根据其 2022 年年报，贵州茅台的资产负债率只有 22%，年末分红加上特殊分红总计约 548 亿元，分红率约 87%，ROE 高达 30%，如果进一步加大分红力度，ROE 还会进一步提升。

73. 百年老店可口可乐

在 1996 年致股东的信里，巴菲特用很长的篇幅谈到了他对可口可乐的理解。巴菲特认为，可口可乐和吉列这两家公司，很可能被贴上"注定如此"的标签。虽然不同的投资者在预测它们未来 20 年的产销量上会有所差别，但是几乎没有人会怀疑它们在各自领域的市场主导地位。

巴菲特说，他正在研究可口可乐 1896 年的年报。早在 100 年前，可口可乐就已经是市面上主要的软饮料品牌，当年的销售额是 14.8 万美元。时任可口可乐总裁的阿萨·坎德勒不无自豪地说："没有哪一种类似的商品在满足公众的偏好方面，可以这样稳固地确立自己的地位。"截至 1996 年，可口可乐的销量达到 32 亿加仑⊖，是 100 年前的 2.75 万倍。

无论是 1896 年还是 1996 年，可口可乐显著的竞争优势和绝佳的经济状况始终保持恒定。已经优秀了 100 年，下一个 10 年或者 20 年，会不会继续保持优秀呢？这似乎是一道不难的判断题。巴菲特笃定，虽然可口可乐已经占据了巨大的市场份额，但它有望在未来再创佳绩。

巴菲特承认，有很多高科技领域的创新企业，发展速度要比可口可乐快得多。比如说，亚马逊有可能在一年内实现销售收入翻番，但可口可乐肯定做不到。不过，巴菲特宁可要确定的优秀结果，也不指望得到不确定的伟大结果。在我看来，投资很难做到"既要……又要……"，选择确定性高的企业，慢慢变富，就是一条人生正道。

74. 专注的力量

在 1999 年致股东的信里，巴菲特提出，卓越的企业非常少见，他和芒格费尽一生心力，也只能找到少数稳步增长的企业。回望过去，通用汽车、IBM 和西尔斯百货等公司，都曾经是各自行业中雄踞一方的霸主，但最终却不得不

⊖ 1 加仑 = 3.7854 立方分米。

接受岁月的冲刷和洗礼。在巴菲特眼中，只有可口可乐、吉列才称得上是"注定如此"的企业。

如果有幸能够选到最杰出的企业，在投资的时候也要注意两个问题：第一，切记不要出价过高。如果买得贵了，企业可能要花很长的时间才能消化估值，从机会成本的角度讲，对投资者而言是不划算的。第二，警惕公司改弦更张。如果一家优秀企业的管理层没有专注于自己的主业，比如可口可乐养虾、吉列公司钻探石油，就是值得警惕的现象。

巴菲特说，对于优秀的企业来说，最令人感到担忧的就是失去目标。企业失去目标的原因有可能是多方面的，比如管理层不甘寂寞，胡思乱想，随意出圈儿，再比如管理层盲目乐观，过度自信，好大喜功，都可能导致企业价值停滞不前。巴菲特强调的核心是"专注"，这是他人格中最强大的特质，也是他评价企业时非常看重的要素。

对于企业而言，最好的发展路径莫过于数十年专注于某个垂直领域，一心一意做大做强，最后形成自己的"护城河"。对于个人而言，又何尝不是如此呢？人生百年不过三万六千日，时间和精力都非常有限，不可能做到面面俱到，更不可能做到全面发展。全面发展的结果，往往是全面平庸。从我个人的角度来说，无论是写作、阅读还是直播，都应以"投资"为中心。

75. "确定性"重于"高收益"

在 1999 年致股东的信里，巴菲特有一段关于投资的经典论述。巴菲特说，为什么不投资高科技公司呢？虽然高科技公司提供的产品和服务有可能改变社会，但他和芒格实在想不出，哪家高科技公司具有持续的竞争优势。紧接着，巴菲特又说，不投高科技公司也没关系，只要做好能力圈以内的事情就好啦！

巴菲特坦言，自己最感兴趣的，就是兼具"好公司"和"好价格"双重属性的股票。如果只能二选一，那"好公司"肯定排在"好价格"之前。伯克希尔持有的大多数股票，都是好公司的股票，但目前的价格并不特别诱人。在这种情况下，巴菲特既没有大幅降低股票仓位，也没有急于增加股票持仓。

巴菲特坚信，虽然现在只能"呆坐不动"，但总有一天，伯克希尔有机会将大量的资金再度投入股市。究竟是哪一天，巴菲特也不知道，他还很俏皮地说："不是在此时，不知在何时。"巴菲特说的这句话，跟《大约在冬季》的歌词几乎完美匹配，因为下一句就是"我想大约会是在冬季"。股市的"冬季"，不正是重仓买入的好时机吗？

在我看来，巴菲特对投资的观点是非常明确的："确定性"排在"高收益"之前，"好公司"排在"好价格"之前，因此他主要的精力都放在寻找确定性高的好公司上。找到好公司以后，计算好合理的估值，设置好理想的买点和卖点，然后静静地等待"好球"落入"击球区"。低估则买，高估则卖，不高不低则持有，投资说起来就是这么简单。

76. 上工治未病

在 2005 年致股东的信里，巴菲特写道："如果我们能提升客户体验，削减不必要的开支，改进我们的产品和服务，我们就会变得更强。如果我们漠视客户，膨胀自大，我们的公司就会日渐枯萎。我们行为的效果似乎每天都没什么不同，但随着时光推移，日积月累，其结果会非常强大。"

巴菲特经营企业的重中之重，就是努力提升公司长期的竞争优势，或者说"加宽护城河"。如何才能加宽自己的"护城河"呢？其实并没有什么"速成大法"，打造和拓宽自己的"护城河"，很大程度上依靠日常看似不起眼的坚持。正如《道德经》所述，"九层之台，起于累土；千里之行，始于足下"。

如果短期利益和长期利益发生冲突，那么巴菲特会优先考虑"加宽护城河"。如果管理层为了追逐短期利益而做出错误的决策，导致客户满意度或者品牌美誉度等遭受损害，那么即便后续再做大量的工作也无法弥补。比如说，在保险行业竞相杀价的时候，巴菲特能够顶住多年营业收入下滑的压力不参与杀价，就是一种"长期主义"。

本杰明·富兰克林曾说："一盎司[○]的预防，胜过一磅的治疗。"这让我想到了《黄帝内经》里的一句话："是故圣人不治已病治未病，不治已乱治未乱，此之谓也。"简而言之，上工治未病。在商业世界里，最伟大的企业家和投资家并不会经历人生的跌宕起伏，而是随着时间的推移，波澜不惊地赢得人生终局的胜利。

77. 巴菲特论报纸行业

在 2006 年致股东的信里，巴菲特写道："当一个行业的内在盈利能力不断恶化时，杰出的管理层也许能延缓企业走向衰败的速度，但恶化的基本因素最终会盖过管理层的能力。如果你想成为一名有声望的商人，就一定要进入一个有前景的行业。现在报纸行业的状况在不断恶化，布法罗新闻报的利润连年下降，而且这种下降趋势还会持续下去。"

巴菲特解释说，过去报纸是容易赚钱的行业，主要原因如下：在 20 世纪的大部分时间里，报纸是民众获取信息的主要途径。广告商喜欢发行量大、读者众多的报纸，而读者喜欢有更多新闻和广告资讯的报纸，因此报纸的"双边效应"非常明显——读者越多，广告商就投得越多；广告商投得越多，报纸的盈利就越好，也就能以高质量吸引更多读者……

早在 1991 年致股东的信里，巴菲特就明确指出，报纸行业过去那种"财源滚滚"的好日子将一去不复返。当时很多出版商对巴菲特的论断不以为然，他们认为报纸仍然是不受破坏的赚钱机器。如今，几乎所有的出版商都意识到，有线电视、卫星广播和互联网对报纸造成了猛烈的冲击，报纸行业正在面临一场巨大的变革。

在我看来，巴菲特分析企业的商业模式，总是能够直击本质。20 世纪 70

○　1 盎司 = 28.3495 克。

年代，巴菲特陆续重金买入华盛顿邮报、布法罗新闻报等相关公司或产业，是因为当时的报纸在传媒界居于统治地位。从 20 世纪 90 年代起，巴菲特对报纸的看法越来越转向中性甚至负面，这表明他对传媒行业有着深刻的理解和敏锐的洞察。

78. 卓越、优秀、可憎的企业

在 2007 年致股东的信里，巴菲特把三种企业类型比喻为三类"存款账户"：一是卓越的企业，它们会给客户支付高额利息，随着时间的推移，利息会越来越多；二是优秀的企业，它们会给客户支付合理利息，只有当客户增加存款时，才有可能获得更多利息；三是可憎的企业，它们给客户支付的利息很少，哪怕客户不断追加存款，也只能获得令人失望的回报。

卓越者如喜诗糖果。1972～2007 年，喜诗糖果的销售额从 3000 万美元增长至 3.83 亿美元，增幅约为 11.77 倍；税前利润从不足 500 万美元增长至 8200 万美元，增幅超过 15.4 倍。相比之下，喜诗糖果的净资产从 800 万美元增长至 4000 万美元，增幅仅仅只有 4 倍。不难看出，喜诗糖果的投入产出比很高。

优秀者如飞安国际。1996～2007 年，飞安国际的资本支出总额高达 16.35 亿美元。飞安国际需要采购大量的飞行模拟器，每台模拟器的成本超过 1200 万美元，公司总计拥有 273 台模拟器，单是这一项的开支就高达 32.76 亿美元。其间，飞安国际的固定资产投资为 5.09 亿美元，由此产生的税前营运利润为 2.7 亿美元，这样的回报虽然不错，但远不及喜诗糖果。

可憎者如美国航空。巴菲特说，自从发明飞机以来，航空公司就一直消耗着大量的资本和财富。投资者给航空公司投的钱，就像是掉进了"无底洞"。1989 年，巴菲特不慎买入美国航空的优先股，直到 1998 年才侥幸脱身。此后，美国航空两度宣布破产。对于患有"资金饥渴症"的企业，我们一定要仔细甄别，避免入坑。

79. 卓越的喜诗糖果

在 2007 年致股东的信里，巴菲特写道："我们所寻找的企业，来自稳定行业中拥有长期竞争优势的企业。它最好能自然增长，即使不能，这样的企业也是值得投资的。我们可以拿着从这家企业获得的大量利润，购买其他类似的企业。没有规定说你必须把钱投向那些你已经赚到钱的企业。"巴菲特还特意点评了他心目中的理想企业，那就是喜诗糖果。

1972 年，蓝筹印花公司以 2500 万美元买下喜诗糖果时，它的糖果销售量为 1600 万磅，销售额为 3000 万美元，税前利润不到 500 万美元，经营企业所需的资金约为 800 万美元。喜诗糖果对现金的需求很少，主要得益于两大优势：第一，销售产品采用现金结算，没有应收账款；第二，生产周期和销售周期较短，几乎没有库存。

2007 年，喜诗糖果的糖果销量为 3100 万磅，销量的年增长率仅仅只有 2%，似乎前景黯淡。但是，我们再来看看其他关键数据：销售额为 3.83 亿美元，税前利润为 8200 万美元，经营企业所需的资金为 4000 万美元。这 35 年间，喜诗糖果实现的总利润为 13.5 亿美元，除了用于再投资的 3200 万美元以外，其他的资金都流进了伯克希尔股东的腰包。

巴菲特说，实现利润从 500 万美元到 8200 万美元的跃升，喜诗糖果仅仅多投入了 3200 万美元，而一般的美国企业可能要投入 4 亿美元甚至更多。在我看来，成长可以是有价值的，也可以是无价值的，关键是看投入产出比。实现利润增长是否以大量的资本支出为代价，是我们衡量一家企业是否卓越的重要标准之一。

80. 组织与个人的关系

在 2007 年致股东的信里，巴菲特写道："如果一家企业需要有一位超级明星才能产生出色的业绩，那么这家企业本身并不能算是卓越的企业。"巴菲特举例说，如果你所在地区最出色的外科医生开了一家医疗公司，也许公司会获得丰厚的利润，但并不代表这家公司未来会一直如此。如果这名医生离职，这家公司的护城河也会因此消失。

反观全美著名的梅奥诊所，你可能并不知道它的 CEO 是谁，但无论哪位医术精湛的医生从这里离职，都不会对它的护城河造成任何影响。评价一家公司是否具有核心竞争力，要看究竟是"企业依赖个人"还是"个人依赖企业"。对于严重依赖个人的企业，一定要多问一句：当核心关键人物离开后，企业将何去何从？

从股票投资的角度看，越是不依赖个人的企业，其未来发展的确定性就越高。从个人成长的角度看，越是不依赖企业的个人，其竞争力就越强。我很早就写过一句话："世界上根本就没有什么铁饭碗，如果有的话，那就是你自己的实力。"我们要做"U 盘型人才"，对所有的电脑都兼容。只要自己腹有良谋，在任何平台上都可以"即插即用"，也可以"随到随走"。

81. 伯克希尔的核心竞争优势

在 2010 年致股东的信里，巴菲特指出，虽然伯克希尔的增长潜力受限于日渐庞大的资金规模，很难像过去那样轻松地获得令人满意的投资回报，但它仍然拥有三大核心竞争优势，这是其他企业所无法比拟的，也是伯克希尔这艘金融巨轮在未来依然能够继续扬帆远航的重要保证。

一是聪明能干的管理团队。在伯克希尔，巴菲特给了经理人极大的自由度。经理人无须参加总部召开的会议，无须忍受融资的困扰，也无须看华尔街的眼色行事。出于对巴菲特的感恩和回报，这些经理人在工作上兢兢业业，专注自身业务，且对伯克希尔有着极高的忠诚度，几乎没有高管因为谋求更高的薪酬而离开伯克希尔。

二是高效灵活的资本配置。绝大多数公司只会将留存收益投资于本行业，但任何一个行业的容量都是有限的，越来越多的供给必将导致行业"内卷"越来越严重。伯克希尔由于是多元化的控股公司，它可以在更广的范围内选择最佳投资机会。巴菲特还自嘲说，自己早年也不懂利用这一优势，死守了纺织业务很多年，还好后来迷途知返，另辟蹊径，才拯救了伯克希尔。

三是难以复制的企业文化。伯克希尔的董事没有期权，没有责任保险，但持有大量的公司股票，和全体股东同吃一锅饭，同坐一条船；伯克希尔的高管热爱自己的工作，认同公司的文化，坚定奉行"股东利益至上"的原则。巴菲特以身作则，以上率下，凭借着共同的价值观，将全体董事、高管、员工和股东都牢牢地凝聚在一起。

专题 5

评估企业价值

82. 存在"新的估值标准"吗

在 1959 年致合伙人的信里,巴菲特写道:"我并不相信新的估值标准将会取代老的估值标准。也许我是错的,但我宁愿承受因过度保守带来的惩罚,也不愿面对因采用新的估值理念而可能引发的资本金永久损失的错误。"

巴菲特说的"老的估值标准",就是传统的、有效的、衡量内在价值和市场价格的估值标准。1959 年,道琼斯指数从 583 点上涨到了 679 点,加上股息因素,当年收益率为 19.9%。巴菲特认为,当时的蓝筹股已经被高估,投机成分过多,风险过高。

巴菲特说的"新的估值标准"是指在当时的牛市氛围里,市场上普遍的论调——"树可是会涨到天上去的"。由于过去几年股价连续上涨,早已远远超过企业本身的业绩表现,让巴菲特不无忧虑。面对市场的过度狂热,巴菲特仍然选择了冷静和保守的投资方式。

事实证明,世界上根本没有所谓的"新的估值标准",投资只有一条铁律——涨久必跌,跌久必涨。我记得 2020 年"赛道股"大行其道的时候,当时流行的观点也是"成长才是最大的安全边际"之类的论调。这句话本身没错,但如果因此就只看公司不看估值，最终也是要付出代价的。最近一两年，很多热门的"赛道股"价格大跌 50% 甚至 80%，就是明证。

83. 登普斯特的估值逻辑

在 1961 年致合伙人的信里，巴菲特讲述了他投资登普斯特农具公司的来龙去脉。巴菲特一开始买入登普斯特的时候，是把它放在低估类投资的，结果，登普斯特一直被低估，巴菲特就一直买，直到成为控股股东，实现了对登普斯特的投资从低估类到控制类投资的转移。我们来复盘一下巴菲特对这笔投资的估值逻辑：

根据登普斯特 1961 年的财务报表，当时公司账上流动资产合计 549.1 万美元，加上寿险的现金价值 4.5 万美元、工厂和设备净值 138.3 万美元，资产总计 691.9 万美元。公司的负债主要包括应付票据 123 万美元，其他负债 108.8 万美元，合计 231.8 万美元。这样得出的资产净值是 460.1 万美元，按照 60 146 股计算，每股净资产为 76.49 美元。

巴菲特是这样估值的：在资产端，应收账款打八五折，存货打六折，预付费用打二五折，工厂和设备净值按 80 万美元保守估计，这样计算的资产总值是 443.8 万美元。在负债端，100% 按照原值处理，这样一来计算的保守价值大约为 212 万美元，或者说每股价值 35 美元。

巴菲特 1956 年开始买入这家公司的股票时，成本是 16～18 美元 / 股。到 1961 年，他最终的持股成本大约是 28 美元 / 股，相较于 35 美元 / 股的估算的内在价值，留有足够的安全边际。不难看出，巴菲特在投资的早期，看重的是资产价值，而不是盈利能力，这与他的老师格雷厄姆"捡烟蒂"的投资思想是一脉相承的。

84. 股票的低估与重估

在 1978 年致股东的信里，巴菲特提到一组数据："1971 年，全体养老基金经理人将可用资金的 122% 投资在了高价股票上。但到了 1974 年，股市大幅回落时，他们投资在股票上的比例却降到了 21% 的历史新低。1978 年，许多养老基金经理人平均只将 9% 的资金投资于股票，创下了比 1974 年更低的纪录。"

现在我们知道，1971 年是美股牛市处于高点的时候，1974 年则是美股熊市处于低点的时候，而且直到 1982 年之后，道琼斯指数才重新步入上升轨道。那么可以想象一下，站在 1978 年的历史节点上，一定也有很多投资者被市场按在地上反复摩擦，甚至对股票投资丧失信心。这一点，从机构投资者超低的股票配置比例就可以看出来。

能够真正践行"长期主义"投资理念的投资者，在市场上一定是少数派。大部分投资者在做决策的时候，还是会受到"近因效应"的影响。

巴菲特说，对于那些我们认为被低估的股票，我们并不在乎市场是否会立即重估。事实上，巴菲特买入的很多股票都在买入后三五年才获得市场的重估。

85. 重资产与轻资产企业

在 1985 年致股东的信里，巴菲特谈到，有些投资者在评估股票时，把公司的账面价值或者重置价值看得非常重要。巴菲特自己在投资生涯的早期也是更看重净资产而不是净利润。但是，当巴菲特决意卖掉伯克希尔的纺织业务时，他发现，对于纺织机器设备等资产而言，按照账面价值或者重置价值变现，几乎完全没有可能。

巴菲特算了一笔账，他在纺织机器设备上花费的原始成本约为 1300 万美元，计提加速折旧以后，账面价值仅剩下 86 万美元。如果再添置一套全新的设备，则至少要花上 3000 万美元。但是，等巴菲特处理掉全部设备后，仅仅收到了 16 万美元，扣除成本后所剩无几。之前花 5000 美元买的纺锭，只能以 26 美元的价格卖掉，甚至不够支付运费。

巴菲特谈到的，实际上是重资产企业的一大风险点。这类公司的资产变现能力通常较差，一旦没有新需求，原有的设计产能无法及时退出，相关设备基本上只能归为"无效资产"。如果按照账面价值去估算内在价值，结果可能相去甚远。市场上有很多"破净股"，虽然不排除有一些是被低估的，但另外一些可能真的不值钱。

而且，重资产企业的特点是"高固定成本＋低可变成本"，轻资产企业的特点是"低固定成本＋高可变成本"。重资产企业必须保持一定的生产规模，才能摊低每件产品的成本。相比而言，轻资产企业如果产量下降，成本也会迅速降低。那么在经济下行压力较大的时候，轻资产企业抵御风险的能力就会更强一些。

86. 规模与效益

在 1985 年致股东的信里，巴菲特写道："如果资本回报率普普通通，那么拥有'投得越多，赚得越多'的投资记录就不是什么了不起的管理成就，因为即便你是躺在摇椅里管理运营的，也可以得到同样的结果。"巴菲特认为，即便一位高管在任期内让公司的盈利提升了 3 倍，也未必是因为他能力出众、英明神武，也有可能是公司本身复利积累所带来的。

巴菲特举例说，如果你在银行定存了 10 万美元，年化收益率为 8%，每年利息的 1/4 用于分红，那么 10 年后，你的户头上会有 179 084（＝100 000×1.06^{10}）美元。这一年，你领到的利息为 13 515（＝100 000×1.06^9×8%）美元，其中分到的红利为 3378（＝13 515×25%）美元，与第一年领到的利息和红利相比，两者的增幅均为 69%。但我们知道，这并不是什么了不起的成就。

这让我联想到，企业在发生并购以后，有可能出现净利润的大幅增长，但这未必就是公司快速发展的表现。比如说，公司原本的净资产为 100 亿美元，净利润为 20 亿美元。并购另一家公司后，公司的净资产增长到 200 亿美元，净利润增长到 30 亿美元。乍一看，公司通过并购，净利润增长了 50%，但实际的净资产收益率却从 20% 下降到了 15%。

在投资的时候，我更看重一家公司的收益质量，而不是资产规模。很多上市公司很喜欢开展各种各样的并购活动，虽然表面上看起来企业发展迅速，但实际上拉低了企业的收益率水平。在看似强大的外表下，企业的内力非常羸弱。这样的并购很难说是理性的。能产生合理利润的资产才能称得上有效资产。

87. "估值"与"品质"孰轻孰重

在 1989 年致股东的信里，巴菲特写道："我们能有现在的表现，主要受惠于两大因素。一是我们旗下公司所创造的实际价值增长，二是市场对这些公司股价的合理修正所带来的额外红利。未来我们有信心继续享受公司创造的价值，但由于此前补涨的利益已实现，这意味着我们只能靠前者来获利。"

巴菲特谈到的两大因素，其实就是"戴维斯双击"——一方面公司的净利润在增长，另一方面公司的估值在抬升。股票从被低估回归到合理估值以后，主要就是靠公司的业绩增长推动股价上涨。这里揭示了一个朴素的道理：赚估值差是一次性的，享受公司的业绩推动却是年复一年的。"买好的"和"买得好"孰轻孰重，显而易见。

从投资的基本面因素看，股息率和盈利增长率是构成股票回报率的两个最重要的因素。美国百年股票投资史告诉我们，股票的长期收益率＝实际股息率＋盈利增长率，估值的影响微乎其微。至于熊市和牛市，都只不过是因为情绪面的变化，导致股票的短期收益率出现一定程度的扭曲而已，最终都会走向均值回归。

巴菲特用 60 年的投资经历证明，投资收益率是存在"天花板"的。从生物学的角度看，在有限的世界里，任何高成长的事物必将走向自我毁灭。细菌不可能同时具有"高致命性"和"高传染性"，否则细菌很快就会统治整个世界。对于大多数普通投资者而言，努力精进投资水平以期提高收益率很重要，但更重要的是把精力放在"积累本金"和"增加年限"上。

88. 媒体业务的价值重估

在 1991 年致股东的信里，巴菲特谈到，随着媒体行业所处环境的变化，它很可能由特许经营行业转成弱势行业。短期影响是盈利会受到冲击，长期影响则体现在公司的估值上。过去大家通常认为，媒体业务可以按照每年 6% 的增速一直增长，比如今年赚 100 万美元，明年就可以赚 106 万美元，依次类推。但现在外部环境变了，很可能今年赚 100 万美元，明年也一样。

那么，这两种情况下应当如何为媒体企业估值呢？我们首先假定，贴现率为 10%。如果每年企业赚取的利润一样，其实就相当于永续年金，其现值为现金流除以贴现率，即 100 万美元 /10%，这家媒体企业值 1000 万美元。如果企业赚取的利润每年递增 6%，其实就相当于增长型永续年金，其现值为现金流 /（贴现率－预期增长率），即 100 万美元 /（10%-6%），这家媒体企业值 2500 万美元。

也就是说，在当期盈利相同、贴现率相同的情况下，每年赚取的利润增长 6% 和不增长的企业估值相差巨大，前者大约是后者价值的 2.5 倍。如果巴菲特的判断是准确的，如果媒体行业的基本面真的发生了上述变化，那从理论上而言，它们的价值必须重估，相当于要对原来的估值打四折处理。

巴菲特说，不管是媒体行业还是钢铁行业，它们赚到的每一分钱都是等价的。过去很长一段时间，媒体行业享受的估值都比钢铁行业要高，这是因为市场对它们的盈利增长预期不同。随着环境和媒体本身的变化，大家的增长预期在改变，因此，对媒体行业的估值修正就是必要的。在我看来，巴菲特给我们上了生动的一课，那就是无成长，不价值。

89. 价值与成长

在 1992 年致股东的信里，巴菲特写道："大多数分析师都习惯于将股票划分为两种对立的类型——成长股和价值股。但我们认为,这两种股票密不可分。成长是价值的一部分,成长作为一种变量,对价值的作用有可能是负面的,也有可能是正面的。"在我看来,这段话至少包含了两层意思:

第一,成长股和价值股并非泾渭分明。按照华尔街分析师的观点,成长股一般指那些处于发展初期、增速较快的中小型企业,价值股一般指那些处于成熟阶段、增速平稳的大中型企业。巴菲特却不以为然,他认为,一只股票有没有价值,首先要考虑的就是它的成长性。如果没有了成长,还能叫价值股吗?

第二,成长未必都是价值创造的过程。如果一家公司的营业收入大幅增长,但主要是依靠降价促销来实现的,净利润不增反降,这样的成长有意义吗?如果一家公司的营业收入和净利润同时大幅增长,但主要是依靠放松销售政策来实现的,应收账款激增,这样的成长有意义吗?只有健康的成长才是价值创造,揠苗助长只能招致价值毁灭。

价值投资思考的底层逻辑,其实就是现金流贴现。一只股票的价值取决于它的成长增速和成长时间。一家每年增长 15% 的企业,自然比每年增长 5% 的企业更有价值;一家持续增长 15 年的企业,自然比持续增长 5 年的企业更有价值。凡此种种,都说明了成长是构成价值体系的要素之一。或者说,无成长,不价值。

90. 自由现金流折现

在 1992 年致股东的信里,巴菲特援引约翰·伯尔·威廉姆斯在《投资价值理论》一书中提出的观点,道出了估值的真谛:"任何股票、债券和企业今日的价值都取决于其未来剩余年限现金流入与流出的差值以一个适当的利率加以折现后所得的现值。"

这段话表明,股票和债券的估值原理是完全相同的。只不过,债券有明确的票息与到期日,可以清晰地定义未来的现金流;股票的"票息"却是不稳定的，它依赖于企业本身的复杂程度，以及投资者对它的分析。另外，债券是必须要还本付息的，相对于股票而言，对管理层品质的依赖程度更低。

既然股票的"票息"及"到期日"难以准确估量，那么巴菲特是如何给企业估值的呢？他提供了两种解决办法：首先，坚守在那些简单易懂的企业上，尽量减少变量的影响；其次，坚持"安全边际"原则，只有当计算出来的现值远远高于股价的时候，巴菲特才会出手买入。

在我看来，在价值投资的理论体系中，威廉姆斯提出的"自由现金流折现"的估值思路，其重要程度不亚于格雷厄姆提出的"买股票就是买公司"、巴菲特提出的"能力圈"等原则。公司的价值取决于公司赚了多少钱，这种逻辑本身跟商业的本质是完全一致的。

91. 究竟要不要"追涨杀跌"

在 1993 年致股东的信里，巴菲特谈到了可口可乐长期的经营历史。1938年，《财富》杂志对已经问世 50 年之久的可口可乐进行了一次专访，其中有一段文字是这样写的："每年都会有许多重量级的投资人看好可口可乐，然后对其过去的辉煌纪录表示敬意，但最后都会得出自己发现得太晚的结论，认为公司巅峰已过，前途未卜。"

站在当下的时点回顾历史，看见的都是机会，展望未来都是迷茫，这其实是很多投资者的常态。我们身边也经常会有类似的感慨："如果我 20 年前买了房子就好了""如果我 10 年前买了茅台的股票就好了"……真回到 10 年前或者20 年前，恐怕很多人的心态又不一样了，可能会有很多质疑的声音，比如说"茅台已经涨了 10 倍，以后还能涨吗？"

已经被历史证明的好公司，并不能说它的股价和业绩就到了"天花板"。巴菲特以可口可乐为例，如果在 1919 年投资 40 美元买入其股票，并将分红再投入，到 1938 年就可以获得 3277 美元。如果你在 1938 年投资 40 美元买入其股票，并将分红再投入，到 1993 年可以获得 25 000 美元。

在我看来，新手常犯的错误是"追涨杀跌"，老手常犯的错误是不敢"追涨杀跌"。老手看到一家优秀的公司股价已经涨了 10 倍，总是会本能地"恐高"，进而打消投资的念头，这其实也是"心理账户"或者说"持仓成本"的锚定效应在作祟。无论一家公司的股价过去上涨了多少，只要相对于业绩还是低估的，这家公司的股票就值得入手，这才是理性的思考。

92. 巴菲特再次买入迪士尼

在 1995 年致股东的信里，巴菲特提到，由于大都会 /ABC 公司被迪士尼并购，伯克希尔已经将原来持有的大都会 /ABC 公司的股票全部置换成了迪士尼的股票。除此之外，巴菲特还在公开市场大举买入，继续加仓迪士尼。回顾历史，巴菲特第一次买入迪士尼，发生在大约 30 年以前。

1966 年，迪士尼的总市值不到 9000 万美元，这是有多便宜呢？我们来看一组数据：①迪士尼 1965 年的税前利润大约是 2100 万美元；②迪士尼刚建成了一个名为"加勒比海盗"的娱乐设施，价值 1700 万美元；③迪士尼名下有很多馆藏的老电影，早就已经收回了成本，但每年还在一场接一场地放映，这些电影并没有显示在资产负债表上，它们被记录的账面价值为零。

当时，巴菲特合伙公司以 31 美分 / 股的价格向迪士尼公司投资了 400 万美元，占迪士尼 5% 的股份。1967 年，迪士尼股价大幅上涨，巴菲特以 48 美分 / 股的单价、620 万美元的总价全部抛出。短期来看，这笔投资似乎是划算的。但到了 1995 年，当巴菲特再次打算买入迪士尼时，它的股价已经上涨到了 66 美元 / 股，涨幅约为 137 倍。

巴菲特投资迪士尼的经历，跟投资盖可保险的情况颇有几分相似。同样都是低估时买入，同样都是短期内获得了不菲收益，同样都是卖出后价格暴涨百倍，同样都是之后花高价买回。这给我的启示是，要时时关注被投企业的情况，哪怕是已经卖出的企业，也要保持适度的跟进。因为卓越的企业并不多，合适的时候很有可能再续前缘。

93. 巴菲特的投资原则

在 2003 年致股东的信里，巴菲特写道："我们将继续保持过去惯用的资金分配方式，如果购买股票比购买整家公司划算，那我们就会大肆入手股票。如果特定的债券具有足够的吸引力，我们也会满仓持有这类债券，而不去考虑市场或经济状况如何。我们随时都乐于买入符合我们标准的企业。"短短一席话透露出巴菲特的若干投资原则：

第一，投资就是比较。股票便宜就买股票，债券便宜就买债券，公司股权便宜就买公司股权，只看是否便宜，不要在意投资品种。第二，宏观经济无用。只要个股令人满意，哪怕经济环境不好，哪怕大盘整体高估，依然照买不误。第三，不择时。巴菲特没有所谓的"投资计划表"，对于优质又被低估的企业，他的买入时间是"随时"。

以上三点投资原则，我们可以 100% 吸收和采纳。另外，巴菲特还提到，由于伯克希尔规模太大，很多资金并没有被充分利用。虽然大额的资金闲置不是最理想的状态，但也好过轻率地做出愚蠢的投资决策。但对于普通投资者来说，资金量完全能够被市场吸纳，大可不必保留过多的现金。

巴菲特还说，伯克希尔的规模日益扩大，已经很难再取得像过去那样的业绩，但他和芒格还是希望能够跑赢指数，这是他们存在的意义。在我看来，这其实是一种高水准的自我约束。因为巴菲特只有股东，没有客户，他完全没有义务对任何人做出承诺。但巴菲特始终把股东视为合伙人，真正做到了"德才兼备"。

94. 大公司真的不容易涨吗

在 2007 年致股东的信里，巴菲特谈到了伯克希尔的股票持仓，以市值计，前四大重仓股分别是：可口可乐（122.74 亿美元）、富国银行（91.6 亿美元）、美国运通（78.87 亿美元）、宝洁公司（74.5 亿美元）。巧合的是，美国运通和富国银行的创始人都是亨利·威尔斯和威廉·富国。

　　这四家公司都成立于 19 世纪，具有悠久的历史。按成立时间排序，依次是宝洁公司（1837 年）、美国运通（1850 年）、富国银行（1852 年）、可口可乐（1886 年）。巴菲特特意强调："初创公司并不是我们的投资目标。"那么问题来了，进入 21 世纪后，还持有这些百年老店，究竟有没有获利空间呢？

　　答案是有的。2007 年，美国运通、可口可乐、宝洁公司的每股收益分别增长了 12%、14%、14%，富国银行因为受房地产泡沫破灭的影响，净利润出现了小幅下滑。事实上，一直到 2022 年，可口可乐、美国运通依然在伯克希尔的前五大持仓股票之列。它们的稳健成长，有力地驳斥了"大公司增长空间有限"的谬论。

　　这让我想到了"林迪效应"：对于会自然消亡的事物，其生命每增加一天，预期寿命就会缩短一点，但对于那些不会自然消亡的事物，其生命每增加一天，则意味着更长的寿命。所以我们不妨想想，可口可乐已经活过了 19 世纪和 20 世纪，那么它在 21 世纪继续存活的概率是更大还是更小呢？这就是投资中常常说的"确定性"。

专题 6

留足安全边际

95. 巴菲特投资桑伯恩地图

在 1960 年致合伙人的信里，巴菲特向大家详细介绍了他投资桑伯恩地图公司的经历。桑伯恩地图公司是巴菲特当时的重仓股，持股比例占到当时巴菲特合伙基金总资产的 35%，桑伯恩地图主要从事美国城市地理详图的印刷和校正，在地图上标注当地每栋建筑物的情况。在互联网尚未普及的年代，这种人工绘制的地图有很广泛的运用。

桑伯恩地图公司的主要客户是保险公司。保险公司在承保的时候，可以根据桑伯恩地图提供的地理图片来衡量不同地区的火灾风险，从而判断保费是否合理。后来，由于保险公司的承保部门对地理图片的依赖度降低，桑伯恩地图的利润从 20 世纪 30 年代末的 50 万美元下降到 20 世纪 50 年代末的 10 万美元。

桑伯恩地图除了地图的主营业务外，还有投资组合业务。有心栽花花不开，无心插柳柳成荫，在桑伯恩地图的地图业务逐渐萎缩的时候，投资业务却大放异彩。1958 年，桑伯恩地图的投资组合价值达到 65 美元 / 股，其股价却是 45 美元 / 股。这样算下来，市场给桑伯恩地图业务的估值，大约是 −20

美元 / 股。

巴菲特经过分析后认为，对于保额超过 5 亿美元的火灾保险而言，桑伯恩地图的地图业务依然是有市场的。而且，由于公司的投资业务表现良好，根本就不存在财务压力或危机。当时，公司的在外流通股总共是 105 000 股，巴菲特买入了 24 000 股，成为公司的重要股东。这笔投资，是巴菲特早期"控制类"投资的典型案例之一。

96. 巴菲特谈保守投资

在 1961 年致合伙人的信里，巴菲特聊到了关于"保守投资"的话题。巴菲特认为，购买中长期市政债券或国债，不是保守投资，因为这种看似保守的做法，实际上因为无法抵御通货膨胀而风险巨大。高价购买蓝筹股也不是保守投资，只有依靠知识和推理才能实现真正意义上的保守投资。

如何检验自己的投资组合是否属于保守投资呢？巴菲特提出一个方法，那就是观察自己的投资组合在熊市时的表现。如果道琼斯指数出现大跌，但你的投资组合整体跌幅有限，至少能说明你的投资组合还是比较稳健的。这一理论，和巴菲特之前提出的"熊市少亏钱"是一脉相承的。

我们来看看 1957～1961 年巴菲特合伙基金和道琼斯指数的收益率对比：巴菲特合伙基金在所有年度都跑赢指数，跑赢幅度分别为：18.8 个百分点、2.4 个百分点、6 个百分点、29.1 个百分点、23.7 个百分点。其中，1957 年和 1960 年，指数的收益率为负，巴菲特合伙基金大幅跑赢指数。所以从整体上看，巴菲特合伙基金在熊市的相对业绩确实突出一些。

当然，从巴菲特合伙基金及之后的伯克希尔的股价表现来看，这种现象也并非绝对的。比如 1974 年，标普 500 指数下跌 26.4%，伯克希尔股价下跌 48.7%。出现这种情况主要是因为相对于指数而言，个股的波动会更大一些。在随后的反弹中，伯克希尔的涨幅也比指数更明显一些。

97. 登普斯特的估值逻辑

在 1962 年致合伙人的信里，巴菲特谈到自己的投资哲学时写道："不要寄希望于有好的出售价格。要保证购买价格非常低，这样即使以普通的价格出售，也可以获得良好的利润。好的出售价格不过是蛋糕上的糖霜，锦上添花而已。"

在巴菲特看来，只要买得足够便宜，哪怕以一般的价格卖出，也能获利不菲。有一种流行的观点认为"会买的是徒弟，会卖的才是师傅"，这种说法其实是错误的。一笔真正优秀的投资，根本就不依赖于接盘侠。巴菲特以自己投资的登普斯特农具公司为例：

截至 1961 年末，登普斯特农具公司的资产总额约为 692 万美元，负债总额约为 232 万美元，净资产约为 460 万美元。保守起见，巴菲特对资产进行了打折估算，预计可变现的总资产约为 444 万美元，扣除负债之后的可变现净资产为 212 万美元，即每股价值 35 美元，而巴菲特的买入均价只有每股 28 美元。

巴菲特对登普斯特实现控制以后，把公司的资产从回报率较低的制造业，投向了回报率较高的证券业，还采取了出售或核销库存、优化营销流程等一系列改革举措，公司经营大有起色。到 1962 年末，登普斯特的每股价值达到 51 美元，其中包括制造业的每股价值 16 美元，以及证券业的每股价值 35 美元。

1962 年，道琼斯指数的收益率为 -7.6%，而巴菲特合伙基金的收益率为 13.8%，归属于有限合伙人的收益率为 11.9%。之所以能够大幅超越市场，并不是低估类投资的功劳（因为低估类投资通常跟市场同涨共跌），而是主要得益于控制类投资（尤其是登普斯特）的优异表现。

98. 十倍股的买入成本重要吗

在 1993 年致股东的信里，巴菲特写道："1919 年，可口可乐以 40 美元 / 股的价格公开上市。到了 1920 年，由于市场对可口可乐的前景相当悲观，其股价跌至 19.5 美元 / 股。然而时至今日，若是将收到的股息再投资，则当初的股票市值会变成 210 万美元。"

通过讲述可口可乐的案例，巴菲特想告诉我们：即便是一只极其优质的股票，其短期价格也有可能"腰斩"，但其实并不用担心，长期看，它的股价可以上涨超过 1 万倍。巴菲特引用了格雷厄姆的经典评价："短期而言，市场是一台投票机；长期而言，市场却是一台称重机。"

对于优质股票而言，股价的巨幅上涨使它的成本跟后来的市值比起来，简直不值一提。比如，经常会有人说，贵州茅台的股价现在都涨到接近 2000 元 / 股了，当初是 200 元 / 股买入的，还是 100 元 / 股买入的，其实差别不大。在我看来，这种说法既对又不对，那要看你的计算口径是从价还是从量。

如果从价，200 元涨到 2000 元是赚 1800 元，100 元涨到 2000 元是赚 1900 元，确实差别不大；但如果是从量，200 元买入 1 股，涨到 2000 元是赚 1800 元，200 元买入 2 股，涨到 2000 元就是赚 3600 元，差别还是挺大的。所以在资金总量固定的情况下，还是应尽量追求买得便宜。

专题 7

构建投资组合

99. 巴菲特谈集中投资的仓位管理

在 1965 年致合伙人的信里，巴菲特谈到了自己的"集中投资"风格，他是这样写的："我们并不像大多数投资管理机构那样分散投资。相反，如果一项投资满足以下两个条件，我们可能将基金资产的 40% 投入其中：①依据的事实和推理过程正确的概率非常高；②各种因素变化导致内在价值大幅波动的概率非常低。"

在我的印象中，这是巴菲特第一次提出，单笔投资的仓位上限为基金资产的 40%。而且，要想配置到 40% 的超高仓位，必须满足非常严苛的条件，也就是巴菲特提到的两点——分析推理正确的概率非常高，内在价值波动的概率非常低。为什么要设置成 40% 呢，我认为这是在"收益率"和"安全性"之间进行的权衡。

从收益率的角度看，对单只股票配备 40% 的重仓，可以保证在市场上涨的时候，基金能够取得较好的回报率。但为什么不满仓单只股票呢？那是因为还要考虑到安全性的问题。即便再有把握，你能确保自己一定是对的吗？主观上，你是有可能出现投资判断失误的，再叠加客观上还有政策因素的影响，所以千万不要押注于一只股票。长期活在市场上，才是最重要的。

100. 集中投资与分散投资的区别

在 1966 年致合伙人的信里，巴菲特写道："我愿意承受集中投资所带来的短期业绩波动的痛苦，以换取长期业绩最优化。但是，我并不愿意为此承担本金遭受永久性重大损失的风险。因此，请各位合伙人做好出现严重业绩不佳（特别是在牛市）的心理准备。这是我们为了长期业绩最优化支付的代价。"

集中投资和分散投资的区别在哪儿呢？罗伯特·哈格斯特朗做过一个实证研究：一个由 250 只股票组成的投资组合，其最佳回报为 16%，最差回报为 11.5%；一个由 15 只股票组成的投资组合，其最佳回报为 26.6%，最差回报为 4.4%。数据非常直观，集中投资所面临的波动，一定会比分散投资的波动更加剧烈。

所以，如果选择集中投资，你最终可能面临两种结果：其一，你会有更大的机会跑赢大盘（26.6% > 16%）；其二，你会有更大的概率跑输大盘（4.4% < 11.5%）。对于优秀的投资人而言，他可以做到长期业绩最优化，但一定无法做到短期波动最小化。巴菲特想得非常清楚，所以他坚定不移地选择了"增强业绩"而不是"平抑波动"。

从这个角度讲，控制回撤其实并不是一种理想的风控措施。如果按照基金净值到达 0.7 作为平仓线或止损线，那么连巴菲特和芒格这样一流的投资大家都不能幸免于难。因为伯克希尔的股价在历史上有四次大幅下跌，跌幅均远超 30%；1973 年和 1974 年，芒格的投资每年跌幅也均超过 30%。如果只是机械式地止损，可能会把波动风险变成真正的损失。

101. 单只股票的持仓上限

在 1966 年致合伙人的信里，巴菲特写道："合伙基金 1965 年和 1966 年的最大单笔投资业绩大幅超越了持股期间的市场平均业绩。我认为这只股票在未来三四年内取得超额收益的可能性也非常大。这只股票的非凡吸引力和相对确定的收益，让我在合伙基金里加入了一条基本原则——允许持有单只股票不超过合伙基金资产的40%。"

前文已经提到，巴菲特在1965年致合伙人的信中就提出了单笔投资仓位上限为40%，这里巴菲特再次明确，将单只股票的持仓上限为40%作为基本原则。这样一来，当重仓股的股价上涨的时候，它对合伙基金的总体业绩贡献会非常明显；当重仓股的股价下跌甚至暴跌的时候，合伙基金也不至于遭遇灭顶之灾。巴菲特提到的这笔"最大单笔投资"，就是对美国运通的投资。巴菲特在美国运通上累计投资了1300万美元，占当时合伙基金资产的40%。

这笔投资的契机，源于1963年美国运通的"色拉油"丑闻。当时，美国运通有一家子公司，其下属的仓库接收了一批由联合食用油公司提供的灌装货物，联合食用油公司以仓库开出的色拉油收货凭据为抵押，获得了一笔贷款。后来，美国运通调查发现，这批灌装货物并不是此前声称的色拉油，美国运通因此产生的损失达1.5亿美元。

巴菲特通过调查发现，奥马哈的罗斯牛排屋、银行和旅行社，都还一如既往地在使用美国运通的信用卡和旅行支票。巴菲特认为，美国运通并没有衰败，它依然是世界上畅行无阻的品牌之一，它的核心竞争力依然存在。基于这种认知，巴菲特大举买入美国运通的股票，获得了不菲的投资收益。

102. 巴菲特首次公布持仓明细

在1976年致股东的信里，巴菲特首次披露了伯克希尔普通股持仓明细，其中持仓市值超过300万美元的股票总共有9只，分别是：盖可保险（可转换优先股）、华盛顿邮报（B股）、凯撒工业公司、埃培智、盖可保险（普通股）、加州水务公司、万星威服装公司、奥美公司、Presto家用厨电。

以投资成本计，巴菲特在这9只股票上的投入为58 420 839美元，占普

通股全部持仓成本的比重为 77.49%；其中，对第一大重仓股——盖可保险
（可转换优先股）的投资为 19 416 635 美元，占普通股全部持仓成本的比重为
25.75%。由此不难看出，巴菲特的投资风格，是绝对的集中持仓。

这么做的原因很简单，巴菲特有一套非常严苛的选股标准：公司要有竞争
优势，管理层要德才兼备，公司的业务要容易理解且发展前景良好，同时股价
还要明显低廉……同时满足这些条件的公司本来就不多。按照巴菲特的说法，
"我们无法找到 100 只符合这些标准的股票"。

还有一个细节，在 1976 年致股东的信里，巴菲特对保险投资业务的阐述
位于纺织业务、承保业务之后，银行业务、蓝筹印花公司之前。巴菲特似乎已
经渐渐找到了未来发展的重心，小心翼翼地将手里的"坏牌"一点点变成"好
牌"，最终让伯克希尔完成了从一家纺织企业到多元控股帝国的华丽蜕变。

103. 弱水三千，但取一瓢

在 1978 年致股东的信里，巴菲特写道："我们的投资策略是集中持股。当
我们对企业或股价不感兴趣的时候，我们试着尽量不要这买一点，那买一点。
当我们深信价格合理时，我们就会大量买进。"

对于创业而言，是业务多元化更好，还是单一化更好呢？从表面上看，同
时拥有医药、房地产、证券、文旅等四家上市公司，听起来非常光鲜。但往深
处想，如果一门心思专攻医药，可能这一家上市公司的市值就抵得上之前四家
上市公司市值的总和。作为老板，使用单一化的策略拥有的财富更多。

从个人发展的角度，究竟是应该追求"博学"还是"专业"呢？我的答案
是后者。我也很欣赏多才多艺的"全才"，比如苏轼，他的诗词、文章、书画
几乎全部达到了最高的艺术水准，堪称中国文化史上的"天花板"，但这毕竟
只是人群中"千年一遇的异类"，并不具有普遍性。或者说，类似于苏轼这样
的"天才级"选手，并不是培养或规划出来的。

对于大多数普通人而言，最好的发展路径就是找到自己最感兴趣的事，然

后通过长期积累，变成自己最擅长的事。又喜欢，又擅长，自然心情会很好，赚钱也就是顺理成章的事情了。今后，我会更加专注于价值投资，专注于巴菲特研究。只有自己聚焦了，在别人眼里的形象才可能是清晰的，才会有属于自己的 IP。

104. 宜分散还是宜集中

在 1993 年致股东的信里，巴菲特写道："如果你是稍具常识的投资者，对产业经济有一定的了解，应该就能找到 5～10 家股价合理且具有长期竞争优势的公司。此时，一般的风险分散理论对你毫无意义，要是按照那样去做反而会伤害你的投资成果。"不难看出，巴菲特是旗帜鲜明地支持集中投资，但有两种情况例外：

第一种情况：如果是从事套利交易，由于单一的交易风险较高，任何独立的个案都既有可能成功，又有可能失败。所以千万要拒绝单次、巨额的下注，而要多从事一些套利活动，确保这些个案的加权平均收益率能够取得让自己满意的回报。在一级市场做风险投资，也是同样的道理。

第二种情况：如果投资者对行业或个股了解不深，但对美国经济整体充满信心，那就可以考虑尽可能地持有多家公司，同时把投资周期拉长，比如说定期定额投资指数基金。指数基金看起来没什么技术含量，但如果你能意识到它的局限，坦然接受让人满意但并不卓越的投资回报，那么"傻钱"其实并不傻。

也就是说，投资宜分散还是宜集中，取决于投资者的认知以及投资品的属性。套利、风投、保险都只适合分散，靠大数定律发挥作用；股票既可以分散（适合业余投资者），又可以集中（适合专业投资者）。对于主动管理型的投资者来说，靠深入研究企业来降低集中投资的风险是最好的选择。

105. 普通投资者要做仓位管理吗

在 1995 年致股东的信里，巴菲特提到伯克希尔的"霹雳猫"巨灾保险业务时，特意提到了阿吉特·贾因。他不仅擅长承保飓风、地震等重大自然灾害风险，还对承保单一的重大风险也非常熟悉。比如，拳王泰森的生命保险、英国最大保险公司劳合社总计 225 人的生命保险、两颗中国卫星发射并正常运转一年的保险。

这种单一的重大风险，由于发生的概率极低，而承保金额又很大，通常会给伯克希尔带来较好的收益。比如上面提到的三桩个案——泰森很健康，劳合社的死亡率也很正常，中国卫星的发射和运转也很顺利。为了给伯克希尔招揽更多的巨灾保险和单一重大风险的承保业务，巴菲特给出了在伯克希尔购买保险的三点理由：

第一，伯克希尔拥有强大的财务实力，将来无论出现多么糟糕的状况，伯克希尔都有能力给被保险人足额的赔付；第二，基于多年的承保经验，巴菲特和贾因能以最快的速度向客户开出报价；第三，伯克希尔的偿付能力更强，同业的理赔上限是 4 亿美元，而伯克希尔的理赔上限是 10 亿美元。

为什么伯克希尔常年要保留大量现金？唐朝老师曾提出一个观点，认为其中重要的原因之一就是，保险业务要保证随时都有充足的资金，能够按时、足额地赔给客户。在我看来，对于普通的投资者而言，在留足 3～5 年的家庭备用金之后，只要对市场波动不敏感，就没有必要持有现金，或者说根本无须考虑所谓的"仓位管理"。

106. 巴菲特减持股票

在 1997 年致股东的信里，巴菲特罗列了伯克希尔超过 7.5 亿美元的股票持仓，其中包括华盛顿邮报、旅行者集团、美国运通、富国银行、可口可乐、迪士尼、房地美、吉列，有一些是巴菲特管理的，还有一些是由盖可保险的卢·辛普森独立管理的。基于对当年股市和债市的观察，巴菲特卖出了大约 5% 的股票持仓。

巴菲特说，虽然他和芒格从来不预测股市的动向，但他们会尝试判断股票的合理估值。1979 年夏天，巴菲特在《福布斯》杂志上发表了一篇文章。当时的市场弥漫着怀疑与悲观的情绪，巴菲特却认为，投资者应当为此感到高兴，因为这样的市场情绪让股票价格下跌到了具有足够吸引力的位置。

然而到了 1997 年，美股已经经历了超过 15 年的牛市。股票高企的价格无情地侵蚀着格雷厄姆所定义的"安全边际"——聪明投资、理性投资的基石。巴菲特认为，美国企业很难持续维持创纪录的高股东权益回报率，假如 1998 年股价继续上涨，他会视市场情况调整债券和股票的投资比重。

巴菲特在 1979 年就认为股市被低估了，股市开始走牛却发生在 1982 年；巴菲特在 1997 年就认为股市被高估了，股市开始回落却发生在 2000 年。可见，股市被高估了必跌，被低估了必涨，但你无法准确预测它究竟什么时候会来。从这个角度讲，我们一定要用长期资金其实就是为了避免"低点被迫变现"的情况。

107. 巴菲特的"曲线减持"

在 1998 年致股东的信里，巴菲特写道："我们手上持有超过 150 亿美元的现金及现金等价物（包括一年内到期的优质债券），拿着这么多现金让我们感到相当不自在。不过，我们宁愿让这 150 亿美元放在我们手上发痒，也不愿意让它轻轻松松地落入别人的口袋。"不难看出，巴菲特虽然很想出手，但是并没有找到合适的投资机会。

由于股市整体处于被高估的状态，伯克希尔的股价自然也不低。巴菲特在完成伯克希尔对通用再保险的并购后，立即要求通用再保险出售手上所有的股票持仓。通用再保险总共卖出了至少 250 只股票，为此缴纳的资本利得税就高达 9.35 亿美元。那么，巴菲特"清仓式减持"的目的何在呢？

唐朝老师在他的著作《巴芒演义》中分析认为，通用再保险的收购对价相当于伯克希尔 22% 的股本，在通用再保险出售了所有的股票投资组合以后，伯克希尔变相减持了手里 22% 的股票头寸。巴菲特没有直接在伯克希尔的层面抛售股票，而是以"曲线减持"的方式实现，很可能是担心自己的卖出会对市场形成抛压，进而影响预期收益的兑现。

此外，巴菲特在并购市场的重要优势之一，就是他承诺会长期持有，而不是转天就卖出。如果此时大规模抛售股票，显然对他的名声也是不利的。2000年3月，伯克希尔的股价最低跌至40 800美元/股，还不到1998年6月高点的一半。现在看来，巴菲特的"曲线减持"是非常明智的。

专题 8

长期主义之辩

108. 科学的投资评价周期

在 1960 年致合伙人的信里，巴菲特写道："合伙基金的投资目标，是取得超越道琼斯指数的长期业绩。除非取得超过道琼斯指数的业绩，否则巴菲特合伙基金就没有存在的必要。我们会碰上好年头，也会碰上坏年头，最重要的是要超越我们的比较基准。"

巴菲特的投资思想，一直贯穿着"比较"的原则——对于主动管理型基金而言，当且仅当有能力跑赢指数时，基金的存在才是有意义的。或者说，主动管理型基金的基金经理存在的价值就是创造超出指数的投资回报。如果做不到，实际上就没有给投资人创造价值。

所以，衡量投资业绩的时候，不能只看绝对值，更重要的是相对值。如果市场下跌 30% 而基金下跌 15%，这种情况要远远好于市场和基金同步上涨 20%。只要一个国家还在发展，市场整体而言总是向上的。只要熊市亏得少，牛市正常赚，就可以保证我们的财富跑赢市场平均水平。

当然，这里跟指数的比较，并不是单一年度的，而是在一个至少为 3～5 年的周期内。1957～1960 年，巴菲特合伙基金的累计收益率为 140.6%，远高于同期道琼斯指数 42.6% 的累计收益率水平。更厉害的是，巴菲特在这四个年度都是正收益，且都跑赢指数。对于出道不久的巴菲特来说，这样的成绩非常有利于树立投资信心，为开启未来的投资神话奠定了基础。

109. 一句话概括价值投资

在 1975 年致股东的信里，巴菲特首次提到了"保险投资"板块，他说："我们的股票投资集中于少数几家公司，这些公司具有突出的竞争优势、德才兼备的管理层，并且购买价格必须是诱人的。当这些标准都满足时，我们倾向于长期持有。"巴菲特的这段话，基本上完整概括了他的投资风格：

第一，集中投资。对于普通投资者而言，持有 5～10 只股票已经完全足够。第二，要好公司。公司有明显的"护城河"，且管理层靠谱。第三，要好价格。再优秀的公司，买贵了一样不赚钱。第四，长期持有。如果公司基本面不变坏，公司股价不被高估，长期持有是最省心、最舒服的投资方式。

巴菲特提到他购买华盛顿邮报的案例，当时他持有 467 150 股，投资成本为 1063 万美元。巴菲特宣布，他们将永远持有这些股票。值得一提的是，巴菲特是在 1973 年买入华盛顿邮报的，1974 年大约浮亏 26%，到 1975 年也还没有开始实现盈利。但从巴菲特的表述来看，他对这笔投资是非常有信心的。

阅读巴菲特历年致股东的信，有一个非常重要的价值，那就是信中的内容不是"事后诸葛亮"，不是"幸存者偏差"，不是"先射箭然后再画靶心"，不是成功之后的选择性回忆，而是原原本本的当时思考的记录。从 1957 年致合伙人的信读起，在巴菲特的字里行间，我能非常明显地感受到，他人生的每一年都在飞速成长和进化。

110. 投资不必过于关注短期业绩

在 1977 年致股东的信里，巴菲特写道："我们投资绩效的依据是这些被投资公司在这段时间的经营表现，而不是特定时期的股票价格。我们认为，在购买一家公司的部分所有权（也就是普通股）时，不应该只关心短期盈利或近期盈利趋势。"为了进一步说明这个问题，巴菲特以伯克希尔－哈撒韦为例：

1948 年，伯克希尔和哈撒韦还是两家公司，其合计税后收益接近 1800 万美元，旗下拥有 12 家大型工厂，员工超过 1 万人。同年，IBM 的收益为 2800 万美元，西夫韦超市的收益为 1000 万美元，而《时代》杂志的收益只有 900 万美元。不难看出，当时的伯克希尔和哈撒韦纺织厂，可以说是当地经济增长的重要动力之一。

但是到了 1964 年，也就是伯克希尔和哈撒韦合并组建新公司的 10 年后，这 10 年内的累计营业收入约为 5.95 亿美元，亏损却高达 1000 万美元。公司的净资产从刚合并时的 5300 万美元，大幅下降至 2200 万美元，公司仅剩下两家工厂。所以，如果我们仅看伯克希尔和哈撒韦在 1948 年单一年度的经营成果，大概率会被眼前一片欣欣向荣的局面所迷惑。

我们在做投资的时候，也不要只关注 2022 年或 2023 年的业绩等短期业绩，至少应该关注一家企业近 5 年的业绩表现。如果营业收入和净利润一直处于下滑趋势，或者没有任何增长，那这家企业可能就要引起我们的警惕。毕竟，一家企业的价值等于它未来现金流的折现，只有未来的现金流越来越充沛，我们才可能获得较好的投资回报。

111. 风物长宜放眼量

在 1978 年致股东的信里，巴菲特首次提到了旗下各业务板块的经营情况。1978 年，伯克希尔实现的税后净收益为 3924 万美元，其中投资净收益为 1640 万美元。盈利大户包括伊利诺伊国民银行和信托公司，税后净收益为 426 万美元；喜诗糖果，税后净收益为 305 万美元；互助储蓄贷款协会，税后净收益为 304 万美元。

巴菲特的投资大多是盈利的，只有一家公司例外，那就是布法罗新闻报。1978 年，布法罗新闻报的税前收益为 -291 万美元，其中归属于伯克希尔的税

后净收益为 −74 万美元。布法罗新闻报之所以会出现经营亏损，其中非常重要的原因之一就是，它和同城的信使快报陷入了两强相争的局面。

巴菲特对布法罗新闻报的投资发生在 1977 年，当时他花费 3250 万美元买下了整家公司。1977～1982 年，布法罗新闻报的累计亏损额达到 1250 万美元。直到 1982 年 9 月，信使快报宣布破产，布法罗新闻报才重新驶入发展的快车道。1986 年，布法罗新闻报的税前利润高达 3500 万美元，已经高于巴菲特 10 年前的收购价。

如果我们回到 1977 年的时点，回到巴菲特当时的情境，刚买入一家公司，就陷入了官司和麻烦，公司还连续五年亏损，我们会不会怀疑自己的这笔投资做错了？会不会感慨自己的运气太差了？事实上，巴菲特经常遇到买入之后三五年不赚钱的情况，但最后的结果都很不错。这给我的启发是，风物长宜放眼量，投资一定要坚持"长期主义"。

112. 人生的路不会白走，每一步都算数

在 1982 年致股东的信里，巴菲特写道："我们的投资组合里盈利最多的两家公司分别是华盛顿邮报和盖可保险。早在我 13 岁和 20 岁时，我便与它们结缘。但我蹉跎了二十余年，直到 20 世纪 70 年代，我才正式成为它们的股东。不过，这也证明了迟到总比不到好。"我们来梳理一下巴菲特和这两家公司的渊源：

第一，华盛顿邮报。巴菲特 13 岁的时候，就已经是《华盛顿邮报》的报童。巴菲特非常勤奋，同时开发了 5 条送报路线；巴菲特也非常聪明，他把征订优惠的广告页收集起来后归类，在合适的时间推给订户，大大提高了订户的续订率。依靠送报的收入，巴菲特积攒了 5000 多美元，这在当时是一笔不菲的资金。

第二，盖可保险。巴菲特在 20 岁的时候，非常偶然地得知，他的老师格雷厄姆是盖可保险的董事长，当时他对保险业感到完全陌生。1951 年的某个周末，巴菲特搭乘火车前往盖可保险的总部。经过洛里默·戴维森（时任盖可保

险董事长助理，后任盖可保险 CEO）长达四个小时的介绍，巴菲特初步了解了保险业的运行原理以及盖可保险的竞争优势。

到 20 世纪 70 年代，巴菲特大举买入这两家公司的股票。其中，对盖可保险的投资成本是 4714 万美元，到 1982 年时，市值超过了 3 亿美元；对华盛顿邮报的投资成本是 1063 万美元，到 1982 年时，市值超过了 1 亿美元。可见，我们的财富积累，有可能来源于自己早期的认知。人生的路不会白走，每一步都算数。

113. 价值投资 ≠ 永不卖出

在 1983 年致股东的信里，巴菲特写道："伯克希尔持有的好公司，只要我们预期它们能够产生现金流入，也对公司的管理层和员工感到放心，那么无论价格高低，我们绝不会轻易出售。"有相当多的投资者，据此理解巴菲特的投资要义之一就是长期持有，永不卖出。那么，这种理解是否合理呢？我们来分析一下：

首先，看巴菲特的投资分类。巴菲特的投资，可以大致划分为公司和股票。前者有喜诗糖果、布法罗新闻报、内布拉斯加家具城等，后者有通用食品、华盛顿邮报、盖可保险等。如果我们仔细观察巴菲特持有的公司和股票，不难发现，他每年的股票投资组合都会有所变动。不轻易出售公司，更多的是指伯克希尔旗下的控股子公司。

其次，看巴菲特的投资规模。1983 年，伯克希尔的税前盈余为 1.37 亿美元，旗下有数十家不同类型的公司，涵盖保险、纺织、零售、新闻、储贷、消费等各种业务。如果把其中一项或多项股权资产变现，那就要重新考虑这些资金的安身之所。美国有高额的资本利得税，每次卖出再买入就相当于打断了复利累积的节奏。

对于我们普通投资者而言，我们跟巴菲特的区别至少有三点：第一，我们买的是股票，不是整家公司；第二，就我们的投资体量而言，市场大概率可以支持交易的流动性；第三，目前 A 股和港股都没有资本利得税，交易的损耗相对较小。因此在所持股票明显被高估且手头有备选投资对象的情况下，我会选择卖出。

114. 对股票的持有态度

在 1986 年致股东的信里，巴菲特首次提到，会将大都会 /ABC、盖可保险和华盛顿邮报列为永久的投资组合，即便股价高估，也不打算卖出。巴菲特的这一言论，被很多投资者理解为"价值投资＝永不卖出"。我认为，这种理解是片面的，也是对巴菲特投资思想的误读，理由如下：

第一，巴菲特的投资思想是不断进化的。1998 年，巴菲特投资的可口可乐超过了 50 倍市盈率，但是巴菲特没有选择卖出，而是陪跑。事实证明，这种做法虽然说不上有错，但可口可乐确实花了后来数十年的时间来消化高估值。巴菲特对此不无反思，此后也再没有"永久的投资"之类的表述。

第二，巴菲特的大多数持仓是变化的。以市值计，伯克希尔 2011 年的五大持仓分别为可口可乐、IBM、富国银行、美国运通、宝洁公司；2021 年的五大持仓分别为苹果公司、美国银行、美国运通、可口可乐、穆迪公司。十年间，一直重仓持有的公司只有可口可乐和美国运通。2021 年最大的单笔持仓苹果公司，是 2016 年的加入投资组合的。

在我看来，投资者对股票的持有态度，应当介于企业主和投机者之间。作为投资者，既没有必要像企业主那样，无论估值高低、前景好坏都坚守在一家公司上，也没有必要像投机者那样，在不同的企业之间频繁地跳来跳去。投资者理性的做法是，找到优质公司，低估则买，高估则卖，如此这般，循环往复。

115. "让赢家奔跑"

在 1988 年致股东的信里，巴菲特写道："我们做出两项重大投资决定，即大笔买进房地美与可口可乐，并计划长期持有这些股票。当我们发现自己持有的是由杰出经理人管理的优质企业时，我们最常见的投资期限是永久。我们会继续将投资集中在我们理解的少数公司上。"

很多投资者的做法是这样的：将手上获利的优质股票卖出，抱住亏损的垃圾股票不放。从心理学的角度来看，这样的操作很符合人性，给人的感觉就是赚钱的已变现，亏钱的只是浮亏。巴菲特引用彼得·林奇的话形容这种做法就是"拔除鲜花，浇灌杂草"。说到底，还是每只股票买入成本的"心理账户"在作祟。

巴菲特和这些投资者的做法刚好相反，他不会因为一只优质股票的价格上涨 10 倍就卖出，也不会因为一只垃圾股票的价格下跌 50% 就坚守。考虑一切问题的出发点是，相对于内在价值，当前的股价有没有被高估或低估。还有一个显而易见的逻辑是，既然优质股票是稀缺的，那为什么要卖掉它换成垃圾股票呢？

在我看来，"拔除鲜花，浇灌杂草"的股票投资行为，就好比你认识一位优秀的朋友，但你主动放弃了跟他的交往，转身和一个不太熟悉且很不靠谱的人建立深度合作关系，这无疑是非常愚蠢的。从机会成本的角度讲，只有新的投资机会比现在的持仓更诱人，新股票才值得我们调仓。否则，一直"让赢家奔跑"才是明智之举。

116. 巴菲特挚爱可口可乐

在 1989 年致股东的信里，巴菲特列出了伯克希尔的主要股票持仓。以市值计，伯克希尔持有的超过 1 亿美元的股票仅有 5 只，分别是：大都会/ABC 公司、华盛顿邮报、可口可乐、盖可保险、房地美。伯克希尔在 1989 年大幅增持可口可乐，持股数量从 1417 万股上升到 2335 万股，持仓成本超过 10 亿美元。

巴菲特回忆说，自己从 1936 年就开始喝可口可乐，并开启了自己的商业实践之路。当时，6 岁的巴菲特从他爷爷的杂货店批发了 6 罐装的可口可乐，总价为 25 美分，然后按照 5 美分 / 罐的价格卖给街坊邻居。这样一来，每卖出 6 罐可口可乐，他就可以赚到 5 美分，毛利率大约是 16.7%。

不过，成年后的巴菲特却没有和可口可乐发生更多交集。纵观巴菲特早年的投资生涯，他把大部分注意力都放在了纺织公司、邮票公司、百货公司之类的股票身上。直到 1988 年夏天，巴菲特才终于找到了买入可口可乐的机会。当时的背景是，美股经历了 1987 年 10 月 19 日 "黑色星期五" 的暴跌，可口可乐股价低迷，且公司正在持续回购。

截至 2021 年底，伯克希尔仍持有 4 亿股可口可乐的股票，持仓成本为 12.99 亿美元，市值为 236.84 亿美元。唯一的遗憾是，在可口可乐市盈率超过 50 倍的时候，巴菲特没有选择减持，此后可口可乐花了很长的时间来消化估值。不过总体而言，考虑到其间伯克希尔还收到了大量来自可口可乐的分红，这笔投资还是非常成功的。

117. 短期利益与长期愿景

在 1992 年致股东的信里，巴菲特写道："我们对长期目标专注，并不代表我们就不注重短期结果。如果每次有信心的播种，都以惨淡的结果收场，那农夫就得好好检讨一下原因了。你可能会特别留意那些利用会计手法虚增短期利润的经理人，但你也应该特别注意那些一再延长目标实现时间、常常把长期主义挂在嘴边的人。"

巴菲特的这段话非常深刻，它告诉我们，"长期主义" 并不是短期业绩表现不佳的 "遮羞布"。对待长期和短期的态度，投资者常常要经历三个阶段：阶段一，看重短期收益，妄图一夜暴富；阶段二，关注长期收益，对短期收益不以为意；阶段三，既看重长期收益，又关注公司每周、每月、每年的表现。

从阶段一到阶段二，会淘汰一批急功近利的人；从阶段二到阶段三，又会淘汰一些 "把头埋进沙子" 的 "鸵鸟"。现实世界里，"鸵鸟" 类投资者并不少

见，他们标榜"长期主义"，鼓吹"长期持有"，听其理论似乎是纯度为100%
的价值投资者，但业绩却乏善可陈，他们还特别擅长自我安慰：今年表现不好
没关系，我们看长期。

巴菲特友情提示，要特别警惕那些一再延长兑现目标时间的说辞。今年不
行等明年，明年不行等后年，最后等了个寂寞，这不就是画饼充饥吗？在我看
来，长期表现好，有可能短期表现不好；但反过来，短期表现不好，长期表现
也未必好。况且，长期是由无数短期构成的。如果每次战斗都失利，那怎么可
能赢得整场战争的胜利呢？

118. 先定守局，再图进取

在1994年致股东的信里，巴菲特写道："在寻找新的投资标的之前，我们
会优先考虑增加原有的投资仓位。如果一家企业曾经让我们愿意买进，那么重
复一遍这样的动作也是不错的。在股市中，我们常常有很多机会，可以增加自
己感兴趣的公司持仓。如果可以，我们很乐意再增加对喜诗糖果或者斯科特 -
费泽的持股。"

对比一下伯克希尔1994年和1993年的普通股持仓，我们就会发现，巴菲
特持有的仍然是可口可乐、华盛顿邮报、大都会/ABC、盖可保险、富国银行、
房地美、吉列等少数公司，只不过对可口可乐的持仓从9340万股增长至1亿
股。30年前就有过故事的"旧情人"美国运通，也再次进入伯克希尔十大持仓
之列。

巴菲特回忆说，事实上，他与现在持有的很多股票都有很深的渊源。比如
1951年，巴菲特花了70%的投资资产，第一次重仓杀入盖可保险，然后在第
二年获利卖出；1976年，趁着盖可保险出现巨大生存危机以及随之而来的股价
波动，巴菲特杀了个"回马枪"，重新以极低的价格将盖可保险的半数股权收
入囊中。

119. 一定要持股 10 年吗

在 1996 年致股东的信里，巴菲特写道："如果你不打算拥有一只股票 10 年，那么就不要考虑拥有它 10 分钟。"这句话由于朗朗上口，易于记忆，后来成为巴菲特的著名金句之一。在具体的投资实践中，很多投资者都会引用这句话，作为"永不卖出"的理论依据。那么，事实真的如此吗？

巴菲特讲这段话的背景是，他认为投资者的正确操作应当是这样的：以合理的价格买入一家容易理解的公司的部分所有权。从现在开始，如果未来 5 年、10 年甚至 20 年里公司的收益实现大幅增长，那么其市值也会不断被推高，进而给股东带来不菲的回报。巴菲特说，这就是伯克希尔股东积累财富的全部秘密。

在如此长的时间周期内，投资者必然会受到各种各样噪声的干扰。比如说，自己买的蓝筹股价格一直没涨，别人买的垃圾股一飞冲天。往往在这个时候，市场上的主流观点也大多是"价值投资失效了"之类的论调。巴菲特告诫投资者，此时要尽量避免外界的诱惑，千万不要偏离原来的轨道。

由此可见，巴菲特的本意并不是说一定要持股 10 年，而是说在市场不理性的时候，千万不要被"市场先生"牵着鼻子走，卖出价值股换成热门股，最后导致被市场反复打脸。如果持有 5 年就已经拿到了企业 10 年创造的总收益，那这时的股票肯定是被高估了。我们不妨先在高位卖出，等股价回到合理的位置后再考虑买入。

120. 伯克希尔的持股期限有多长

在 2003 年致股东的信里，巴菲特列出了当年市值超过 5 亿美元的股票持仓，其中主要包括：美国运通、可口可乐、吉列公司、富国银行、穆迪公司、中国石油、华盛顿邮报，等等。伯克希尔的股票持仓成本为 85.15 亿美元，市值为 352.87 亿美元。以市值计，第一大持仓为可口可乐，市值达 101.50 亿美元。

　　巴菲特买入了优质公司后，基本上是长期不动的。我们由近及远地看一下，伯克希尔 2003 年主要持仓的最后一次操作时间：穆迪公司是 2000 年、美国运通是 1998 年、可口可乐是 1994 年、吉列公司是 1989 年。最令人惊叹的是华盛顿邮报，巴菲特自 1973 年买入以后，就再也没有动过。巴菲特开玩笑说，证券公司实在是拿他没办法。

　　巴菲特认为，2003 年时这些公司既没有被高估，也没有被低估；既没有让他感到兴奋，也没有让他感到沮丧。所以此时既不适合卖出，也不适合买入，那就选择继续持有。巴菲特还公开承认，没有在四年前的 1999 股市泡沫达到顶峰的时候卖出高估的持股，可能是个重大的错误。可见，价值投资并不是"死了都不卖"，高估时卖出是更明智的选择。

　　在股市没有明显机会的时候，巴菲特将目光投向了更广阔的投资市场。在股权领域，巴菲特接连收购了顶点砖材、佳斯迈威、肖氏工业、本杰明 – 摩尔涂料等制造、服务及零售行业的公司。2002 年，巴菲特还买进了 80 亿美元的垃圾债券，并首度进入外汇市场。巴菲特的一生，从来没有停止过对扩展能力圈的探索，这种对投资事业的热忱，让人钦佩不已。

121. 巴菲特完胜标普 500 指数

　　在 2010 年致股东的信里，巴菲特首次展示了伯克希尔与标普 500 指数"五年一期"的业绩比较。也就是说，1965～1969 年（第 1 期），1966～1970 年（第 2 期），依次类推，一直滚动到 2006～2010 年（第 42 期）。以 5 年为衡量业绩的基本周期，可以让我们观察到很多有趣的现象：

　　首先，以任意 5 年为周期，在 42 个周期内，伯克希尔每股账面价值全部实现了正增长。如果看每年的情况，伯克希尔每股账面价值在 2001 年和 2008 年出现过负增长，每股市值则出现了更多次负增长。这充分说明，伯克希尔的经营业绩比股价更稳定，伯克希尔的 5 年经营业绩比单一年度经营业绩更稳定。

其次，以任意 5 年为周期，在 42 个周期内，伯克希尔每股账面价值增幅全部跑赢了标普 500 指数。如果看每年的情况，伯克希尔每股账面价值增幅有 8 年跑输了标普 500 指数。这充分说明，市场短期是随机波动的，长期是反映业绩的。伯克希尔业绩跑输的年份，完全不是因为伯克希尔经营不善，而是市场先生过度乐观。

值得一提的是，1964～1981 年算是美股熊市，17 年间，道琼斯指数原地踏步，标普 500 指数也仅仅涨了 44%。但如果以 5 年为期，标普 500 指数仅在 1970～1974 年、1973～1977 年这两个区间分别微跌了 2.4% 和 0.2%，稍有选股能力的投资者，都不会出现连续 5 年不赚钱的情况。对于连跌 3 年的沪深 300 指数，此时我们应多点儿信心。

122. 巴菲特论"美国顺风"

在 2018 年致股东的信里，巴菲特写道："我和芒格乐于承认，伯克希尔的成功在很大程度上只是我认为应被称为'美国顺风'的产物。对于美国企业或个人来说，要是谁吹嘘自己'单枪匹马，所向无敌'，都不能只用傲慢来形容他了。"巴菲特深情回忆了美国的发展史及个人的奋斗史，两者的命运可谓紧紧相连：

1788 年，也就是乔治·华盛顿就任美国第一任总统的前一年，美国只有 400 万人口，占全球人口的 0.5%。后来，美国内战导致 4% 的美国男性失去生命，以至于林肯总统都开始思考"美国能否长久存在"。虽然前进的道路并非一帆风顺，但经过两个 77 年的发展，到 1942 年时，美国已经成为一个非常强大的国家。

然而，1942 年的美国正在面临一轮新的危机：日本偷袭珍珠港，导致美国被迫卷入二战，战争的前景并不明朗。就在这个时候，11 岁的巴菲特做出了人生中的第一笔股票投资——3 股城市服务公司优先股，耗资 114.75 美元。这笔钱如果投到标普 500 指数，再经过一个 77 年，到 2019 年 1 月底时会增值

5288 倍，这就是国运的力量。

　　但是，我们不要忘记，运气只是强者的谦辞。1964～2018 年，标普 500 指数上涨了 150 倍，这固然是"美国顺风"的产物，但同期伯克希尔每股市值上涨了 2.47 万倍，这显然是巴菲特主动努力的结果。虽然眼下股市连创新低，但是回首过去的 20 年、40 年，我们的国家也一直在变得越来越好。未来会更好吗？每个人有自己的判断，也会得到应得的结果。

专题 9

投资不为清单

123. 不择时

在 1963 年致合伙人的信里，巴菲特写道："最完美的事情，就是在牛市的时候持有 100% 低估类投资，在熊市的时候持有 100% 套利类投资。但是，我无意通过猜测股票市场的走向进行资产配置。我认为，尽管这三类投资的短期表现会因为市场情况大相径庭，但从长期来看，它们都是很好的投资对象。"

巴菲特早期的三类投资中，低估类投资跟市场走势的关联度最高，套利类投资跟市场走势的关联度最低。所以，巴菲特所说的"最完美的事情"，实际上就是"跟涨不跟跌"。但地球上哪儿有这样的好事呢？真实的商业世界是，享受上涨就得承受下跌，我们没法通过"择时"来完成对每一类投资的资产配置。

反映在投资业绩上，就是某一类投资在某一年度会表现得很好，对基金整体做出贡献；但在另外一些年度会表现得很糟，对基金整体造成拖累。比如1962 年，套利类和控制类投资表现很好，但是低估类投资价格下跌。但到了1963 年上半年，低估类投资的平均收益率为 21%，高于巴菲特合伙基金的总体收益率。

上一年的"急先锋"，在下一年很有可能会变成"后进生"。巴菲特遇到的这种情况，在我们现在的投资组合里，也十分常见。假设你持有腾讯控股，那么 2020 年它给你的收益率是 50.58%，但 2021 年它给你的收益率则是 −18.79%。所以，股价短期的涨跌具有随机性，但只要你的选股没问题，长期而言是可以取得不错回报的。

124. 不关注何时涨，何时跌

在 1966 年致合伙人的信里，巴菲特写道："在很大程度上，股票市场的走势会决定我们何时能证明投资决策是正确的，但是我们对公司前景的分析准确与否，才决定了投资决策是否正确。换句话说，我们关注的是将会发生什么，而非何时会发生。"

关注"何时会发生"，其实就是"择时"。它研究的是，股市何时会涨，何时会跌，何时会发生板块轮动。这类问题，基本上只有神仙才知道答案，任何投资大师都没有持续准确预测市场的能力。即使偶尔预测准确一次，那也仅仅只是巧合而已。

关注"将会发生什么"，其实就是"选股"。它研究的是，公司的竞争优势是什么，发展前景如何，营业收入和净利润能否持续增长。对于这类问题，靠积累商业知识和财务技能，可以无限接近事物的本质和真相。有什么样的因，就必然会结什么样的果，也许在不经意间就会发生。

投资跟人生其实是很像的。我们说顺其自然，并不是要躺平；我们说尽力而为，也不是要强求。我们追求的人生状态，应该是尽力而为之后的顺其自然——我努力了，我无悔了，至于是什么样的结果，我都接受命运的安排。能这样去想，心态会很平和，通常结果也不会太差。

125. 不预测市场

在 1966 年致合伙人的信里，巴菲特写道："如果我们用猜想和感性的认知而非理智来决定是否应该留在市场里,那我们就真有麻烦了!我们不会因为某些占星家预言股价将继续走低,就出售我们持有的定价合理的股票。我们也不会因为某些专家认为股价将继续走高,就买入那些已被充分定价的股票。"

巴菲特认为预测市场并不靠谱,他讲了一个故事来说明这一点。1966 年,当道琼斯指数从 2 月份的 895 点跌到 5 月份的 865 点后,合伙基金的一些合伙人给巴菲特打电话,他们认为股市将进一步走低,建议巴菲特卖出持股,等未来市场走势更明确以后再买入。大家看看这一幕,是不是再熟悉不过了?

巴菲特是怎么思考的呢?他说,如果你们 2 月份就知道 5 月份会下跌,为什么 2 月份不劝我离场呢?如果你们 2 月份不知道 5 月份会下跌,那么 5 月份又为什么能知道未来会继续下跌呢?就这么短短的两个疑问句,就轻易地证明了预测市场的荒谬性。所以巴菲特说,至少短期来看,未来从来都是不明确的。

巴菲特说的这种情况,到现在依然是"熟悉的配方,熟悉的味道"。比如 2022 年 A 股和港股持续下跌,站在岁末年初的时间节点上,有很多投资者说:"现在形势不明朗,为什么不先卖掉股票,等形势稳定了再买回来呢?"用巴菲特式的经典言论来回答——如果你知道还要下跌,为什么 2022 年初不说呢?如果年初不知道,为什么年底就知道了呢?

126. 切忌"期限错配"

在 1980 年致股东的信里,巴菲特提到对融资的看法:"伯克希尔不会为了一些特定的短期资金需求而融资,当我们觉得在一定期限内(略短于融资年限)有好的投资机会时,我们才会考虑借钱。最佳的投资机会,大多出现在市场银根紧缩时,那时候你一定希望拥有强大的火力。"

1980 年 8 月,巴菲特安排了一次债券发行,25 年期(2005 年到期),融资利率为 12.75%,金额为 6000 万美元。我查了一下历史资料,1980 年美国十年期国债利率高达 15%,因此,12.75% 的融资成本并不算高。但如果时间拉长到 25 年，这么高的融资成本显然是无法长久的，长期而言并不是一笔特别划算的借款。

巴菲特特别强调，只有当好的投资机会略短于融资年限时，才会考虑借款。道理其实非常简单，核心是把交易的主动权牢牢掌握在自己手里。按照股市的规律，25 年至少有一轮牛熊周期，可以完成一笔投资从买入到卖出的全过程。这么长的融资期限，至少可以保证，不必在不合适的时候，为了还债而贱卖股票。

近些年来，我看到市场上有很多"借短投长"的案例。比如说，找银行融入一笔 3 年期的资金，去投 5 年期的股权项目，结果 3 年之后无法实现退出，但又面临还款的问题，就会非常麻烦。这种"期限错配"的做法，是投资的大忌，往往最后都是以悲剧收场。对于投资而言，"长期资金"属性的重要性，怎么强调都不为过。

127. 克制盲目"多元化"的冲动

在 1983 年致股东的信里，巴菲特写道："伯克希尔管理层的心愿，不会依靠股东的花费来实现。我们不会因为任意地追求多元化而随便买下整家公司，却忽略了股东的长期经济利益。我们用你的钱时，就好像是用我们自己的钱一般谨慎，就如同你直接通过股市买进股票。"

巴菲特上述这段话，强调了投资的两项重要原则：第一，把二级市场当成一级市场来研究。无论是通过股权投资买下整家公司，还是通过证券投资买下公司的部分所有权（股票），基本的方法和路径都是一样的。第二，把股东的钱当成自己的钱来管理。赚钱的时候，大家一起赚，亏钱的时候，我亏得更多。总之，我们同呼吸，共命运。

巴菲特也强调，不会随意地追求多元化。为什么很多企业克制不住多元化的冲动呢？有可能是在看到眼前的风口后，如果不去追逐唾手可得的短期利益，会有一种非常强烈的被剥夺感。根据艾瑞里教授《怪诞行为学》的研究，我们的大脑，对于放弃可能失去收益的风险，是天然排斥和抗拒的。要想取得成功，就必须克服心理上的这一弱点。

事实上，对于大多数企业而言，多元化就是一条不归路。企业心里打的如意算盘是，这块业务不行了，至少还有那块业务，"双轮驱动"属于双保险。然而，大多数情况下，多元化会严重消耗企业的精力，最后导致在自己的核心业务上也丧失优势。永远聚焦，永远归核，才是正确的进阶之道。

128. 切忌频繁交易

在 1983 年致股东的信里，巴菲特谈到了股市极具讽刺意味的一个现象，那就是过于强调交易的活跃性。很多经纪商对那些换手率高的上市公司，以"流动性好"或者"容易变现"为由啧啧称赞。但作为投资者，必须非常清醒地认识到：对赌场有利的事情，未必对赌客有利。客户的频繁交易，可以让经纪商从中获利，但自己却要承担不小的损失。

巴菲特举例说，假设一家公司的净资产收益率是 12%，那么作为股东，这是你能享受到的长期收益水平。如果公司每年的周转率是 100%，买卖股票均收取 1% 的手续费，而公司股票以账面净值进行交易，那么单单是股权转移的交易成本就高达 2%，相当于 1/6 的成本损耗。或者说，相当于征收了 16.67% 的个人所得税。

从全市场来看，保守估计，如果日成交量为 1 亿股，每股的交易成本（买卖双向收费）为 15 美分，则一年的总成本将高达 75 亿美元（＝1 亿股 ×15 美分 / 股 ×2×250 个交易日）。这一巨额数字，相当于 1982 年《财富》500 强中营业收入规模最大的 4 家公司（通用汽车、美孚石油、埃克森石油、得克萨斯石油公司）的利润总和。

截至 1982 年底，这 4 家公司的净资产合计为 750 亿美元。无论是净资产还是净利润，这 4 家公司在《财富》500 强公司的占比都超过 12%。这就意味着，如果投资者动来动去，并不会做大蛋糕，而是会将蛋糕的 12% 切给经纪商。明白了这一点，我们就能更好地克制冲动交易。

129. 避开恶龙，而不是杀死它

在 1989 年致股东的信里，巴菲特写道："在买入并管理大量不同的企业 25 年之后，芒格和我还是没能学会解决公司的顽症，我们学会的是如何避开它们。在这一点上，我们做得非常成功。我们并不是拥有越过七尺跨栏的能力，而是专注于越过一尺跨栏。总体来说，我们倾向于避开恶龙，而不是杀死它。"

对此，巴菲特有切身的体会。比如，巴菲特在 1965 年买入的伯克希尔纺织厂，在苦心经营了 20 年之久后，还是不得已选择了关停业务。而巴菲特在 1973 年买入的华盛顿邮报，由于本身具有优秀的商业模式，几乎很少让巴菲特费心。由此，巴菲特得出一条重要结论：固守简单的公司的股票，比持有那些需要解决复杂问题的公司的股票，实现的收益要高得多。

在我看来，投资不是参加高考，不必每道题都会做；投资也不是参加比赛，不必挑战超高难度；投资更不是侦破案件，不必遵循"疑罪从无"的法理性。凡此种种，恰恰都是投资的美妙之处。我们不用迎难而上，不用面面俱到，只要扬长避短，在自己擅长的一小块领域深耕，就可以轻轻松松地赚到钱。

我记得我小时候读历史故事时，总是佩服一些厉害的角色，挽狂澜于既倒，扶大厦之将倾，置之死地而后生。现在想来，为什么一定要让自己置于死地呢？所谓"君子不立于危墙之下"，像巴菲特这样，在无忧无虑和平平淡淡之中，静静地收获财富的增长，不是更美好吗？

130. 不随大流

在 1990 年致股东的信里，巴菲特写道："我们喜欢在悲观的环境中做生意，不是因为我们喜欢悲观主义，而是因为我们喜欢悲观主义带来的价格。对于理性的买家而言，乐观主义才是敌人。当然，这并不意味着，仅仅因为企业或股票不受欢迎就购买它们，就是正确的行为。这也是一种随大流的愚蠢策略。"

　　巴菲特的这段话至少包含了两层意思：第一，悲观的市场情绪往往会带来不可思议的低股价，这对投资者而言，有可能是绝佳的买入时机；第二，究竟是不是绝佳的买入时机，也不能仅仅因为股价下跌就做出判断。看到股价跌停就问能不能入手，跟看到股价涨停就问能不能入手，本质上是一样的，都是没有经过大脑的思考。

　　巴菲特常说的一句话是，别人恐惧我贪婪，别人贪婪我恐惧。其实，这句话的完整表述应该是"在市场高点时，别人恐惧我贪婪；在市场低点时，别人贪婪我恐惧"。如果是公司基本面走坏了呢？比如曾经的乐视网，在被爆出财务造假丑闻之后连续跌停，说明了市场情绪是恐惧的，那此时我们就不应该贪婪，而是要更恐惧。

　　巴菲特说，投资要求的是独立思考，而不是人云亦云。不幸的是，市场上的大多数投资者"宁愿死，也不愿意思考"（伯特兰·罗素语）。从这个角度讲，"逆向投资"这种说法，本质上也是把思考的锚点定在了别人身上。在我看来，别管正向还是逆向，都不影响我们坚定地选择自己的方向。

131. 以古鉴今知未来

　　在 1994 年致股东的信里，巴菲特写道："对于坊间投资者和商界人士相当迷信的政治与经济预测，我们仍将保持视而不见的态度。三十年来，没有人能够准确地预测到越战的持续扩大、工资与价格管制、两次石油危机、总统下台以及苏联解体、道琼斯指数在一天之内大跌 508 点，或者国债利率在 2.8%～17.4% 之间的巨幅波动。"

　　这些影响历史进程的宏观大事件，事先并没有谁能预知，等到发生的时候，市场预期已经反映在股价上了。比如 1973 年发生"第一次石油危机"，道琼斯指数在年末收于 851 点，全年大跌 16.6%；再比如 1974 年尼克松总统因

"水门事件"而辞职，道琼斯指数在年末收于616点，全年大跌27.6%。

然而，巴菲特并不认为这样的"熊市"会对自己的投资造成伤害，他秉持的原则仍然是"以合理的价格买进优质的企业"。1973～1974年，巴菲特不但没有被"跌跌不休"的股市吓倒，反而利用悲观气氛达到顶点的时机，大举买入华盛顿邮报等优质公司的股票。当然，股价低估不代表马上就会上涨，要想实现价值回归，等待也是其中重要的一环。

巴菲特说，从今往后的三十年，一定还会有很多令人震惊的事件发生。如果能够和过去一样，找到优质的企业并长期持有，那么宏观变化和股市波动的影响就相当有限。2023年发生了很多大事，对投资者信心的冲击尤为明显，相信随着时间的流逝，所有的不平常终将回归正常。

132. 关注价格而非时间

在1994年致股东的信里，巴菲特写道："我们买进股票时，关注的只是价格而非时间。我们认为，因为担忧短期的经济或股市变量而放弃买进一家具有前景的好公司，是一件很愚蠢的事。我们关心的不是道琼斯指数的走势、美联储的动向或宏观经济的发展，而是公司本身的未来。"

这是巴菲特在非常明确地表明自己的态度：投资不需要择时。巴菲特举例说，1967年买下国民赔偿保险公司，1972年买下喜诗糖果，1977年买下布法罗新闻报，1983年买下内布拉斯加家具城，1986年买下斯科特－费泽，做出这些投资决策的时候，他都没有关心当年的股市行情如何。而且，当时这些公司都在四处求售，是典型的"买方市场"。

事后来看，巴菲特的上述投资决策都已成为经典案例，那么在当时，都发生了哪些历史大事件呢？1967年英镑危机，1977年美元危机，1983年美国政府提出"星球大战计划"，1986年原油价格暴跌……似乎哪一年都是"极不平凡"的一年。如果当时出于对宏观经济的担忧，不敢出手，无疑会白白错失很多优秀的投资机会。

在我看来,坏的投资都是在好的年份做出来的,好的投资都是在坏的年份做出来的。拿 A 股来说,容易亏钱的决策都是在 2007 年、2015 年这样的大牛市里做出来的,而随后的 2008 年、2016 年、2018 年、2020 年都有很好的投资机会。2022 年末,很多蓝筹股的股价自几年前的高点已经跌至腰斩甚至三折以下,当中会不会也孕育着很好的投资机会呢?让我们拭目以待。

133. 不盲目"抄作业"

在 1994 年致股东的信里,巴菲特回顾了自己近期的重大投资失误。其中,投资大都会 /ABC 公司的历程颇为曲折。1978~1980 年,巴菲特以 4.3 美元 / 股的价格卖掉了对这家公司的持股,然后在 1986 年以 17.25 美元 / 股的价格重新买回。1993 年底,巴菲特再次以 63 美元 / 股的价格卖出,结果一年之后涨到 85.25 美元 / 股,少赚了 2.225 亿美元。

巴菲特在大都会 /ABC 公司上的操作,频频出现失误,说明即便是"股神",也没有"低吸高抛"做波段的能力,反而经常陷入"一卖就涨"的怪圈。不过这也只是赚多赚少的问题,真正让巴菲特感到痛心的是,他曾经耗费 3.58 亿美元买入的美国航空优先股,在 1994 年宣布停止发放股息,投资账面价值更是跌至 8950 万美元,仅相当于投资成本的 25%。

巴菲特反思到,他非常清楚,对于航空业这种"大路货"行业来说,要么降低成本,要么关门大吉。虽然巴菲特知道,美国航空深受成本居高不下之苦,但考虑到自己投的只是优先股,还是存有一定的侥幸心理。对于这笔投资,巴菲特称之为"非受迫性失误",也就是说,没有人强迫和误导他,但他还是不幸入坑。

我们一定不能盲目地去抄"大 V"的作业。试想,如果当时你知道巴菲特买了美国航空的优先股,信心满满地押上全部身家,幻想一夜暴富,结果等来的却是迎头暴击,这无疑是很悲惨的。向比自己更优秀的人学习,更多的是学习他们的逻辑,以及分析和解决问题的方法。

134. 让赢家奔跑

在 1996 年致股东的信里，巴菲特写道："我们要做的，仅仅是以合理的价格，收购那些拥有良好发展前景、出色管理人员的公司。在此之后，我们只需要关注这些因素有没有发生变化。"一言以蔽之，投资的要义就是好公司 + 好价格 + 定期跟踪和检查。只有在发现了明显的基本面变化或者估值波动之后才考虑卖出，否则就一直持有。

巴菲特说，按照这种做法，你会发现你投资组合的大部分收益，其实来源于持仓中的少数公司。这就好比你买入大学篮球明星的 20% 股权，将来如果他在 NBA 占据重要位置，那么你从他身上获得的收益，就会占到你全部收入的绝大部分。在这种情况下，如果有人想要从你手中买走一部分股权，你愿意廉价卖给他吗？答案显然是否定的。

巴菲特打了个比方，如果因为一家公司在你的投资组合里过于重要就卖出，无异于建议芝加哥队卖掉迈克尔·乔丹，而给出的理由是他对于球队而言太重要了，这种做法无疑是非常荒谬的。我们不要"拔除鲜花，浇灌杂草"，我们要"让赢家继续奔跑"，这实际上也是指数基业长青的重要原因。

巴菲特对单只股票设置的投资比例，从未突破过 40% 的上限，这一比例是根据买入时的持仓市值计算的。在买入之后，如果重仓股因为上涨过快而突破 40% 的比例，是不需要卖出的。背后的逻辑是，既然它很优秀，为什么要限制它的优秀呢？这种"跌了加仓，涨了不管"的思路能让优质股票最大限度地给投资组合做出贡献。

135. 巴菲特不投新兴产业的原因

在 1996 年致股东的信里，巴菲特写道："我们偏爱那些不太可能经历重大变化的公司和行业。至于那些迅速变化的行业，它可能会提供巨大的成功机会，但是它无法提供我们寻找的确定性。"巴菲特承认，巨大的变革有可能孕育着丰厚的利润，但投资的"不可能三角"决定了，想要潜在的高收益和高流动性，就必然要以牺牲确定性为代价。

巴菲特说，他和芒格对新颖的想法、新式的产品、创新的生产流程都持欢迎的态度。如果没有革故鼎新，国家不可能发展，民众的生活水平也不可能得到提高。但是，仅就投资而言，巴菲特并不会去碰那些新兴产业。这就好比探索太空飞行，巴菲特会给予鼓掌和欢呼，但是自己并不会参与其中。

当然，任何公司都会或多或少因为受到时代变迁的影响，而发生一定程度的变化。比如说喜诗糖果，与1972年巴菲特刚刚买下时相比，现在的它已经更新了生产设备，建立了不同的分销渠道，甚至提供的糖果种类也跟当年不尽相同。但是，人们为什么要买盒装巧克力，为什么只买喜诗糖果，这个逻辑没有发生任何改变。

这给我的启示主要有三点：第一，投资是投资，情怀是情怀，投资的时候不要为情怀买单，讲情怀的时候也不要站在投资的角度；第二，与其寻找未来的"黑马"，不如守住现在的"白马"，这样做虽然很难一夜暴富，但是财富会以非常稳健的方式增长；第三，投资研究涉及很多变量，但只要核心竞争力没有受到侵蚀，投资的逻辑就依然成立。

136. 降低投资回报预期

在2000年致股东的信里，巴菲特写道："芒格和我都认为，CEO预估公司未来的增长率是相当危险且不当的。他们通常是在分析师和公关部门的要求下才这样做的，但我认为他们应当坚决拒绝。如果一家大公司公开宣称其每股盈余可以长期维持15%的年化增长率的话，那肯定会招致很多不必要的麻烦。"

巴菲特举例说，20世纪70年代至80年代，在盈余最高的200家公司中，盈余能够保持15%年化增长率的企业少之又少。巴菲特据此断定，在2000年盈余最高的200家企业中，能够在接下来的20年里盈余继续保持15%年化增长率的企业，绝对不会超过10家，也就是不到5%。也就是说，15%的长期年化增长率是个极高的标准，只有极少数卓越的企业能满足。

由于"股票是企业所有权的一部分""买股票就是买企业"，投资者获得15%以上的长期年化收益率也是非常困难的，毕竟企业增长的"天花板"决定了投资者获得回报的上限。我们看看那些国际一线投资大家，比如说本杰明·格雷厄姆、沃伦·巴菲特、库洛姆·戴维斯、沃尔特·施洛斯，他们的长期年化收益率大多落在15%～20%的区间。

巴菲特警告说，对企业抱有过高的预期，不但会造成毫无根据的乐观，而且有可能导致管理层腐化。巴菲特见过很多CEO，都不专注于自己的主业，而是醉心于运用"会计诡计"来美化财务数据。这样的做法，最终会骗人骗己，也会害人害己。在我看来，"降低预期"是保持良好心态的关键，也是获得幸福生活的本源。

137. 不预测宏观经济

在2003年致股东的信里，巴菲特写道："预言家的墓地里，有一大半都躺着宏观经济学家。在伯克希尔，我们很少对宏观经济做出预测，我们也很少看到有人可以长期做出准确的预测。"研究宏观经济，有可能可以给政府决策者提供参考。但是，由于预测宏观经济的准确度不高，因此对投资的指导意义不大。

对宏观经济做出一次准确的预测，其实并不难，这包括两种情况：一是同一个人多次预测股市即将崩盘，或者楼市还会暴涨，如果他刚好碰到股市崩盘或楼市暴涨，就会侥幸说对一次；二是很多专家预测股市或楼市，有人说要崩盘，有人说要暴涨，那么其中也必然会有一部分人恰好说对一次。

然而，很少有人能够连续、长期地对宏观经济做出准确的预测。这就像在股市里，每天都有涨停板，但你事先并不知道哪只股票会涨停，也不知道它涨停的原因。所以，偶尔猜对一次宏观经济走向，就像偶然碰到一次股票涨停一样，纯属随机事件。花费过多的时间和精力去研究宏观经济，并不会对投资结果产生显著的积极影响。

我还记得读大学时，有一门基础课叫作经济学原理，分为宏观和微观。当时，我觉得 GDP、财政、货币、利率等宏观经济方面的内容听起来都很"高大上"，容易让人产生一种在庙堂之上纵横捭阖的臆想。现在才理解，对于投资而言，更重要的是理解企业、财务等微观经济方面的内容，它才是我们认识商业世界的窗口。

138. 投资失败的三大原因

在 2004 年致股东的信里，巴菲特写道："过去 35 年以来，美国企业交出了优异的成绩单。按理说，只要投资低成本的指数基金，搭美国经济增长的顺风车，投资人就能获得丰厚的回报。"据统计，1969～2004 年美国投资者在股市里可以取得 11.2% 的年化收益率（含股息）。然而，实际上大多数投资者的成绩却惨不忍睹，这是为什么呢？

巴菲特总结了大多数投资者无法成功的三大原因：第一，交易成本太高。频繁地买入和卖出会造成很多不必要的资金损耗。第二，决策过于随意。听信小道消息，不注重企业的基本面分析和研究。第三，介入时点错误。由于"贪婪"和"恐惧"的人性作祟，往往在市场高点兴奋入场，在市场低点仓皇出逃，导致被市场反复"打脸"。

有鉴于此，巴菲特说出了那句经典名言："别人恐惧我贪婪，别人贪婪我恐惧。"其实，这句话的完整意思是：在市场高点时，别人贪婪我恐惧；在市场低点时，别人恐惧我贪婪。如果是在市场低点，别人贪婪，我要更贪婪；如果是在市场高点，别人恐惧，我要更恐惧。总之，一切决策的依据都是市场的估值，而不是他人的情绪。

芒格说，凡事要反过来想。要想避免沦为失败的投资者，我们就要尽量规避巴菲特指出的三种错误的投资姿势：第一，降低交易频率，追求更"少"的决策；第二，加强投资研究，追求更"准"的决策；第三，克服人性弱点，追求更"稳"的决策。避免了亏损，盈利也就自然来了；避免了失败，人生也就自然会走向成功。

139. 投资的简洁之美

在 2004 年致股东的信里，巴菲特提到了中美能源公司所涉的一项重大投资案，事情的原委是这样的：地热发电产生的卤水含有大量的锌，巴菲特认为回收金属锌可能有利可图，于是决定投资。这项计划从 1998 年开始启动，2002 年正式投入营运，但一路遇到的困难和问题颇多。2004 年 9 月，巴菲特终于决定放弃这笔投资。

巴菲特从中得出的教训是："尽量让事情简单化，这项原则广泛适用于我们的投资及经营事业。如果某项决策只有 1 个变量，这一变量有 90% 的成功概率，那么我们就会有 90% 的胜算；如果某项决策涉及 10 个变量，那么算下来最后的胜算将只有 35%。"锌回收投资案就是如此，它克服了几乎所有的困难，但却因为某个环节的问题无法解决而前功尽弃。

巴菲特一直崇尚"大道至简"，他的很多观点都闪耀着"简洁"的智慧。比如说，巴菲特认为投资不是智力竞赛，也不是体育竞技，根本没有必要像跳水那样挑战高难度。挑战高难度的结果，往往不是赚得更多，而是赔得更多。再比如说，巴菲特认为不要去杀死"恶龙"，而是要避开"恶龙"。对于烂人和烂公司，我们要避免与之打交道，而不是试图改造。

我以前读投资类的书籍或文章时，遇到一些"高大上"的词汇和概念，总是看得云里雾里，我当时首先怀疑的是，可能是自己的水平不够。自从读了巴菲特，我发现他的观点总是明白晓畅、通俗易懂、平易近人、深入浅出，用简单的比喻就能把商业的本质讲得透透彻彻。我才渐渐明白，这才是真正的大智慧啊！

140. 投资中的"排除法"

在 2007 年致股东的信里，巴菲特再次谈到了他选择股票的四大标准：一是企业简单易懂，在自己的"能力圈"范围内；二是企业有着良好的长期经济前景；三是管理层德才兼备，值得信赖；四是价格合理。按照巴菲特的选股标准，很多股票都可以归入"直接排除"的类别：

比如说，巴菲特不投科技股，是因为大多数科技企业会受到快速且持续的变化影响。尽管从社会的角度讲，"破坏性创新"有利于推动人类文明的整体进步，但从投资的角度讲，这样的变化会使得在位企业很难拥有持久的护城河。或者说，它不能满足投资中要求的"确定性"。

再比如说，巴菲特不投烂公司，哪怕这些公司拥有非常优秀的管理层。巴菲特认为，对于任何一家企业而言，杰出的经理人都是一项宝贵的资产。但是，如果企业本身的经营管理过度依赖于经理人的能力，那么企业本身的商业模式可能并不是一流的，这并非巴菲特心目中理想的投资对象。

遇到符合条件的机会时，巴菲特要么买下整家公司，要么买下80%，剩下20%留给管理层。如果无法获得控制权，巴菲特也乐意买下其中的一小部分股权。巴菲特认为，拥有"希望之星"蓝钻的一小部分权益，远远优于拥有一颗人造钻石的全部权益。投资优质公司的股票，而不是拥有一家平庸的小公司，实际上就是在寻找"皇冠上的钻石"。

141. ChatGPT 值得关注吗

在2009年致股东的信里，巴菲特提到了芒格最喜欢引用的一句话："如果我知道我会死在哪里，那我就永远不会去那里。"这种逆向思维，实际上是受普鲁士数学家雅可比的启发。巴菲特和芒格把这一思路运用在投资上，竭力回避那种未来无法评估和预测的企业，不管其产品或服务有多出色。

巴菲特举例说，20世纪10年代的汽车行业，20世纪30年代的航空行业，20世纪50年代的电视机行业，都曾给人类社会带来生活方式的巨大改变。然而，身处这些行业的公司，在激烈的市场竞争中，大多遭受了重创。即便是那些侥幸存活下来的公司，也都是伤痕累累。一言以蔽之，对消费者友好的企业，未必对投资者友好。

淘汰掉那些未来前景不明朗的企业，再淘汰掉那些无法产生真实现金流的企业，投资的路径似乎就非常清晰了。巴菲特在伯克希尔一以贯之的原则是，坚持只买入那些未来十年的利润看起来还不错的企业。这里面包括两个要点：首先是看重利润，而不是看重营收，利润才是企业的真实价值所在；其次是以十年为期，尽可能保证投资的确定性。

如果以巴菲特这条投资原则为标准，可以轻轻松松排除掉很多行业或企业。比如说 2023 年非常热门的 ChatGPT，2022 年非常热门的元宇宙，我们能预测其未来十年的发展吗？到目前为止，这些概念给企业带来了真实的现金流吗？如果答案是否定的，那么我们完全可以不必过多关注，更不要为了追逐热点贸然进入不了解的领域。省下的时间和精力，多看看盈利稳定的企业也挺好的。

第
2
章

企业管理

专题 10

双轮驱动

142. 购买股票和经营企业的区别

在 1977 年致股东的信里，巴菲特写道："我们过去的经验显示，一家好公司的部分所有权价格，常常比协议谈判买下整家公司低许多。因此想要拥有物美价廉的企业所有权，直接并购的方式往往不可取，还不如通过间接拥有股票的方式来达到这个目的。"为了进一步说明这一点，巴菲特提到了大都会通信公司的投资案例。

1977 年，巴菲特花费 1090 万美元买入大都会通信公司的股票。巴菲特坦言，如果想要收购大都会通信公司的全部股权，则花费的每股成本大约是通过股票方式买入的两倍。当然，如果是买入股票，则无法取得对企业的控制权。但是，巴菲特并不介意，他认为，即使拥有控制权，他也无法比现有的管理层做得更好。

投资股票和收购股权还有一个区别：1977 年，按照伯克希尔对大都会通信公司的持股比例，应分得的利润约为 130 万美元，但反映在伯克希尔的财务报表上，只有区区 4 万美元的现金股息。为了解决这一统计口径的差异，巴菲特自行发明了"透视盈余"的概念，把持有股票的未分配利润也考虑进来。

在我看来，收购一家公司的全部股权，或者拥有一家公司的部分所有权

（买入股票），各有优劣。买入股票可能会更便宜，也省去了经营企业的麻烦，但是没有控制权和管理权；买下一家公司的效果则刚好相反。无论是哪种方式，其投资分析的原理和方法都是一样的。

143. 管人与管钱

在 1986 年致股东的信里，巴菲特谈到自己和芒格的日常工作只有两项：一是吸引并留住优秀的经理人，让他们来经营伯克希尔旗下的各项事业；二是处理资金的分配。在伯克希尔商业帝国千头万绪的工作中，巴菲特牢牢抓住了"管人"和"管钱"的"牛鼻子"。而且，巴菲特的管理方式，与大多数老板都不同。

先说"管人"。巴菲特很少过问经营上的细节，而是对经理人给予充分授权。巴菲特挑选的经理人，大多已经实现了财务自由，他们工作完全是出于对事业的兴趣。巴菲特的原则是，只与自己喜欢、尊重、崇敬的人一起工作，这样不仅能取得管理绩效的最优化，还会让人觉得身心愉悦。

再说"管钱"。巴菲特解释说，在伯克希尔，之所以资本配置非常重要，主要是因为公司赚的钱本来就比较多，且留存利润的比例较高，同时各业务都不需要太多的资本开支便能维持成长性。这样一来，伯克希尔拥有的沉淀资金就越来越多，巴菲特必须为这些资金找到合适的去处。

伯克希尔的子公司多达上百家，员工数量高达 30 万人，巴菲特却能够轻松驾驭，主要原因就在于，巴菲特把握住了企业经营管理的两点核心。而且，无论是巴菲特选的人，还是企业，本身都是非常优秀的"自驱动型"，让他省心不少。这给我的启示是，要善于抓住事物的主要矛盾，这样才能拥有"化繁为简"的超能力。

144. 伯克希尔的两项优势

在 2003 年致股东的信里，巴菲特写道："我和芒格拥有相当理想的工作环境。首先，我们背后有超级坚强的经营团队，如果有企业名人堂，那么我们旗下的许多明星经理人肯定可以名列其中。其次，我们在管理上享有极其罕见的自由和弹性。在伯克希尔，我们完全没有历史的包袱或者股东的压力来妨碍我们做出明智的决定。"伯克希尔成功的秘诀主要在于：

第一，人才上的优势。巴菲特选人和用人，不唯学历，不唯资历，不唯年龄，而是看经理人的三观是否匹配，精力是否充沛，为人是否正直，管理是否高效。从 1965 年开始，巴菲特就有意为伯克希尔网罗了一大批优秀、专业的经理人，包括国民赔偿保险公司的杰克·林沃尔特、内布拉斯加家具城的 B 夫人，等等。

第二，制度上的优势。美国有很多大企业，其管理层都面临着来自股东的施压，迫使他们不得不做出一些扭曲的短视行为。伯克希尔就不存在这样的问题，因为巴菲特是控股股东，也是 CEO，股东利益和管理层利益基本上是一致的。巴菲特本身同时具有高超的投资水平和管理艺术，能够很好地驾驭伯克希尔这艘"巨轮"。

一项事业，如果有人才加盟，有制度激励，何愁不兴呢？有聪明的头脑，没有外界的掣肘，让巴菲特在投资上能够做到"收放自如"。巴菲特不会由于外界的压力而犯错，所以他戏称自己犯的错误都是"非受迫性失误"。这一类失误，通常数量不多，影响不大，损失都在可控范围内。

专题 11

业务板块

145. 巴菲特入主伯克希尔

在 1965 年致合伙人的信里，巴菲特写到了投资伯克希尔的前因后果。巴菲特合伙基金从 1962 年 11 月开始买入伯克希尔，一开始是作为低估类投资品种。到 1965 年春天的时候，巴菲特合伙基金取得了对伯克希尔的控制权，这笔投资演变为控制类。

巴菲特入主伯克希尔的时候，纺织业务已经江河日下。1948 年，伯克希尔最辉煌的时候，拥有 11 家工厂，11 000 名工人，税前利润为 2950 万美元。1965 年，伯克希尔仅剩下 2 家工厂，2300 名工人，公司的净营运资本为 19 美元/股，高于巴菲特的平均买入价 14.86 美元/股。

巴菲特刚拿下伯克希尔的时候，内心充满着憧憬和自信。他认为，虽然伯克希尔不像美国施乐公司那样具有极强的竞争力，但拥有肯·蔡斯这样出色的管理人，以及一批优秀的营销人员，似乎也还过得去。正所谓，"奶油卷挺好，麦片也不差"。

站在 1965 年的时间节点上，35 岁的巴菲特绝对想不到，他总体看好的纺织业务，在勉力维持了 20 年之后，最终还是不得不关闭。作为年轻一代的投资者，我们已经知道伯克希尔会何去何从，对于前景黯淡的行业，我们付出的试错成本就会小很多，这无疑是非常幸运的。

146. 巴菲特合伙基金控股的公司

在 1969 年致合伙人的信里，巴菲特谈到了合伙基金控股的两家公司：一是多元零售公司，巴菲特合伙基金持股 80%，惠勒－芒格公司持股 10%，第一曼哈顿公司持股 10%；二是伯克希尔－哈撒韦公司，当时的流通股股份为 983 582 股，其中巴菲特合伙基金持有 691 441 股，持股比例为 70.3%。

多元零售公司曾拥有霍克希尔德－科恩百货公司 100% 的股份，1966 年的买入价是 1200 万美元，1969 年的卖出价大约为 1100 万美元。此外，多元零售公司还持有联合零售公司（1969 年由联合棉纺公司更名而来）100% 的股份。1968 年，联合棉纺公司的净资产为 750 万美元，销售额为 3750 万美元，净利润约为 100 万美元。

伯克希尔－哈撒韦旗下主要有三项业务：一是纺织业务。虽然伯克希尔的纺织业务远远好于平均水平，但由于行业整体不景气，所以资本回报率一直很低。二是保险业务。包括伯克希尔 100% 持股的国民赔偿保险公司、国民火灾与海事保险公司。三是银行业务。主要是伊利诺伊国民银行和信托公司，伯克希尔持有其 97.7% 的股份。

巴菲特的计划是，解散合伙基金后，将自己的绝大部分资产投入多元零售和伯克希尔这两家主体。巴菲特认为，多年以后，这两家公司的内在价值会实现巨大增长。巴菲特的判断并没有错，伯克希尔－哈撒韦在 59 年的时间里，每股市值增长了 4.38 万倍。但这并不是自然发生的，而是巴菲特一生专心经营的结果。

147. 尽力而为，一切才有可能

在 1972 年致股东的信里，巴菲特写道："近些年以来，我们的多元化策略已经大幅提高了我们正常的盈利能力。我们这一届管理层，在 1965 年取得了伯克希尔的控制权。1972 年，我们的经营利润为 11 116 256 美元，相比于继续将全部资源都放在纺织业上，我们现在创造的利润要高出很多倍。"

巴菲特的这段话，重点讲的就是资本配置的能力。因为伯克希尔的纺织业务盈利能力低下，所以巴菲特没有进行大量的再投资，而是将资金投入其他有前途的业务。巴菲特提到，有三笔收购非常成功，分别是买入国民赔偿保险公司、伊利诺伊国民银行和信托公司、家庭和汽车保险公司。

因为巴菲特的努力，伯克希尔没有在日薄西山的纺织业务上坐以待毙，而是将保险、银行等业务板块逐步纳入自己的商业帝国版图。日后我们会看到，伯克希尔旗下的优质企业越来越多，涉及的业务也越来越广，它们就像一台台复利机器，日复一日、年复一年地给巴菲特创造着不菲的投资回报。

这让我想到一句话："世界上本没有正确的选择，我们只不过是通过自己不懈的努力，让自己当年的选择看起来正确。"伯克希尔不是必然会成为一家世界级的投资平台，正是巴菲特的辛勤耕耘，才让这变成"可能"。当初我选择从体制内离开，其实也并不必然是正确的选择。为了让当初的选择看起来正确，现在的我必须努力。

148. 资源配置的重要性

在 1973 年致股东的信里，巴菲特先后提及的业务板块有：纺织业务、保险业务、银行业务、多元零售公司、蓝筹印花公司、奥马哈太阳报。其中，蓝筹印花公司拥有韦斯科金融公司 54% 的股份，以及喜诗糖果 99% 的股份。有意思的是，巴菲特用了全文 1/6 的篇幅来讲蓝筹印花公司，对韦斯科金融和喜诗糖果却一笔带过。

后来发生的事情，现在大家都知道。随着消费者习惯的改变，蓝筹印花公司江河日下，营业收入和利润逐年萎缩。但是，蓝筹印花公司的印花业务可以产生类似于保险业的浮存金，巴菲特利用这些浮存金投资了喜诗糖果等优质企业。直到今天，喜诗糖果依然是伯克希尔的全资子公司，每年为伯克希尔贡献了相当可观的现金流。

巴菲特早期控股的很多平台，其实都算不上好公司，比如伯克希尔属于盈利能力弱、资本支出大的纺织行业，多元零售公司主要持有霍克希尔德-科恩这家三流百货公司。如果巴菲特执意在这些行业、领域苦苦挣扎，等待他的一定是非常糟糕的结局。但是，巴菲特非常敏锐地认识到了存在的问题，并且一直在寻找更好的资产。

这其实就是资产配置的重要性。市场非常残酷，也非常公平。如果你把资金配置到正确的行业或企业上，那么将来就会收获越来越多的利润，反之亦然。对于我们每个人而言，也是同样的道理。我们的时间和精力有限，一定要尽可能配置在那些对我们有价值的人和事上。

149. "赛道"与"赛手"谁更重要

在1975年致股东的信里，巴菲特回顾了接手伯克希尔10年来的经营情况。据巴菲特统计，1955年伯克希尔的净资产约为5340万美元。在随后10年的时间里，公司的分红和股票回购导致公司净资产减少超过2100万美元，加上期间亏损的980万美元，到1964年底，公司净资产仅为约2210万美元。

如果这种下滑的颓势再延续10年，那伯克希尔大概率已经不存在了，但是在巴菲特的管理下，我们看到1975年的伯克希尔是另一番模样：公司净资产增长至约9290万美元，每股净资产从10年前的19.46美元增长到94.92美元，在外发行的股票数量从10年前的1 137 778股减少至979 569股。

究其原因，巴菲特没有继续在纺织业务上扩大投资，而是将资本配置的重心一点点腾挪到保险、银行、有价证券等高价值资产上。据巴菲特自述，1965～1975年，巴菲特买下了6家企业，成立了4家新公司，收购了一家大型关联企业约61.5%的股份。通过这一系列的努力，伯克希尔每股净资产的年均复合回报率超过15%。

这不禁让我思考，究竟是"赛道"重要，还是"赛手"重要？其实不必纠结，两者都很重要。如果伯克希尔一直坚守在纺织行业，恐怕巴菲特也无力回天，这说明"赛道"的重要性；但如果没有巴菲特，伯克希尔还会继续在纺织业务的苦海里挣扎，这说明"赛手"的重要性。优秀的企业和优秀的老板，其实是相互成就的。

150. 越有实力就越淡定

在 1979 年致股东的信里，巴菲特写道："这些年来，随着保险业务的规模和收益双双取得了快速的增长，纺织业务与零售业务的重要性日益下降。"我们来看看伯克希尔 1979 年的经营情况：旗下所有业务的税前收益合计 6863 万美元，其中 Waumbec 纺织厂的税前收益为 172 万美元，联合零售商店的税前收益为 278 万美元。

不难看出，与巴菲特刚接手时相比，伯克希尔的纺织业务和零售业务日渐萎缩，占比逐年下降。对于巴菲特来说，这当然是好事，意味着伯克希尔的业务结构调整已经初显成效。巴菲特一直为纺织业务和零售业务的经营头痛不已，即便当时这两块业务归零，对伯克希尔的整体影响也相当有限。

这其实让我联想到一个问题：人为什么一定要努力呢？因为努力之后，对于以前所看重的，你可能就不会那么看重了，心态会好很多。比如巴菲特，早年寄希望于纺织业务，所以每次纺织业务表现不好，巴菲特都很难受。但随着投资业务的发展，此时的巴菲特，已经没有那么在乎纺织业务经营得如何了。

151. 凡事顺其自然

在 1985 年致股东的信里，巴菲特透露，他最终决定关闭伯克希尔旗下的纺织业务。回顾历史，当 1965 年巴菲特取得伯克希尔的控制权时，其账面价值约为 2200 万美元，由于主要资产集中在不赚钱的纺织业务上，所以它实际的内在价值远低于此。而此前的 9 年时间里，伯克希尔的累计营业收入为 5 亿美元，合计亏损超过 1000 万美元。

巴菲特入主伯克希尔以后，一方面想尽一切办法，试图盘活纺织业务；另一方面进行适度多元化，利用纺织业务释放出来的现金，买下了国民赔偿保险公司等具有前途的事业。事实证明，巴菲特的这一举动是极其英明的。虽然此后 20 年间，纺织业务日薄西山，但由于它在伯克希尔事业版图中所占的比重越来越小，未给公司造成致命的伤害。

巴菲特也多次解释过，为什么没有尽早从纺织业务抽身，主要是基于四方面的考虑：第一，公司不愿意解雇纺织工人；第二，肯·蔡斯等管理人员在试图解决问题；第三，工会和工人也积极配合管理层；第四，纺织业务尚能产生稳定的现金收入。但巴菲特后来说，他对第四方面纯属误判。事实是，这项业务受到了国外廉价劳动力的巨大冲击。

值得关注的一处细节是巴菲特说的第三方面，也就是工会非常友好，这反而让巴菲特没有下定决心关厂。如果当初工会强势一点儿，说不定巴菲特早就止损了。这给我的启示是，凡事一定要看到其积极的一面。如果某些条件限制了你实施某些想法，不要悲观，不要怨天尤人，有可能是真的条件不成熟。水到渠成，才是最好的状态。

152. 纺织业的困局

在 1985 年致股东的信里，巴菲特写道："大笔的资本支出，虽然可以令我们的纺织事业存活，但投资收益却少得可怜。每次投入一笔资金之后，依然要面对国外低成本的强力竞争；若不再继续投资，那我们就更不具备竞争力。"简而言之，继续投入，找死；停止投入，等死。无论怎么做，都处于非常尴尬的境地。

巴菲特以美国最大的纺织企业——伯灵顿工业公司为例，说明纺织业面临的困局。1964 年，伯灵顿工业的营业收入约为 12 亿美元，大约是同期伯克希尔的 24 倍。在伯克希尔决定开展多元化业务以后，伯灵顿工业仍然固守在纺织业。在伯灵顿工业总计投入约 30 亿美元资本以后，其 1985 年的营业收入才达到 28 亿美元。

对于伯灵顿工业的股东而言，这种错误的资金配置无疑是一种灾难。虽然在纺织业，伯灵顿工业的表现已经堪称优秀，但在市场上却只能说是非常平庸。巴菲特引用了一句俗语来说明这种情况："一匹能数到 10 的马，是一匹了不起的马，却不是了不起的数学家。"同理，一家能够合理运用资金的纺织公司，是一家了不起的纺织公司，却不是了不起的企业。

伯灵顿工业和伯克希尔的故事，对我的启发意义在于，尽管我们强调要专注于主业，但也一定不能故步自封。如果所在的行业、企业正在以前所未有的速度沉沦，那身处其中的人，必须要提前做好准备，练好内功，调整航向。在危机发生之前，勇敢地跳出来，为自己开辟一条新的道路。

153. 伯克希尔的"七圣徒"

在 1987 年致股东的信里，巴菲特首次提到"七圣徒"的概念（即伯克希尔旗下七家主要的非金融类企业），它们分别是：布法罗新闻报、范奇海默兄弟公司、寇比吸尘器、内布拉斯加家具城、斯科特–费泽公司、喜诗糖果、世界百科全书公司。如果将这七家企业看成一家集团公司，净资产合计约为 1.75 亿美元，税后利润约为 1 亿美元，ROE 高达 57%。

而且，如此优异的成绩，并非依仗高负债取得的。1987 年，这七家公司的利息费用加在一起也只有 200 万美元。当然，这并不意味着，伯克希尔可以从它们身上赚到 57% 的年化收益率。原因在于，伯克希尔为了收购这些公司，支付了 2.22 亿美元的溢价。以巴菲特的出价估值，PB 大约为 2.27 倍，仍然属于非常划算的买卖。

如何评价"七圣徒"呢？巴菲特总结了三点：第一，它们的内在价值远远大于账面价值，也大于伯克希尔的收购价格；第二，它们都不是资金密集型企业，无须大量的资本投入便可维持运转；第三，它们的经营者，都是德才兼备的经理人，比如内布拉斯加家具城的 B 夫人家族、布法罗新闻报的斯坦·利普西、喜诗糖果的查克·哈金斯，等等。

值得一提的是，当时伯克希尔旗下盈利最多的恰好就是这七家子公司。这也从侧面证明了一点，那就是此时此刻的巴菲特，更看重公司的利润而非资产。获利能力强、盈利质量高的优质资产可以获得远远高于账面价值的市场溢价。

154. 巴菲特再提"七圣徒"

在 1989 年致股东的信里，巴菲特再次提到了旗下优秀的"七圣徒"：布法罗新闻报（新闻）、范奇海默兄弟公司（制服）、寇比吸尘器（制造）、内布拉斯加家具城（家居）、斯科特－费泽公司（综合）、喜诗糖果（消费）、世界百科全书公司（出版）。这 7 家公司虽然身在不同的行业，但是有一些共同点：

第一，它们都是伯克希尔旗下的非保险业务单元，且都是非上市企业；第二，它们都是由非常优秀的经理人掌舵，比如斯坦·利普西（布法罗新闻报）、赫德曼家族（范奇海默兄弟公司）、查克·哈金斯（喜诗糖果）等；第三，它们的盈利能力都很强大，以历史投资成本计算，它们当时的 ROE 高达 57%。

巴菲特逐一点评了旗下业务的表现：喜诗糖果销量同比增长 8%，再创新高；内布拉斯加家具城的营业收入和净利润均创下新高；布法罗新闻报的利润连续 7 年实现正增长；寇比吸尘器生意兴隆，最近两年业绩翻倍，最近四年业绩增长四倍……看着自家的各项事业欣欣向荣，巴菲特一定特别欣慰吧！这大概也是他长寿的重要原因之一。

值得一提的是，人类的心智中，似乎很难容纳超过 7 个单位的信息。很多常见的典故和意象，大多以"七"为名。除了巴菲特的"七圣徒"以外，还有"建安七子""竹林七贤""世界七大奇迹""白雪公主和七个小矮人"，等等。波仙珠宝被纳入伯克希尔后，巴菲特也没有改口称"八圣徒"，而是说"7+1"，这也是非常有趣的现象。

155. 伯克希尔面临的产业困境

在 1995 年致股东的信里，巴菲特谈到他和芒格都信奉一句格言："只要告诉我坏消息就好，因为好消息会不胫而走。"作为伯克希尔的掌门人，巴菲特不希望旗下事业的经理人"报喜不报忧"。将心比心，巴菲特在写年报时，也会将经营方面的不利局面坦诚相告。1995 年，有三项事业都出现了不同程度的问题：

第一，以德克斯特鞋业为代表的鞋类事业。由于美国本土的鞋厂面临着国外廉价劳动力的冲击，基本上很难实现盈利。巴菲特认为，这不是永远的谷底，而是景气度即将反转的底部。假以时日，鞋类事业还有可能回到过往高利润的时代。巴菲特的判断并不准确，鞋类事业的艰难日子当时才刚刚开始。

第二，以《布法罗新闻报》为代表的纸媒事业。早在 1991 年，巴菲特就已经敏锐地意识到，随着互联网技术的发展，传统的报纸业务前景黯淡。巴菲特认为，虽然短期内报业的经营还算稳定，但它已经失去了非常重要的竞争优势。随着时间的推移，报业将会面临越来越不利的处境。

第三，以世界百科全书为代表的出版事业。互联网对出版事业的侵蚀，并不比对纸媒的少。在信息匮乏的时代，人们通过世界百科全书来获取知识，到了互联网时代，几乎所有的知识都可以通过网络搜索到，而且比逐页翻书更加高效和便捷。虽然世界百科全书也在加强电子产品内容的生产，但在时代的浪潮面前，也不过是杯水车薪。

伯克希尔一直都在，但随着时代的变迁，它的主要投资方向也在不断调整。从早期的纺织业务，到中期的糖果、报纸、保险业务，再到现在的苹果等消费品，巴菲特一直在进化。世界上唯一不变的，就是变化。巴菲特拥有对商业世界的洞察力，以及对产业变迁的预见性，这可能也是伯克希尔基业长青的重要原因吧！

156. "钱多"的烦恼

在 2001 年致股东的信里，巴菲特谈到了旗下子公司的业务情况。其中，制鞋业表现不佳。尤其是德克斯特鞋业，多年来一直面临着海外廉价劳动力的严重冲击，始终看不到任何好转的迹象。无奈之下，巴菲特将德克斯特鞋业的经营管理权移交给了布朗鞋业的弗兰克和吉姆，并对他们的运营能力寄予厚望。

利捷航空也出现了小幅的经营亏损，虽然它在美国本土的业务略有盈利，但不足以弥补其在欧洲市场上的损失。巴菲特推测，其他竞争对手的亏损幅度更大。之所以出现全行业的亏损，主要原因在于，"9·11"事件发生以后，各家公司都投入了巨资来维持高等级的安全服务水准，并为此付出了高昂的成本。

相对而言，巴菲特在 2000 年新收购的 3 项事业（佳斯迈威、肖氏工业、本杰明 – 摩尔涂料公司）表现良好，合计为伯克希尔赚了 6.59 亿美元的税前盈余。巴菲特宣布，将以 4740 股伯克希尔 A 类股票或者等值的伯克希尔 B 类股票为对价，收购肖氏工业剩余的 12.7% 股权。收购完成后，肖氏工业将成为伯克希尔最大的非保险业务部门。

和巴菲特在 20 年代 70 年代前后所做的投资相比，我们能明显感受到，此时的单笔投资金额更大。但仅仅从业务质量上来说，这一阶段所买下的业务，其实很难跟喜诗糖果、华盛顿邮报等一流的事业相提并论。进入 21 世纪以后，巴菲特的很多投资考虑的已经不仅仅是质量和价格的问题，更多的是考虑规模的问题，这也是"钱多"所带来的"幸福的烦恼"。

157. 四大业务板块

在 2003 年致股东的信里，巴菲特写道："身为伯克希尔的管理层，我和芒格希望能够给股东提供所有的财务信息以及我们的看法。但随着伯克希尔事业版图的日益扩大，要做到透明化和简洁化的难度越来越高。我们旗下事业的经营性质各不相同，这也意味着仅凭合并后的数字和报表，实在难以开展任何合理的、有意义的分析。"

为了便于股东理解，巴菲特把伯克希尔旗下的事业（不含股票投资）主要划分为四大板块：一是保险事业，它为伯克希尔提供了源源不断的低成本的"浮存金"，是伯克希尔真正的重心所在；二是公用事业，代表企业是中美能源公司；三是金融事业；四是制造、服务及零售事业。

虽然各大事业板块从事的业务类型各不相同，但都遵循着一些共同的经营原则。比如，谨慎举债。按照巴菲特的说法，他基本上对负债采取回避的态度，只有在极其罕见的情况下，伯克希尔才会举债经营。此外，巴菲特提醒大家，仅靠片段的信息有可能得出错误的结论，因此要把伯克希尔看成"一部连贯的影片"，而不是"一张静止的照片"。

巴菲特的上述做法，给我们分析和研究企业提供了很好的借鉴。这给我的启示主要有两点：第一，关注财务，更要关注业务。特别是对于多元化经营的企业而言，仅分析合并后的财报数据，很难对企业做出正确的判断。第二，关注静态，更要关注动态。沿着时间轴多读历年财报，有助于我们对企业做出更全面的评价。

158. 大型综合企业集团

在 2007 年致股东的信里，巴菲特讲了一个段子。米特·罗姆尼问妻子安妮："在你最狂野的梦里，是不是也没想到我有一天会竞选美国总统？"安妮的回答非常扎心："亲爱的，我最狂野的梦没有你。"巴菲特想说的是，自从他于 1965 年入主伯克希尔以后，从来没想过自己能取得现在的成就。2007 年的伯克希尔，已经俨然是一家大型综合企业集团。

如前所述，伯克希尔旗下的业务分为四大板块⊖：

⊖ 2003 年和 2007 年巴菲特对旗下业务的划分和排序不同。

一是保险，包括通用再保险、伯克希尔－哈撒韦再保险、盖可保险以及一些小型保险公司。截至 2007 年，承保利润达到 33.74 亿美元，浮存金达到 586.98 亿美元。

二是公用事业，包括中美能源公司及其控股的电力及天然气事业。此外，中美能源公司还拥有全美第二大房产经纪公司——美国安家服务公司。

三是制造、服务及零售，包括肖氏工业、顶点砖材、佳斯迈威、迈铁公司、喜诗糖果、波仙珠宝、飞安国际、利捷航空、伊斯卡、内布拉斯加家具城等，涵盖的业务范围非常广泛。

四是金融，包括为消费者提供房屋贷款的克莱顿房屋公司，以及家具租赁公司 CORT、拖车租赁公司 XTRA，它们虽然不属于金融企业，但它们提供的主要是金融产品和服务。

专题 12

并购真相

159. 警惕错误的并购倾向

在 1981 年致股东的信里，巴菲特谈到了他对并购的看法："我们的并购决策，着眼于实质的经济利益而非管理范围或会计数字极大化。长期而言，若管理人员过度注重会计数字而忽略经营实质的话，通常最后两者的结果都不会好。"此外，巴菲特还谈到了涉及并购的三种常见的不良倾向：

一是管理层过于精力充沛。巴菲特提到，很多公司的管理层喜欢折腾，似乎只有通过并购，才能体现他们的战斗力。这种"好战"的心理，跟喜欢在股市里频繁交易有点儿类似。巴菲特把并购看得非常平淡，哪怕是并购成功在即，他和管理层的心跳也不会因此而加快。

二是管理层过于看重规模。市场上普遍的衡量标准是规模而非盈利。比如《财富》500 强企业，其排名的依据是公司的营业收入，而不是净利润。企业实施并购后，虽然不一定会增加收益，但大概率会增加营业收入，这也是很多管理层热衷于并购的原因。

三是管理层过于异想天开。巴菲特做了一个形象的比喻，大部分的管理层会沉浸在童话故事里，认为美丽的公主深情一吻，就可以让蟾蜍变成王子。他们觉得可以凭借自己的"管理之吻"，让一家日薄西山的企业重新焕发生机。

巴菲特谈到的这三种情况，恰恰是我们应该竭力避免的。近年来，上市公司商誉"爆雷"的事件也屡见不鲜。如果我们研究一家上市公司，发现它有非常频繁的并购动作，且大部分资产都是溢价收购的，而资产本身又价值不大，那就值得引起我们的警惕。

160. 付出即回报

在 1982 年致股东的信里，巴菲特写道："若甲公司宣布要发行股票并购乙公司，大家通常都会把它解读成甲公司要取得乙公司，或者乙公司要卖给甲公司。如果换用一种更加笨拙但也更为精确的形容，对事情就会有更清楚的考虑：出售甲公司的部分股权以取得乙公司，或乙公司收到用来交换它的甲公司部分股权。"

巴菲特的这一观点，实际上是跳出了原有的思维窠臼，重新搭建了属于自己的语言框架。传统的思维定式会让人觉得，是甲方得到了乙方。但事实是，在这一过程中，甲方也失去了自己的部分股权。所以在收购的时候，潜意识里一定不要只看到自己得到了什么，还要看到自己付出了什么，然后比较是否值得。

巴菲特认为，只有当自家公司股价高于其内在价值，或者至少和内在价值对等的时候，并购才不会损害公司原有股东的权益。比如伯克希尔和蓝筹印花的合并，再比如卡夫食品和纳贝斯克的合并，对并购双方都是非常公平的。但是，巴菲特坦言，这种情况只是极少数的例外。

给我的启示是，无论是做人还是做事，一定不要过于计较自己付出了什么。因为付出的同时，也在产生反馈和报偿。一直以来，我就有个观点：付出即回报。你付出了时间去学习，你就一定会收获认知的积累；你付出了精力去研究，你就一定会收获成长的快乐。

161. 巴菲特首提收购标准

在 1982 年致股东的信里，巴菲特首次明确提出收购的六大标准：①巨额交易，每年税后盈余不少于 500 万美元；②持续稳定获利，不喜欢"画饼"的企业；③净资产收益率高，且负债率低；④自身拥有合适的管理层；⑤业务简单易懂，尽量回避高科技；⑥价格合理，以免浪费彼此的时间。

此时的巴菲特，已经积累了非常雄厚的资本实力，而且拥有多年的股权和证券投资经验，此时他缺的就是合适的投资对象。如果通过投行等第三方机构寻找并购机会，则不但有很高的交易成本，而且买卖双方通常还会产生隔膜。所以巴菲特另辟蹊径，直接在每年致股东的信里广而告之。

事实证明，巴菲特的这一举措非常英明。由于巴菲特在多年的投资生涯中，积累了很好的口碑和声誉，所以主动上门寻求收购的企业络绎不绝。比如 TTI 公司的安德鲁斯，不愿意把自己一手创办的企业卖给同行或者杠杆收购商，最终他选择了巴菲特，在伯克希尔那里找到了永久的家园。

值得一提的是，巴菲特提出的收购标准，也完全适用于股票投资。哪怕对企业的财务和业务只是较粗线条的理解，但只要我们坚持选择持续稳定获利、业务简单易懂、价格合理公道、公司管理规范、盈利能力较强的企业，大概率会获得不错的投资回报。经典的力量就在于历久弥新、永不过时。

162. 巴菲特提高收购标准门槛

在 1985 年致股东的信里，巴菲特谈到了对斯科特 – 费泽公司的并购。这家公司每年的营业收入约 7 亿美元，旗下拥有 17 项事业，其中包括：寇比吸尘器、空气净化器等，还有著名的世界百科全书也在其列。

巴菲特和芒格都是《世界百科全书》的忠实读者，巴菲特甚至给自己的孙子也买了一套。在互联网尚未普及的年份，百科全书给读者提供了认识世界的一个窗口，因此在全球范围内大受欢迎。

　　巴菲特买下斯科特－费泽公司的另一个重要原因是他特别欣赏公司总裁拉尔夫。在 20 世纪 60 年代，斯科特－费泽公司最多拥有 31 项业务。在拉尔夫大刀阔斧的改革下，公司砍掉了很多不赚钱的业务，专注于主业发展。

　　通过斯科特－费泽公司的案例，巴菲特再一次向外界传达了自己收购公司的六大标准，并提高了收购门槛，从 1985 年起，要求被收购企业税后盈余达到 1000 万美元以上。

163. 并购企业如同寻觅佳偶

　　在 1992 年致股东的信里，巴菲特写道："在伯克希尔所有的活动中，最令我和芒格感到欢呼雀跃的，莫过于我们找到了那种既有超强竞争力，又由我们信任与尊敬的管理层经营的企业。在寻找这种企业的过程中，我们采取的是像一般人寻找终身伴侣一样的态度，积极、乐观、开放，但是也不会心急。"

　　巴菲特认为，并购企业就像寻觅佳偶，不可操之过急。但放眼企业界，有很多相当热衷于并购活动的经理人。这些经理人相信童话故事里"一吻青蛙变王子"的浪漫，认为靠着自己出色的管理，哪怕收购的是一家业绩不佳的公司，也会有神奇的事情发生。然而不幸的是，CEO 往往得到的是宝贵的教训，"学费"却要由全体股东来承担。

　　巴菲特坦言，他也不是一开始就明白这些道理，之前也走了很多弯路，买了霍克希尔德－科恩百货公司、伯克希尔纺织厂等三流企业。尽管巴菲特非常努力地投身经营，也还是没能"妙手回春"，霍克希尔德－科恩百货公司在运营了三年之后以成本价卖掉，伯克希尔的纺织业务则是在苦心经营了 20 年之后最终关闭。

　　诚如巴菲特所言，无论是好的企业还是好的对象，都是可遇不可求的。既然是美好的事物，注定本来就是稀缺的，再加上追求者众多，能够被我们收入囊中的机会并不多。对我们而言，首先就是修炼自身，让自己配得上；其次就是放平心态，不轻易挥棒，不降格以求。要相信，总有一个人（一家企业）会为你而来。

164. 并购旨在提升内在价值

在 1994 年致股东的信里，巴菲特写道："公司管理层在做资金分配的决策时，必须确保这些举动能够增加公司的内在价值。这项原则看起来是理所当然的，但是违反的情况却屡见不鲜。一旦做出了不当的资本配置决策，股东权益就会立即受到伤害。"巴菲特举例说，在企业并购时，如果过于看重每股盈余的稀释或者反稀释，就不是明智的做法。

比如说，一位 25 岁的年轻人，刚刚拿到了 MBA 学位，还没有参加工作，所以此时的收入为零。如果他把自己未来的经济权益，和另一位 25 岁的打零工的年轻人合并，短期内他会大幅提高自己的收益。但我们知道，从长期而言，这样的合并肯定是得不偿失的。企业合并也是同样的道理，不仅要看当下，还要看未来。

在美国企业界，不合理的收购现象时有发生。如果是溢价收购，被收购者当然乐见其成，收购方的管理层也会"名利双收"，作为中介的投资银行和财务顾问也能跟着大捞一笔，唯一受损的是收购方背后的全体股东。此外，很多大公司都有"从众心理"，比如看到同行在大肆收购，自身也会克制不住想收购的冲动。

对于一家优质企业而言，它产生的盈余大概率会超过自己的日常经营所需。此时，资本配置就成了一项重要议题。如果利用不当，去收购垃圾资产，则会对企业价值造成伤害。在伯克希尔，巴菲特的做法是：尽量买入那些有竞争优势的企业，不断提升集团整体的内在价值。

165. 巴菲特谈并购

在 1995 年致股东的信里，巴菲特讲了一个小故事：伯克希尔旗下业务的一位经理人，原本经营着一家不错的公司。后来，恰逢美国并购风潮盛行，在管理顾问的建议下，公司开始尝试多元化经营。一开始公司的盈利100%来源于原来的主业，过了10年，这一比例变成了150%。

这则故事，实际上是在讽刺公司盲目的并购行为，不但没有给公司贡献利润，反而产生了极大的拖累。并购之所以难做，主要原因之一在于，卖方永远比买方了解内情。俗话说，买的没有卖的精。大多数卖家都会挑选出最佳的卖出时机。待脱手之后，给买家留下的有可能是一堆烂摊子，这就是我们常说的"信息不对称"。

巴菲特是如何解决这一问题的呢？他说，伯克希尔从来就没有一套战略规划，不必把并购当成一项不得不做的任务。伯克希尔所有投资的出发点，都100%以股东利益为导向。拿到任何一桩并购案，巴菲特首先想的是跟手里其他投资项目（包括股票）做比较，而不是一味去扩张版图。出发点不一样，决定了行为和结果的不同。

跟别的买家相比，伯克希尔还有两点是与众不同的，我总结为"两个保持不变"：第一，经营业务保持不变。公司以前是做什么的，现在依然做什么，伯克希尔不会倒手转卖，也不会拆分合并。第二，管理团队保持不变。公司以前是谁掌舵，并购后依然由谁掌舵，伯克希尔不会撤换高管，也不会另派人选。让人安心也是一种独特的价值。

166. 并购的本质

在2005年致股东的信里，巴菲特写道："今年我们总共达成了五项并购协议，其中两项已经在年内完成。这些协议无一涉及伯克希尔新股发行，这一点非常关键，却常常被忽略：当一家公司的管理层骄傲地宣布以股票收购另一家公司时，收购方公司的股东不得不为此牺牲自身的一部分股东权益。"

我们在描述一项并购活动时，通常的说法是"甲公司收购乙公司"或"乙公司被卖给甲公司"。听起来，作为并购方的甲公司似乎是妥妥的赢家。事实上，这种措辞可能是不准确的。更严谨的表述是"出售甲公司的部分股份以收购乙公司"，或者"乙公司股东收到甲公司的部分股票，用以交换其手中的乙公司股票"。

我们在评价一项并购活动时，一定要注意：我们所付出的与所获得的同等重要。通过并购，我们得到了被并购公司的股份，但这是以出让并购公司的股份为代价的。所以，当看到所投企业通过不断增发股票和并购来扩充管理版图的时候，先不要盲目叫好，一定要看看它并购的对象究竟好不好，值不值得拿自己的股份去换。

巴菲特对发行新股一直持谨慎态度，伯克希尔曾经也拿自家股票去换德克斯特鞋业、通用再保险公司等的股票，结果大多不尽如人意。巴菲特从中得出的经验教训是：能拿现金买，就绝不拿股票换。现金花了还可以再赚，股权没了则是永久性的权益损失。对于优质公司的股票，我们一定要好好珍视。

167. 并购是为了什么

在 2009 年致股东的信里，巴菲特写道："在评估换股并购时，如果并购方的股票市值低于其内在价值，那么并购方就不可能达成合理的并购交易。因为如果拿自家低估的股票，去换取别人完全体现价值的股票，不伤害自家股东的权益是不可能的事。"为了说明上述做法对股东权益的损害，巴菲特举了个简单的例子：

假设有公司 A 和公司 B，两家公司的内在价值都是 100 美元 / 股，股票价格都是 80 美元 / 股。现在公司 A 的 CEO 提议，对公司 B 实行换股并购，由于公司 B 的内在价值是 100 美元 / 股，故股票的兑换比例是：拿 1.25 股公司 A 的股票，去换 1 股公司 B 的股票。此时，对公司 B 的估值是没错的，对公司 A 却是实实在在的低估。

那么在并购完成后新公司的持股名单中，公司 B 原来股东的权益占比是 55.6%（≈125/225）；公司 A 原来股东的权益占比仅仅只有 44.4%（≈100/225）。

公司 A 原来股东的利益大大受损，CEO 却有可能大获其利。因为 CEO 现在管理的是比以前规模大一倍的新公司，其薪酬和声望都会成比例地上升。

巴菲特还委婉地提醒说，关于并购事宜，不要轻易听信投资银行家的建议。投行是靠撮合并购交易赚钱的，你去问投行要不要并购，就跟问理发师"要不要理发"、问小商贩"西瓜甜不甜"是同样的道理，你根本不会得到第二种答案。我们要始终牢记，并购的目标是提升经济效益，而不是扩大管理版图。

专题 13

善意无价

168. 善良是一笔无形资产

在 1971 年致股东的信里，巴菲特主要提到了旗下的三大业务板块：纺织业务、保险业务和银行业务。这里说的银行业务，主要是指伯克希尔控股的伊利诺伊国民银行和信托公司。巴菲特盛赞这家公司的管理层阿贝格工作出色，在阿贝格的领导下，这家公司的税后利润占存款的比重超过 2%，业绩处于行业领先水平。

1931 年，阿贝格以 25 万美元起家，创立了伊利诺伊国民银行和信托公司，吸纳了 40 万美元的存款资金。自此以后，公司再也没有从股东那里获得任何融资。但是通过阿贝格的悉心打理，到了 1969 年，公司的净资产达到1700 万美元，存款达到 1 亿美元，每年利润达到 200 万美元。

1969 年，伯克希尔花费 1550 万美元，买下了伊利诺伊国民银行和信托公司 97.7% 的股份。按照巴菲特的买入价，其市盈率不到 7 倍，市净率不到1 倍，可谓相当便宜。与之形成鲜明对比的是，这家银行的流动资金高于行业平均水平，贷款损失低于行业平均水平。巴菲特的这笔投资，可以说是"好公司 + 好价格"的典型。

特别值得一提的是，在伊利诺伊国民银行和信托公司的潜在买家当中，巴菲特的开价并不是最高的，甚至比其他买家还低 100 万美元。但是，有位买家在和阿贝格接触的时候，不断指手画脚、批评指责，让阿贝格极度厌恶。巴菲特的善意相当于这笔交易的溢价。要相信，善良是一笔无形资产。

169. 掌握谈判时机

在 1983 年致股东的信里，巴菲特谈到了内布拉斯加家具城以及 B 夫人的励志故事。B 夫人来到美国定居后，几乎连一句英语都不会讲。但是，B 夫人克服了种种困难，在 1937 年以 500 美元起家，创立了内布拉斯加家具城，并逐步将其发展为全美最大的家居企业。

B 夫人的传奇经历，想必大家已经非常熟悉。她擅长控制成本，经营费用常常低到对手无法想象的程度，然后再把省下来的每一分钱都回馈给客户。曾经有同行告到法院，说 B 夫人违反公平交易法，B 夫人不但赢得了官司，最后连法官都成了她的客户。所以，巴菲特感慨地说："我宁愿和大灰熊摔跤，也不愿意和 B 夫人家族竞争。"

那么，这样一家优秀企业，为什么最后会被巴菲特收入囊中呢？我觉得除了投资层面的考量之外，巴菲特的"共情"能力也发挥了重要作用。如果巴菲特早年想要收购内布拉斯加家具城，B 夫人大概率会一口回绝。1983 年，B 夫人已经 90 岁高龄了，面临着内部继承的困扰。巴菲特此时出现，相当于给 B 夫人提供了一套完美的解决方案。

所以，巴菲特看准契机，当他提出有意收购 B 夫人的企业时，双方一拍即合。给我的启示是，要想办成一件事，能力和态度是必不可少的，但也要讲究合适的时机。时机不成熟的时候，你贸然行动，只会让对方提高警惕，甚至渐行渐远。此时，最重要的是默默努力，待到机会出现，然后迅速出手，一击而中。

170. 巴菲特投资布法罗新闻报始末

在 1983 年致股东的信里，巴菲特提到了布法罗新闻报的经营情况：1982 年的税前盈余为 −122 万美元，1983 年的税前盈余为 1935 万美元；根据伯克希尔的持股比例，其 1982 年获得的税后盈余为 −23 万美元，1983 年获得的税后盈余为 883 万美元。可以说，1983 年是这笔投资实现扭亏为盈的关键之年。

1977 年，巴菲特花费 3250 万美元，买下了布法罗新闻报。这家报纸 1976 年的营业利润只有 170 万美元，所以巴菲特的出价并不低。巴菲特投资的理由主要包括：第一，他喜欢报纸和媒体业务；第二，他看到了公司提高利润率的空间和机会；第三，巴菲特手下有很多能干的媒体从业人才，非常适合充当经理人。

然而，这笔投资的过程非常坎坷。自巴菲特买下布法罗新闻报以来，这家报纸就因为和信使快报的竞争而惹上官司。1977~1982 年，两家报业公司拼得你死我活，都陷入了非常严重的亏损。其中，布法罗新闻报的累计亏损达到 1250 万美元。直到 1982 年 9 月信使快报倒闭，布法罗新闻报才开始驶入发展的快车道。

给我的启示主要有两点：第一，坚持长期主义。巴菲特对布法罗新闻报的投资，最后被证明是非常成功的，但是最开始的 5 年，却是一个非常磨人的过程；第二，实力才是后盾。单枪匹马的信使快报，最终没能躲过倒闭的命运，而布法罗新闻报的背后有伯克希尔强有力的支持。

171. 做人生的甲方

在 1985 年致股东的信里，巴菲特写道："我们没有任何特定的收购策略与计划，我们倾向于一切顺其自然。反正时机到了，我们就会有所行动。为了主动向命运招手，我们依照惯例，还是发布了征求并购企业的小广告。"通过广而告之，巴菲特非常明确地告诉世人，自己要什么，不要什么。

巴菲特理想的企业是这样的：巨额交易、持续稳定获利、具有较高的 ROE 和较低的负债水平、业务简单、价格合理、拥有合适的管理层。巴菲特承诺，如果遇到这样的企业，他不会进行恶意收购，而是会给被收购方提供永久的住所。同时，巴菲特不会采用增发新股的方式，而是倾向于直接使用现金支付。

巴菲特也明确表示，自己对新业务、转机股、拍卖案等没有任何兴趣，也不希望通过中介来交易。经常会有人主动找上门来，说"如果我们碰一下面，相信你一定会感兴趣"，但巴菲特不为所动。如果来者不符合条件，那么见面也只是浪费彼此的时间。对于巴菲特而言，没有必要跟每个人都重复一遍，还是写在信里更加高效。

给我的启示是，如果想要更有效率的人生，那么就一定要注意节约时间，以最小的成本达成自己的目标。以巴菲特为例，首先，要把自己立起来，站在高处，让大家看得见；其次，要明确地表达自己的想法，并矢志不渝地执行，切忌左右摇摆；最后，在合适的机会里再去挑选最合适的。久而久之，自己就活成了人生的甲方。

172. 范奇海默兄弟公司

在 1986 年致股东的信里，巴菲特提到了并购范奇海默兄弟公司的故事。由于巴菲特每年都会不厌其烦地介绍自己的收购政策，机会终于找上门来。范奇海默兄弟公司是一家生产和销售制服的老牌家族企业，当时由鲍勃和他的弟弟乔治打理。1981 年，两兄弟将公司卖给了杠杆收购商。后来，杠杆收购商打算转手，鲍勃便想到了巴菲特。

不难想象，鲍勃在联系巴菲特之前，一定详细了解过巴菲特的为人，以及他对并购企业的要求。只有当自己的条件符合巴菲特的标准时，鲍勃才会主动给巴菲特写信。巴菲特看了范奇海默兄弟公司的相关资料之后，果然非常满意，当即决定以 4600 万美元的价格，买下公司 84% 的股权。

鲍勃也是伯克希尔的股东，长期受到巴菲特投资理念的熏陶，所以他跟巴菲特大体上是一路人。基于对鲍勃的信任，巴菲特并没有对范奇海默兄弟公司做充分的尽职调查。事实上，这也是巴菲特的一贯作风。据巴菲特自述，在收购前后，他和芒格甚至从来都没有去过范奇海默兄弟公司位于辛辛那提的企业总部。

给我的启示是，要想交到理想的朋友，或者觅得理想的企业，首先要让自己变得足够优秀，这样才能吸引到志同道合者；其次还要通过写作等方式"广而告之"，让自己掌握选择的主动权；最后是给予朋友充分的信任，每天的相处并不是最重要的，关键是要三观一致、心灵契合。所谓"白头如新，倾盖如故"，即是此理。

173. 波仙珠宝

在 1988 年致股东的信里，巴菲特讲述了自己买下波仙珠宝 80% 股权的经历。B 夫人来到美国后，她的姐姐瑞贝卡和姐夫弗里德曼也先后来到奥马哈，和 B 夫人一家重聚。弗里德曼家族刚到美国的时候身无分文，靠着勤劳、智慧与满腔的工作热情白手起家。

1948 年，弗里德曼买下了奥马哈当地的一家小珠宝店，这就是日后闻名遐迩的波仙珠宝。可能是因为两家人是亲戚的缘故，波仙珠宝和内布拉斯加家具城的气质也颇为接近。两家店的共同点包括：①单店经营，货种齐全；②老板敬业，专心经营；③商品畅销，周转率高；④精于采购，压降成本；⑤严控费用，让利客户。

不难看出，波仙珠宝和内布拉斯加家具城同属零售业。在这个行业做得好不好，高度依赖于管理者的能力和水平。弗里德曼家族的敬业程度并不亚于 B 夫人家族，也是一家四代人齐上阵，忙得不亦乐乎。正因为如此，波仙珠宝一直维持着高周转率，这是它获得良好收益率的核心要素。

波仙珠宝与老凤祥的商业模式具有一定的相似性，老凤祥 2022 年度的 ROE 为 17.6%，如果按照杜邦分析法拆解盈利来源，其中销售净利润率为

2.7%，资产周转率为2.61，权益乘数为2.5，基本上也呈现出"薄利多销"的经营特点。珠宝行业还有一大特点，那就是商家和顾客之间的信息不对称，这也凸显了品牌的价值。

174. 伯克希尔的并购秘方

在1990年致股东的信里，巴菲特附上了一封《致公司潜在卖家的信》，开诚布公地谈到自己对收购企业的看法。巴菲特说，绝大多数老板终其一生，都在为构筑自己的企业帝国而努力奋斗。经营企业必然不是一帆风顺的，所以有的老板在遇到困境时，难免一时冲动想要卖掉企业，这时千万不要草率决策，不然以后可能悔之莫及。

对于打算卖掉企业的老板而言，价格固然重要，但绝对不是最关键的因素。因为你的企业如果是一家好企业，那么随着时间的推移，它的价值会更高，所以根本不必急于脱手，可以边走边看，直至找到合适的买家为止。巴菲特把市场上的买家划分为三类：卖家的同行、杠杆收购商以及伯克希尔。

巴菲特分析道，如果卖家把企业卖给同行，同行不可避免地要插手企业的事务。既然是同行，人家又收购了你的企业，人家肯定觉得自己更内行，企业的经营管理权必然会转移；如果卖家把企业卖给杠杆收购商，由于它们的钱通常都是借来的或者募集来的，所以它们对经营也不会感兴趣，它们会想着如何才能尽快高价转手。

所以，对于企业老板来说，如果仅仅是基于价格的考虑，就把企业卖给同行或者杠杆收购商，是一种相当不负责任的做法。但是，伯克希尔不一样，它可以承诺，收购企业之后，继续由原来的管理层打理，保持公司原来的业务不变。"自主管理"和"永续经营"，构成了伯克希尔在并购市场上的核心竞争力。

175. 布朗鞋业

在1991年致股东的信里，巴菲特谈到了当年的一桩大型并购——布朗鞋业。1927 年，赫弗南买下这家企业，开始了长达 62 年的制鞋生涯。1990 年，赫弗南去世，他的家人决定卖掉公司。赫弗南的女婿弗兰克是卢米斯的好友，而卢米斯又是伯克希尔的股东，和巴菲特私交甚笃。有了卢米斯的牵线搭桥，巴菲特和弗兰克一拍即合。

截至巴菲特收购时，布朗鞋业在美国拥有 3 家工厂，在加拿大拥有 1 家工厂，每年的税前利润约 2500 万美元。当时，美国每年消费的鞋类在 10 亿双左右，其中 85% 是从国外进口的。由于鞋类的款式和型号繁多，导致很多鞋厂的库存积压相当严重。在供过于求的局面下，鞋厂的应收账款也居高不下。

那么，巴菲特为什么还要做这笔投资呢？主要是基于三方面的原因：第一，弗兰克愿意继续留任 CEO，他是非常优秀的经理人，有着出色的长期经营业绩；第二，布朗鞋业是北美地区工装鞋的领导品牌；第三，布朗鞋业的薪酬制度非常特别，管理层的底薪很低，主要依靠业绩提成，这样一来，管理层和股东就站在了同一条船上。

巴菲特在 1991 年买下布朗鞋业以后，紧接着在 1992 年又买下洛威尔鞋业，在 1993 年又买下德克斯特鞋业。由于国外廉价劳动力的冲击，美国本土鞋业公司举步维艰。2001 年，伯克希尔旗下的制鞋事业合计亏损约 4500 万美元。给我的启示是，服装鞋帽类上市公司的护城河太浅、集中度太低，投资时务必保持谨慎。

176. 赫尔兹伯格珠宝

在 1995 年致股东的信里，巴菲特谈到了并购赫尔兹伯格珠宝的故事。1994 年 5 月，巴菲特在纽约第五大道准备过马路时，突然被路人认出并拦住搭讪。刚好赫尔兹伯格珠宝的老板巴奈特·赫尔兹伯格从旁路过，他持有 4 股伯克希尔股票，也去奥马哈参加过股东大会，他跟巴菲特透露，有意出售自己的公司。

两个人经过简短的交流后道别，没想到不久之后，巴奈特真的把赫尔兹伯格珠宝的财务报表寄给了巴菲特。赫尔兹伯格珠宝由巴奈特的祖父创立于

1915年，创业之初，仅在堪萨斯城拥有一家单店。经过三代人艰苦卓绝的奋斗，截至1994年，赫尔兹伯格珠宝的年营业收入达到2.82亿美元，在全美23个州拥有134家分店。

当时，已经年满60岁的巴奈特渐渐感到力不从心，他虽然拥有价值不菲的事业，但由于珠宝行业竞争激烈，他认为有必要分散家族持股的风险。从巴菲特的角度来看，他觉得赫尔兹伯格珠宝是一家不错的企业，而且拥有杰夫这么优秀的经理人。杰夫是赫尔兹伯格珠宝的总裁，他愿意继续留任，这是巴菲特决定买下赫尔兹伯格珠宝的重要原因之一。

赫尔兹伯格珠宝的单店年营业额大约是200万美元，远远高于其他竞争对手，这是赫尔兹伯格珠宝保证较高盈利的关键因素。不难看出，赫尔兹伯格珠宝具备零售业的一般特征，主要靠周转率来驱动，这在很大程度上取决于经理人的运营水平。巴菲特说，买下一家没有优良管理的零售企业，就像是买下一座没有电梯的埃菲尔铁塔。这一评价，颇为允当。

177. 威利家居

在1995年致股东的信里，巴菲特提到了并购威利家居的故事。在巴菲特买下内布拉斯加家具城90%的股份以后，来自B夫人家族的埃尔夫·布鲁姆金多次向巴菲特推荐威利家居。与此同时，埃尔夫又向威利家居总裁比尔·柴尔德多次推荐巴菲特。在埃尔夫的撮合下，巴菲特和柴尔德很快见面，两人相谈甚欢，迅速达成了收购协议。

1954年，柴尔德从岳父手里接下威利家居时，公司的年营业收入只有区区25万美元。经过四十年的努力，柴尔德将公司的年营业收入提升至2.57亿美元，在犹他州拥有50%以上的市场占有率。要知道，在零售业取得这样的成绩是殊为不易的。巴菲特曾看过很多零售业的案例，由于行业准入门槛不高，从业者大多都是昙花一现。

巴菲特认为，零售业属于必须"时时保持聪明"的行业。相比而言，电视台属于"只要聪明一时"的行业。如果买下一家地方电视台，就相当于拥有了源源不断的现金流，根本就不用担心经营问题。倘若找到汤姆·墨菲这种顶级的经理人来打理，那简直就是运气爆棚，必然赚得盆满钵满。但在零售业，但凡一着不慎，很可能满盘皆输。

尽管如此，巴菲特还是买下了内布拉斯加家具城和威利家居，虽然它们都属于零售业，但巴菲特欣赏布鲁姆金家族和柴尔德家族的人品和能力，相信他们可以一如既往地保持优秀。在我看来，评价一家公司好不好，可以从很多财务指标上去观测，评价一个人是否靠谱却很难量化。从这个角度讲，巴菲特"选人"的功力并不比"选股"逊色。

178. 有准备，才看得见机会

在 1996 年致股东的信里，巴菲特提到了当年发生的一起并购案，伯克希尔持股 80% 的威斯科金融公司收购了堪萨斯银行家保险公司。这家保险公司的主要承保对象就是银行业者，其经理人唐·托尔与上百位银行家保持着良好的关系，这种敬业的精神深得巴菲特欣赏。

说到这起并购案的缘由，也是非常巧合。当时，巴菲特受邀参加他的侄媳妇珍妮 40 岁的生日宴会。惜时如金的巴菲特自然不愿意在这种应酬场合浪费自己宝贵的时间。为此，珍妮特意安排了她父亲罗伊·丁斯代尔坐在巴菲特旁边，这是一位让巴菲特极感兴趣的人物。

在珍妮的生日宴会上，罗伊就跟巴菲特提起，自己刚刚参加完堪萨斯银行家保险公司的董事会。由于巴菲特对这家公司很感兴趣，他当即表示，如果这家公司有意出售的话，请一定要通知他。不久后，巴菲特就如愿以偿，以7500 万美元的价格将这家公司收入囊中。

巴菲特收购堪萨斯银行家保险公司的故事，再次生动地向我们证明了，机会总是垂青有准备的人。如果换一个人，在别人的生日酒席上，当听到邻座的人说起一家公司，可能也就是闲聊几句，巴菲特却能谈成一笔生意。别人眼中的幸运，背后却是巴菲特数十年如一日的积累。

179. 飞安国际

在 1996 年致股东的信里，巴菲特提到了当年最重要的一起并购案，涉及当时全球最大的飞行员培训公司——飞安国际，收购的总金额高达 15 亿美元。这起并购的"媒人"是伯克希尔和飞安国际的共同股东理查德·舍采尔，他非常熟悉伯克希尔的并购标准，同时知道飞安国际也有意向，于是从中牵线搭桥。

1996 年 9 月 18 日，巴菲特和飞安国际创始人阿尔·乌尔奇正式在纽约会面。由于巴菲特在此前做了功课，他对飞安国际已经了如指掌，跟乌尔奇会面仅仅一分钟后，他就认定乌尔奇是他理想的管理层人选。伯克希尔给飞安国际的原股东提供了"现金 + 股票"的选择权，最后的交易结果是：现金 51%，伯克希尔 A 股 41%，伯克希尔 B 股 8%。

乌尔奇曾长期在泛美航空担任飞行员，后来在 1951 年自行创业成立飞安国际，并将这家公司打造成全球飞行仿真器制造与飞行员训练的旗舰企业。当时，飞安国际拥有 175 架飞行仿真器，有的造价甚至高达 1900 万美元，属于典型的资本密集型企业。飞安国际有一半的营收来自飞行员培训，另一半的营收来自航空公司和军事单位的机器采购。

巴菲特收购飞安国际时，乌尔奇已经 79 岁了，巴菲特非常乐意看到他继续为伯克希尔和飞安国际效力。巴菲特说，很难教会新狗玩老把戏，相对于那些年轻的高学历管理人员，他更倚重这群经验丰富的"老伙计"。在伯克希尔，很多经理人都年逾古稀，但斗志满满，他们真正做到了"老骥伏枥，志在千里；烈士暮年，壮心不已"。

180. 发生在 1997 年的两桩并购案

在 1997 年致股东的信里，巴菲特写道："股价低迷，对于股市短暂过客不利，却对股市长期驻户有利。作为股市的净买入方，伯克希尔致力于寻找合理的资金运用方法。不过以现在的状况来看，我们可能还需要一点儿时间，才能再找到真正让我们兴奋的投资机会。"在股市一片欢腾之际，巴菲特将目光投向了并购市场，他提到了当年的两桩并购案：

一是明星家具。巴菲特买企业，很少通过投行等中介，大多是熟人介绍。巴菲特在 1983 年买下内布拉斯加家具城后，通过布鲁姆金家族牵线，在 1995 年又买下了威利家居。威利家居总裁比尔·柴尔德向巴菲特极力推荐明星家具，巴菲特与明星家具总裁梅尔文·沃尔夫在奥马哈和纽约见了两次面之后，就迅速敲定了协议。

二是冰雪皇后。这家甜品店在全球 23 个国家拥有 5792 家门店，其中绝大多数都是自营，只有极少数的加盟店。1997 年夏天，冰雪皇后管理核心之一路德·卢瑟去世，他生前持有的股票打算售出。巴菲特趁此机会，向冰雪皇后的股东抛出并购方案，可以换现金或者股票。最后，45% 的股东选择了现金，55% 的股东选择了伯克希尔的股票。

巴菲特同时做股权投资和证券投资的好处在于，开展投资业务的机会也会增加一倍。股市亢奋的时候，就做企业并购；等股市低迷的时候，之前并购的企业又可以分红给巴菲特，给他补充源源不断的"弹药"。双轮驱动，双管齐下，闭环运行，堪称完美的商业模式。

181. 利捷航空

在 1998 年致股东的信里，巴菲特谈到了当年 5 月达成的一笔交易：伯克希尔以一半的现金、一半的股票作价 7.25 亿美元，收购了利捷航空。巴菲特一开始并不知道这家公司的存在，是伯克希尔旗下布朗鞋业的经理人弗兰克·鲁尼推荐给他的，鲁尼本人就是利捷航空的客户，对利捷航空的服务感到相当满意。

利捷航空的商业模式是这样的：出售专机的部分所有权给客户，并替客户承担日常的维护和保养事宜。对于客户来说，他们既享受了专机的服务，又避免了资源的闲置和浪费，而且也不用亲自操心飞机的保养、机长的培训等杂务。当时，利捷航空拥有超过 1000 名客户以及 163 架飞机（其中 23 架属于公司自有，以便预订高峰期的机动使用）。

利捷航空的机型非常丰富，有波音、湾流、猎鹰、雷神等，基本上可以满足大多数高端商务人士的日常出行需求。巴菲特和家人在享受过利捷航空提供的 900 小时、300 次飞行旅程之后，果断地卖掉了伯克希尔原来的专机。巴菲特相信，既然有人愿意买下整架飞机，那么就一定有更多人需要专机的部分所有权，利捷航空的发展空间依然广阔。

有趣的是，利捷航空也是巴菲特收购的另一家公司——飞安国际的客户。利捷航空拥有 650 名飞行员，每年至少要到飞安国际去接受两次飞行培训。从生意的角度来看，美国航空是飞机的所有者，是典型的重资产模式；而利捷航空只是飞机的运营者，所有权由客户共有，两者有着本质的区别。

182. 通用再保险

在 1998 年致股东的信里，巴菲特谈到了当年对通用再保险 220 亿美元的并购案。当时，伯克希尔增发了 272 200 股 A 类股票，约占增发前总股本的 22%，用以交换通用再保险的全部股权。通用再保险是全美最大的财产保险再保险公司，此外，它还拥有全球历史最悠久的再保险公司——科隆再保险 82% 的股权。

巴菲特认为，并购后的通用再保险，一定会比之前表现更好。这主要是因为，再保险的需求大多源于原保险公司想要规避大型意外损失所造成的盈利大幅波动，从商业模式上来说，再保险公司本来就要有承受波动的能力。然而，具有讽刺意味的是，一家上市的再保险公司却必须接受股东和外部信用评级机构对其盈利稳定性的检验。

但在伯克希尔，巴菲特宁要剧烈波动的 15% 收益率，也不要波澜不惊的

12% 收益率。伯克希尔拥有强大的财务实力，它完全可以接受旗下保险和再保险业务的获利波动性，只要它能有良好的预期回报率就行。伯克希尔的财务优势，再加上通用再保险的营销渠道、技术背景与管理技能，一定能让通用再保险发挥出巨大的潜能。

巴菲特对通用再保险的经理人罗恩·弗格森也赞赏有加，并寄予厚望。巴菲特相信，只要给他们一点儿时间，弗格森和他的团队就一定能再创佳绩。让巴菲特万万没有想到的是，买入通用再保险，只是他陷入麻烦的开始。也是从巴菲特投资通用再保险的案例中，我看到了衍生品交易的巨大风险，以后也坚决不碰衍生品业务。

183. 伯克希尔式的并购

在 1999 年致股东的信里，巴菲特写道："我们新的客源，主要还是来自现有客户的介绍。比如在利捷航空，'老带新'的比例超过 65%。我们的并购活动也与此类似：在别的公司，管理层通常与投资银行家一起寻求可能的并购机会；然而在伯克希尔，我们精心设计的并购策略很简单，就是静静地等待电话铃响。"

巴菲特讲了一个真实的"笑话"：1985 年，当时有一家大型投资银行，受理了斯科特－费泽公司的出售事宜，经多方推销之后也没有找到合适的买家。结果，巴菲特出手，仅仅花了一周时间就敲定了收购协议。按照投资银行和斯科特－费泽签的协议，无论是不是它介绍的业务，只要斯科特－费泽顺利达成了买卖交易，它都要收取 250 万美元的中介费。

事后，这家投资银行"好心"地把之前准备的关于斯科特－费泽的财务资料提供给了巴菲特一份。巴菲特猜想，这可能是因为投资银行既然收了钱，多多少少也应该办点儿事。没想到，在收到投资银行的这份"礼物"之后，芒格冷冷地说了一句："我宁愿再多付 250 万美元，也不想看这些垃圾信息。"

伯克希尔的大多数并购，都不是通过中介，而是通过熟人"口口相传"介绍的。收购斯科特－费泽公司的故事，只是巴菲特众多收购案例的一个缩影。在我所译的《超越巴菲特的伯克希尔》这本书里，有太多藏在并购背后的精彩故事。读懂了这些故事，也就读懂了巴菲特并购的底层逻辑。

184. 伯克希尔 1999 年的并购

在 1999 年致股东的信里，巴菲特谈到了当年的两起并购案：乔丹家居和中美能源公司。巴菲特式的并购风格，相信大家都不陌生，它的基本特点就是"不找中介、熟人介绍"。1999 年伯克希尔发起的这两起并购也不例外，基本上都是靠巴菲特的老朋友或经理人牵线搭桥完成的。

乔丹家居是一家由泰特曼兄弟持有和经营的家族企业。巴菲特在 1983 年买下了 B 夫人的内布拉斯加家具城，在 1995 年买下了比尔·柴尔德的威利家居，在 1997 年又买下了梅尔文·沃尔夫的明星家具，然后经由 B 夫人、柴尔德和沃尔夫的推荐，巴菲特又"顺藤摸瓜"找到了全美家具行业坪效最高的乔丹家居，双方一拍即合。

中美能源公司则是经由巴菲特的老友、Level 3 通信公司董事长沃尔特·斯科特介绍而来的。斯科特既是伯克希尔的股东和董事，也是中美能源公司的股东和董事，他跟巴菲特开会的时候，就顺口提到了中美能源公司。巴菲特回去后查了查资料，又跟中美能源总裁大卫·索科尔谈了谈，就敲定了交易。

对于此时的巴菲特而言，要考虑的不仅仅是投资本身的问题，还涉及要遵守相应的法律法规。根据美国《公用事业控股公司法》，伯克希尔不能拥有中美能源的控股权。巴菲特通过"普通股＋可转换特别股"的组合，既持有了中美能源 76% 的股份，又将自身拥有的表决权控制在 10% 以下。对能源行业的投资，也是伯克希尔"资金大于主意"的真实写照。

185. 伯克希尔迈入"新千年"

在 2000 年致股东的信里，巴菲特提到了当年的辉煌战绩：一口气将 8 家公司收入囊中，并购的总金额高达 80 亿美元，且全部以自有资金支付，其中包括 97% 的现金和 3% 的股票，伯克希尔流通股数量仅仅增加了 0.3 个百分点。更厉害的是，巴菲特手上还有大笔现金，随时可以买下更多更大的公司。

随着伯克希尔体量规模日渐庞大，巴菲特和芒格开始降低预期，他们给自己定的目标是：伯克希尔每股内在价值的增长速度，略微超过标普 500 指数的增幅。他们坚信：如果每年能保证几个百分点的微弱优势，随着时间的推移，复利效应必将爆发出巨大威力，久而久之也能产生不小的差距。

为了实现上述目标，巴菲特至少要满足三项条件：第一，每年还得再买入一些优秀公司；第二，旗下已有的公司，其价值要继续保持增长；第三，要避免伯克希尔流通股的大幅膨胀。对于第二点和第三点，巴菲特表示问题不大，毕竟都在自己的掌控范围之内。然而，对于第一点，在很大程度上有运气的成分。

完成这些并购以后，伯克希尔的全球员工总数增长至 11.2 万人，然而作为这艘商业巨轮中枢的伯克希尔总部，仅仅增加了一名员工，合计 13.8 人（别忘了其中的 0.8 人是一周工作四天）。就是靠着这么精干的队伍，伯克希尔处理了 8 起并购案的全部交易与税务申报，组织完成了有 2.5 万名股东出席的股东大会。其效率之高，令人惊叹。

186. 伯克希尔的并购"大年"

在 2000 年致股东的信里，巴菲特专题阐述了当年参与的八起并购交易，它们分别是：中美能源公司、CORT 公司、美国责任保险公司、本·布里奇珠宝、贾斯廷靴业、肖氏工业公司、本杰明－摩尔涂料公司、佳斯迈威。随着巴菲特的盛名与日俱增，主动打电话洽谈交易的卖家也越来越多，让我们来简单回顾一下这八起并购案吧！

一是买下了中美能源 76% 的股权，但囿于法律法规的限制，伯克希尔对其表决权控制在 10% 以下。

二是以威斯科金融的名义，花费 3.86 亿美元买下了家具租赁商 CORT 公司。

三是经通用再保险董事长弗格森介绍，买下了鲍勃家族持有的美国责任保险公司。

四是经赫尔兹伯格珠宝的巴奈特介绍，买下了本·布里奇珠宝。

五是以 5.7 亿美元现金买下了贾斯廷靴业，并拥有了其旗下的顶点砖材事业。

六是拿下了肖氏工业公司（全球最大的地毯制造商）87.3% 的股权。

七是以 10 亿美元现金买下了本杰明 – 摩尔涂料公司。

八是以 18 亿美元买下了佳斯迈威（全美商用隔热材料领导品牌），并说服其总裁杰瑞·亨利继续留任。

巴菲特总结说，伯克希尔的并购之所以如此顺利，一是由于很多卖家预计到自己的产业要走下坡路，但巴菲特认为各行各业都有景气周期，恰好他又不介意短期表现不佳；二是由于垃圾债券市场出现大量违约，导致杠杆收购商融资困难，伯克希尔的竞争力大大增强。在我看来，这也是"厚积薄发"的威力。

187. 伯克希尔的并购优势

在 2000 年致股东的信里，巴菲特提到，当年伯克希尔完成了八起并购。这还仅仅是正式落地的，如果加上曾经接触过的，巴菲特可能每个月都有收购新公司的洽谈。相比于杠杆收购商，伯克希尔在收购方面并没有报价上的优势。那么，巴菲特是靠什么来吸引一众卖家主动上门的呢？

这就涉及伯克希尔在并购领域的核心竞争优势了，伯克希尔是一家由巴菲特控股的公司，其经营和管理决策，可以完全由巴菲特掌控，而不必受到外界的制约和干扰。巴菲特发现，很多企业主相当看重企业的归宿。对于很多企业主而言，他们的企业要么是祖传下来的，要么是自己一手创建的，他们对企业的感情往往相当深厚。

企业主选择出售企业，可能是因为自己即将退休，可能是为了避免下一代出现财产之争，但无论出于何种目的，他们都非常希望自己的企业有个好归宿。而巴菲特多次做出公开承诺，企业卖给他之后，原来的企业主可以继续经营，企业也不会被分拆、转卖。这样一来，伯克希尔尽管出价不高，却是企业主心中的理想买家。

也许你会问，如果企业主最看重的不是永续经营，不是自主管理，而是想尽可能地卖个高价，那怎么办？其实不用担心，因为这样"眼里只有金钱"的企业主，本身也不是巴菲特想要的收购对象。在双向选择的时候，彼此都已经排除对方了。随着巴菲特收购了越来越多的公司，并且兑现了他的全部承诺，收购越来越顺，也就成了水到渠成的事儿。

188. 伯克希尔 2001 年的并购

在 2001 年致股东的信里，巴菲特提到了已经完成或正在处理的六起并购案：肖氏工业公司、佳斯迈威、迈铁公司、XTRA 公司、拉森－朱赫、鲜果布衣。其中，XTRA 公司原来由朱利安·罗伯逊旗下的老虎基金持有，2000 年老虎基金决定清盘，巴菲特与罗伯逊及 XTRA 总裁取得联系，趁机将 XTRA 公司收入囊中。

拉森－朱赫则是全美定制相框行业的领导者，它为美国 18 000 家照相馆提供相框装裱服务，营业收入从 1981 年的 300 万美元一路增长至 2001 年的 3 亿美元。巴菲特与拉森－朱赫的老板克雷格·蓬齐奥会面以后，仅仅花了 90 分钟就达成了协议，并在 10 天之后正式签订了合约。

巴菲特与鲜果布衣的渊源，最早可以追溯到 1955 年。当时，巴菲特还在格雷厄姆－纽曼公司上班，他将个人的大部分资金投入到费城 & 雷丁煤炭钢铁公司（P&R），后来 P&R 收购了联合内衣公司，后者拥有鲜果布衣的商标权。随后，鲜果布衣因为经营不善，一度陷入濒临破产的境地。就在此时，巴菲特出手相救。

2001 年，巴菲特已经年逾古稀，我想，他大概没有闲心去感慨时间的流逝之快，毕竟他手上的一大堆并购案，让他每天都忙碌着、充实着、快乐着。这也让我想到了《论语》里所说的："发愤忘食，乐以忘忧，不知老之将至云尔。"一辈子做着自己喜欢的事儿，连须发斑白也毫无察觉，这大概是我能想象到的人生最美好的样子。

189. 伯克希尔 2002 年的并购

在 2002 年致股东的信里，巴菲特谈到了伯克希尔当年参与的并购活动：拉森－朱赫（定制相框）、鲜果布衣（内衣）、CTB（农畜养殖设备）、伽蓝服饰（童装）、宠厨（厨具），以及伯克希尔经由中美能源买下的北方天然气公司和科恩河管道。其中规模最大的并购案，当属创立于 1980 年的宠厨。

当时，34 岁的芝加哥教师多丽丝·克里斯托弗没有任何商业经验，为了养育两个年幼的女儿，多丽丝决定运用自己擅长的烹饪去赚点儿钱贴补家用。多丽丝的创业条件是非常艰苦的，当时她利用寿险保单质押了 3000 美元，这是她唯一的资金来源。然后，多丽丝在自家的地下室，开启了这项伟大的事业。

在多丽丝的苦心经营下，宠厨的营业收入从 1980 年的 5 万美元，一路增长至 2002 年的 7 亿美元。截至 2002 年，宠厨拥有 67 000 名厨房顾问。巴菲特也曾参加过宠厨举办的宴会，他一眼就看出了宠厨的核心竞争力：公司产品造型美观且非常耐用，厨房顾问经验丰富且极具耐心，这使得与会的宾客们大多兴尽而归，好评如潮。

当多丽丝打算出售宠厨时，她和公司总裁一道前往奥马哈跟巴菲特会面。巴菲特仅仅花了 10 秒钟，就确认多丽丝是他理想的合作伙伴。试想，对于一位没有任何商业经验的中年女士来说，能创立这么杰出的事业，其中付出的努力是可想而知的。不太看重具体行业，但特别看重创始人或经理人的品质，这也是巴菲特参与并购的特点之一。

190. 克莱顿房屋公司

在 2003 年致股东的信里，巴菲特谈到了当年开展的并购活动，其中就包括克莱顿房屋公司。这起并购的缘由是这样的：田纳西大学的阿尔·奥克西尔教授，每年都会带着一群学生来到奥马哈拜访巴菲特，并送上他们的纪念品。这一年，奥克西尔和学生们给巴菲特送上的礼物是克莱顿房屋公司创始人吉姆·克莱顿的自传。

巴菲特看完吉姆的自传后，对吉姆的管理水平大加赞赏；经奥克西尔引荐，巴菲特和吉姆之子（也是克莱顿房屋公司的总裁）凯文打了一通电话。巴菲特立即认定，凯文就是他心目中理想的经理人。巴菲特此前投资过活动房屋行业另一家公司的垃圾债券，损失惨重。在看完克莱顿房屋公司的财务信息后，巴菲特表示非常满意。

在顺利完成对克莱顿房屋公司的并购后，巴菲特还为田纳西大学的这群学生一一颁发了伯克希尔的 PhD 证书，用以表彰他们对伯克希尔并购活动所做的贡献。除此之外，每名学生还获赠了一股伯克希尔 B 类股票，领队的奥克西尔教授则获赠了一股伯克希尔 A 类股票。可以说，巴菲特给予了他们超出预期的回报。

伯克希尔的并购活动为什么源源不断，而且大多非常顺利？我想，跟巴菲特的善意有着莫大的关系。本来大家给巴菲特介绍并购对象，只是顺手的事情，也没有期望得到多少回报，但是巴菲特都进行了相应的酬谢。可以想见，将来一定会有更多的人愿意给巴菲特介绍更多的业务，这大概就是"善良的报偿"。

191. 麦克莱恩

在 2003 年致股东的信里，巴菲特谈到了对麦克莱恩的并购。麦克莱恩原是沃尔玛的子公司，专门为便利店、药妆店、量贩店、快餐店、电影院等渠道提供配送杂货以及非食品类的物流服务。由于麦克莱恩所从事的，并不是沃尔玛的核心业务，沃尔玛出于"瘦身"等考虑，决定将麦克莱恩从体系内剥离。

麦克莱恩的年营业额高达 230 亿美元，但它并不是一项"躺赚"的事业，它每年的税前利润率大约只有 1%。因此，麦克莱恩进入伯克希尔的大家庭以后，它的主要贡献在于营业收入而非利润。由于麦克莱恩之前是沃尔玛的子公司，因此沃尔玛的竞争对手不愿意跟麦克莱恩合作。到了伯克希尔旗下，麦克莱恩会迎来更多的业务发展机会。

众所周知，巴菲特的大多数并购，要么是通过熟人牵线搭桥，要么是卖家主动慕名而来。麦克莱恩可能是极少的例外，它的并购是通过高盛的一位执行董事——拜伦·特罗特促成的。特罗特已经为伯克希尔撮合了三起并购业务，也拿到了不菲的中介费。尽管如此，巴菲特还是期待发生第四起并购案。

2000 年以后，巴菲特在股权投资领域频频出手，这一方面是因为低估的股票变少，另一方面是由于伯克希尔的规模变大。巴菲特的很多并购案例，都被坎宁安教授收录进了《超越巴菲特的伯克希尔》这本书里。巴菲特不仅是投资家与企业家，也是名副其实的"好人收藏家""好企业收藏家"。

192. 伯克希尔 2005 年的并购

在 2005 年致股东的信里，巴菲特逐一介绍了当年进行的五起并购案：

一是医疗保健保险公司，主要从事医疗事故保险。伯克希尔强大的财务实力，为投保的医务人员提供了充分的履约保证；与此同时，公司 CEO 蒂姆·凯奈谢伊非常聪明能干，视承保纪律高于一切经营目标，其经营理念深受巴菲特赞赏。

二是森林河房车公司，它拥有 60 家工厂和 5400 名员工。2005 年 7 月 21 日，巴菲特收到了一份来自森林河房车公司的传真，只有短短两页纸，公司 CEO 皮特·利格尔说自己的公司完全符合巴菲特的收购标准。此前，巴菲特从未听说过这家公司。巴菲特看过公司的财务数据后，表示非常满意。2005 年 7

月 28 日，巴菲特就和皮特达成了收购协议。

三是商业连线公司，公司 CEO 凯西·巴伦在《华尔街日报》上看到一篇报道伯克希尔的文章，皮特在文中宣称："向巴菲特出售我的公司，比更新我的驾照还容易。"受此鼓舞，凯西也主动给巴菲特写信，推介了自己所在的公司。不久后，巴菲特就和商业连线公司的控股股东洛里·洛基达成了收购协议。

四是应用承保公司，这是一家向小微企业提供员工补偿保险业务的公司。

五是亚泰集团，其主营业务是电力服务。投资政府监管的公用事业，虽然不能期望获得过高的盈利，但能够为巨额资金提供合理的获利机会，刚好适合伯克希尔的"胃口"。一旦买入，巴菲特会选择长期持有。

193. 巴菲特首次"出海"并购

在 2006 年致股东的信里，巴菲特谈到了当年的并购案：首先是完成了 2005 年遗留下来的三宗并购——太平洋公司、商业连线公司、应用承保公司，其次是开启了对伊斯卡、TTI、罗素等公司的并购，其中最亮眼的莫过于将伊斯卡收入囊中。

伊斯卡总部位于以色列，主营业务是生产金属切削工具，业务遍及全球 61 个国家。2005 年 10 月，巴菲特收到伊斯卡董事长埃坦·韦特海默的一封信。韦特海默在信中自荐说，伊斯卡可能符合巴菲特的收购标准。2005 年 11 月，韦特海默亲赴奥马哈面见巴菲特，两人一拍即合，很快达成协议。

收购伊斯卡，是巴菲特首次并购美国本土以外的企业。在此之前，巴菲特只买过外国公司的股票（比如中石油）。巴菲特表示，对伊斯卡的商业模式及韦特海默带领的管理团队非常满意，只不过要花点儿时间熟悉以色列的税务和法律。最终，伯克希尔以 40 亿美元买下了伊斯卡 80% 的股权，剩下的 20% 由韦特海默家族继续持有。

巴菲特提到一组数据：1995～2006 年，伯克希尔每股投资金额年复合增长率约为 12.6%，每股税前收益年复合增长率约为 31.7%，这也从一个侧面说明，大约在 2000 年以后，巴菲特开始将投资的重心越来越多地放在了企业并购上。其主要原因在于，伯克希尔不得不放弃"迷你"型项目，更加专注于"大象"型项目。

194. 玛蒙集团

在 2007 年致股东的信里，巴菲特讲述了并购玛蒙集团的故事。早在 1954 年，巴菲特还在格雷厄姆 - 纽曼公司工作时，就跟玛蒙集团创始人杰伊·普里茨克产生过交集。当时，杰伊不断买入洛克伍德巧克力公司的股票，并以 80 磅可可豆兑换 1 股股票的对价，从股东手里回收股票，最终控制了这家公司并大获其利。

此后，巴菲特一直密切关注杰伊的业务发展情况。1999 年，杰伊去世；2002 年，杰伊的弟弟兼合伙人鲍勃退休。此后，普里茨克家族考虑出售玛蒙集团的控股权。玛蒙集团和伯克希尔非常类似，也属于大型综合性企业集团，涉足 9 个行业，拥有 125 项业务。玛蒙集团的年营业收入高达 70 亿美元，拥有 2 万名员工。

经高盛的拜伦·特罗特牵线搭桥，巴菲特很快和普里茨克家族达成了交易：伯克希尔先以 45 亿美元收购玛蒙集团 60% 的股份，并在此后六年内收购其剩余股份。值得一提的是，在伯克希尔收购玛蒙集团之前，特罗特已经为巴菲特撮合了麦克莱恩等三笔并购交易，特罗特也因此赢得了巴菲特的信任和赞誉。

杰伊生于 1922 年，是跟巴菲特同时代的商业天才。1957 年，杰伊出资 220 万美元收购了凯悦酒店，并将其发展为全球知名的连锁酒店品牌；1979 年，杰伊出资设立普里茨克奖，这是目前建筑领域的国际最高奖项。在中国，杰伊的知名度可能远不如巴菲特。可见，"活得久"也是人生最重要的终极目标之一。

195. BNSF

在 2010 年致股东的信里，巴菲特提到了当年的一笔重大收购：伯灵顿北方圣达菲铁路公司（BNSF）。巴菲特预计，收购该公司以后，伯克希尔的税前盈利能力将增长 40%，税后盈利能力将增长 30%。当然，这笔收购的对价不菲：伯克希尔为此增发了 6% 的股票，并支付了 220 亿美元现金。巴菲特的投资逻辑主要包括两点：

其一，铁路拥有巨大的成本与环境优势。2010 年，BNSF 每吨货物的运输成本为 1 加仑柴油 /500 英里，油耗大约只有汽车运输的 1/3；同时，铁路运输有利于降低温室气体排放量，减少对进口石油的需求量，对国家和社会都大有裨益；再者，BNSF 的业务覆盖全美，是美国四家主要的铁路公司之一，拥有强大的竞争力。

其二，伯克希尔拥有极雄厚的资本实力。众所周知，铁路运输属于资本密集型行业，每年有大量的资本支出，用于铁路轨道的铺设、维修和养护。巴菲特认为，伯克希尔刚好是最佳的资金提供者。反过来讲，BNSF 这一类的"巨无霸"企业，刚好为伯克希尔的巨量资本提供了可靠的安放之处。可以说，两者的"联姻"是双向选择，相互成就。

值得一提的是，芒格曾多次表示，在过去，铁路行业不仅内部竞争激烈，而且还面临着汽车运输、航空运输的威胁，铁路公司的生意很差。当全行业优胜劣汰，只剩下四家铁路公司时，铁路公司的生意已经好转起来了，属于不错的投资对象。投资也要保持与时俱进的眼光，正所谓"世异则事异，事异则备变"。

专题 14

充分放权

196. "去中心化"的管理模式

在 1979 年致股东的信里，巴菲特写道："我们奉行充分授权的管理思路，将经营权下放给子公司的很多经理人。我们的集团总部仅仅占地 1500 平方英尺[⊖]，且总共只有 12 人，刚好可以组建一支篮球队。"直到 44 年后，伯克希尔的市值在经历了巨幅增长之后，总部员工人数仍然维持在 30 人以内。

巴菲特认为，采用"去中心化"的管理方法，难免会造成巨大的失误。如果采用权力更为集中的经营管理方式，或许能最大限度地减少失误，但同时不可避免地会带来成本的上升，以及决策效率的下降。就好比一辆公交车，如果它没有售票员，也许会有极少数人逃票，但逃票金额远远低于配备一名售票员的成本。

巴菲特谈到，采用"去中心化"的管理思路，还有一个巨大的好处，那就是吸引到最优秀的人才为伯克希尔服务。巴菲特旗下事业的很多经理人，早已经实现了财务自由，如果凡事都要受制于人，那他们何必要这样做呢？只有充

⊖　1 平方英尺 = 0.092 903 平方米。

分授权，充分尊重他们的主观能动性，他们才会更加卖力工作。

给我的启示是，领导不用事必躬亲，这样自己会觉得非常心累，而下属也常常会有一种受到监督或者不被信任的感觉，他们也无法发自内心地热爱这项事业。在选对人、用对人的前提下，放手让下属自己去做。往往在这种情况下，下属会觉得自己得到了领导的信任，反而不敢有丝毫懈怠，会更加兢兢业业。

197. 伯克希尔的高效管理之道

在 1995 年致股东的信里，巴菲特透露，当年敲定了三桩自己渴望已久的并购案，收购了赫尔兹伯格珠宝、威利家居、盖可保险的多数股权。并购完成以后，伯克希尔的营业收入翻番，负债却几乎没有变化。此外，三家公司的员工人数合计约 1.1 万人，但集团总部员工仅仅由 11 人增长至 12 人。巴菲特为什么能做到如此高效的管理呢？在我看来，他的路径是这样的：

第一步，自己做个"德才兼备"的好人。巴菲特的投资水平很高，而且他对合伙人／股东也非常公平、非常坦诚。

第二步，让别人看到自己的优秀。通过每年一度的股东大会、每年一封的致股东的信，以及日常接受媒体采访等多种形式，宣传自己的投资和人生理念。

第三步，吸引到志同道合的朋友。从 20 世纪 80 年代中期开始，巴菲特就广而告之，希望符合条件的企业主能够主动上门寻求并购，这样就可以减少很多摩擦成本，节省很多时间精力。

第四步，对旗下公司经理人给予真诚的赞美。巴菲特一向奉行的原则是，批评对事不对人，表扬对人不对事。功劳都是大家的，责任则是自己的。

巴菲特的这种做法，其实是值得我们每个人学习的。拿我自己来说，给自己设想的人生就是这样的：首先，努力学习，保持阅读、锻炼的好习惯，提高个人修养；其次，通过网络跟大家分享自己的观点和见解；最后，找到一群志同道合的朋友，忙时干事创业，闲时喝茶聊天。这样的日子，想来还是非常美好的。

198. 信任管理层

在 1995 年致股东的信里，巴菲特写道："在我们新增旗下事业的同时，有人问我到底可以应付多少经理人同时向我报告，我的回答相当简单：如果只让我管一个经理人，但他是一颗酸柠檬，那管一个人也太多了；如果我面对的都是像我们现在拥有的经理人这样的，那么肯定是多多益善。"

巴菲特执掌的伯克希尔，目前的市值超过 8000 亿美元，常年位居"世界 500 强"企业的前 5 名，它在全球雇用的员工人数大约有 37 万人。这样的一家"巨无霸"企业，它的总部只有不到 30 名员工。其人员之精简，管理之高效，堪称企业界和投资界独一无二的典范。

巴菲特明确提出了自己收购企业的六条标准，其中就包括拥有合适的管理层，这一点和其他企业并购者的做法完全不同。大多数老板在收购一家企业之后，倾向于撤换掉企业原来的管理层，然后让自己信任的"心腹"去接手。巴菲特收购一家企业，不但不会撤换掉原来的管理层，反而会要求原来的管理层留任，这是他收购企业的前置条件之一。

伯克希尔的工作虽然千头万绪，但巴菲特的精力主要放在两件事上：第一，管人。把合适的经理人放在合适的位置上，充分授权，让他们自由发挥。第二，管钱。把各家子公司给伯克希尔的分红利用起来，要么再投资，要么回购自家股票，要么收购新的优质企业。在我看来，删繁就简，大智若愚，这都是巴菲特的"超能力"。

专题 15

永续经营

199. 主动锁定股权的意义

在 1985 年致股东的信里，巴菲特提到，伯克希尔以每股 172.5 美元的价格，买入约 300 万股大都会 /ABC 公司股票，耗资约 5.2 亿美元。从价格上考虑，这笔投资并非特别便宜。

巴菲特看重的是大都会 /ABC 公司的管理层：汤姆·墨菲和丹·伯克。巴菲特对汤姆·墨菲的评价是"可以把女儿嫁给他的那种人"。巴菲特买入大都会 /ABC 公司的股票后，还将自己的投票权委托给了汤姆·墨菲。

此外，巴菲特还主动设限，除非征得管理层的同意，否则他不会卖出自己所持有的大都会 /ABC 的股份。在外人看来，这可能会损害伯克希尔的股东权益。但巴菲特的看法恰恰相反，他认为这样可以让公司的所有权更加巩固。

巴菲特说，他不希望他旗下事业的经理人担心，一觉醒来公司的所有权又发生了重要变更。所以，巴菲特通过锁住自身股权的方式，来表示对公司稳定性的支持。这样一来，经理人就可以全心全意为公司服务，为股东创造价值。

专题 16

节制资本

200. 巴菲特的质朴与谦逊

在 1961 年致合伙人的信里，巴菲特写道："我们现在在基威特大厦办公，我们有一流的秘书贝斯·亨利，而我的助手比尔·斯科特在投资方面经验丰富。我父亲和我共用一间办公室并分摊相应的费用。总体来说，我希望我们的运营费用低于净资产的 0.5%~1%，并从各项开销中获取最大的收益。"

巴菲特写下这段话的时候，他管理的基金规模已经达到 7 178 500 美元，其中属于他和妻子苏珊的基金资产为 1 025 000 美元。在 1962 年的美国，无论是 700 万美元的管理规模，还是 100 万美元的个人资产，都是一个不小的金额。

虽然在事业上已经取得了不俗的成就，但我们从巴菲特的字里行间，仍然能够感受到他当时那种质朴与谦逊的品质。巴菲特加上他的秘书和助手，组成了非常精干的投资团队。为了节省费用，巴菲特甚至还和他的父亲合租共用办公室。以巴菲特当时的实力，他本可以改善工作环境，但他依然表现得非常克制。

巴菲特在经营上的优秀作风，是一以贯之的。不仅仅在事业起步的时候如此，即便后来成了"世界 500 强"企业，伯克希尔也仍然没有所谓的"官僚习气"或者"大公司病"。巴菲特认为，如果赚取同样的利润，一家公司的费用率是 1%，另一家公司的费用率是 10%，那么前者就相当于为股东减少了 9%的价值损失。正是在这种理念的指引下，伯克希尔才一直充满着活力和朝气。

201. 创业之初

在 1962 年致合伙人的信结尾，巴菲特介绍了合伙基金的基本情况，提到关于自己的两个细节：①工作地点终于从家里搬到办公室了；②终于可以不再把所有的事项都记录在信封背面了。由此，不难看出，巴菲特在创业初期，非常注重基金运营的成本管理。直到攒够了资本，他才稍微给了自己一点点奖励。

1963 年初，巴菲特合伙基金管理规模已经超过 940 万美元，其中巴菲特和妻子持有的权益约为 138 万美元，巴菲特的 22 位亲人（包括父母、子女、姐姐及其他亲戚）持有的权益约为 89 万美元。巴菲特合伙基金的工作人员比尔·斯科特，也在基金里投入了约 17 万美元。也就是说，基金中超过 1/4 的资产，都是由巴菲特及其亲友贡献的。

以前有一种说法，基金管理人在创业之初，初始资金的来源主要包括 3F：Family（家庭），Friends（朋友），Fool（傻瓜）。虽然这句话有一定的调侃意味，但是也不无道理。试想，在创业之初，一没骄人的业绩，二没丰富的经验，外人凭什么相信你呢？能在一开始就给你投钱的人，对你的信任是无条件的。

这个时候，基金管理人如何表现，就非常关键了。如果基金管理人德才兼备，既在条款设计上让投资人感到舒服，又在投资业绩上做到出类拔萃，投资人之前的信任感就会进一步加深，也会吸引到越来越多的新投资人，事业的"滚雪球"基本上就能进入良性循环的状态。给我的启发是，一定要负有最高的受托人责任，走好人生的每一步。

202. 克制开销

在 1968 年致合伙人的信里，巴菲特回顾了创业以来的投资经历。1968 年，巴菲特合伙基金收益率为 58.8%，有限合伙人收益率为 45.6%，同期道琼斯指数收益率为 7.7%。1957～1968 年，巴菲特合伙基金年化收益率为 31.6%，有限合伙人年化收益率为 25.3%，同期道琼斯指数年化收益率为 9.1%。

巴菲特的投资业绩堪称完美。但从合伙基金的各类开销来看，巴菲特表现得非常克制。直到 1962 年，巴菲特才把工作地点从自己的卧室搬到了写字楼，并招聘了第一位全职员工；直到 1968 年，巴菲特才又新增了一名工作人员。在巴菲特看来，基金管理并不是劳动密集型行业，并不以人多取胜。

截至 1969 年初，巴菲特合伙基金的管理规模已经高达 104 429 431 美元。与之形成鲜明对比的是，1968 年支付的房租只有 5823 美元，差旅费只有 3603 美元，其他应缴费用只有 994 美元。超过 1 亿美元的管理规模，以及 1 万美元左右的费用开支，可以说是做到了极致的“低成本”。

这不禁让我想起了健身时的一句口号——自律给我自由。说得一点儿也没错，正因为巴菲特在投资管理上保持了超乎常人的自律，他才得以迅速地积累财富。有了巨额的财富，巴菲特才有机会对未来做出自己想要的规划。大约一年后，巴菲特选择关闭自己的合伙基金，从此再也不受制于人，这就是自律的报偿。

203. 习惯的力量

在 1978 年致股东的信里，巴菲特在谈到银行业务时写道：“根据我们过去的经验，一家高成本公司的经营者，非常善于为增加公司开支寻找借口；而一家低成本公司的经营者，经常能为公司节省开支找到新方法，即使公司成本早已远低于竞争对手。”伊利诺伊国民银行和信托公司的基恩·阿贝格，就是严格控制成本的高手。

巴菲特谈到的，实际上是惯性或者说习惯的力量。如果管理层一向铺张浪费，那就总会找到很多花钱的借口；如果管理层一向勤俭节约，那也总会找到很多省钱的办法。巴菲特自身也是很好的例证，他早年经营合伙企业期间，就严格控制租金、人力、差旅等各项成本开支，这样的优秀习惯，并没有因为他变得越来越富有而有所改变。

为什么一定要买好公司呢？其实也是一样的道理。优秀的公司会习惯性优秀，平庸的公司也会习惯性平庸。很少会有平庸的公司突然发力，摇身一变成为优秀的公司。同样地，优秀的公司由于长期保持着高标准，它其实很难容忍自己变得平庸。这样一来，优秀的公司会不断给投资者创造惊喜，平庸的公司则会不断给投资者制造惊吓。

巴菲特选择管理层的标准，其实也隐含了这个逻辑。巴菲特说，他旗下子公司的 CEO，通常都早已是商界的管理明星，已经证明了自己在各自领域的才华。那么，如果这些 CEO 有过往十年甚至二十年以上的良好表现，那在未来继续保持优秀也是大概率事件。我们在选择投资对象或者交往对象时，也要看重其之前的一贯表现。

204. 伯克希尔极低的营业费用

在 1992 年致股东的信里，巴菲特写道："我们的营业费用占税后账面利润的比例不到 1%，占透视盈余的比例更是低于 0.5%。在伯克希尔，我们没有法律、人事、公关或者运营企划部门，这同时也代表我们不需要警卫、司机或者其他勤杂人员。"可以说，伯克希尔保持着极其精简的营运模式。

1992 年，伯克希尔股价突破 10 000 美元大关。按照当时流通在外的 1 152 547 股计算，伯克希尔的市值超过 115 亿美元，而当年公司的营业费用只有区区 420 万美元，对比悬殊。试想，如果巴菲特对资本不是如此节制，他稍微放松一下费用标准，即便营业费用增长 10 倍，也不会明显超出公司的承受能力。

事实上，像巴菲特这样节制的老板或者管理层确实非常罕见。在美国很多大中企业，营业费用可能占到营业利润的 10% 以上。这样的企业，相比于另外一家营业费用占营业利润 1% 的企业，实际上给股东造成了额外 9% 的损失。如果我们把股东利益放在第一位，那肯定不愿意看到这种情况发生。

巴菲特说，根据他和芒格多年以来的观察，企业的营运成本高低与公司的绩效优劣完全没有关系。营业费用高的企业，说明它多多少少沾染了一些"大企业病"或者"官僚习气"，反而有可能效率更低。站在 1992 年的历史节点上，巴菲特完全有资本让自己显得更阔气一点，但他还是一如既往地保持着务实、朴实的作风。这一点非常值得我们学习。

205. 节制资本

在 1998 年致股东的信里，巴菲特谈到了当年的业绩情况，其中伯克希尔 A 类股票和 B 类股票的每股账面价值均增长了 48.3%。巴菲特提醒大家，虽然伯克希尔在过去一年的表现令人相当满意，但它主要不是内生性增长，而是因为在并购中发行了新股。

由于伯克希尔的股价高于账面价值，所以每当发行新股的时候，就会显著地拉高每股账面价值，但公司的内在价值并没有实现同样幅度的增长。如何去衡量伯克希尔的内在价值呢？巴菲特还是沿用了之前提过的两项指标：一是每股投资金额，二是扣除所有投资收入后的每股税前盈余。这基本上是观察伯克希尔投资和运营成果的两个维度。

1968～1998 年，伯克希尔每股投资金额从 53 美元增长至 47 647 美元，年复合增长率约为 25.4%；每股税前盈余从 2.87 美元增长至 474.45 美元，年复合增长率约为 18.6%。1998 年，伯克希尔收购了通用再保险，由于通用再保险有大量的投资部位且发生了承保损失，故而助推伯克希尔当年的每股投资金额增长了 25.2%，每股税前盈余减少了 33.9%。

截至 1998 年，伯克希尔旗下拥有雇员 47 566 人，其中包括并购通用再保险新增的 7074 人，以及内部增聘的 2500 人。公司总部人员仅仅从 12 人增加到 12.8 人（新增的那位会计人员，每周只工作四天），总部费用开支只有 350 万美元，不到伯克希尔管理资产总规模的万分之一，这体现了巴菲特对节制资本的一贯态度。

206. 管控成本，逆风前行

在 2002 年致股东的信里，巴菲特强调，伯克希尔特别重视成本意识。巴菲特讲了一个段子，说他特别佩服一位寡妇。这位寡妇在报纸上刊登丈夫去世的讣告，为了节约版面和费用，仅仅写了 3 个单词" Fred Brown died"。报社告诉她，最短篇幅不得少于 7 个单词，结果寡妇想了想，把讣告改成了" Fred Brown died, golf clubs for sale."

巴菲特麾下的经理人，大多是管控成本的好手。比如说，伯克希尔旗下建筑相关行业的子公司（包括本杰明 - 摩尔涂料、佳斯迈威、迈铁公司、顶点砖材、肖氏工业），当年实现了 9.41 亿美元的税前利润。表现尤为亮眼的是肖氏工业，在地毯价格同比仅仅上涨了 1% 的情况下，其税前利润从 2001 年的 2.92 亿美元大幅提升至 2002 年的 4.24 亿美元。

值得一提的还有利捷航空，它在 2002 年的市场占有率达到 75%。这就意味着，利捷航空的营业收入，大约是其他同业全部营业收入合计数的 3 倍，在业内处于"一骑绝尘"的领先地位。持有飞机的部分所有权，让很多大公司（比如通用电气）轻轻松松就省下了数百万甚至上千万美元的费用。展望未来，利捷航空仍然前景可期。

2002 年，伯克希尔的保险业务也从"9·11"事件的阴影中逐渐走了出来，浮存金的成本从一年前的 12.8% 回落到 1% 左右。不过，通用再保险再次计提了 13.1 亿美元的"损失调整"，以修正以往年度的估计错误。总体来说，在外部环境不利的情况下，伯克希尔依然做到了"稳中有进"，这主要得益于巴菲特的领导有方，以及全体员工的勠力同心。

207. 朴实无华的伯克希尔总部

在 2006 年致股东的信里，巴菲特谈到了伯克希尔的财务收支状况：当年伯克希尔实现净利润 169 亿美元，缴纳的联邦所得税高达 44 亿美元，约占美国联邦政府年度财政支出的 1/600，单是联邦所得税的报税文件就多达 9386 页。除此之外，伯克希尔总部工作人员还要承担在美国各州和国外的税收申报工作，以及向美国证监会提交各种表格。

与之形成鲜明对比的是，伯克希尔总部仅仅雇用了 19 名员工。位于奥马哈的伯克希尔总部，面积为 9708 平方英尺；另外，芒格有一处位于洛杉矶的办公场所，面积为 655 平方英尺，两者合计 10 363 平方英尺，约合 963 平方米。伯克希尔为总部员工支付的薪酬，加上两处办公地点的房租，一共是 3 531 978 美元。

一家每年赚取上百亿美元利润的"巨无霸"企业，总部办公面积居然不超过 1000 平方米，总部人均员工薪酬居然不超过 20 万美元，大家能想象吗？虽然我知道巴菲特一向以股东利益为导向，以控制成本和节制资本见长，但看到巴菲特披露出来的具体数据以后，还是让我感受到深深的震撼。

巴菲特还举了一个例子，20 世纪 80 年代，所罗门兄弟公司还会专门聘请理发师为公司高管理发，费用由公司承担。后来公司为了削减成本，理发费用改由高管自理。有一位高管，之前每周理一次发，后来改为每三周一次。可见，企业不合理的福利安排会助长铺张浪费之风。巴菲特治下的伯克希尔就绝不会有类似的现象发生。

专题 17

珍视信誉

208. 不欺骗，讲诚信

在 1983 年致股东的信里，巴菲特写道："由于伯克希尔是一家持有媒体事业的集团，所以我们责无旁贷地须以同样客观的标准要求自己，就像我们要求新闻同人一般。我们深信，对于身为经营者的我们来说，坦白是有益的。因为一个欺骗别人的人，最后一定会把自己也给骗了。"

巴菲特对媒体事业的热爱，从他当时的投资组合就可以窥见一二。在伯克希尔 1983 年的前十大普通股持仓中，华盛顿邮报公司、美国时代传媒、埃培智、联合出版公司、奥美公司、媒体综合集团等企业都属于文化传媒行业。在伯克希尔的股权投资中，布法罗新闻报也占据着显要位置。

巴菲特经常引用一个故事。一位石油勘探商死后想去天堂，发现已经没有位置了，于是他冲着天堂大喊一声："地狱发现石油啦！"结果众人纷纷朝着地狱蜂拥而去。这位石油勘探商看着空荡荡的天堂，也转身走向地狱，口中喃喃自语："大家都去了，说不定地狱真的有石油呢！"虽然只是一个段子，但很典型地说明了"骗人最终骗自己"的道理。

作为一名投资者，首先必须要对自己诚实：知之为知之，不知为不知。真正优秀的投资者中，很少有人对各个领域都擅长；事实上，很多水平一般的投资者，反倒追求面面俱到。其次必须要对别人坦诚：将心比心，推己及人。我们对他人敞开心扉，毫无保留，自然也能获得他人的认可与接纳。

209. 拯救所罗门兄弟公司

在 1992 年致股东的信里，巴菲特回忆道："1992 年 6 月，我正式辞去了接手 10 个月之久的所罗门兄弟公司董事会临时主席之职。大家从 1991～1992 年伯克希尔的经营绩效可以看出，公司并没有因为我暂时不在而出现任何差错。不过反过来可就不一定了，世界上没有任何工作比经营伯克希尔更有趣，很庆幸我能身处这个位置。"

1990 年，所罗门兄弟公司政府债券部门的保罗·莫舍屡次违规投标，投标金额远远超过美国财政部规定的"每家公司最多承揽 35% 的份额"上限。在上述虚假投标丑闻持续发酵以后，所罗门兄弟公司的所有董事都认为，巴菲特集名誉、财富、权势和能力于一身，是扮演"救世主"的理想人选。

巴菲特之所以愿意接下这个"烫手山芋"，是因为他和所罗门兄弟公司的CEO 约翰·古特弗罗因德私交甚笃。巴菲特在参加美国国会听证会时，讲了一席发人深省的话："如果你让公司的经济利益受到损失，我能够理解；但如果你让公司的名誉受到丝毫影响，那我会毫不留情。"这是讲给所罗门兄弟公司的员工听的，也是讲给伯克希尔的所有员工听的。

巴菲特说伯克希尔不会因为他的暂时缺位而受到影响，言下之意是伯克希尔可以离开他，他却离不开伯克希尔。这显然是巴菲特的谦辞，如果没有巴菲特，伯克希尔只有一家日薄西山的纺织厂，又怎么会在商界和投资界拥有显赫的名声呢？巴菲特和伯克希尔，可以说是相互成就的典范。

210. 致经理人的信

在 2010 年致股东的信里，巴菲特以附录的形式，公布了两年一度致伯克希尔经理人的信函。巴菲特强调："伯克希尔的最高优先原则，就是我们所有人都应当积极热烈地捍卫伯克希尔的声誉。我们可以承受金钱的损失，甚至大笔的金钱损失，但我们无法承受名誉的损失，哪怕一丝一毫都不可以。"

珍视声誉，就要知道什么能做，什么不能做。对此，巴菲特提出了一个衡量标准：如果一位不太友善但很聪明的记者写了一篇关于我们的报道，发表在一份全国性报纸的头版头条，我们会不会乐见其文？当无法通过这一标准，拿"别人都是这么做的"作为挡箭牌时，其实从侧面证明了此事根本就找不到正当理由，因此就不该做。

巴菲特明白，管理伯克希尔这样一家在全球拥有 25 万名员工的大企业，即便三令五申，在某一天没有任何员工发生任何不当行为的概率为零。因此，巴菲特要求旗下公司的经理人，一旦嗅到一丝风险的气息，一定要第一时间向他报告。毕竟，人性的本能就是"报喜不报忧"。巴菲特不怕听不到好消息，只怕听不到坏消息。

在我看来，良好的声誉绝对是最重要的核心资产。道理很简单，陌生是一种最大的成本。作为公众人物，最大的红利其实来自公众对你的认可和信任。如果因为声誉受损、人设坍塌，导致品牌方和粉丝抛弃你，最终你将很难再有翻身的机会。近些年出现了很多明星"塌房"事件，若是他们也来读读巴菲特，大抵会多一点敬畏之心吧！

专题 18

知人善任

211. 知人善任的巴菲特

在 1985 年致股东的信里，巴菲特再次提到伯克希尔旗下的三大事业：内布拉斯加家具城、喜诗糖果、布法罗新闻报。其中，内布拉斯加家具城的核心优势是低成本的运营，喜诗糖果的核心优势是品牌及提价权，布法罗新闻报的核心优势是在本地的垄断地位。

三家企业都拥有强势的经济特征，这离不开优秀的经理人。巴菲特买下喜诗糖果以后，这家公司就一直由查克·哈金斯打理；布法罗新闻报也是一样，一直由斯坦·利普西主持大局。内布拉斯加家具城就更不用说了，B 夫人一家三代堪称满门豪杰。

可以说，巴菲特事业上的成功，很大程度上取决于他用对了人。对于这些经理人的优秀表现，巴菲特也从不吝于赞美。巴菲特曾多次表示，能和他们相处，能和他们共事，是自己的荣幸。

这让我想到，古之成大事者，身边都有一群贤能之士。比如说，刘邦身边有萧何、张良、韩信，孙权身边有张昭、周瑜……不过，有了人之后也要善于用人。不然，像项羽这样刚愎自用，即便有范增辅佐也无济于事。

212. 活到老，学到老，工作到老

在 1988 年致股东的信里，巴菲特写道："在伯克希尔，我们有一群杰出的明星经理人。我们不会因为他们到了一把年纪就换掉他们。明星经理人实在是可遇不可求的稀世珍宝，我们不会舍得抛弃他们。相比而言，我们对新进 MBA 的评价就没那么高了，他们说起话来头头是道，但对企业经营的知识却相当有限。"巴菲特偏爱年长的经理人，由此可见一斑。

正如巴菲特所说，伯克希尔不会因为经理人上了年纪就让他们强制退休，而是给他们提供充分发挥价值的舞台。比如内布拉斯加家具城的 B 夫人，她在 100 岁生日当天依然在店里忙前忙后，直到晚上歇业之后才开始她的生日宴会；再比如伊利诺伊国民银行和信托公司的阿贝格，从 34 岁创业开始，他担任这家公司的 CEO 直至 80 岁高龄。

巴菲特和芒格本身也是"活到老，学到老，工作到老"的典范。巴菲特已经 94 岁，尚未正式宣布退休；芒格则是全程参加了 2023 年伯克希尔股东大会，并在半年后仙逝，可谓工作到了生命的最后一刻。按照巴菲特开玩笑的说法，即使是他去世 10 年后，他的幽灵依然会继续掌舵伯克希尔，可见他对这份工作的热忱。巴菲特和他的老伙计们，从相识起，大多也保有着维系终身的友谊。

"老龄化"给人的刻板印象，一般是缺乏朝气、暮气沉沉，但在伯克希尔并非如此。时至今日，巴菲特出现在公众场合的时候，面对记者和观众提出来的种种问题，依然头脑清晰，对答如流，语速极快。这种敏捷的思维，与他们长期以来坚持学习有着莫大的关系。也唯有坚持"终身学习"，才能始终活跃在投资的第一线。

213. 来自巴菲特的褒奖

在 1988 年致股东的信里，巴菲特写道："我们旗下各项营运事业所创造的

盈余，不管是按绝对值看还是跟同业相比，都是相当出色的。我们衷心感谢这些辛劳的经理人，我们很庆幸能与他们共事。"紧接着，巴菲特结合 1988 年度经营情况，逐一点评了旗下的经理人。以下是巴菲特的"花式夸人"示例：

巴菲特评价 B 夫人说，她和她的孩子们，共同组成了一支"梦之队"。有一家全美知名的百货公司，在美国其他地方都设有家具业务，到奥马哈开分店的时候却表示不卖家具，原因是不想跟 B 夫人家族竞争，可见 B 夫人威名远扬。

巴菲特评价斯坦·利普西说，要不是有他在，布法罗新闻报的毛利率一定会下滑。

巴菲特评价查克·哈金斯说，当初自己买下喜诗糖果后，花了 5 分钟的时间决定让哈金斯负责经营，考虑到他这么出色的表现，当初考虑的时间还是太长了。

巴菲特评价赫德曼家族说，他们就像是 B 夫人家族的翻版，虽然制服业并非绝佳的行业，但范奇海默兄弟公司总能依靠良好的管理，给股东创造优秀的投资回报。

巴菲特评价拉尔夫说，斯科特－费泽公司的所有事业，包括世界百科全书、寇比吸尘器等都表现得非常出色。跟优秀的人共事，让巴菲特觉得非常愉悦，同时他也省心不少。当时，范奇海默兄弟公司参加了一项重大的并购案，巴菲特连看都没看就表示同意，这充分反映了他对管理层的信任。这样的人际关系，极大地减少了摩擦成本，提高了工作效率。

214. 伯克希尔的"老人天团"

在 1992 年致股东的信里，巴菲特写道："伯克希尔旗下有很多早就超过退休年龄的资深经理人，我特别珍惜他们。相比于那些年轻很多的同僚，他们的表现要出色得多。我尊重旗下的经理人到点退休，但绝对不鼓励其他人都跟着这么做。毕竟，很难教会新狗玩老把戏。"巴菲特的用人偏好决定了伯克希尔旗下企业的经理人年龄普遍偏大。

比如说，内布拉斯加家具城的 B 夫人 1992 年时已经 99 岁了，还保持着一周工作七天的节奏。当 10 年前 B 夫人卖掉公司时，巴菲特考虑到她已经 89 岁高龄，就没有和她签署竞业禁止协议。结果，95 岁的 B 夫人在和家人闹翻后，居然另起炉灶，在隔壁另开了一家家具店。B 夫人的很多出色表现，都可以名列吉尼斯世界纪录。

再比如说，斯科特－费泽公司的拉尔夫，1992 年仅仅利用了 1.16 亿美元的资本，就创造出 1.1 亿美元的税前盈利。取得如此辉煌的成绩，却根本没有依靠任何财务杠杆。斯科特－费泽公司的存货与固定资产总值比当初巴菲特收购的时候还要少。这意味着，斯科特－费泽公司这些年赚取的利润，全部以分红的形式返给了伯克希尔。

也许有人会说，老年人暮气沉沉，并不适合干事创业。其实未必如此。在我看来，很多年轻人虽然朝气蓬勃、锐意进取，但难免血气方刚、意气用事。相比于年轻人，老年人欲望更少、阅历更深，对待事业的心思也更单纯。伯克希尔的"老人天团"，可以用曹操的一句诗来形容，那就是：老骥伏枥，志在千里；烈士暮年，壮心不已。

215. 伯克希尔独有的经营故事

在 1999 年致股东的信里，巴菲特写道："虽然我早就可以不必为了钱而工作，不过我还是非常喜欢当前在伯克希尔做的这些事。原因很简单，因为这会让我很有成就感，同时让我每天都有机会与我欣赏及信赖的人共事。"也就是说，巴菲特从来就没有把工作看成一种"苦役"，而是给他带来快乐的源泉。

伯克希尔旗下的经理人都非常善良，他们恪守的是肯尼迪总统曾经说过的一句名言："不要问国家为你做了什么，要问问你为国家做了什么。"巴菲特讲了一个动人的故事，故事的主角是威利家居及其经理人比尔·柴尔德。1954年，柴尔德接手时的营业额是 25 万美元；到 1999 年，其营业额已经增长至

3.42 亿美元。

1995 年，伯克希尔从比尔·柴尔德家族手里买下了威利家居。由于柴尔德和大多数员工都有特殊的宗教信仰，他们从来都不在周日营业。然而，对于很多客户而言，周末才是他们购物的大好时机。后来，柴尔德提议去博伊西开一家分店，巴菲特虽然对其"周末歇业"的规矩表示怀疑，但还是选择尊重柴尔德的商业判断与宗教信仰。

结果，柴尔德自掏腰包，耗费 900 万美元，承担了开店的前期成本。柴尔德表示，如果新店赚钱，他就以成本价卖给公司；如果新店亏钱，他就自行承担经营损失。后来，新店生意兴隆，柴尔德果然兑现承诺，并且对前两年陆续投入的资金，没有收取一分钱的利息。这是在别处读不到的经营故事，每每读到这里，都让我觉得特别动容和暖心。

216. 巴菲特的 CEO 们

在 2001 年致股东的信里，巴菲特写道："我们拥有一群杰出经理人的豪华阵容，大家可以在罗伯特·迈尔斯刚出版的《沃伦·巴菲特的 CEO 们》一书中，读到更多关于他们的精彩事迹。他们所开创或经营的事业，大多处于业内数一数二的地位，他们的能力和忠诚度也都是首屈一指的。"这本书主要提及了巴菲特麾下的四类经理人：

第一类是保险公司的 CEO，他们负责为伯克希尔提供源源不断的浮存金，以及做好相关投资工作。代表人物包括盖可保险的托尼·奈斯里、卢·辛普森、伯克希尔再保险集团的阿吉特·贾因；

第二类是伯克希尔旗下公司的创始人，包括内布拉斯加家具城的 B 夫人、飞安国际的阿尔·乌尔奇、利捷航空的理查德·桑图里，等等；

第三类是伯克希尔旗下家族企业的继承人，包括华盛顿邮报公司的唐纳德·格雷厄姆、威利家居的比尔·柴尔德、明星家具的梅尔文·沃尔夫，等等；

第四类是伯克希尔招徕的专业经理人，包括布法罗新闻报的斯坦·利普西、喜诗糖果的查克·哈金斯、斯科特-费泽公司的拉尔夫·舒伊，等等。

《贞观政要》有言："为政之要，惟在得人。"无论是政治还是商业，没有人才的加持和辅助，事业就无从谈起。让巴菲特颇为自豪的是，他不仅能把这些人才"招进来"，还让他们"留得住"。巴菲特经营伯克希尔以来，没有任何一位经理人跳槽然后转投到竞争对手的怀抱。巴菲特的"德才兼备"，最终让他赢得了"周公吐哺，天下归心"的喜人局面。

217. 能获得成功的两类人

在 2002 年致股东的信里，巴菲特开玩笑说，自己的偶像是一位名叫埃迪·本内特的球童。1919 年，19 岁的埃迪在芝加哥白袜队当球童，当年白袜队打进世界大赛；1920 年，埃迪跳槽到布鲁克林道奇队，当年道奇队又打进了世界大赛；1921 年，埃迪再度跳槽到纽约洋基队，当年洋基队获得了建队以来的第一个世界大赛冠军。

1927 年，洋基队再度获得棒球世界大赛冠军，埃迪因此分得 700 美元的奖金。这大约相当于其他球童一整年的收入，但埃迪仅仅工作了 4 天就拿到了这笔钱。埃迪非常清楚一点：他在球场上如何拎棒球并不重要，重要的是他能为球场上最当红的明星拎棒球，这才是决定自己职业生涯成败的关键。

巴菲特由此引申出一个道理：要想成为一名赢家，那就得跟其他赢家共事。对此，我深有同感。世界上能获得成功的，一类人是大佬，另一类人是大佬身边的人。你跟在大佬身边，大佬有事的时候，你在旁边递一把椅子，那么有机会的时候，大佬自然会想到你。毕竟对于大佬来说，机会是绰绰有余的，给谁不是给呢？

巴菲特还说，自己从埃迪身上学到了很多，在伯克希尔，他就经常为美国商业名人堂的超级明星们"拎棒球"。在我看来，巴菲特不仅睿智，还很谦虚。伯克希尔旗下公司的经理人，明明都是在给巴菲特打工，巴菲特却把自己的姿态放得很低。难怪巴菲特的 CEO 们都心甘情愿地为他工作，这样的人格魅力，着实让人着迷。

218. 赞美的艺术

在 2005 年致股东的信里，巴菲特写道："我们的经理人专注于加深企业的护城河，且在这方面才华横溢。究其原因，他们对自己的事业充满热情。在被伯克希尔收购以前，他们已经管理了这家公司很长时间。伯克希尔入局之后，唯一的作用就是继续坚持原来的方向。"巴菲特一边夸奖这些明星经理人，一边讲述了一个段子：

有位年轻的小伙子，娶到了商业大亨的独生女儿。婚礼结束后，商业大亨感到非常快慰，于是将小伙子叫到身边，语重心长地说道："你就是我期盼已久却久未找到的乘龙快婿，将来我们不仅仅是一家人，还是事业上的合伙人，你想负责公司的哪一块业务？"没想到，这位小伙子非常冷淡地说："我对任何业务都不感兴趣。"

小伙子之所以有恃无恐，是因为生米已经煮成了熟饭，他觉得自己大可摆出一副"躺平"的姿态。与之形成鲜明对比的是巴菲特旗下的经理人，虽然大多早就实现了财务自由，早就可以不再为钱而工作，但他们仍然兢兢业业、乐此不疲。一方面，他们本来就热爱商业，热爱工作；另一方面，巴菲特经常公开赞美他们，他们也不想辜负这份信任。

在我看来，真诚的赞美，是人际关系的润滑剂。别人对你的赞美，本身也会加深你对别人的好感。比如说，我写一篇文章，如果有人夸我文辞优美，读来津津有味，就会为我继续码字创造源源不断的动力。作为企业管理者，一定要明白一个道理：优秀的人才都是夸出来的。

专题 19

接班人选

219. 对接班人的期许

在 2003 年致股东的信里,巴菲特提到了对接班人的要求:"他必须能够维持伯克希尔的企业文化,能够合理地分配资金,同时让全美最优秀的这群经理人继续乐于在自己的岗位上耕耘和奉献。"巴菲特认为,这并非世界上最艰难的任务,因为伯克希尔的各项事业早就步入正轨,接班人只要继续稳稳掌舵,不要偏离航线就好。概括起来,要想成为巴菲特的接班人,至少要在三个方面做到出类拔萃:

一是管钱。伯克希尔常年占据着"世界 500 强"企业前 5 名的位置,常年维持着超过 1000 亿美元的现金头寸,如何开展有效的资本配置,这是一大课题。

二是管人。伯克希尔的经理人大多早已实现了财务自由,如何激发他们的工作动力,这也是一大课题。

三是守护伯克希尔的企业文化。相比于"管人"和"管钱"这种具体事务,"守护企业文化"似乎显得更加抽象,但这恰恰是伯克希尔能够铸造今日辉煌的重要原因,也是伯克希尔将来能够延续的关键因素。试想,金融、保险、能源、食品、家具等一大堆不同的业务，如果不是靠着共同的价值观，又能靠什么维系在一起呢？

在我的译著《超越巴菲特的伯克希尔》这本书里，对伯克希尔的企业文化做了非常全面的阐述。其中，让我印象最深的两点就是：充分放权和永续经营。巴菲特收购一家公司后，不会将公司倒手或拆分卖出，也不会更换管理层，更不会插手公司经营，这给卖家释放了非常强烈的善意信号。相信在后巴菲特时代，伯克希尔依然精彩继续。

220. 巴菲特的接班候选人

在 2003 年致股东的信里，巴菲特写道："在董事会开会时，我们除了例行公事，真正实质的讨论，主要围绕伯克希尔的接班人问题展开。不论我是否出席，主要的议题就是讨论可能接替我的四位人选各自的优缺点。"如今 20 多年过去了，虽然巴菲特中意的人选早已发生变化，但仍有四位领跑的佼佼者：

格雷格·阿贝尔，现任伯克希尔董事会副主席，主要负责非保险业务；阿吉特·贾因，现任伯克希尔董事会副主席，主要负责保险业务。在 2021 年、2023 年伯克希尔股东大会上，阿贝尔和贾因陪同巴菲特和芒格一道回答了全球投资者的提问。在后巴菲特时代，阿贝尔和贾因可能会是伯克希尔 CEO 的主要竞争者。

泰德·韦施勒，现任伯克希尔投资经理。2010 年和 2011 年，泰德·韦施勒连续两年拍下与巴菲特共进午餐的机会，为此支付了近 530 万美元，并最终被巴菲特招致麾下。托德·库姆斯，现任伯克希尔投资经理。韦施勒和库姆斯拥有灵活的投资决策权，他们无须经过巴菲特批准的操作权限超过 340 亿美元。

巴菲特的接班人人选问题，实际上是一场超过 20 年的"长线战争"。巴菲特在很早的时候就青睐盖可保险的卢·辛普森，辛普森只比巴菲特年轻 6 岁，随着时间的推移，辛普森因为没有年龄优势而逐渐淡出了公众视野；巴菲特也曾器重过中美能源的大卫·索科尔，索科尔后来因为涉嫌内幕交易而黯然离职。"剩者为王"，活着才能看见。

221. 巴菲特再谈接班人

在 2005 年致股东的信里，巴菲特用了一章的篇幅，专门谈论了关于继任者的话题。巴菲特非常肯定地说："伯克希尔旗下的绝大多数子公司，拥有强大的市场地位、强劲的发展动力、杰出的经理人和管理层，伯克希尔独特的企业文化已经深深扎根于每家子公司的价值观，即便我离开或去世，它们的经营也不会出半点差错。"

巴菲特透露，伯克希尔拥有三位相当年轻且优秀的经理人，足以胜任 CEO 之职。伯克希尔董事会已经充分讨论过三位可能的继任者，并初步确定了最终继任者人选。当然，随着时间的推移，新晋的管理明星有可能会冉冉升起，原有的管理明星也有可能会渐渐陨落，继任者人选有可能还会发生变化。

巴菲特坦言，伯克希尔三位可能的继任者都非常优秀。以某方面的单项能力去衡量的话，他们中的任何一位都可能会超过巴菲特。但是，美中不足的是，没有任何一位拥有类似巴菲特这样的"交叉性经验"，论综合能力的话，还是巴菲特最厉害。要想解决这一问题，可行的办法是参照盖可保险的模式，一人负责经营管理，一人负责投资事务。

从当前的形势看，在后巴菲特时代，格雷格·阿贝尔有可能接任 CEO，阿吉特·贾因有可能接管保险业务，泰德·韦施勒和托德·库姆斯则可能分管投资业务。这样的人事安排和职责分工，仍然可以看出早年布局的雏形。从个人感情的角度讲，我非常希望巴菲特永不退休。但即便哪一天巴菲特离开了，我依然坚信伯克希尔会奔向更加美好的未来。

222. 巴菲特的用人和管理原则

在 2006 年致股东的信里，巴菲特写道："我很佩服许多大公司的经理人，但我认为自己无法胜任他们的工作。他们必须面对一系列的会议、演讲、国外出差、慈善活动和政府公关，等等。我选择了一条简单的路，只是坐在那里看他们表演，鼓励他们，琢磨和加强企业文化，然后做出投资决策。"

对于证券投资而言，巴菲特买入的通常是上市公司的少数股权，每家公司都有自己的大股东和管理层，根本无须巴菲特亲自上阵。甚至在很多场合，大股东还会担心大权旁落。比如说，巴菲特最早买入华盛顿邮报时，就曾引起凯瑟琳·格雷厄姆的高度警觉。巴菲特索性把投票权委托给凯瑟琳·格雷厄姆家族，既打消了凯瑟琳的疑虑，自己也落得轻松自在。

对于股权投资而言，伯克希尔即使是控股股东，巴菲特即使是实际控制人，也不会对旗下子公司的经营横加干涉。巴菲特在并购一家公司前，通常这家公司就拥有良好的财务表现、杰出的管理团队。巴菲特要做的，仅仅是维持公司的稳定，承诺让原来的团队"自主管理"和"永续经营"，这样也省事不少。

在我看来，巴菲特的用人原则是"疑人不用，用人不疑"，管理原则是"充分授权，各司其职"。巴菲特在物色合适人选时，往往会观察很长一段时间，而一旦选定，就会给予对方极大的信任和权限。这样做，其实可以享受双重好处：巴菲特极大地减轻了管理负担，可以更加专注于投资；经理人受到信任的感召，也会尽心尽力、忠于职守。

223. 挑选接班人的四个步骤

在 2006 年致股东的信里，巴菲特写道："我告诉过你们，伯克希尔有三位候选人可以接替我，担任 CEO 之职。如果我今晚过世的话，董事会也确切地知道由谁来接替我。这三位候选人都很年轻，我的继任者要能够有较长的任期，董事会非常清楚这一点的重要性。"巴菲特挑选继任者，大致可以分为四个步骤：

第一，招。巴菲特靠着自己的人格魅力，吸引了一大批志趣相投的青年才俊加盟，他们德才兼备、视野开阔，认同并欣赏伯克希尔的价值观。

第二，育。巴菲特很少使用新手来管理企业，伯克希尔旗下业务的经理人，大多有着良好的过往表现和历史业绩。巴菲特从不试图把不合适的人改造成合适的人，而是致力于遇到那些本来就合适的人。这些人被巴菲特招至麾下后，在他的耳濡目染下，进一步受到伯克希尔企业文化方方面面的影响，双方的配合度和契合度会越来越高。

第三，用。巴菲特看中的人才，一般会委以重任。此外，巴菲特很少干预他们的投资决策。比如说，托德·库姆斯和泰德·韦施勒就拥有超过340亿美元的投资权限。

第四，留。在伯克希尔工作过的人，属于投资界和企业界的抢手货。巴菲特经常由衷地赞美他们，让他们获得了极强的精神满足，也让他们格外珍视伯克希尔"名人堂"的荣誉。

就企业人力资源管理而言，巴菲特做到了"招得进""育得好""用得顺""留得住"。事实上，伯克希尔子公司的高管大多以兢兢业业的态度对待工作，从来没有发生过因为追逐高薪而跳槽的情况。能够和巴菲特共事，本身就构成了很多人选择在伯克希尔工作的重要原因。在我看来，巴菲特不仅仅是投资大神，更是管理大师。

第
3
章

资本配置

224. 资本配置为何如此重要

在 1987 年致股东的信里，巴菲特谈到了资本配置工作的重要性："CEO 缺乏资金配置的能力可不是一件小事。一家公司如果每年保留 10% 的盈余，那么 10 年后，CEO 要掌管的资金相当于增加了 60%。"如果第 1 年的期初净值为 10，那么第 10 年的期末净值就约为 25.9（1.1^{10}），新增的资金占比约为 61.39%（15.9/25.9）。

巴菲特指出，大多数 CEO 并不擅长资本配置。这是因为，很多 CEO 都是本行业的专业人士，在就任 CEO 之前，他们所擅长的可能是生产、工程、销售或者管理。但走上 CEO 岗位之后，就必须面对资本配置的问题，而他们之前又没有经过这方面的历练，导致美国很多企业都存在着不明智的资本配置决策。

对巴菲特而言，收购一家公司相比于买入部分股票的好处之一就是，他可以发挥自己在资本配置方面的长处。比如，流动性充裕的子公司可以把大量的分红交给总部，总部可以根据实际情况，将资金借给流动性不足的子公司，然后收取一定的费用。资金在伯克希尔体系内运转，也可以起到避税的作用。

巴菲特在合伙企业阶段的年化收益率约为 30%，在伯克希尔投资阶段的年化收益率约为 20%，而且他很少分红。这就意味着，至少每 3~4 年，巴菲特管理的资金规模就会翻一番，开展资本配置的难度也越来越高。作为伯克希尔的 CEO，巴菲特在资本配置方面的表现一直堪称卓越，这是伯克希尔全体股东之幸。

专题 20

保险浮存金

225. 浮存金的规模与成本

在 1995 年致股东的信里，巴菲特写道："任何一家公司的获利能力都取决于三点：一是资产回报率；二是负债的成本；三是财务杠杆的运用，也就是运用负债而非股东权益来获取收益的程度。"多年以来，伯克希尔之所以蒸蒸日上，一方面是由于巴菲特运用资产所产生的收益很高，另一方面也受惠于大量低成本的浮存金。

并不是所有的浮存金都是低成本的，很多保险业的同行获取浮存金的成本比巴菲特高得多，这也说明了巴菲特在保险运营管理方面的卓越能力。从会计的角度去理解，浮存金属于负债；然而对巴菲特来说，浮存金实际上等同于股本。在 1994 年的时候，伯克希尔拥有 34 亿美元浮存金，他没有占用股东权益，却给股东创造了额外的回报。

1995 年，巴菲特决定耗费 23 亿美元巨资，买下盖可保险另外 50% 流通在外的股份，主要就是看重浮存金的价值。盖可保险变成伯克希尔的全资子公司以后，给伯克希尔贡献了近 30 亿美元的浮存金。而且随着时间的推移，浮存金的规模还会只增不减。另外，由于盖可保险本身的运营也会产生盈利，相当于浮存金的成本为负。

在我看来，巴菲特并不是不用杠杆，而是只用安全的杠杆；巴菲特也并不是从不负债，而是只用低成本的负债。在现实世界，我见过很多企业界人士，一味地以融资为荣，似乎认为靠增发股份或者发行债券拿到资金就是一种能力。殊不知，发债是要还钱的，增发是要稀释股份的，我们一定要考虑融资成本，以及使用资金的投资收益率。

226. 巴菲特谈浮存金的重要价值

在 1998 年致股东的信里，巴菲特再次谈到了浮存金的重要价值。伯克希尔掌控的浮存金规模，从 1967 年的 1700 万美元一路增长至 1997 年的 70.93 亿美元。由于伯克希尔收购了通用再保险，1998 年伯克希尔掌控的浮存金更是飙升至 227.62 亿美元。巴菲特认为，评估保险业最重要的就是浮存金的规模及成本。

所谓"浮存金的规模"，就是指保险公司收取了客户的保费之后，在尚未赔付之前，沉淀在保险公司的资金，它是会计意义上的"负债"，却是经济意义上的"所有者权益"。所谓"浮存金的成本"，就是指保险公司在支出赔付和费用之后，如果发生了承保损失，它就是成本；如果还有承保盈利，它就是负成本。

自 1967 年涉足保险业以来，巴菲特掌控的浮存金规模逐年增长，而且总体上的浮存金成本为负，这就相当于以负利率从银行借钱，既安全又划算。巴菲特之所以无惧熊市，跟他拥有的源源不断的浮存金有着莫大的关系。充足的"弹药"，加上精准的"枪法"，两者结合在一起，形成了非常完美的商业闭环。

巴菲特还特意强调，对于大多数投资人而言，由于保险的承保和理赔并不是发生在同一年度，因此要想准确衡量一家保险公司的浮存金成本是非常困难的。他们除了被迫接受保险公司提供的财务报表数据，别无他法。可见，巴菲特买保险公司股和普通投资者买保险股的逻辑，是完全不同的。

227. 巴菲特再谈浮存金

在 1999 年致股东的信里，巴菲特再次谈到了伯克希尔这艘巨轮的"发动机"——低成本的巨额浮存金。截至 1999 年，伯克希尔掌握的浮存金总计 252.98 亿美元，其中盖可保险 34.44 亿美元，通用再保险 151.66 亿美元，其他保险公司 4.03 亿美元，其他再保险公司 62.85 亿美元。

不难看出，伯克希尔旗下虽然有众多的保险和再保险子公司，但论及对浮存金的贡献，主力还是盖可保险和通用再保险。浮存金的规模固然重要，但更重要的是它的成本，以及对它的长期展望。就像我们的个人负债一样，能从银行取得大额贷款虽然不错，但更重要的是它的利率。当且仅当投资收益能覆盖贷款成本时，这笔贷款才是有价值的。

巴菲特认为，伯克希尔浮存金最大的功臣当属阿吉特·贾因。要做好保险业务，并不是一件特别容易的事儿。首先，承保人要依靠自己的智慧及经验，对保险产品给予合理的定价；其次，承保人还要理性地拒绝无法衡量的风险，哪怕以损失保费为代价；最后，承保人还要有勇气接受高额但合理的保单。

1999 年，通用再保险的承保绩效相当惨烈。究其原因，主要是原先的保险产品定价过低。再加上各类让人眼花缭乱的衍生品业务，让通用再保险"失血"不止。此时此刻的巴菲特，没有对通用再保险完全丧失信心，他认为通用再保险有通畅的行销渠道，再加上伯克希尔强大的财务实力，仍然前景可期。

专题 21

新股发行

228. 上市是一把"双刃剑"

在 1979 年致股东的信里，巴菲特提到了当年的一件大事，那就是伯克希尔的股票开始在纳斯达克 OTC（场外交易）市场流通。上市之后，伯克希尔从一家私人企业变身为公众企业。其每天的股票报价，都可以在《华尔街日报》或者道琼斯新闻收报机上看到。对于巴菲特来说，上市是一柄双刃剑：

上市的好处在于，巴菲特可以面向更大的受众群体宣传自己的理念，受众获取信息的途径也更加便捷。伯克希尔作为一家上市公司，其季报、年报、董事长致股东的信都是要公开披露的。由于伯克希尔的股东大多是长期股东，且重仓投资伯克希尔，所以巴菲特站在股东的角度，想到的是股东希望了解什么，那么他就开诚布公地去阐述什么。

上市的坏处在于，由于伯克希尔的股票可以自由流通，巴菲特没办法控制股东的来去自由。不过，巴菲特在自己的能力范围内，已经尽了最大的努力去争取相对稳定的股东群体。巴菲特把伯克希尔比作一家餐厅，把股东比作食客。那么你的餐厅必须风格稳定，才能吸引到对应的食客。要是风格发生漂移，食客一定会带着困惑和失望离开。

巴菲特非常善于利用上市的优势，同时尽量避免上市的劣势。比如，巴菲特坚持写每年一度的致股东的信，如今的阅读群体已经扩展到整个投资圈；再如，巴菲特的风格始终如一。在股东的心智里，巴菲特就是"专注""投资""股神"的代名词。长此以往，双方建立起良好的信任关系，这对于巴菲特的投资事业也是一针稳定剂。

229. 伯克希尔登陆纽交所

在 1988 年致股东的信里，巴菲特提到：1988 年 11 月 29 日，伯克希尔的股票正式在纽约证券交易所（简称"纽交所"）上市，基本交易单位是 10 股，但只要是 1 股以上都可以买卖。从纳斯达克 OTC 市场转到纽交所，类似于国内资本市场的从新三板转到沪深主板上市，其目的是降低交易成本。由于流动性更好，买卖之间的价差也就比以前更小。

巴菲特说，与其他上市公司相比，伯克希尔有两处不同。第一，他既不希望公司股价高估，也不希望公司股价低估。低估说明没有反映公司的经营成绩，高估则对新进入的股东不公平。脱离基本面的市值增长，不过是镜花水月，有害无益；第二，他不希望公司股票的成交量太大，交易活跃就意味着有不少的股东退出，这并不利于公司的稳定。

按照前复权价格计算，伯克希尔在纽交所上市首日的股价为 4700 美元 / 股，1989 年 10 月 11 日达到阶段性高点 8900 美元 / 股，然后一路下行至 1990 年 10 月 11 日的阶段性低点 5500 美元 / 股，最大回撤约 38%。作为伯克希尔的股东，如果只盯着股价，那心情免不了要坐"过山车"。

这就告诉我们，持股的过程不可能是一帆风顺的，即便是巴菲特亲自掌舵的公司，其股价也仍然有可能在一年内下跌 40%，但这并不影响伯克希尔 30 年以来股价上涨 100 倍。仅仅因为股价下跌就怀疑人生、动摇信仰，这种做法是不明智的。把视距调到 3～5 年，甚至更久，投资上的很多问题会看得更清楚。

230. 增发新股与现金交易

在 1982 年致股东的信里，巴菲特谈到自己对增发新股的看法："伯克希尔遵循着一个简单的基本规则：除非我们所交换的公司内在价值和我们所付出的一样多，否则不轻易发行新股。"在伯克希尔历史上，只有在并购多元零售公司、买入通用再保险等少数投资上，才启动了新股增发程序。

巴菲特之所以对发行新股如此慎重，是因为他清楚地认识到：股权本身也是有价值的，甚至比现金的价值更大。假定现在股价只有公司内在价值的一半，那么此时拿自己的股票作为对价去收购其他企业，无疑意味着贱卖自家的股票。很多企业的管理层并没有想明白这一点，他们只关注企业版图的扩张，而没有在乎股东的真正利益。

尽管巴菲特如此谨慎，但他依然免不了会犯错。1993 年，伯克希尔发行了25 203 股新股来交换德克斯特鞋业的股票，按照当时的市价计算，大约是 4.33亿美元。截至 2024 年 2 月，伯克希尔每股市值已经高达 60 万美元，按照当前股价计算，当时发行的新股价值超过 150 亿美元，这简直是天文数字。

在我看来，正如"力的作用是相互的"一样，新股发行虽然换取了其他公司的资产，但同时也稀释了自己在原有公司的股权比例。并不是只有现金才是财富，长期而言，股权才是财富最好的保值、增值方式。只有在股价显著高于公司内在价值的时候，增发新股才是对原股东有利的举措。

231. 管理层为什么热衷增发股票

在 1982 年致股东的信里，巴菲特谈到，很多管理层热衷于以发行新股的方式来开展并购。此外，如果他们寻求投资银行家的建议，投资银行家一定会让他们相信，收购是正确的选择。在并购的时候找投行咨询可行性，如同问理发师"我是否需要理发"一样，最后的结果是可想而知的。巴菲特认为，管理层总是在给自己的并购冲动寻找理由：

理由一：我们现在要买下的这家公司，未来会潜力无限。巴菲特认为，这种想法无疑太过天真。且不论被收购的公司是否前景远大，即使真的前途光明，那么在估值的时候，也已经把这部分的预期包含在内了。如果以内在价值两倍的价格去买一家公司，那么未来它的业绩即便是真的翻倍了，那也只是刚刚达到预期。

理由二：管理层认为，自家公司必须通过并购才能成长。巴菲特举了一个非常简单的例子，来批评"只顾规模不管价格"的回购行为。假设你拥有 120 亩农场，你的邻居拥有 60 亩农场，你们合并后各占一半的权益。那么，你们农场的总体规模到了 180 亩，确实比以前的两者都更大，但是归属你的权益只有 90 亩农场，比从前更少。

理由三：管理层明知自家股票被低估，但为了让卖方免税，仍然给予对方 51% 的股票和 49% 的现金。巴菲特非常不能理解这种做法，既然应当少发新股，那么 51% 的股票对价和 100% 的股票对价，又有多大区别呢？只不过是五十步笑百步罢了。巴菲特认为，卖方和买方的利益不可能完全一致，在兼顾卖方利益的同时，也不能过度损害买方权益。

232. 用实力证明正确

在 1983 年致股东的信里，巴菲特提到：1965 年，伯克希尔的流通股数量为 1 137 778 股；截至 1983 年底，其流通股数量为 1 146 909 股。在长达 18 年的时间里，伯克希尔仅仅增发了 9131 股，增幅不到 1%。如果一位股东之前持有公司 1% 的股份，那么当前就持有公司 0.99% 的股份，股权几乎没有受到任何稀释。

与之形成强烈对比的是，伯克希尔旗下的事业版图却在不断扩张。1965 年，伯克希尔的资产主要由纺织机器、设备厂房等构成；1983 年，伯克希尔已经成为一家拥有新闻、糖果、家具和保险事业的多元化控股公司。除此之外，伯克希尔还拥有 13 亿美元的有价证券，包括华盛顿邮报公司、盖可保险等知名公司的股票。

也就是说，巴菲特在没有牺牲股东权益的前提下，带领伯克希尔一步一个脚印，逐步做大做强，这与很多公司粗放的外延式并购是不同的。如果一家公司的资产从100增长到200，但是原股东的持股比例从10%降低到3%，表面上公司得到了高速发展，实际上股东权益受到了巨大损害，这种虚幻的"繁荣"会让很多管理层沉浸其中而不自知。

巴菲特打造伯克希尔，是一项激动人心的事业。它告诉我们，没有人天生就能成功，也没有企业天生就是强者。我们只有脚踏实地，坚持做正确的事，时间才是我们的朋友。世界上本没有正确的路，我们只不过是通过自己点点滴滴的努力，让自己曾经的选择看起来正确而已。用实力证明正确，也用正确证明实力。

233. 股权比现金更珍贵

在1986年致股东的信里，巴菲特再次重申："我们倾向于采取现金交易，除非我们所换得的公司内在价值跟我们付出的一样多，否则绝不考虑增发新股。"在巴菲特眼里，伯克希尔的股权比现金更加珍贵，如果并购采取增发新股的方式，相当于拿伯克希尔的股权去换其他公司的股权，巴菲特对此非常慎重。

据公开信息，1987年11月5日，伯克希尔A类股票上市流通，此后仅在收购德克斯特鞋业、通用再保险等少数情况下发行过新股。1996年5月9日，伯克希尔B类股票上市流通；2010年1月21日，B类股票1拆50，自上市以来从没有增发配股。与之相反，无论是A类股票还是B类股票，伯克希尔一直在积极推动回购，所以流通股是不断减少的。

很多优质公司都极少拿自家的股权去换现金。以贵州茅台为例，2001年8月27日在上交所主板IPO，发行6500万股，发行价约31.39元/股，发行市盈率约23.93，募资约20.40亿元，扣除发行费用后，募资净额约19.96亿元。此后，贵州茅台再无任何配股、增发行为。

234. 伯克希尔的新股增发原则

在 1992 年致股东的信里，巴菲特谈到了伯克希尔当年的经营业绩：公司每股净资产从 1965 年的 19 美元 / 股增至如今的 7745 美元 / 股，年复合增长率约为 23.6%。如果看绝对值，这一年伯克希尔的净资产增加了 15.2 亿美元，其中 98% 来源于经营盈利与投资增值，只有 2% 来源于新股增发。

巴菲特对增发新股非常克制，伯克希尔 1964 年的流通股数量为 1 137 778 股，1992 年的流通股数量则为 1 152 547 股，28 年新增股份数为 14 769 股，或者说新股增发比例仅仅为 1.3%。巴菲特说，除非我们得到的和我们付出的同样多，除非公司股东的财富也会增加，否则我们不会轻易考虑发行新股。

巴菲特讲了一个段子。伯克希尔曾经投资过一家银行，这家银行的管理层非常热衷于并购扩张。有一次，这家银行打算收购一家小银行，该小银行当时要价很高，这家银行的管理层满口答应。小银行随即开出另一项条件："你必须答应我，等这起收购完成之后，你们可不能再做类似的愚蠢并购了。"

巴菲特对待收购的态度，体现了他时时刻刻以股东利益为导向的经营和管理思路。相比于巴菲特的冷静和理性，很多上市公司的管理层在面对收购的时候，显得盲目且冲动。虽然从表面上看，收购可以扩大地盘，增加营业收入，但如果盈利质量堪忧，则会埋下隐患。对于优质企业而言，股权是比现金更加珍贵和稀缺的资源，应当倍加珍惜。

235. 罕见的新股增发

在 1993 年致股东的信里，巴菲特提到，伯克希尔当年罕见地发行了一些新股。其中，包括 4600 万美元的可转换债券赎回，增发 3944 股 A 类股票，再加上为买下德克斯特鞋业而增发的 25 203 股 A 类股票，合计新发行 A 类股票 29 147 股。这两次增发都是溢价发行，伯克希尔的净资产增加 4.78 亿美元，每股账面净值也有所增加。

　　巴菲特之所以对新股发行持审慎态度，主要源于他对伯克希尔股权的珍视。大多数企业的管理层，在拿自己企业的股权去收购其他企业时，总是得意于自己的管理版图又得到了扩充，但巴菲特并不这么认为。巴菲特一针见血地指出，以发行新股作为对价的并购行为，虽然得到了被收购方的权益，但是收购方也失去了自己所持企业的一部分权益。

　　对于巴菲特来说，增发新股通常是不划算的。因为伯克希尔持有的一篮子企业和股票组合，本身就是经过巴菲特精挑细选的。现在拿这些优质企业组合的一部分股权，去换取另外一家企业的全部股权，除非被并购方是一等一的优质企业，价格也合适，否则这样的做法很难称得上是明智的选择。

　　这给我的启示是，要想做好投资，专注于学习巴菲特及价值投资一派的投资理念就足够了。如果巴菲特是最伟大的投资家，从机会成本的角度考虑，"100% 学习研究巴菲特"的价值就会远远大于"80% 学习巴菲特 +20% 研究其他投资大师"。随着时间的推移，我越来越坚信一点：博采众长不如专注于自己的热爱。

236. 伯克希尔 B 类股票

　　在 1995 年致股东的信里，巴菲特提到伯克希尔的股权重组问题，也就是将原来的伯克希尔股份，重新分拆成两类普通股——伯克希尔 A 类股票和伯克希尔 B 类股票。B 类普通股享有 A 类普通股 1/30 的权利，不过有两点除外：第一，B 类普通股只有 A 类普通股投票权的 1/200；第二，B 类普通股不能参与伯克希尔的股东指定捐赠计划。

　　A 类普通股可以按照 1∶30 的比例，随时转换成 B 类普通股，但这一转换过程是不可逆的。也就是说，30 股 B 类普通股并不能转换成 1 股 A 类普通股。B 类普通股上市之后，市场最终会决定其价值。如无意外，B 类普通股的股价大约在 A 类普通股的 1/30 左右波动。如果偏离幅度过大，就会迅速被套利资金填平。

　　从巴菲特和芒格对两类股票的权益设定可以看出，他们是鼓励原来的股东继续持有 A 类普通股的。伯克希尔设立 A/B 股架构，并不是为了创始人或大股东（即巴菲特本人）以较少的股权实现对公司的控制，而是因为当时的市场上出现了一种信托基金，这种基金向小额投资人募资，然后去买伯克希尔的股票，并从中收取高额的佣金。

对于巴菲特而言，这种号称"人人都买得起"的基金，纯属是打着巴菲特和芒格的旗号，欺骗市场上没有投资经验的"小白"。由于基金收取的费用不低，可以想见投资者的回报并不会很好，这实际上会透支巴菲特和伯克希尔的信誉和口碑。有鉴于此，伯克希尔发行了少量 B 类股票，以方便小额投资人，以及那些有股票捐赠需求的 A 类股票持有者。

237. 所罗门兄弟公司承销伯克希尔 B 类股票

在 1996 年致股东的信里，巴菲特提到，当年 5 月伯克希尔首次发行了 517 500 股 B 股，净融资额 5.65 亿美元。不过，伯克希尔发行 B 股不是为了融资，而是为了应对来自单位信托基金的威胁。这些基金打着"复制伯克希尔"的旗号，从众多小额投资人手上筹资，然后购买伯克希尔的股票。小额投资人通过持有基金，间接地持有伯克希尔的股票。

对于这些信托基金的发行者来说，他们肯定不是为了方便公众投资伯克希尔，而是为了从中赚取高额的佣金；对于认购基金份额的小额投资人来说，他们是冲着伯克希尔的名气来的；对于巴菲特来说，他认为这些信托基金的做法，无疑是在透支公众对伯克希尔的信任。此外，如果信托基金大量募资，一定会炒高伯克希尔的股价。

与其让信托基金大发横财，不如由伯克希尔直接面向公众发行小额面值的 B 股。负责此次伯克希尔 B 股发行的承销商是所罗门兄弟公司。巴菲特和所罗门兄弟公司商量后决定，仅仅按照发行额的 1.5% 收取佣金，以免承销商为了赚钱而过度营销；同时，B 股发行不设数量限制，以免因为股票稀缺而出现短期内价格暴涨的现象。

巴菲特一向对投资银行评价不高，但是他对所罗门兄弟公司在这次承销中的表现相当满意。巴菲特说，如果按照常规的承销步骤，所罗门兄弟公司也许可以多赚10倍的钱，但是它还是选择了站在伯克希尔的立场上考虑问题。B股发行结束后，伯克希尔新增了约4万名和巴菲特理念一致、三观相合的股东，宾主尽欢，皆大欢喜。

238. 巴菲特为什么不愿意增发新股

在1997年致股东的信里，巴菲特写道："我们拥有很多真正卓越的企业，这意味着，卖掉它们的一部分股权以换取新的公司股权几乎是没有道理的。当我们通过增发股票来并购企业时，实际上我们减少了在吉列、可口可乐、美国运通等公司上的所有权。"巴菲特举例说，如果你的棒球队员击打率都是0.38，为什么要换成击打率为0.35的球员呢？

执掌伯克希尔以来，巴菲特的大多数收购都是支付现金，比如说国民赔偿保险公司、喜诗糖果、布法罗新闻报、斯科特-费泽、盖可保险等。如今，伯克希尔"棒球队"的花名册上，满是击打率0.38的球员，要想再找到比它们更优秀的、价格更诱人的机会，可以说是"难上加难"。

有鉴于此，巴菲特说，以后将越来越不倾向于以发行新股的方式并购企业。如果被并购方坚持要股票，那么巴菲特也会同时提供一个相对更加优厚的现金条件，以"引诱"更多的股东选择现金。巴菲特的这种做法，显示出他对伯克希尔股权的珍视，也显示出他对资本无序扩张的节制。"大"不等于"好"，这是巴菲特根植于内心的观点。

在我看来，巴菲特投资思想的核心之一，就是基于机会成本的比较。现金不如优秀企业的股票，所以要拿手里多余的现金去买股票或者做并购；优秀企业的股权不如卓越企业的股权，所以尽量不发新股，以免自己本来持有的卓越企业股权被稀释。努力的本质，其实就是将手中的烂牌不断换成好牌、不断抬高自身机会成本的过程。

专题 22

股票回购

239. 理性看待回购与增发

在 1980 年致股东的信里，巴菲特写道："若被投资公司将其所赚的盈余用于买回自家的股票，我们通常会报以热烈的掌声，理由很简单：若一家公司，其股票价格远低于其内在价值，还有什么投资会比这来得更稳当、更能促进原有股东权益呢？"对于伯克希尔旗下的参控股公司，巴菲特一向鼓励它们在自身股价低迷时启动回购：

比如，华盛顿邮报公司。在 20 世纪 70 年代和 80 年代早期，凯瑟琳·格雷厄姆趁着华盛顿邮报公司股价低迷之际，大举买入自家公司股票，最终的回购股票数量占到了公司原有股份的 40% 左右。巴菲特最初只拥有华盛顿邮报公司约 13% 的股份，在没有进行买卖的情况下，随着对华盛顿邮报公司的不断回购，其在华盛顿邮报公司的持股比例上升到 22% 以上。

回购的原理，其实并不难理解。假设甲乙两人合伙开办一家企业，共同出资 100 万元，甲乙各占 50% 股份。现在，乙方决定退股，以 40 万元的价格将自己持有的 50% 股份转让给公司，公司注销其股份。这样一来，甲方的实际出资是 50 万元，却拥有了这家公司（净资产为 60 万元）100% 的股份。

在我看来，回购和增发，刚好是完全相反的两种经营思路。很多上市公司IPO后，并不满足IPO募资的那笔钱，而是想尽一切办法继续从市场上融资，造成原有股东权益的不断稀释；回购则是拿公司多余的现金，去买公司自家的股票。在股价低估时的回购，是对公司未来发展的信心，也是对利用资本的节制。

240. 资本配置的利器

在1981年致股东的信里，巴菲特提到两类并购可能会获得成功，一类是收购那些能抵御通货膨胀的公司，另一类是识别那些"伪装成蟾蜍的王子"，这需要有一定的经营能力。巴菲特特意褒奖了他眼里的一些管理奇才，其中就包括大都会/ABC公司的汤姆·墨菲、特利丹公司的亨利·辛格尔顿。

汤姆·墨菲的主要经营理念包括：专注于那些商业特征非常有吸引力的行业，选择性地利用杠杆，买入偶然出现的优质资产，改善经营，偿还债务，然后重复上述做法。与此同时，墨菲厉行节约，他认为：也许你无法控制一家电视台的收益，但你能控制它的成本。在墨菲管理公司期间，大都会/ABC公司大力回购股票，其流通股减少了53%。

亨利·辛格尔顿的主要经营理念包括：拒绝分红，大部分留存收益都用来开展大规模回购。辛格尔顿认为，比起分红，回购股票以一种具有高避税效率的方法，把资本返还给了股东。特利丹公司发行股票的平均市盈率是25倍，而辛格尔顿回购股票的平均市盈率只有8倍。通过历次回购，特利丹公司给股东创造的年复合收益率高达42%。

巴菲特评价说，墨菲和辛格尔顿都非常擅长资本配置。当自家公司股票价格被低估的时候，回购才是对公司资本最切合实际的运用。毕竟，去收购其他公司，还存在信息不对称等风险，而对自家公司是最知根知底的。对于我们每个人来说，在条件允许的情况下，投资自己也是最优选项。

241. 回购的两种情况

在 1984 年致股东的信里，巴菲特写道："当一家经营绩效良好且财务基础稳健的公司，发现自家股票的价格远低于其内在价值时，买回自家股票是保障股东权益最好的方法。但我必须说明，我指的是那些基于价格和价值关系的回购，并不包括那种不道德的讹诈式收购。"在这里，巴菲特指出了回购的两种情况：

第一种情况：绿票讹诈。有一些"门口的野蛮人"，大肆收购目标公司股份，并扬言要成为公司的控股股东。目标公司的管理层为了减轻压力，不得不以高于市场价格的代价买回这些股份。在这种情况下，买下公司大量股份的股东，实际上是"敲诈者"，而目标公司的管理层为了获取"和平"，不惜重金回购，最终受损的，是公司的全体股东。

第二种情况：低价回购。在自家公司股票价格显著低于内在价值的时候，启动回购是一项极其高效的资本配置方式。比如说，特利丹公司发行股票的平均市盈率超过 25 倍，辛格尔顿曾多次在市盈率不到 8 倍的时候启动回购。1972～1984 年，辛格尔顿居然回购了公司超过 90% 的流通股，给股东带来的年复合收益率达到了惊人的 42%。

对于价值投资者而言，公司股价被低估，可以让我们以更低的价格买到更多的股份，这毫无疑问是一件好事。即便是我们手上没钱，公司股价被低估仍然不失为一个好消息，因为公司自身还可以启动回购，实际上也变相增厚了股东权益。明白了这个道理，在公司基本面良好的情况下，就完全没有必要担心股价涨跌了。

242. 巴菲特谈回购

在 1997 年致股东的信里，巴菲特写道："伯克希尔重仓的很多公司，都在持续不断地回购自家公司的股份。在这种情况下，股价越低，就对我们越有利。因为这代表，同样的一笔钱可以买进更多的股份，从而间接提高我们的持股比例。过去几年，可口可乐、富国银行、华盛顿邮报公司皆以低价大量回购，给我们带来了极好的经济效益。"

比如华盛顿邮报公司，在 20 世纪 70 年代以及 80 年代初，凯瑟琳·格雷厄姆在其股价低迷的时候，以个位数的市盈率回购了公司超过 40% 的股份，在当时美国的大型报业集团中独树一帜。巴菲特原本持有华盛顿邮报公司 13% 的股份，之后没有再发生买卖，但由于华盛顿邮报公司的持续回购，后来巴菲特对它的持股比例上升至 22%。

再如腾讯控股，近年来公司股价持续低迷，公司并没有袖手旁观，而是开启了史上持续时间最长、交易金额最大的一轮回购。仅在 2022 年，腾讯控股就斥资 338 亿港元，回购了 1.07 亿股公司股份，回购均价约为 316 港元 / 股。这些低价购回的股票，最终都会被注销，从而增厚股东权益。

之前听过一句话，"好公司会照顾好自己"。在我看来，它其实有两层含义：第一，好公司通常具有良好的商业模式、持续的现金流、稳定的经营，将来大概率会越来越好；第二，好公司通常拥有优秀的管理层，他们能审时度势，在合适的时机以合适的方式来回馈股东。与好公司为伍，经常会收到意想不到的惊喜。

243. 伯克希尔很少回购股票的原因

在 1999 年致股东的信里，巴菲特写道："最近有一些股东建议，伯克希尔可以考虑从市场上回购公司股份，通常这类要求合情合理，但有时候他们背后的逻辑似是而非。"股东建议回购的背景是，1999 年标普 500 指数上涨了 21%，而伯克希尔每股市值下跌了 19.9%。很多股东希望以回购的方式来稳定或拉抬公司股价。

巴菲特回应说，要伯克希尔回购自家股票，也不是不可以，但出发点绝不是刺激公司股价上涨，而是要考虑到三大条件：第一，公司要留足维持性资本开支的资金；第二，公司每一美元的留存收益，必须创造高于一美元的市场价值；第三，如果公司还有余钱的话，那就要考虑公司股价是否被低估，只有低估才有回购的价值。

巴菲特还解释说，伯克希尔很少回购，主要有三大原因：第一，巴菲特对伯克希尔的评价一向比较保守，他不会轻易认定伯克希尔是处于被"低估"状态；第二，巴菲特的大部分精力，还是放在如何配置资本上，眼光向外而不是向内；第三，伯克希尔以长期股东为主，交易量很小，也很难进行大规模回购，对增厚股东权益的作用非常有限。

举个简单的例子，假如巴菲特有机会以低于内在价值 25% 的价格，回购伯克希尔 2% 的流通股，那么公司每股内在价值的实质增幅，也就只有 0.5% 而已。如果考虑到将资金配置到其他领域的机会成本，回购的意义可能就进一步弱化了。在我看来，回购作为一种资本配置手段，它永远是和分红、再投资等放在一起比较，然后由我们来选择最优解。

244. 回购的最佳时期

在 2011 年致股东的信里，巴菲特写道："只有满足两项前提条件时，我和芒格才愿意回购股票：第一，公司拥有充足的资金，完全能够满足业务运营和流动性需要；第二，相对于公司内在价值，公司股价具有很大的折扣。"巴菲特特意以 IBM 为例，证明回购时如果股价低迷，对投资者有百利而无一害。

截至 2011 年，IBM 流通股总计 11.6 亿股，伯克希尔持有 6390 万股，持股比例约为 5.5%。未来 5 年，IBM 计划斥资 500 亿美元回购股票。下面，让我们一起来算一笔账：假设回购期间，IBM 的平均股价为 200 美元 / 股，那么公司可以回购 2.5 亿股，流通股减至 9.1 亿股，伯克希尔持股比例增至 7% 左右。

假设回购期间，IBM 的平均股价上涨至 300 美元 / 股，表面上看，伯克希尔的持仓市值也会增值 50%。但倘若如此，IBM 就只能回购约 1.67 亿股，流通股减至约 9.9 亿股，伯克希尔持股比例增至约 6.5%。如果到第 5 年，IBM 的净利润达到 200 亿美元，在 IBM 股价上涨 50% 的情况下，给伯克希尔的分红会减少整整 1（200×0.5%）亿美元。

有鉴于此，巴菲特强调，在回购期间，股价持续低迷才是有利于股东的，而不是相反。2010 年 9 月，巴菲特曾宣布，伯克希尔以不高于账面价值 100% 的价格回购，并最终购回了 6700 万美元的股票。

245. 回购关键看价格

在 2016 年致股东的信里，巴菲特在专题讨论股票回购时写道："只有在股价低于内在价值时，回购才有意义。"举个简单的例子：假设三人股权相等，共同持有一家价值 3000 美元的企业。如果其中一人以 900 美元退股，则其余两人各自实现了 50 美元的价值增长；如果其中一人以 1100 美元退股，则其余两人各自要承担 50 美元的价值损失。

由此，我们不难得出结论：对于留下来的股东而言，回购究竟是价值成长还是价值毁灭，完全取决于回购价格。回购本身无所谓好坏，因为在一个价格上可能是明智的，但在另一个价格上则可能是愚蠢的。但是，巴菲特提醒大家，股价被低估只是回购的必要条件，而不是充分条件。至少有两种情况，即便股价被低估，也不应该回购。

第一种情况：如果公司需要资金来确保"维持性资本开支"或者"扩张性资本开支"，且这种开支具有良好的经济前景，而通过债务融资又比较困难的时候，富余资金应优先满足这种需求。第二种情况：如果购买别家股票或者并购别家企业，比回购自家股票更划算的时候，也不必启动回购。毕竟，回购的本质，其实也是买具有吸引力的股票。

根据伯克希尔的回购政策，当股价低于股票账面价值 120% 时，巴菲特有权大量回购股票，以增厚股东权益。不过，巴菲特会在"有意义的回购"和"不过度影响市场"之间寻求平衡。此外，巴菲特并不喜欢从卖出股票的股东那里"掏腰包"，所以伯克希尔的回购并不多。

专题 23

现金分红

246. 伯克希尔的分红政策

在 2012 年致股东的信里，巴菲特专门用一个章节的篇幅，讨论了伯克希尔的分红政策。很多投资者可能会感到困惑：伯克希尔每年从旗下众多子公司那里收到大量分红，但为什么从来不向股东分红呢？巴菲特认为，分红其实只是公司资本配置的一种形式。一家公司如果有富余资金，那么它合理的资本配置路径应该是这样的：

首先，看看资金能否被现有业务有效利用，如果公司主业还可以容纳更多资金，且新增资金的回报率不会降低，这是最理想的状态；其次，如果在满足主业之后，还有大量富余资金，则可以考虑新的收购机会；最后，当公司股价明显低于内在价值时，也可以选择回购。上述三种情况，都可以实质性地提升公司每股的内在价值。

当公司主业不再需要资金投入，也没有好的并购对象，公司的股价也没有被低估时，富余资金处于闲置状态，此时才会考虑到分红，其实质是将富余资金分配给股东自行处理。不过，分红也许并不是最好的方式，原因有二：其一，按照美国税法，现金分红须缴纳个人所得税；其二，分红相当于强行让所有股东都等比例地变现了，还不如让股东自行卖出股票。

　　巴菲特还以自己为例，在过去的 7 年里，他每年减持 4.25% 的伯克希尔股票，他持有的伯克希尔股票从 712 497 000 股减少至 528 525 623 股。虽然持股比例降低了，但巴菲特在伯克希尔的实际投资增加了，所持有的股票账面价值也显著高于 7 年前。与大多数企业不同，伯克希尔几乎从不分红，走出了一条与众不同的资本配置之路。

专题 24

/

套　利

247. 德州石油套利案

在 1963 年致合伙人的信里，巴菲特讲到了自己投资德州国民石油公司（简称"德州石油"）的案例。德州国民石油公司是一家较小的石油天然气生产商，当时有市场传言，这家公司将被加州联合石油公司收购。巴菲特没有听信内幕或小道消息，而是等公司正式宣布之后才开始介入。这笔投资是巴菲特公开披露的、为数不多的"套利类"投资案例之一，具体情况如下。

交易情况：德州国民石油公司拥有三种发行在外的证券，分别是可赎回债券、普通股、期权。可赎回债券的票面利率是 6.5%，赎回价格是 104.25 美元，巴菲特买入票面价格为 264 000 美元的债券，买入成本为 260 773 美元；普通股的预计清算收益为 7.42 元 / 股，巴菲特的买入均价约为 6.87 美元 / 股；期权的价格为 3.5 美元 / 股，巴菲特总共买入 83 200 股期权。

盈利情况：可赎回债券获得了年化 6.5% 的利息，加上 14 446 美元收益；普通股和期权获得了 89 304 美元收益，再加上尚未收到的 2946 美元收益。巴菲特从 1962 年 4 月时开始介入，到 1962 年 10 月交易完成，三项投资合计计算，在半年左右的时间里，获得的收益率大约超过 10%，折合年化收益率大约超过 20%。

对于套利类投资而言，收购的具体条款、时间进度、预期收益等细节都是相对容易确定和评估的。其最大的风险就是，一旦交易最终没有达成，其市场价格有可能会大幅下跌。在对德州国民石油公司开展投资时，巴菲特的判断是，税务部门的审批会影响进度，但不会影响结果。这样一来，这一笔套利就属于确定性较高的投资。

248. 巴菲特可可豆套利往事

在 1988 年致股东的信里，巴菲特写道："所谓的套利，就是在不同的市场，同时买卖相同的有价证券或者外汇，以攫取两者之间的微小价差。例如，同时买卖在阿姆斯特丹用荷兰盾交易的、在伦敦用英镑交易的、在纽约用美元交易的荷兰皇家石油公司的股票。"巴菲特还回忆起自己早年间从事可可豆套利的故事：

1954 年，可可豆的价格突然出现飙升，导致巧克力生产商洛克伍德巧克力公司原材料成本大幅升高，但它又没法在产品上提价太多。长此以往，必然会损失惨重。如果转卖可可豆，虽然可以获得一笔暴利，但必须承担高额的税负。此时，投资人普里茨克找到了避税的方法：如果公司缩减经营范围，那这部分可可豆的存货清算就无须缴税。

普里茨克为了得到更多股票，提出用价值 36 美元的可可豆换取价值 34 美元的股票。格雷厄姆从中找到了套利的机会：先买股票然后换成可可豆，再卖掉可可豆，赚取 2 美元价差。巴菲特敏锐地意识到，如果大家都在卖股票，那为什么只有普里茨克在买股票呢？很显然，随着流通股的减少，普里茨克手上的股票必然"奇货可居"。

巴菲特在给格雷厄姆－纽曼公司做套利的同时，自己也买入了 222 股洛克伍德巧克力公司的股票，他选择了观望和持有。等到普里茨克收购完成后，股票价格飙升至 85 美元，巴菲特总共获利 13 000 美元。当时，巴菲特只有

25 岁，却能做到独立思考和决断，可以说已经具备了成为一名杰出投资者的潜质。

249. 阿卡塔套利案

在 1988 年致股东的信里，巴菲特谈到了评估一项套利活动的要点："①已公布的事件，有多少发生的可能性？②你总计要投入多少资金？③有多少可能性出现提高并购竞价等更好的结果？④因为反托拉斯法或财务意外原因导致并购失败的可能性有多少？"不难看出，套利的关键就是评估各种"可能性"以及潜在的收益和风险。

巴菲特回忆了 1981 年参与的一桩并购案。当时，从事印刷和森林经营业务的阿卡塔公司，有 1.07 万公顷的红杉林被政府征收，政府决定分期支付 9790 万美元的征收款。后来，阿卡塔公司决定将自身出售给私募股权机构 KKR，由于阿卡塔公司在森林征收补偿款上和政府还有争议，KKR 决定支付给阿卡塔公司的收购对价是：37 美元/股加上 2/3 的政府额外补偿款。

巴菲特看到这一投资机会后，展开了一系列思考：① KKR 能否顺利获得并购所需的融资？②如果 KKR 并购失败，阿卡塔公司能否找到新的买主？③这片红杉林的价值到底是多少？经过评估后，巴菲特认为风险不大，于是以 33.5～38 美元/股的价格分批买入，最终持仓达到 65.5 万股，超过公司股本的 7%。

巴菲特投资了 2290 万美元，六个月之后收回了 2460 万美元，年化收益率大约为 15%。后来，巴菲特又额外收到了 2010 万美元的政府补偿金，可谓是一笔"风落之财"。不过，投资的过程还是非常曲折的，充满着各种变数。有鉴于此，巴菲特从事套利交易的笔数很少，但单笔金额很大，这样就可以"集中精力办大事"。

专题 25

外　汇

250. 巴菲特论外汇投资

在 2004 年致股东的信里，巴菲特写道："伯克希尔总计持有 214 亿美元的外汇部位，投资组合涉及 12 种外币。2002 年以前，伯克希尔和我本人从来没有买卖过外汇。但是，越来越多的迹象显示，目前美国持续的贸易逆差，将为往后几年的汇率不断施加压力。有鉴于此，自 2002 年起，我们开始调整投资方向，加大了对外汇的投资力度。"

2000 年，美国的贸易逆差达到 2630 亿美元；2004 年，美国的贸易逆差达到 6180 亿美元。2022 年，美国的贸易逆差更是高达 9481 亿美元，再创历史新高。可以说，一直以来，美国都是全球最大的贸易逆差国。对于美国而言，向国内输入商品，向国外输出货币。长此以往，必然引发美元对外贬值，这也是巴菲特买入外汇的投资逻辑所在。

巴菲特强调，投资外汇并不代表他看衰美国。巴菲特认为，美国的经济系统相当重视市场经济，尊重法治，公民都有平等的机会，美国无疑是当今世界上最强大的经济体。巴菲特希望，将来美国能够扭转贸易逆差的局面，虽然伯克希尔的外汇投资部位会因此发生损失，但由于伯克希尔的主要持仓仍是以美元计价的资产，总体上还是利大于弊。

巴菲特引用凯恩斯的名言说："世俗的智慧告诉我们，循规蹈矩的失败，可能比标新立异的成功，更有利于保全名声。"也就是说，若是只考虑面子，巴菲特和芒格在外汇上的做法很冒险。但是，为了尽心尽力地经营伯克希尔，72 岁的巴菲特还是选择了涉足一片全新的领域，这种勇气令人钦佩不已。

专题 26

债 券

251. 巴菲特首谈债券投资

在 1970 年致合伙人的信里，巴菲特集中笔墨谈到了他对债券投资的认知和理解。主要原因是，在 1969 年巴菲特合伙基金解散后，合伙人会收到一大笔钱。巴菲特出于崇高的管理人责任，决定给大家义务提供最后一次投资建议，推荐他认为值得购买的债券，这也是巴菲特最后一封致合伙人的信。

巴菲特认为，债券和股票既有相似之处，也有不同之处。相似之处在于，二者都要求进行价格与价值的计算，都需要寻找数以百计的对象，然后发现屈指可数的投资目标。不同之处在于，债券每年利息多少、持续付息多少年，是提前约定的固定数字；而股票能赚多少钱，取决于公司的盈利能力，是一个不确定的波动数字。

巴菲特特意提到了债券投资的一些"陷阱条款"，比如：签订合同之后，未来如果对发行人有利，则期限就是 40 年；如果对发行人不利，则发行人有权在 5 年后以微小的溢价赎回。这样的合同条款就非常不合理。但是，很多投资者根本看不懂具体的条款，很多债券推销员也不会主动告诉他们。

从 1970 年致合伙人的信来看，巴菲特真正做到了"德才兼备"：首先是有德，巴菲特本来没有义务再为大家提供投资咨询服务，但是考虑到大家的钱可能没有去处，还是为大家精心推荐了可以投资的渠道；其次是有才，巴菲特对投资的认知非常深刻，他对债券的理解深度并不亚于股票。遇到这样德才兼备的管理人，是合伙人之大幸。

252. 巴菲特投资垃圾债券

在 2002 年致股东的信里，巴菲特写道："尽管股市连续三年下跌，相对而言大大增加了投资股票的吸引力，但我们还是很难找到真正能够引起我们兴趣的投资标的，这可以说是先前网络泡沫留下的后遗症。"如果股价合适的话，巴菲特非常乐意投资股票，而当时他宁愿选择在一旁观望，耐心等待股票的估值回落到合理水平。

不过，巴菲特并没有让手上大笔的资金白白闲置，他在垃圾债券市场上的累计投资金额增加了 6 倍，达到了 83 亿美元。投资垃圾债券和投资股票，其相同之处在于，都要评估市场价格与内在价值之间的价差，从备选标的中找出风险收益比最佳者；其不同之处在于，股票的确定性更高，垃圾债券的风险更大。

体现在投资风格上的差异，对于股票投资，巴菲特采取"集中投资"策略，只需要将资金锁定在少数具有竞争优势的企业上即可。据巴菲特自述，他接管伯克希尔 38 年，盈利和亏损的案例比大概是 100∶1，成功率相当高。对于垃圾债券投资，巴菲特采取"分散投资"策略，依靠类似于保险业"大数法则"的商业规律，取得总体上的投资成功。

进入 21 世纪以后，巴菲特的目光更多地聚焦在企业并购上。在我看来，原因主要有三：第一，发生于世纪之交的美国互联网泡沫破灭之后，有一段时间的估值消化期；第二，巴菲特已有的股票投资，大多表现良好，适合继续持有，不适合买入或卖出；第三，巴菲特手上的钱越来越多，必须找到更大的单笔投资部位。

专题 27

优先股

253. 巴菲特投资吉列的故事

在 1989 年致股东的信里，巴菲特谈到了当年做的三笔可转换优先股投资：一是投资吉列公司 6 亿美元，股息率为 8.75%，转股价为 50 美元；二是投资美国航空 3.58 亿美元，股息率为 9.25%，转股价为 60 美元；三是投资冠军纸业 3 亿美元，股息率为 9.25%，转股价为 38 美元。三者的强制赎回期限均为 10 年。

之所以选择可转换优先股而不是普通股，显示出巴菲特对投资的谨慎和保守。巴菲特坦言，自己没法预测航空业或者造纸业的未来。可转换优先股可以有效对冲这种不确定性：未来股价下跌，则可以锁定每年 9% 左右的股息；未来股价上涨，则可以转成普通股获益。对巴菲特来说，下有保底，上无封顶；退可守，进可攻。

在这三笔投资中，巴菲特认为确定性最高的是吉列公司。在世界范围内，吉列剃须刀的市场占有率高达 60%，它的优势包括：一是单价低，每张刀片大约 1 美元，每个美国人一年的花费大约只有 27 美元；二是品质好，吉列刀片有着很高的剃须舒适度，消费者不会为了省一点点钱就轻易替换成别的品牌。

1991 年，吉列公司宣布提前赎回可转换优先股。当年 4 月 1 日，巴菲特将所持的可转换优先股全部转成普通股。截至当年年底，巴菲特持有 2400 万股吉列股票，持股比例为 11%，持仓市值为 13.47 亿美元。到 2005 年吉列被宝洁收购时，如果不考虑分红的话，巴菲特在这只股票上一共赚到了约 37 亿美元。

254. 巴菲特投资美国航空始末

在 1990 年致股东的信里，巴菲特再次提及他所持有的可转换优先股，其中包括：所罗门兄弟公司 7 亿美元，吉列公司 6 亿美元，美国航空 3.58 亿美元，冠军纸业 3 亿美元。1991 年 4 月 1 日，巴菲特持有的吉列优先股会转换成 1200 万股普通股。这 4 笔投资中巴菲特的收益情况是，吉列公司赚钱了，所罗门兄弟公司和冠军纸业基本上不赔不赚，美国航空还有所亏损。

巴菲特对美国航空优先股的投资发生在 1988 年，当时的条件是 10 年后强制赎回，每年 9.25% 的股息率，以及以每股 60 美元转成普通股的权利。巴菲特投资的原因主要有两点：第一，1978~1988 年，美国航空连续 11 年实现盈利；第二，优先股下有保底，给巴菲特提供了较为充足的"安全边际"。

不过，巴菲特低估了日益激烈的市场竞争所带来的负面影响。巴菲特投资美国航空之后不久，由于航空业内部面临着巨大的定价压力，外部又受到第一次海湾战争伴生的经济危机的冲击，很多航空公司纷纷倒闭。1990~1994 年，美国航空累计亏损高达 24 亿美元，连给巴菲特所持优先股的分红都没法保障。

此后，巴菲特累计出售了约 3/4 仓位的美国航空优先股，剩余部分由美国航空赎回。总体而言，虽然这笔投资历经波折，但巴菲特依靠约 2.5 亿美元的股息分红，加上优先股本身的转换价值，最终还是以盈利收场。"股神"尚且如此，我们普通投资者要想从航空股上盈利，可以说是难以上青天。与其小心翼翼，不如避而远之。

255. 巴菲特投资的优先股

在 1995 年致股东的信里，巴菲特提到了 1987～1991 年所做的 5 笔可转换优先股投资。投资标的包括第一帝国银行、所罗门兄弟、冠军纸业、美国航空、吉列。根据伯克希尔与这些公司的私下协议，巴菲特可以将这些投资视为固定收益证券，同时拥有转换成普通股的选择权。

1989 年，巴菲特买入 6 亿美元吉列可转换优先股，股息率为 8.75%，1991 年转换成 4800 万股⊖吉列普通股，市值约为 25.02 亿美元，这是巴菲特 5 笔优先股投资中赚得最多的一笔。不过，当时吉列的股价只有 10.5 美元 / 股，如果直接买普通股的话，巴菲特可以买到约 6000 万股，会赚得更多。

对所罗门兄弟的投资就没那么顺利了，1987 年巴菲特投资 7 亿美元后不久，所罗门兄弟就因债券交易员违规惹上了大麻烦，巴菲特还不得不接下所罗门兄弟临时董事会主席的职务。对美国航空的投资情况最糟糕，从 1994 年起就已经不再给伯克希尔发放优先股股息了。直到 1998 年，巴菲特才算勉强收回成本。

巴菲特对这 5 笔优先股的投资总额为 19.98 亿美元，相比于 57 亿美元成本、220 亿美元市值的普通股投资而言，优先股所占的比重并不大。优先股的好处是下有保底，但获得高回报的概率也相对较低。对于普通投资者而言，由于股市的容量已经足够容纳我们的资金，就没有必要再去专门考虑优先股投资了。

256. 美国运通转卖为买

在 1997 年致股东的信里，巴菲特再次向大家报告了可转换优先股的投资情况。这 5 笔投资是在 1987～1991 年陆陆续续做出的。其中，冠军纸业在获

⊖ 1991 年 4 月 1 日，巴菲特持有的吉列优先股转换成 1200 万股普通股，5 月 1 日拆股成 2400 万股，1995 年 6 月 1 日拆股成 4800 万股。这里的 4800 万股是站在 1995 年的角度写的。

得小幅获利后被抛售。吉列与第一帝国银行已转成普通股，并享有高额的未实现盈利。对吉列的持股从 6 亿美元增值到 48 亿美元，对第一帝国银行的持股从 4000 万美元增值到 2.36 亿美元。

截至 1997 年底，巴菲特对所罗门兄弟和美国航空的投资也开始起死回生。其中，所罗门兄弟公司被旅行者集团收购，这将伯克希尔的股东从水深火热中拯救了出来；美国航空在史蒂芬·沃尔夫接任公司总裁后，迅速满血复活，不仅支付了之前拖欠伯克希尔的所有优先股股息，连股价也从 4 美元 / 股一路涨至 73 美元 / 股。

巴菲特还补充了 1991 年所做的另一笔非常规投资，那就是耗费 3 亿美元投资了美国运通的 Percs（附带上限的普通股）。根据约定，这种 Percs 必须在 1994 年 8 月以前转换成普通股。考虑到当时的美国运通面临着来自 Visa 等其他信用卡的激烈竞争，巴菲特倾向于在到期之前就处理掉手里的美国运通 Percs 头寸。

然而，就在巴菲特做出处理决定之前，他碰巧和赫兹租车公司的总裁弗兰克·奥尔森相约一起打高尔夫球。弗兰克相当熟悉信用卡业务，他的一席发言让巴菲特深信，美国运通拥有强大的品牌护城河。巴菲特转卖为买，大举增持美国运通。巴菲特还非常感谢这场球会的组织者乔治·吉莱斯皮，这也说明了高端社交圈的重要性。

专题 28

非常规投资

257. 巴菲特的非常规投资部位

在 1997 年致股东的信里,巴菲特写道:"有时我们的资金不一定能找到最理想的去处——投资那些经营良好、价格合理的企业,这时我们就会考虑将资金投到一些期限较短但品质不错的投资工具上。总体而言,我们相信赚钱的概率远大于赔钱,关键在于我们的获利何时能够实现。"巴菲特提到了三种非常规的投资部位:

一是原油期货。1994~1995 年,巴菲特考虑到原油期货价格被低估,于是累计建立了 4570 万桶原油期货合约,其中已经结仓的 3170 万桶,获利 6190 万美元;尚未结仓的 1400 万桶,预计未实现获利约有 1160 万美元。

二是白银。1997 年,巴菲特考虑到白银供需失衡,累计买入 1.112 亿盎司的白银,获得 9740 万美元的税前收益。

三是美国零息债券。所谓"零息债券",就是这些债券不支付利息,但是它会以折价发行的方式卖给债券持有人。如果利率上升,债券持有人会损失惨重;如果利率下降,债券持有人则会大赚一笔。1997 年,巴菲特投资了账面价值为 46 亿美元的零息债券,当年美国国债利率大幅走低,巴菲特因此大赚

5.98 亿美元。

巴菲特跟股东解释说，这些非常规的投资部位，虽然没有购买优质企业的股票那么稳妥，但总体上也有很大的胜率。另外，巴菲特家族 99% 的财富、芒格家族 90% 的财富都放在伯克希尔的股票上，万一投错了，他俩承担的损失更大。在我看来，巴菲特是很有同理心的，他给股东吃了一颗"定心丸"：投资做得好不好，只可能是能力的问题，不可能是态度的问题。

专题 29

投资管理

258. 德才兼备的巴菲特

在 1961 年致合伙人的信里，巴菲特谈到了基金整合事宜，他计划将自己管理的多只合伙基金合并运行，以减少管理损耗，提高投资效率。其中，涉及普通合伙人和有限合伙人如何开展基金利益分配的话题。之前的巴菲特合伙基金，主要有三种不同的利润分享模式：

模式一：业绩比较基准为 6%，超出 6% 的收益部分，普通合伙人获得 1/3，有限合伙人获得 2/3；模式二：业绩比较基准为 4%，超出 4% 的收益部分，普通合伙人获得 1/4，有限合伙人获得 3/4；模式三：无业绩比较基准，对于所得收益，普通合伙人获得 1/6，有限合伙人获得 5/6。

无论是哪一种模式，只有两点不同：业绩比较基准不同，超额报酬提取比例不同。相对而言，业绩比较基准定得越高的，超额报酬提取比例也就越高，这也符合正常的商业逻辑。无论是哪一种模式，也都有两点相同：都没有固定管理费，都有收益补足机制。

可以说，巴菲特合伙基金简直就是业界良心。首先，它没有固定管理费。只有赚钱了才有资格分享收益，收钱的时候不找客户收费。其次，它有业绩比较基准。只有明显超过无风险收益率的部分，基金管理人才有资格提取报酬。最后，它有收益补足机制。如果当年出现亏损，可以在以后赚钱的年度补足。就利益分配而言，巴菲特做到了真正的"德才兼备"。

259. 巴菲特谈利益分成

在 1961 年致合伙人的信里，巴菲特提到合伙基金整合事宜，其中涉及利润分享的部分是这样规定的：每年收益按照初始投资额的 6%，由各位合伙人享有。超出部分的 1/4 由普通合伙人享有，3/4 由有限合伙人享有。如果当年收益不足 6%，不足部分可以结转到以后年度，递减以后年度的收益。

而在整合之前，巴菲特旗下的合伙基金，利润分享主要有三种模式：①基准 6%，超出部分的 1/3 由普通合伙人享有，2/3 由有限合伙人享有；②基准 4%，超出部分的 1/4 由普通合伙人享有，3/4 由有限合伙人享有；③无基准，收益部分的 1/6 由普通合伙人享有，5/6 由有限合伙人享有。

我们来对比一下新旧条款：与旧条款①相比，新条款基准相同，普通合伙人提取的超额收益比例更低；与旧条款②相比，新条款提取的超额收益比例相同，但是基准更高；与旧条款③相比，当合伙基金收益率不到 18% 时，新条款对有限合伙人比较有利。所以从整体上看，新条款比以往更加厚道，体现了巴菲特对合伙人的真诚。

还有非常关键的一点，那就是当年收益不足可以结转，这相当于在不违背"买者自负盈亏"的原则下，通过利润再分配的方式，给合伙人提供了隐形的6% 的保底收益。巴菲特的这种设计，原则性和灵活性兼顾，既没有违反法律法规，又给了合伙人极大的安全感，是情商和智商"双高"的典范。

260. 巴菲特设计基金条款

在 1961 年致合伙人的信里，巴菲特除了提到合伙基金的利润分享机制以外，还对整合后的条款做了很多设想和规定。如今看来，这些人性化的操作都非常值得学习和思考。原文总共有六条，其中我认为比较关键的要点有以下两个方面：

首先，巴菲特既是普通合伙人，又是出资最多的有限合伙人。巴菲特和他的妻子持有合伙基金 1/6 的资产。按照合伙协议，巴菲特的全部证券投资都放在合伙基金里。这样一来，如果发生亏损，巴菲特承担的损失比其他任何合伙人都更多。按照 400 万美元的基金总资产计算，当时 31 岁的巴菲特的身家在 70 万美元左右。

其次，巴菲特采用了两种方法来确保有限合伙人的资金流动性。第一，因为巴菲特设定的业绩比较基准就是 6%，所以他会照此标准，按月发放红利。这样一来，合伙人可以自行选择分红或者再投入。第二，巴菲特允许合伙人向基金借款，借款金额不超过自身所投的 20%，借款期限不超过当年年底。这样既解决了流动性的问题，又确保了基金总体稳定。

在我看来，巴菲特这样的设计，其实是在基金管理的总体模式和架构下，结合投资的特点做了一些优化。比如，巴菲特把全部身家都投到合伙基金，表明了对合伙人非常诚恳的态度。再如，投资要求长期资金，巴菲特希望合伙人尽量不要频繁申购和赎回，但为了满足他们的日常开支所需，又设计了红利和借款这两种渠道。拥有这样的"同理心"，想不成功都很难。

261. 主动管理的价值

在 1962 年致合伙人的信里，巴菲特秀出了自己六年以来的成绩单。为了让读者有直观的感受，巴菲特还以全美最大的 2 家股票型共同基金、2 家封闭式基金以及道琼斯指数作为对比。由于投资周期长达 6 年，所以基本上能够反映真实的投资水平，让我们一起来看一下：

1957～1962 年，4 家大型基金的年复合收益率分别为 7.5%、7.4%、6.8%、8.1%，均低于同期道琼斯指数的年复合收益率 8.3%。4 家大型基金的管理规模超过 30 亿美元，每年收取的管理费就高达 700 万美元，大约相当于巴菲特合伙基金的总资产。这段时间，巴菲特合伙基金的年复合收益率为 26.0%，其中归属有限合伙人的年复合收益率为 21.1%。

不难看出，单纯论投资水平的话，巴菲特每年领先指数大约 17.7 个百分点；或者说，巴菲特的年化收益率是同期指数的 3 倍多。即便扣除业绩分成，巴菲特合伙基金的有限合伙人获得的收益也远远高于同期指数。有限合伙人和普通合伙人都很满意，这样的局面才是良性健康的。

我一直认为，如果基金管理人单纯依靠收管理费赚钱而无法创造超额收益的话，这对投资人而言是显失公平的，也是无法长久的。最合乎逻辑又正大光明的做法，就是像巴菲特这样，能够取得大幅超越市场的业绩，让费后收益率也远远高于指数。对于基金管理人而言，这应是为之积极奋斗终生的目标。

262. "2%+20%" 的收费模式合理吗

在 2006 年致股东的信里，巴菲特猛烈抨击了基金业 "2%+20%" 的通行收费模式。首先，无论基金管理人是否赚钱，都会向投资者收取 2% 的固定管理费；其次，如果投资者赚钱了，基金管理人还会提取 20% 的业绩报酬。对于基金管理人而言，这是一场 "正面我赢，反面你输" 的游戏。巴菲特举了个简单的例子：

假设基金管理人创造了 10% 的收益率，那么他拿到的收益率：2% 的固定管理费 +1.6%（＝8%×20%）的业绩报酬＝3.6%，而投资者实际拿到的收益率只有 6.4%。如果基金管理人的管理规模为 30 亿美元，那么他可以轻轻松松地赚到 1.08 亿美元。而同期指数基金有可能上涨了 15%，且仅向投资者收取一点象征性费用。

此外，大多数基金都是按照 "高水位法" 提取的业绩报酬。也就是说，如果 6 月底基金的收益率为 10%，那么基金管理人就会先提取 2%（=10%×20%）作为业绩报酬；如果 12 月底基金的收益率回跌到 5%，那么之前提取的 2% 是不退的。这样算下来，实际上基金管理人收取了高达 40% 的业绩报酬，这对投资者显然是非常不公平、不友好的。

我非常认同巴菲特对"2%+20%"收费模式的看法，也非常赞赏巴菲特经营合伙企业时采用的业绩分成制度。假如我将来独立运营一家私募公司，大概率会参考巴菲特的思路：第一，不收取或者仅收取少量维护日常运营的固定管理费；第二，设置一定的业绩比较基准，超过部分才提取业绩报酬；第三，设置回补机制，尽量维护投资者的利益。

专题 30

交易成本

263. 投研与交易

在 1993 年致股东的信里，巴菲特列出了伯克希尔及其关联企业的主要股票持仓，超过 2.5 亿美元市值的股票包括大都会/ABC、可口可乐、房地美、盖可保险、通用动力、吉列、健力士、华盛顿邮报公司、富国银行等 9 家企业。细心一点的读者不难发现，这与 1992 年的普通股持仓几乎完全一样。

巴菲特幽默地说："看到今年的投资与去年竟然如此相似，你可能会以为本公司的管理层昏聩到无可救药的地步。不过我们还是坚信，放弃那些我们熟悉且表现优异的公司而去寻找新的替代公司，实在不是明智之举。"巴菲特认为，适用于企业经营的原则，同样也适用于股票投资。既然你不会频繁买卖自己的生意，又为什么要频繁交易股票呢？

巴菲特的逻辑其实并不难理解。我们每个人的选择顺序都遵循着"最优选择→次优选择→一般选择"的路径。之前自己持有的股票，既然已经是最优选择，就没有任何必要拿次优选择去替换。除非你遇到管理更佳、价格更低、商业模式更好、你又更熟悉的股票，才值得考虑是否调仓，这种机会其实并不多见。

常年持有某只股票，常年没有任何交易，很容易让人产生"无所事事"的错觉；经常变换手中持仓，经常买进卖出股票，也很容易让人产生"工作勤勉"的错觉。这两种错觉，都源于把交易当成了投资的主要任务。但理性的投资者都明白，研究才是投资的核心。更多的研究，是为了更少的交易；更深的研究，是为了更准的交易。

264. 投资者的帮手还是天敌

在 2005 年致股东的信里，巴菲特写道："所有股东作为一个整体所获得的财富，不可能多于公司本身所创造的财富。此外，由于摩擦成本的存在，投资者的盈利实际上也少于所持有的公司的盈利。"为了说明投资者的财富是如何被摩擦成本消耗的，巴菲特假设所有的美国公司都被 G 家族所拥有，究竟谁会从 G 家族那里分得一杯羹呢？

首先是经纪商，他们劝说 G 家族的一些成员，从另外一些成员手里买入或卖出股票，以图从别人那里占得一些便宜。交易越频繁，G 家族的整体财富就越少，经纪商赚得就越多。

其次是投资顾问，他们会劝说 G 家族接受其"专业"建议。然而，如果 G 家族没法选择正确的股票，又怎么可能选择合适的投资顾问呢？

最后是对冲基金经理，他们声称 G 家族之前雇用的帮手之所以不够好，是因为支付的费用太少。对冲基金经理不仅要收取固定管理费，还要 G 家族提供巨额的或有奖励。

结果，本来 G 家族"什么也不做"就可以得到所有的盈利，但现在这么一折腾，反而有大笔的费用流入了经纪商、投资顾问和对冲基金经理的腰包。

如果 G 家族亏钱了，它必须独立承担；如果 G 家族赚钱了，其中有一部分盈利会被雇用的帮手拿走。这虽然很不公平，却是基金行业较为通行的规则。相比之下，巴菲特早年经营合伙基金时，制度就非常人性化：没有管理费，但是有业绩回拨机制。巴菲特为合伙基金赚得多，却拿得少，这样"德才兼备"的人格也是我非常仰慕的。

专题 31

指数基金

265. 主动管理与指数基金

在 1964 年致合伙人的信里，巴菲特回顾了 1957～1964 年的投资业绩。其中，道琼斯指数的年均复合收益率为 11.1%，美国管理规模最大的 4 家股票基金均未跑赢指数。而同期巴菲特合伙基金的年复合收益率为 27.7%，其中归属于有限合伙人的收益率为 22.3%。巴菲特分析了大型基金没有跑赢指数的原因，主要包括：

①集体决策。大家都参与决策的投资，必然只能取得均值，不可能成就卓越。②从众心理。随大流，跟其他大型机构保持相似的投资组合。③制度限制。基金经理特立独行的后果是，如果赚了自己也没多少收益，如果赔了自己要承担责任，所以还是秉持中庸之道。④分散投资。没有集中投资于优质资产，必然会拉低收益率。⑤惯性。

巴菲特说的这些道理，其实都不难理解。比如关于集体决策的问题，彼得·林奇说得就很好："既然根本不存在一部由全体委员会成员共同写成的名著或者共同谱成的名曲，那么也根本不存在一个由全体委员会成员共同选择出来的股票组成的投资组合会取得非凡的投资业绩。"

巴菲特认为，投资的目标是实现长期年化收益率最大化，以及永久性资本损失最小化。如果投资者不买巴菲特合伙基金，他有可能会选择指数基金或者大型基金，因此和它们的业绩对比是有必要的。巴菲特给有限合伙人创造的投资回报，长期能大幅超越指数基金或其他基金，这正是巴菲特主动管理的价值。

266. 要不要买指数基金：十年赌约

在 1996 年致股东的信里，巴菲特写道："大多数机构投资者和个人投资者，会发现投资的最佳途径是购买收费低廉的指数基金。那些走这条路的投资者，肯定能够战胜绝大多数投资专家扣除管理费和开支后的净收益。"这段话后来被广泛引用，成为巴菲特建议大多数人投资指数基金的绝佳例证。

后来，巴菲特跟华尔街人士约了史上著名的"十年赌约"，来自门徒合伙基金的泰德·塞德斯，表示愿意和巴菲特一较高下。泰德选择了 5 只母基金，然后将 5 只母基金投到 100 多只对冲基金中。2008～2017 年，标普 500 指数基金的总收益率是 125.8%，年复合收益率是 8.5%，业绩表现远远超过 5 只主动管理型基金中的任意一只。

为什么指数基金能战胜大多数主动管理型基金呢？主要有两方面的原因。第一，大多数主动管理型基金，按照 2% 的管理费和 20% 的业绩分成比例，拿走了很大一部分收益。另外，由于业绩分成是非回拨性质的，最终的结果一定是"正面我赢，反面你输"。第二，频繁操作制造了巨大的交易成本。

值得注意的是，巴菲特建议大多数人投资指数基金，并不是建议所有人都这么做，包括巴菲特本人，他也是以主动选股为主。于我而言，在掌握了投资的基本理念之后，主要的工作就是研究个股，这是投资最有趣、最有悬念也最激动人心的地方。既有利于保持学习，又可以给自己带来物质上的回报，何乐而不为呢？

267．"后胜于今"的必然性

在 2005 年致股东的信里，巴菲特写道："1899 年 12 月 31 日至 1999 年 12 月 31 日，在这 100 年的时间里，道琼斯指数从 66 点上涨到 11 497 点。形成如此巨大的涨幅，背后只有一个简单的原因：20 世纪美国企业经营得非常出色，投资者借着企业繁荣的东风，赚得盆满钵满。"算下来，道琼斯指数的年化收益率其实只有约 5.3%，这正是复利的威力。

巴菲特给大家算了一笔账："如果美国企业在未来的 100 年时间里，继续保持和过去相同的发展速度，那么到 2099 年 12 月 31 日，道琼斯指数将达到不可思议的约 2 011 011 点，现在听起来也许就像天方夜谭，但随着时间的推移、经济的发展、社会的进步，我相信这一天终将会到来。"

从人类历史来看，"世道必进，后胜于今"几乎是必然的。其中最重要的原因之一，是因为人类的智慧可以通过文字记录和传承。后一代的人总是站在前一代人的肩膀上，沿着探寻真理的道路继续前进。人类的文明进化史，实际上就是人类的知识不断叠加形成"复利效应"的结果。

当然，人类文明的演进并不是一帆风顺的，而是呈螺旋式上升的。也许在某些年份，会遇到一些小小的波折，但历史不会停止向前的步伐。同理，即使我们买的是优质股票，它也并不是一路上涨的，而是涨涨跌跌，退二进三。但凡能以 3～5 年的视角来衡量股票投资，也许想不赚钱都挺难的。

268．生产力的进步会带来什么

在 2015 年致股东的信里，巴菲特写道："美国自 1776 年建国以来，生活水平大幅改善的秘诀在于生产力的进步。"以农业为例，1900 年，美国有 2800 万劳动力，其中 1100 万人务农，每年的玉米产量为 27 亿蒲式耳⊖；如今，美国

⊖　对于玉米来说，1 蒲式耳 =25.401 公斤。

有 1.58 亿劳动力，其中仅有 300 万人务农，每年的玉米产量超过 130 亿蒲式耳。劳动力大减，农产品产量大增，主要得益于生产力的提升。

类似的情况同样发生在伯克希尔的子公司。比如说，1996 年，伯灵顿北方圣达菲铁路公司拥有 4.5 万名员工，共完成了 4.11 亿吨英里的货运量；2015年，其货运量增长至 7.02 亿吨英里，增幅约为 71%，此时公司拥有 4.7 万名员工，增幅仅约为 4%。伯克希尔－哈撒韦能源公司也是如此，随着生产力的进步，用更少的员工实现了更高的电力产能。

当然，正所谓"几家欢喜几家愁"，生产力的进步不可避免地会淘汰一些落后的工人或产能。比如，巴菲特在 20 世纪 90 年代初投资的德克斯特鞋业，完全竞争不过具有成本优势的中国鞋厂，导致 1600 名员工因为工厂倒闭而失业。其中很多员工，已经过了再学一门新技能的年龄，生计都成了大问题。

尽管如此，时代的车轮滚滚向前，不会为任何人而止步。为了保住一些人的工作而限制或禁止提高生产力，是根本行不通的。在我看来，虽然很多传统职业（如公交车售票员、收费站收费员）逐渐在走向消亡，但一些新兴的职业（比如网络主播）也在不断涌现。先进的生产力取代落后的生产力，后胜于今，是历史发展的必然。

269. 巴菲特再谈"十年赌约"

在 2017 年致股东的信里，巴菲特再次提及著名的"十年赌约"，事情的原委是这样的：早在 2005 年，巴菲特就公开提出，自己选择标普 500 指数基金，挑战者可以选择不少于 5 只对冲基金，10 年后看看谁的业绩更好。来自门徒合伙基金的泰德·塞德斯，表示愿意和巴菲特一较高下。这场赌局设定的业绩区间是 2008～2017 年，结果如表 3-1 所示。

表 3-1

年份	FOF 基金 A	FOF 基金 B	FOF 基金 C	FOF 基金 D	FOF 基金 E	标普 500 指数基金
2008	−16.5%	−22.3%	−21.3%	−29.3%	−30.1%	−37.0%
2009	11.3%	14.5%	21.4%	16.5%	16.8%	26.6%
2010	5.9%	6.8%	13.3%	4.9%	11.9%	15.1%
2011	−6.3%	−1.3%	5.9%	−6.3%	−2.8%	2.1%
2012	3.4%	9.6%	5.7%	6.2%	9.1%	16.0%
2013	10.5%	15.2%	8.8%	14.2%	14.4%	32.3%
2014	4.7%	4.0%	18.9%	0.7%	−2.1%	13.6%
2015	1.6%	2.5%	5.4%	1.4%	−5.0%	1.4%
2016	−3.2%	1.9%	−1.7%	2.5%	4.4%	11.9%
2017	12.2%	10.6%	15.6%	N/A	18.0%	21.8%
总收益率	21.7%	42.3%	87.7%	2.8%	27.0%	125.8%
年复合收益率	2.0%	3.6%	6.5%	0.3%	2.4%	8.5%

　　2008～2017 年，标普 500 指数基金的总收益率是 125.8%，年复合收益率是 8.5%，考虑到 2008 年金融危机对股指的"拖累"，这是一个相当不错的成绩。再来看看 5 只 FOF 基金的表现：表现最好的 C 基金，10 年总收益率为87.7%，年复合收益率为 6.5%；表现最差的 D 基金，10 年总收益率为 2.8%，年复合收益率只有可怜的 0.3%。

　　5 只 FOF 基金的运作模式是这样的：选择 5 位投资专家，每位投资专家又聘请了数百名投资专家，这些投资专家管理着自己的对冲基金。然而，就是这样一个群策群力、集思广益的精英组合，居然全部跑输了指数，真是一份非常"打脸"的成绩。毫无疑问，在和巴菲特的这场赌局当中，华尔街人士输了。但是，最大的输家，其实是基金的投资人。

　　通过巴菲特的"十年赌约"，我们可以清晰地看出，客户的钱是如何流入华尔街人士的口袋的：首先，对冲基金管理人向客户收取高额的管理费和业绩提成；其次，频繁操作制造了巨大的交易成本。作为基金管理人，应该时常扪心自问：我赚的钱，究竟是来自客户，还是来自市场？唯有和客户实现价值双赢，才是长久的取胜之道。

第
4
章

师友故交

専题 32

本杰明·格雷厄姆

270. 格雷厄姆的传奇人生

在 1984 年致股东的信里，巴菲特写道："迄今为止，我认为最佳的投资教材是由格雷厄姆所著的《聪明的投资者》。这本书的最后一章提到，以商业视角来看待的投资才是最佳的投资。"这是巴菲特首次在信中提及自己的恩师本杰明·格雷厄姆。也是在 1984 年，为了纪念《证券分析》出版 50 周年，巴菲特在哥伦比亚大学发表了他那篇著名的演讲《格雷厄姆－多德式的超级投资者》。

格雷厄姆的一生颇为传奇。1894 年，格雷厄姆生于伦敦；1895 年，他随父母迁居纽约；1914 年，他从哥伦比亚大学毕业，并拒绝了学校的三份教职，毅然投身金融业；1929～1932 年，他管理的共同账户连续四年亏损，管理规模从 250 万美元下降至 37.5 万美元。但这一切都没有导致格雷厄姆意志消沉，反而促使他更加勤奋地探究股市的奥秘；1934 年，《证券分析》出版；1949 年，《聪明的投资者》出版。

格雷厄姆跟巴菲特有着很深的渊源。首先，格雷厄姆是巴菲特的老师。19 岁的巴菲特正是因为读到《聪明的投资者》，才决意投身格雷厄姆门下。格雷厄姆对巴菲特也钟爱有加，给出了全部课程 A+ 的史上最好成绩。其次，格雷厄姆是巴菲特的老板。1954 年，格雷厄姆同意雇用巴菲特，打破了此前他的公司只招犹太人的惯例。最后，格雷厄姆和巴菲特也是投资上的朋友，正是因为有格雷厄姆的机缘，巴菲特才跟盖可保险结下了终身的不解之缘。

1956 年，格雷厄姆选择了退休，他在贝弗利山定居，过上了教书、写书、读书、滑雪的安逸生活。格雷厄姆的兴趣远远不止于投资，他对西方古典文学熟稔于胸，一生所享受的快乐大半来自充盈的精神世界。相比于巴菲特的专注和精进，格雷厄姆显得更加随性和佛系。"松弛感"满满的格雷厄姆活出了和巴菲特不一样的人生，却始终相互欣赏，相互砥砺，可谓是"君子和而不同"。

271. "85% 的格雷厄姆"

在 2000 年致股东的信里，巴菲特写道："大约在 50 年前，我在哥伦比亚大学修了格雷厄姆的课。在此之前的 10 年，我一直盲目地从事分析、买进卖出的动作，但当时成绩平平。从 1951 年起，我的投资绩效开始改善，并非因为我改变了饮食或者运动习惯，唯一的改变是吸收了格雷厄姆的理念。"

从结识格雷厄姆开始，在此后二十余年的时间里，巴菲特与格雷厄姆始终保持着"亦师亦友"的融洽关系。格雷厄姆提出的三大投资原则——股票是企业所有权的一部分、遵循一定的安全边际、理性看待"市场先生"，被巴菲特誉为"理性投资的基石"。虽然巴菲特的投资风格从"捡烟蒂"转向了"买好公司"，但一直遵循着格雷厄姆的投资理念。

在评价格雷厄姆对自己的影响时，巴菲特有一句经典名言："在大师门下短短几个小时的学习效果，远远大于我过去 10 年的独自摸索。"要知道，在遇到格雷厄姆之前，巴菲特已经饱读各类投资书籍，但始终无法窥见投资之堂奥。直到巴菲特 19 岁时第一次读到《聪明的投资者》，他才算是真正跨进了投资的大门。

我不止一次地说过，学习行业的顶尖人物，是成长最快的捷径。我们可以围观巴菲特超过 60 年的投资演化史，绕过他早期"捡烟蒂"的阶段，直接学习他在 20 世纪 70 年代至 90 年代的投资思想，这是巴菲特收益率最为肥美的阶段，也是经典投资案例最为密集的阶段。我们还可以学习国内很多优秀投资人的价值实战，无疑是非常幸运的。

专题 33

菲利普·费雪

272. 慧眼识才的费雪

在 2012 年致股东的信里，巴菲特写道："股息政策应当始终清晰、一致和合理。反复无常的政策会让股东们感到困惑，并赶走潜在的投资者。54 年前，菲利普·费雪在他的《怎样选择成长股》第 7 章中对这一点做出过精彩的阐述。在严肃投资者的最佳阅读书单中，这本书的价值仅次于《聪明的投资者》和 1940 年版的《证券分析》。"可见，论对巴菲特的投资影响，费雪大约可以排进前三位。

1931 年，费雪成立了自己的基金管理公司，此后一直管理着公司的业务，前前后后为客户服务了近 70 年，直到 1999 年以 92 岁的高龄退休。值得一提的是，费雪家族的投资事业并未就此止步。费雪的儿子肯尼斯继承了他擅长投资与写作的基因，如今费雪投资公司的管理规模高达 2000 亿美元。投资之余，肯尼斯出版了《超级强势股》等经典投资书籍，并成为与《福布斯》合作时间最长的财经专栏作家。

费雪被誉为"成长股之父"，他的研究成果让价值投资理论又进化了一步。费雪指出，真正推动股价上涨的两大因素：一是公司盈利能力的提高；二是投资界对其未来盈利能力走向的共识。也就是说，只有当公司展现出盈利能力，且被市场充分认可，股价才会上涨。可见，费雪看重的是企业的盈利能力，而不是其资产价值。受费雪的启发，巴菲特对传统的买"烟蒂股"投资法进行了改良，转向了买好公司的投资之道。

1958年《怎样选择成长股》出版后，巴菲特曾去拜访费雪。费雪眼光很高，他很少与人见面，见过面的人也很少再见第二面。费雪会给来访人士打分，要么是A，要么是F，他在见过巴菲特之后，对巴菲特印象极佳，此后两人又多次会面。当时，年轻的巴菲特还籍籍无名，费雪却能够慧眼识才，真可谓是：我见众生皆草木，唯有见你是青山。当然，巴菲特并没有辜负费雪的期望，在费雪投资思想的浸润下，巴菲特终成价值投资的集大成者。

273. "15%的费雪"

在2020年致股东的信里，巴菲特写道："1958年，菲利普·费雪写了一本很有名的投资著作，他在书中做了一个类比，运营一家公司就像管理一家餐厅。如果你想要寻找食客，你卖汉堡也行，卖法餐也可，都能吸引到对应的顾客，让餐厅繁荣发展。但是，你千万不能随意地切换餐厅风格：你传递给潜在顾客的信息，一定要与你餐厅的实际情况相一致。"

在伯克希尔，公司已经拥有了一批巴菲特想要的股东，而且总体来说，巴菲特也不认为这些股东会被新进入者所取代。巴菲特强调，伯克希尔的"座位"（也就是流通股）是有限的，他很喜欢现有的这一群股东。当然，任何股票都有换手率。不过，巴菲特和芒格还是希望，换手率保持在较低水平。毕竟，有谁会追求朋友、邻居、伴侣的高频轮换呢？

巴菲特从费雪那里得到的启发，不仅是如何管理公司、如何吸引到合适的股东，更重要的是如何选择成长股。费雪研究发现，股票价格跟企业资产价值关系不大，股票价格主要看企业盈利能力。巴菲特在投资生涯的早期，深受格雷厄姆的影响，看重的是企业的资产价值，而不是盈利能力。可以说，费雪促进了巴菲特投资思想的重要转变。

　　巴菲特认为，自己并没有多少原创的观点，他主要是通过阅读来提高认知的。读过格雷厄姆和费雪的著作后，巴菲特只需将他看到的最好的观点投入实践，就足以取得巨大的投资成功。2004 年，费雪以 97 岁的高龄谢世。跟巴菲特和芒格一样，费雪也是"赚得多、活得久、众人爱"的价值投资之典范。

专题 34

查理・芒格

274. 亦师亦友亦知己

在 1981 年致股东的信里，巴菲特写道："芒格是伯克希尔副董事长兼蓝筹印花公司董事长，不管他是什么头衔，在我们所有实际控制的公司，我和芒格都是以合伙人的身份在共同管理。作为管理合伙人，我们极度热爱自己的工作。我们也非常荣幸拥有你们这样的财务合伙人。"这是巴菲特在信中首次以"我和芒格"（"Charlie and I"）并称。

此后 40 余年的时间里，巴菲特和芒格并肩作战，结下了深厚的"革命"友谊。我统计了 1981～2022 年巴菲特致股东的信，出现"我和芒格"的次数高达 500 次。巴菲特自己都开玩笑说，由于说了太多次"我和芒格"，导致大家甚至认为这是一个人的名字。实际上，正如本书的书名《我读巴芒》一样，在广大投资者心目中，早已是"巴不离芒""芒不离巴"。

芒格说："如果世界上不曾出现过我，巴菲特的投资业绩依然会像现在这么靓丽。"作为伯克希尔的副董事长，芒格一直恪守本分、尽职尽责，尽心尽力地扮演好"第二小提琴手"的角色。从 1959 年巴菲特和芒格初相识算起，他俩的神仙友谊持续了 64 年之久。

在伯克希尔股东大会上，芒格的经典语录就是"我没有什么好补充的了"。给人的印象似乎是，芒格特别言简意赅。但我们看看芒格在威斯科金融公司和每日期刊年会上的发言，就会发现：芒格其实也是个滔滔不绝的"话痨"。只不过，在伯克希尔的舞台上，芒格选择将光芒万丈留给巴菲特，而自己心甘情愿地退居一隅。

君不见，历史上有多少搭档可以"共患难"，却无法做到"同富贵"。这大抵是因为，在光环和荣誉面前，人的内心会不由自主地膨胀，进而把一切成绩都归结于自己的"英明神武"，觉得自己理应"居功至伟"。芒格却始终坚守本分，极为难得。

从财富的绝对值来说，即使不算已经捐掉的钱，巴菲特现在的身家也依然高达 1000 亿美元；而作为巴菲特一生的合伙人，芒格去世时的身家大概只有"可怜"的 23 亿美元。但半个多世纪以来，芒格从来都没有因为财富、名气向巴菲特予取予求。

试问：世上如君能几人

2023 年 11 月 28 日，芒格在美国加州一家医院安详辞世，享年 99 岁。巴菲特在伯克希尔的官网公告中表态说："如果没有芒格的灵感、智慧和参与，伯克希尔 - 哈撒韦不会有今天的地位。"在我看来，巴菲特温润如儒家，芒格犀利如道家。芒格一点儿也不圆融，岁月从来都不曾磨平他的棱角。反倒是随着年龄渐长，芒格越发"从心所欲"，散发着孩童般的天真烂漫。

昔人已乘黄鹤去，世间再无老芒格。

275. 巴菲特缅怀芒格

在 2023 年致股东的信里，巴菲特在文首发表了题为《伯克希尔的缔造者——查理·芒格》的纪念文章，话语平实，明白晓畅，言辞恳切，感人至深。巴菲特写道："芒格之于我，在某种程度上，一半是长兄，一半是慈父……伯克希尔已经成为一家伟大的公司，尽管由我长期负责，但芒格作为设计师的身份，应当永远被世人铭记。"巴菲特之所以给予芒格最高礼遇，是因为芒格值得。

（1）犀利如芒格。芒格曾说："在手里只有一把锤子的人看来，世界就像一颗钉子。"我们每个人认识的世界，都是从自己的认知出发的。只有掌握多学科的"格栅思维模型"，才能不偏不倚地去看待和评价万事万物。

（2）睿智如芒格。芒格曾说："觅得佳偶的最佳方法是什么呢？唯一的最佳方法就是，让自己配得上。"当你依靠投资赚了很多钱的时候，家人自然就会心甘情愿地让你打理财富；当你自身足够上进、足够优秀的时候，气质相近的仰慕者自然会纷沓而来；当你数十年如一日信守承诺、从无失信记录的时候，朋友们自然会信任你的人品。

（3）高尚如芒格。巴菲特和芒格的共同好友瑞克·格伦曾讲过关于芒格的两个小故事：有一次，他们打算收购一家企业，有两位老太太持有这家企业的债券，本来他们能以远低于面值的价格收购这些债券，但芒格坚持按照面值给钱；还有一次，格伦转卖合伙公司的股权给芒格，开价 13 万美元，芒格觉得太低了，最后坚持要给 23 万美元。

（4）虚怀如芒格。芒格曾说："妒忌真的是一种愚蠢的罪行，因为它是仅有的一种你不可能得到任何乐趣的罪行。"比如说，你已经相当富裕，但别人的财富增长速度比你更快，那又怎样？总会有人比你更会赚钱，妒忌并不能使你的财富增长半分。只要每天的自己比昨天进步一点点，就是人生的欢喜。

前几年，很多人问过我："为什么你每年都要去一次奥马哈呢？"我每次都回答说："我可以等，但芒格已经到了这个岁数，他还能等吗？巴芒同台的机会，见一次就少一次。"2019 年我没有等，那是我第一次见到巴芒同台。2023年我没有等，那是我时隔四年后再次见到巴芒同台。如今的我没有遗憾。世间的很多事情都是如此，当时只道是寻常，再回首已百年身。

如今，学习巴芒已经成了我每天的必修课，其实就是为了让自己在纷繁的世界里，能有一方自己喜欢的"净土"。正如芒格所说，要学会和"已逝的伟人"做朋友。每天学习一段芒格之道，似乎他还一直在我们身边。

专题 35

大卫·多德

276. 重情重义的巴菲特

在 1988 年致股东的信里，巴菲特深切地缅怀了一位故人：大卫·多德。1950 年，巴菲特申请到哥伦比亚大学商学院读书，他的授业老师正是《证券分析》的著者格雷厄姆和多德。从相识的那一刻起，巴菲特和多德维系了一段长达 38 年的师友情，直到 1988 年多德以 93 岁的高龄谢世。

这并不是巴菲特第一次缅怀故人。1980 年，伊利诺伊国民银行的创始人阿贝格离世，巴菲特深情地回忆道："作为朋友、公民和银行家，他是无与伦比的。自我们相识以来，他一直表现得非常直率，这是他的行事风格。罗克福德的很多居民告诉我，阿贝格给予过他们多年的帮助。他对我也是如此，这种关系总让我非常怀念……"

这也不是巴菲特最后一次缅怀故人。2021 年，TTI 公司的创始人安德鲁斯离世，巴菲特深情地追忆道："在他的整个人生中，无论是在他的事业中还是在他的个人追求中，安德鲁斯都默默地展示了我和芒格所钦佩的所有品质。在仪式上，阿贝尔和我听说了安德鲁斯默默支持的许多人和组织。从各方面来看，他都非常杰出……"

　　不难看出，巴菲特是非常重情重义的，他的字里行间总是充满着对友人的无限眷恋。巴菲特和伯克希尔子公司的很多经理人之间的友谊，就如同他买入的股票一样，从结缘的那一刻起，就牢牢握在手里。有了这样的神仙友情，大家都心甘情愿地为巴菲特工作，事业又何愁不兴呢？

专题 36

沃尔特·施洛斯

277. 巴菲特谈施洛斯

在 2006 年致股东的信里,巴菲特谈到了沃尔特·施洛斯在投资上取得的骄人成绩。施洛斯没有上过商学院,只参加过本杰明·格雷厄姆的夜校课程,后来加入格雷厄姆-纽曼公司。1955 年,格雷厄姆解散了自己的合伙公司。1956 年,施洛斯自立门户,成立了沃尔特·施洛斯合伙公司,开启了长达 47 年的投资生涯。

巴菲特那篇著名演讲《格雷厄姆-多德部落的超级投资者》提到,1956 年至 1984 年一季度,沃尔特·施洛斯合伙公司总收益率为 23 104.7%,年复合收益率为 21.3%。其中,有限合伙人总收益率为 6678.8%,年复合收益率为 16.1%;同期,标普 500 指数总收益率为 887.2%,年复合收益率为 8.4%,施洛斯完胜指数。

1956~2002 年,施洛斯共投资了约 1000 种证券,获得了显著超越指数的收益。施洛斯没有雇用员工,他唯一的合作伙伴就是他的儿子埃德温,两人从不打探内幕消息,他们通常只以某种简单的统计方式来筛选证券。1989 年,在接受《杰出投资者文摘》采访时,埃德温说:“我们试图以便宜的价格购买股票。"

　　施洛斯遵循的是格雷厄姆"捡烟蒂"的那一套投资方法，所以他买入的很多证券都属于"前景黯淡"型。如果仅仅是选取施洛斯投资的某只股票，即使是跟施洛斯同时买卖，结果也大多并不理想。要想取得杰出的投资成绩，必须选择一篮子的投资组合，而这正体现了施洛斯的实力。巴菲特认为，施洛斯良好的长期业绩，有力驳斥了"有效市场理论"。

专题 37

比尔·鲁安

278. 巴菲特谈比尔·鲁安

在 1969 年致合伙人的信里，巴菲特在提到清算合伙基金后的打算时写道："至关重要的是，向那些不愿自己打理股票投资的合伙人推荐一位基金经理。我向各位推荐的这位基金经理，不仅有良好品格，也有能力。我们俩过去的业绩非常接近，他将来的表现估计也会超过我，至少不会比我差。"

巴菲特向大家隆重推荐的这位基金经理，就是红杉基金的创始人比尔·鲁安。鲁安是巴菲特在哥伦比亚大学时的同学，两人都是格雷厄姆的学生。根据巴菲特的介绍，鲁安的基金公司业绩也非常出色，早期的年均收益率在 40% 以上。由于鲁安的投资组合里没有套利类和控制类，所以业绩的波动比巴菲特合伙基金更大。

巴菲特认为鲁安属于知根知底、德才兼备的类型，所以才做了非常慎重的推荐。不过，与此同时，巴菲特也提到了三个不利因素：第一，鲁安管理的基金规模在迅速扩大，可能会对业绩产生拖累；第二，除了投资以外，鲁安还要兼顾公司的日常管理；第三，随着投资环境的变化，未来 10 年，主动管理型基金的业绩可能很难像过去那样辉煌。

按理说，合伙基金既然解散了，巴菲特只需要把钱退还给合伙人就行，但他还替合伙人安排好了去处。推荐是有风险的，这相当于给鲁安背书：将来要是业绩好，巴菲特也没有好处；将来要是业绩差，巴菲特还会受到牵连。就巴菲特推荐鲁安这一举动可以看出巴菲特对"受托人责任"的坚守已经深入骨髓。

专题 38

卢·辛普森

279. "保险奇才"辛普森

在 1984 年致股东的信里，巴菲特写道："盖可保险的核心事业所产生的资金，大部分皆交由卢·辛普森来投资。辛普森是一位感性和理性兼具的人才，在长期投资方面表现突出。即便经营冷门的险种，其投资回报也较同业的表现要好得多。"可以说，辛普森为伯克希尔保险事业的发展立下了汗马功劳。

1936 年，辛普森出生于芝加哥。1979 年，辛普森加盟盖可保险，很快就进入巴菲特的密友圈。辛普森在盖可保险采用的投资方法，基本上也是高度集中于少数优质股票。1980～1996 年，辛普森投资股票的年化收益率高达 24.7%。同期，伯克希尔的每股净值年化增长率为 26.8%，可以近似视为巴菲特的投资水平。可见，两人水平相当，难分伯仲。

辛普森之所以能取得如此辉煌的投资业绩，离不开自身孜孜不倦的学习。辛普森常年保持着高强度的工作节奏，每天工作长达 14 小时。对于辛普森来说，最美好的时光莫过于身处办公室，股市没有开盘，也没有电话打进来，这样他就可以安安静静地阅读 5～8 小时。每当年报季来临的时候，辛普森每天的阅读量可以高达 20 份。

正是由于辛普森和巴菲特有很多相似之处，所以两人惺惺相惜。外界甚至一度认为，辛普森是巴菲特的继任人选之一。只不过由于辛普森仅比巴菲特小六岁，随着时间的推移，这种可能性变得越来越小。2022 年 1 月，辛普森去世。尽管斯人已逝，但在伯克希尔的发展史上，辛普森仍然占据着举足轻重的地位。

280. 盖可保险的"三驾马车"

在 1995 年致股东的信里，巴菲特在谈到盖可保险时，重点感谢了三个人：洛里默·戴维森、托尼·奈斯里、卢·辛普森：

戴维森是巴菲特进入保险业的引路人。1951 年，戴维森在盖可保险担任副总裁时，曾耐心给巴菲特讲解保险行业知识以及盖可保险的竞争优势。20 世纪 70 年代初，戴维森退休。

奈斯里是盖可保险的运营负责人。奈斯里认为，盖可保险最核心的竞争优势就是低成本的汽车保险业务。作为 CEO，其职责是维护和拓宽现有的"护城河"，而不是把业务拓展到其他领域。有鉴于此，奈斯里仅保留了盖可保险的直销渠道，同时砍掉了航空保险、房屋财产保险等非车险业务。奈斯里说，自己最大的爱好就是盖可保险。

辛普森是盖可保险的投资负责人。辛普森简直可以说是"小巴菲特"，他和巴菲特一样热爱阅读，只要股市没有开盘，也没有电话打进来，他就可以安安静静地在办公室阅读一整天。阅读的内容包括各类文件、年报、行业报告和商业杂志。1980～1996 年，辛普森取得了 24.7% 的年复合收益率。

巴菲特说，如果没有戴维森在 1951 年冬天的那场精彩解说，伯克希尔永远也不会取得今天的成就；巴菲特又说，奈斯里是他心目中经营盖可保险的第一人选；巴菲特还说，万一他和芒格突发意外，辛普森可以立即接手他们的工作。巴菲特对他们的由衷赞美，既激发了他们的工作热情，也成就了彼此信任的神仙友谊。

281."投资大神"辛普森

在 2004 年致股东的信里,巴菲特提到了盖可保险杰出投资人卢·辛普森的骄人业绩。1980~2004 年,辛普森管理的盖可保险投资组合,年复合收益率约为 20.3%,高于同期标普 500 指数年复合收益率约 6.8 个百分点。辛普森在盖可保险的管理规模大约有 25 亿美元,且具有独立的投资决策权,事先无须征得巴菲特的同意。

辛普森最鲜明的投资风格就是"集中投资",他管理的 25 亿美元大概只投资了 7 只股票。相比之下,大型共同基金的平均持股数量为 86 只。巴菲特和辛普森有很多相似之处:比如,都坚持独立思考,不为市场的非理性情绪所裹挟;再如,严格遵守"安全边际"原则,即便是再优秀的公司,也绝不为其支付过高的溢价。

也许是从辛普森身上看到了自己的影子,巴菲特曾多次在公开场合盛赞辛普森。尤其是在 1995 年致股东的信里,巴菲特甚至写道:"因为辛普森的存在,使得芒格和我万一发生突发状况时,伯克希尔有一位杰出的专业人士能够立即接手我们的工作。"言下之意,巴菲特已经把辛普森摆在了接班人的位置上。

辛普森只比巴菲特小 6 岁,这可能是他成为接班人的后备人选的最大劣势。2022 年 1 月 8 日,辛普森病逝于芝加哥,享年 86 岁。从 1979 年加入盖可保险算起,辛普森和巴菲特的友情持续了 43 年之久,一直到辛普森走到生命的终点。巴菲特的很多朋友基本上都和他维系着终生的友谊,这何尝不是一种人脉的"复利"呢?

专题 39

汤姆·墨菲

282. 大都会 /ABC 的"传奇经理人"

在 1995 年致股东的信里，巴菲特提到了近期的一桩并购案。迪士尼拟收购大都会 /ABC 公司，1 股大都会 /ABC 可以兑换为 1 股迪士尼与 65 美元现金，也可以全部选择现金或者全部选择股票。巴菲特持有 2000 万股大都会 /ABC 公司股票，他决定全部转换为迪士尼股票。除了换股以外，巴菲特还在公开市场上积极买进迪士尼的股票。

谈到大都会 /ABC 公司，就不得不提到它的传奇 CEO 汤姆·墨菲。墨菲奉行"去中心化"的经营理念，他的目标是尽可能地雇用最优秀的员工，并赋予他们履行工作所需的权力。公司总部没有负责市场营销、战略规划或人力资源的副总裁，总部员工的主要职能就是支持各大运营部门总经理的工作。

墨菲在任期间，竭力避免大都会 /ABC 公司的股权被稀释。除了出售股票给伯克希尔以获得收购美国广播公司的部分资金以外，大都会 /ABC 公司再也没有发行过新股。不仅如此，墨菲还利用内部经营性现金流和举债得来的资金，在公司股价低迷之际开展回购，使公司总股本减少了近 50%。

　　1995 年，在巴菲特的撮合下，墨菲和迪士尼 CEO 迈克尔·艾斯纳会面，谈妥了 190 亿美元的收购对价。1966～1995 年，墨菲创造的年复合收益率高达 19.9%。当初投入的 1 美元，29 年后升值到 204 美元。鉴于墨菲的出色表现，连巴菲特都多次盛赞他是自己的"管理学导师"。巴菲特还声称，墨菲是"可以把女儿嫁给他的那种人"。

专题 40

罗斯·布鲁姆金

283. 最好的人生状态

在 1984 年致股东的信里，巴菲特再次盛赞 B 夫人的工作态度。当时的 B 夫人已经 91 岁高龄，但仍然是忘我的工作，每天从早忙到晚，一周工作 7 天。巴菲特说，B 夫人在一天之内要做出决定的事项，比很多大公司总裁一年决定的事项还多。正是这种对工作的热忱，造就了 B 夫人传奇的商业和人生经历。

B 夫人并非天生贵胄，她来到美国时身无分文，又不会讲英语，几乎没有任何资源。然而，依靠自己顽强拼搏的精神，B 夫人在事业上取得了辉煌的成就，也获得了世人的尊重和景仰。B 夫人荣膺纽约大学的荣誉博士学位，与埃克森石油、花旗银行等大公司总裁享有同等声誉。

巴菲特在总结 B 夫人的成功经验时讲到了四点：一是对事业抱有极大的热情；二是脚踏实地，敢作敢为，一旦做出决定，立即展开行动；三是坚守着公司的基本业务，对无益于提高公司竞争力的事情，保持克制，拒绝诱惑；四是人品高尚，受人信赖。这些都不是深奥的道理，难的是数十年如一日的"知行合一"。

在我看来，人生最好的状态莫过于孔子所说的："其为人也，发愤忘食，乐以忘忧,不知老之将至云尔。"工作的时候废寝忘食,心情愉悦,不知不觉就快乐地生活了一辈子,这不就是 B 夫人的人生状态吗?不仅 B 夫人如此,巴菲特本人也是这样的。优秀的人都是相互吸引的,想必这也是巴菲特欣赏 B 夫人的原因吧!

284. B 夫人 100 岁生日

在 1993 年致股东的信里,巴菲特特意向 100 岁的 B 夫人致以衷心的生日祝福。由于 B 夫人习惯一周工作 7 天,所以在生日当天也不例外,内布拉斯加家具城照常开业,直到傍晚闭店之后,B 夫人才开启她的生日晚宴。巴菲特多次在公开场合对 B 夫人赞不绝口。让我们按照时间顺序,来复盘一下 B 夫人波澜壮阔的一生:

1893 年 12 月 3 日,B 夫人出生于莫斯科附近的一个小村庄,兄妹 7 人都睡在稻草上;6 岁时,B 夫人开始帮开食品店的母亲烤面包;13 岁时,B 夫人在一家杂货店谋到了一份工作;16 岁时,B 夫人已经是这家杂货店的主管,手下还有 5 名成年男性;24 岁时,B 夫人从俄国到中国再经由日本,一路辗转来到美国西雅图。

26 岁时,B 夫人全家在奥马哈定居,当时她身无分文,也不会说英语,只能靠她正在上学的孩子教她。44 岁时,B 夫人拿出所有的积蓄 500 美元,在法纳姆大街租了一间门店,开启了她的创业之路。经过半个多世纪的奋斗,内布拉斯加家具城的年营业收入已经超过 2 亿美元,成为当时全美最大的家具店。

我常常想,如果换成另一个人,把她代入 B 夫人的角色,可能会浑浑噩噩、庸庸碌碌地度过一生。无论是家庭的窘迫还是移民的艰辛,都足以让一个人变得意志消沉甚至黯淡无光。但 B 夫人昂首阔步,走出了"低开高走"的壮阔行情。难怪巴菲特评价说,身高不足 1.5 米的 B 夫人,在他心目中却有着 3 米的高大形象。

专题 41

凯瑟琳・格雷厄姆

285. 凯瑟琳・格雷厄姆退休

在 1993 年致股东的信里，巴菲特提到，当年凯瑟琳・格雷厄姆已经正式决定退休。回顾巴菲特与凯瑟琳结缘的 20 年，可谓收获满满。1973 年，巴菲特斥资 1060 万美元投资华盛顿邮报公司；到 1993 年，伯克希尔单是每年从华盛顿邮报公司收到的分红就超过 700 万美元，持仓市值更是超过 4 亿美元，赚得盆满钵满。

凯瑟琳・格雷厄姆出身名门，她的父亲尤金・迈耶曾担任过美联储主席、世界银行行长，这让凯瑟琳从小就有机会接触上层社会的社交圈子。凯瑟琳的前半生顺风顺水，丈夫事业有成，儿女出类拔萃，自己则身居幕后。然而好景不长，凯瑟琳的丈夫后来因为抑郁症自杀了，人到中年的凯瑟琳不得不走到前台，主持大局。

1963 年，凯瑟琳接管了《华盛顿邮报》，她很快就表现出了坚强豁达、励精图治的一面。1971 年，华盛顿邮报公司上市。随后，在凯瑟琳强有力的领导下，《华盛顿邮报》顶住重重压力，先后揭露了"五角大楼文件事件"和"水门事件"等政坛隐秘，在美国新闻媒体史上留下了浓墨重彩的一笔。

　　巴菲特和凯瑟琳之间的"神仙友情"，堪称投资人与管理层关系的典范。一开始，巴菲特买下华盛顿邮报公司大额股份时，引起了凯瑟琳的高度警觉和戒备。在巴菲特持续释放善意之后，凯瑟琳开始对巴菲特转为信任，两人在事业上相互成就，在人脉上相互支持，最终成就了一段佳话。在我看来，这也是"善意投资"所积累的福报。

專題 42

———

唐·基奥

286. 可口可乐的唐·基奥退休

在 1993 年致股东的信里，巴菲特提到了两位当年退休的商业伙伴，一位是华盛顿邮报公司的凯瑟琳·格雷厄姆，另一位是可口可乐的唐·基奥。巴菲特和唐·基奥很早就相识了，两人是家住对面的街坊邻居。当时，唐·基奥只是一名收入微薄的咖啡销售员，却还要承受生活的重担，养活一大家子人。

巴菲特对唐·基奥印象很好，他认为基奥可以给周围的人带来欢乐。每当想起基奥时，没有人不是会心一笑的。这种给人"如沐春风"的感觉，跟可口可乐的产品定位堪称绝配。1981 年，罗伯特·戈伊苏埃塔当上可口可乐总裁，唐·基奥是他的副手。这样的管理组合，也是促使巴菲特重金买入可口可乐的关键因素之一。

早前，巴菲特一直是百事可乐的忠实粉丝。基奥向其推销可口可乐的新品樱桃味可乐，巴菲特尝了尝，觉得还不错，从此喜欢上了可口可乐。不过，巴菲特一直觉得可口可乐估值太高。直到 1988 年，美股刚刚经历过股灾的洗礼，再加上百事可乐不断挑起矛盾，可口可乐的股价滑落到每股 38 美元左右，进入理想的买入区间，巴菲特才出手。

　　1981～1993 年，在戈伊苏埃塔和基奥的领导下，可口可乐的市值从 44 亿美元增长至 580 亿美元，让这家诞生了近百年的企业重新焕发了勃勃生机。应戈伊苏埃塔之邀，巴菲特加入了可口可乐董事会，并认识了同为董事的赫伯特·艾伦。后来，艾伦又邀请巴菲特参加太阳谷年会$^{\ominus}$。在巴菲特身上，我们能清楚地看到，一连串的好运是如何发生的。

　$\ominus$　太阳谷年会创办于 1983 年，是美国艾伦公司创立的全球商业大咖交流合作平台。每届年会历时五天，除了各种各样的演讲和论坛交流，还会在每天下午安排各种休闲娱乐活动，包括网球、高尔夫球、骑车、游泳、钓鱼和漂流等。

专题 43

基恩·阿贝格

287. 善良的回报

前文提到，在 1980 年致股东的信里，巴菲特提到了一位故人基恩·阿贝格。1931 年，阿贝格以 25 万美元起家，在罗克福德创办了伊利诺伊国民银行；1969 年，伯克希尔出资 1550 万美元，买下了这家银行 97.7% 的股份；此后，阿贝格继续以职业经理人的身份在这家银行工作；1980 年，82 岁的阿贝格谢世。

巴菲特回忆了他与阿贝格相交的种种过往：两人第一次见面时，阿贝格就展现出 100% 的坦诚，将公司所有的负面因素和盘托出；虽然公司极少出现问题，但一旦有问题，阿贝格会立刻向巴菲特报告；巴菲特买下伊利诺伊国民银行以后，阿贝格的工作态度几乎没有变化，还是一如既往，兢兢业业……

这不禁让我在思考一个问题：为什么巴菲特总是遇到好人？其实在巴菲特到来之前，阿贝格也接触过其他潜在买家，但对方一上来就指手画脚，居高临下，各种批评指责，还要求审计查账。这时，巴菲特出现了，他的报价比别人还少 100 万美元，但是阿贝格还是选择将企业卖给了巴菲特。

　　归根结底，人与人都是相互吸引的。巴菲特拥有善良的精神底色，对于朋友和同事，他总能报以欣赏、尊重的态度。对于阿贝格来说，既然已经实现了财务自由，那为什么还要和不喜欢的人打交道呢？巴菲特总是让人觉得舒服，这其实是一种高情商的表现，最终他也获得了善良的回报。

专题 44

约翰·博格

288. "投资者的英雄"

在 2016 年致股东的信里，巴菲特写道："如果要树立一座雕像来纪念对美国投资者贡献最大的那个人，那么约翰·博格应是当之无愧的人选。数十年来，博格一直敦促投资者购买超低成本的指数基金。很多基金经理向投资者许以巨额回报，却没有给他们带来任何附加值。相比于流向那些基金经理的巨额费用，博格积累的财富简直就是九牛一毛。"

约翰·博格曾以花园的四季更替来比喻股市涨跌："在花园里，草木生长顺应季节，有春夏，也有秋冬，然后又是春夏，只要草木的根基未受损伤，它们将顺利生长。我们能够坦然迎接不可避免的季节更替，却为经济的周期变动而烦恼，我们是多么愚蠢啊！"诚如博格所言，秋之斑斓，冬之荒芜，春之生机，夏之炎热，股市如四季，始终在不停地循环交替。

1974 年，约翰·博格创立先锋集团，截至 2019 年拥有 16 600 名员工，管理的资产规模超过 5 万亿美元，是全球第二大基金管理公司。在先锋集团，博格成立了世界上第一只指数型共同基金，他也因此被誉为"指数基金教父"。指数基金的基本原理并不复杂：基金经理整体必然会提供等同于市场的总回报，一旦扣减其投资成本，基金经理整体所获得的净回报就会低于平均水平。

2019 年 1 月，约翰·博格以 90 岁的高龄辞世。如今，博格一手创办的先锋集团及旗下基金，每年为投资者节省的费用支出数以百亿美元计。因此，巴菲特盛赞说："约翰·博格是投资者的英雄，也是我的英雄。"虽然巴菲特坚持主动管理，而博格推崇被动管理，但两人惺惺相惜。斯人已逝，智慧长存。约翰·博格对指数基金的开创性贡献，值得我们永远铭记。

专题 45

大卫·戈特斯曼

289. 一生挚友戈特斯曼

在 2003 年致股东的信里，巴菲特写道："经过考虑，在征得现任董事同意的情况下，我和芒格邀请了四位没有提名自己担任董事的人士加入董事会，他们是大卫·戈特斯曼、夏洛特·盖曼、唐·基奥和汤姆·墨菲。这四位都是我的朋友，我很了解他们的长处。他们的到来，为伯克希尔董事会平添了多位商业人才。"

戈特斯曼和芒格一样，都是巴菲特一生的挚友。1966 年，戈特斯曼、巴菲特和芒格通过巴菲特合伙基金公司、第一曼哈顿公司和惠勒－芒格公司成为商业合作伙伴。戈特斯曼和芒格互不相识，但巴菲特和他们都是好朋友。在接下来的 56 年里，他们三人以各种方式保持着合作伙伴的关系，其中就包括戈特斯曼进入伯克希尔董事会。

2022 年，戈特斯曼以 96 岁的高龄辞世。巴菲特写下了一段深情的缅怀文字："戈特斯曼、芒格和我，我们三人之间从未发生过任何形式的争吵。更值得一提的是，戈特斯曼从未私下对我说过任何关于芒格的坏话，芒格和我谈论戈特斯曼时也是如此。很难想象一段婚姻或者大多数商业伙伴关系会像刚才我描述的那样。"

这样的"神仙友谊",着实令人羡慕不已。其实我现在身边也聚集起了一些三观一致、志同道合的朋友,很感谢大家走进我的生命。希望再过二十年、三十年,我们的友情依然还在。说句开玩笑的话,你们要努力,争取能一直留在我的朋友圈;当然,我更要努力,争取避免成为被大家打出去的那张牌。

第 5 章

风险管理

专题 46

保险经营

290. 保费规模与盈利质量

在 1971 年致股东的信里，巴菲特写道："通常而言，我们不会对我们的保险业务，设定具体的保费收入目标。当然，也不会对再保险业务设定目标。因为如果把盈利标准抛在一边之后，任何的保费收入目标都能实现。我们希望，能以合适的价格获得这些保费。"很显然，相比于保费规模，巴菲特更看重盈利质量。

保险业提供的商品，实际上是对未来可能发生损失的一种赔付义务。因此，对于保险公司而言，最重要的是有随时履约的能力。如果在同样的保费规模下，你实际承担了更多的赔付义务；或者在同样的赔付义务下，你收取了更少的保费，将来都可能带来无法正常履约的风险。保险业就是专门经营风险的行业，对其而言信誉的损失是无可挽回的。

2011～2016 年，我曾经在保险监管部门工作过 5 年多时间。当时给我的印象是，有个别公司非常看重保费收入、市场份额等指标。为了获取尽可能多的当期保费收入，也存在违规打折降费等现象。对于一些小型保险公司而言，如果无法实现盈利，那结局是可想而知的。

对于保险业而言，收了保费，就要考虑总有赔付的时候。对于我们每个人而言，也是如此：年轻时候熬的夜，也许当时受得住，但总会为将来埋下身体健康的隐患。

291. 如何应对"劣币驱逐良币"

在 1974 年致股东的信里，巴菲特谈到伯克希尔旗下的家庭和汽车保险公司试图打入佛罗里达州的保险市场，但出师不利。巴菲特说："我们在年中的时候上调了保险费率，但竞争对手并未跟着上调费率。结果导致我们那段时间在这一地区内的保费收入大幅下降，因为竞争对手用我们认为不现实的价格，从我们手里抢走了生意。"

巴菲特的这段话，非常引人深思。巴菲特是基于科学、合理的考虑，决定上调保险费率，这样可以保证公司拥有足够的履约和偿付能力。但是，竞争对手没有那么长远的考虑，他们在乎的是短期的保费收入。对于不明真相的客户来说，他们只是看到了巴菲特旗下的保险更贵，所以转而投身那些没有上调费率的保险公司。

这种现象属于非常典型的"劣币驱逐良币"，类似的案例还有二手车市场。同样型号、同样年限、同样行驶里程的两台二手车，其中一台因为是事故车辆，所以卖得更便宜一些；另一台因为车主注重保养，车辆的损耗很小，所以卖得更贵一些。但由于信息不对称，客户并不知道其中的差别，他会本能地选择价格更便宜的那一台。

遇到这种情况怎么办？是任由"劣币驱逐良币"，还是自己也转身变成"劣币"？巴菲特的选择是前者。如果竞争对手肆意降低保费，巴菲特不会跟进，短期内确实会失去一些客户，失去一些保费收入。但是，天道有常，等到那些定价不合理的保险公司遇到无力赔付的事件时，那些原本属于伯克希尔的客户，最终还是会回来的。

292. "不迎合"的人格特质

在 1979 年致股东的信里，巴菲特写道："虽然我们常听到许多保险公司宣称，愿意为了实现承保盈利而少收点保费，然而真正能贯彻执行的并不多。我们不愿意因为保费收入的主动性变化而经常性地裁员，这是我们的一项政策。相反，我们宁愿保持宽松一点的弹性，而不是让大家忙得晕头转向，最后发现却都是亏本生意。"

这段话体现了巴菲特经营保险业务的一贯思路，那就是不管保费收入多少，实现承保盈利要始终放在首位。市场过热时，巴菲特就少承保一些业务；市场出清时，巴菲特就多签发一些保单。但给我感触更深的，其实是巴菲特"从不刻意迎合市场"的作风。不仅体现在保险业务经营上，巴菲特对股市的态度也一向如此。

无论股市冷热，巴菲特的态度始终如一。在我的印象里，无论股市是熊市还是牛市，巴菲特似乎极少抱怨市场，他总是根据市场情况，自己去做相应的调整。比如 1969 年他觉得股市过热，选择解散合伙基金；1974 年他觉得股市被低估，决定重仓买入。唯一不变的是，巴菲特从不轻易放弃自己的投资原则。

"不迎合"其实是一项非常可贵的品质。对于我们而言，考大学的时候，有多少人能做到不选热门专业，而是选择自己喜欢的专业呢？找工作的时候，又有多少人能做到无视薪水高低，只选择自己热爱的职业呢？从长期来看，只看重热门的专业或赚钱的行业，跟追逐市场热点差不多，其结果一定不如选择自己的真爱。

293. 经营保险业务的正确姿势

在 1981 年致股东的信里，巴菲特谈到了保险业经营的困境：1979～1981年，保险业连续三年的综合成本率高于 100%，这也就意味着全行业发生了承保亏损。与此同时，行业保费收入的增幅连年下滑，从 1979 年的 10.3% 一直降到 1981 年的 3.6%，创下了自 1972 年 10 年以来的新低水平。

巴菲特坦言，面对持续恶化的未来，伯克希尔也没有更好的应对之策。但有一点是确定的：伯克希尔旗下的保险事业，永远不会为了追逐短期的保费收入而牺牲企业的承保利润。其他单打独斗的保险公司，也许要考虑短期的生存问题，但伯克希尔强大的财务实力给了巴菲特很大的"心理冗余"。

巴菲特经营保险业务的思路是：把承保利润放在首位，绝不为了规模而牺牲效益。在此基础上，以伯克希尔作为坚强后盾，为暂时处于困境的保险业务提供支持，确保在行业不景气的时候，自己旗下的保险公司还能生存下来。然后，以保险公司的浮存金作为投资资金去买入那些优质资产，进一步壮大伯克希尔的实力，从而形成良性循环。

要做到这一点，需要满足两个条件：其一，有正确的经营理念，不会为了逞一时之快，盲目"跑马圈地"，给未来埋下无尽的隐患；其二，有强大的经济实力，不会像很多小型保险公司那样，不得已要为眼前的生计考虑。对于我们每个人来说，在掌握了正确的投资理念之后，通过努力赚钱，也可以让我们更有坚持"长期主义"的底气。

294. 巴菲特是如何经营保险业的

在 1989 年致股东的信里，巴菲特写道："我们之所以愿意承担比一般保险公司更多的风险，主要有两方面原因：一是以会计原则的规范标准看，我们的保险公司净值高达 60 亿美元，位居全美第二；二是我们并不在乎短期的盈利数据，每季度、每年度都无所谓，只要我们的决策是基于稳健获利所做出的明智决定就行。"

在保险行业，一家公司的产能以它的保费收入和承保金额为衡量标准。能收取多少保费，能承担多少保额，取决于公司净值。因为只有拥有相应的财务实力，才可能在未来出现风险的时候正常履约。但并不是每家保险公司都能这么理性，都能这么克制。一些保险公司的管理层出于短期利益的考虑，也会办理超过自身能力的保额。

1989 年，美国保险业的保费收入增长率约为 2.1%，承保损失增长率约为 8.7%，行业整体的综合成本率高达 110.4%。也就是说，在不考虑浮存金收益的情况下，每收进来 100 万美元的保费，就要产生 10.4 万美元的亏损。在这种情况下，巴菲特选择了收缩业务，伯克希尔旗下的保险业务收入继续下降。

巴菲特的经营策略是这样的：当市场饱和时，他就退出市场，并忍受营业收入的短期下滑；等经历了一轮市场出清，市场出现供应短缺时，他再进场，满足大家的承保需求。对于巴菲特而言，他最大的优势在于"有得选"：除了保险业务以外，他还有很多赚钱的非保险业务。所以，他可以很有底气地对赔钱的保单说"不"。

295. 如何衡量保险公司的绩效

在 1990 年致股东的信里，巴菲特提到，大多数分析师和经理人在评价保险公司绩效时，最常用的指标就是综合成本率，也就是综合费用率与综合赔付率之和。比如说，如果综合成本率为 100%，就意味着每收取 100 美元保费，发生的费用和赔付就是 100 美元。综合成本率越低，就说明保险公司的盈利能力越强。

通常而言，由于沉淀的保险资金可以用以投资，所以保险公司的盈亏平衡点并不是发生在综合成本率为 100% 的时候。历史数据显示，当综合成本率介于 107%～111% 时，公司能保持盈亏平衡。这种情况下，保险公司收了 100 美元保费，虽然产生了 111 美元的费用和赔付成本，但由于产生了 11 美元的投资收益，基本上可以打平。

巴菲特认为，相比于综合成本率，有一项指标更能反映保险公司的获利能力，那就是承保损失与浮存金的比率。如果未发生承保损失，则意味着浮存金的资金成本为负；如果发生承保损失，它与浮存金之比就是保险公司的资金成本。这一指标不仅考虑了经营绩效，还考虑了投资绩效，因而能更全面地衡量保险公司的营运管理水平。

据统计，1967~1990 年，伯克希尔旗下保险事业有 12 年实现了承保盈利，这些年份的资金成本率都是负值。仅有四个年份（1975 年、1983 年、1984 年、1985 年）的资金成本率超过 10%。这些规模庞大又成本超低的浮存金，为伯克希尔的投资输送着源源不断的"弹药"，成为其构筑资本帝国的重要一环。

296. 如何评估保险业务的价值

在 1993 年致股东的信里，巴菲特写道："只有将保险业的承保结果与保险浮存金可以获得的无风险收益做比较分析，才是评价一家保险公司内在价值的正确方法。此外，一家保险公司利用其浮存金与股东资金所能创造的投资收益也相当重要。"巴菲特给出了评估伯克希尔保险事业价值的思路：

首先，计算出旗下保险事业的浮存金总额。1967 年，巴菲特通过收购国民赔偿保险公司，首次进入保险业，当年的浮存金规模约为 1730 万美元。截至 1993 年，巴菲特掌握的浮存金已经增长至 26.25 亿美元。然后，再计算伯克希尔保险业务当年的承保利润或者损失。承保损益与浮存金规模之比，就可以视为其资金成本率。

以 1993 年为例，伯克希尔旗下保险事业实现承保利润 3100 万美元。这就意味着，巴菲特使用的 26.25 亿美元浮存金，不但没有承担任何费用，还额外有 1.18% 的收益率。如果再加上浮存金的投资收益，巴菲特的盈利相当可观。1967~1993 年，巴菲特有 13 年的时间都享受了这种负成本的浮存金，它为伯克希尔提供了质量极高、风险极低的资金杠杆。

不过，巴菲特提醒大家，单年度的保险经营数据非常容易让人产生错觉。伯克希尔的核心保险业务之一是巨灾保险。这种"霹雳猫"保单的特点是，发生的频率低，但赔偿的金额非常高。多年不出险所积累的盈利，有可能因为某一灾年而全部赔付出去。多年来，伯克希尔保险业务一直经营稳健，足见巴菲特的保险运营能力也相当出色。

297. 巨灾保险的经营特点

在 1993 年致股东的信里，巴菲特谈到了旗下保险公司巨灾保险业务的经营特点，那就是每年的盈亏会有巨大的浮动，因此千万不能拿某一年度或者某些年度的盈利来作为对未来乐观估计的依据。因为巨灾保险业务承担的保险责任，要么不发生，一旦发生，就会有非常巨额的赔付支出。

举个简单的例子，如果每个世纪都会发生 25 次重大灾害事故，也就意味着平均每 4 年就会发生一次。但我们要注意一点，25 次重大灾害事故并不是均衡分布的，有可能某个时间段（比如 10 年）一次也没有发生。如果按照 1∶5 的赔率收取相应的保费，短期内有可能赚得盆满钵满。

不过从长期来看，按照 1∶4 的赔率收取相应的保费才能打平，按照 1∶5 的赔率则必然会因为某个年份的巨额赔付导致保险公司入不敷出，最终陷入破产的尴尬境地。巴菲特说，他从直觉上判断，伯克希尔大约是按照 1∶3.5 的赔率收取的保费。这样的费率水平，能够维持保险公司的长期稳健经营。

巴菲特坦承，没有人可以准确地计算出巨灾保险业务真正准确的费率。可能要等到数十年后，才能看得出当初设定的费率是否合理。巴菲特所说的，其实正是保险业的经营和投资难点。因为保费收入都是当期的，而赔付是相对滞后的或然事件。在我看来，保险业属于普通投资者难以跨越的"七尺栏杆"。

298. 伯克希尔经营巨灾保险的优势

在 1994 年致股东的信里，巴菲特再次谈到伯克希尔的"霹雳猫"保险业务。"霹雳猫"因猫（cat）和巨灾（catastrophe）的英文缩写类似而得名，是指那些专门提供保险公司与再保险公司规避重大自然灾害风险的保单。1994 年，唯一发生的重大自然灾害就是加州大地震，对于伯克希尔来说，这一年是个很好的案例。

"霹雳猫"业务的性质决定了，要么不赔，一赔就是巨款。有可能很多年是赚钱的，然后在某一年突然遭受重大的损失。所以，"霹雳猫"业务究竟赚不赚钱，不能看单年度的绩效，而是要在一个较长的时间周期内才能看清。相比于一般的汽车保险，这种巨灾保险也没有庞大的数据库可供参考，必须依靠相当专业的判断。

在承揽"霹雳猫"业务方面，伯克希尔有两项优势：其一，拥有优秀的产品经理。阿吉特·贾因具有丰富的承保和精算经验，是伯克希尔的一张王牌，被巴菲特誉为"无价之宝"；其二，拥有雄厚的资本实力。对于很多小型保险公司来说，它们即便想承保巨灾保险，也有心无力，伯克希尔有强大的履约能力，这也就构成了它的最强竞争优势。

比如说，1994 年，有一家保险公司想要投保一张保额为 4 亿美元的加州地震保险保单，伯克希尔二话不说就接下了这单业务。伯克希尔的单一保单保额最高可以达到 5 亿美元，一般的保险公司并没有如此充足的资本金，即便是看到有利可图，也只能望洋兴叹。在我看来，做大事不一定比做小事更难，自身越强大，才越有做大事的底气。

299. 巴菲特与盖可保险结缘 70 年

在 1995 年致股东的信里，巴菲特谈到伯克希尔已经买下了盖可保险 100% 的股份，并追忆了他和盖可保险长达 45 年的缘分。巴菲特是格雷厄姆的学生，他偶然间发现格雷厄姆是盖可保险董事会主席，于是对这家保险公司产生了浓厚的兴趣，并利用周末时间搭乘火车，前往位于华盛顿的盖可保险总部，开展实地调研。

1951 年，巴菲特花费 10 282 美元，买下了 350 股盖可保险股票；1952 年，巴菲特以 15 259 美元的价格出清，并将所得资金投入到西方保险证券公司。20 年后，巴菲特之前卖掉的盖可保险股份，已经增值到 130 万美元，巴菲特后悔不选。这件事也让巴菲特深深认识到，不应轻易卖出一家优秀公司的股票。

1976~1980 年，巴菲特累计投入 4570 万美元，拿下盖可保险 33.3% 的股份。此后 15 年间，巴菲特虽然没有再出手增持，但是由于盖可保险不断回购自家股份，伯克希尔对盖可保险的持股比例增加到 50%。1995 年，巴菲特再次耗费 23 亿美元巨资，买下了盖可保险另一半的股份，并持有至今。

巴菲特投资盖可保险，20 世纪 50 年代以"万"计，20 世纪 70 年代以"千万"计，20 世纪 90 年代以"十亿"计。随着时间的推移，越往后，盖可保险股价越高，股权价值越高。为什么说"时间是优秀企业的朋友"，就是这个道理。另外给我的一点启示是：得到的如果不珍惜，有可能会失去；失去了也不必懊悔，将来还有机会追回。关键是，我们得做有心人。

300. 巴菲特再谈巨灾保险

在 1996 年致股东的信里，巴菲特谈到，伯克希尔之所以能取得佳绩，与旗下保险业务的稳健经营有着密不可分的关系。其中，由于当年没有发生巨灾理赔，"霹雳猫"业务又度过了幸运的一年。不过，巴菲特一再强调，对于巨灾保险而言，重大损失一定会发生，只不过无法知道确切的时间而已。

既然如此，伯克希尔为什么还要做"霹雳猫"业务呢？原因在于，以伯克希尔的财务实力，它完全有能力应对盈利波动。巴菲特说："我和芒格宁可接受颠簸的 15% 收益，也不要平稳的 12% 收益。既然我们知道公司每天、每周的盈余都会发生变动，我们又何必强求公司的盈余变化，一定要和地球围绕太阳公转的时间保持一致呢？"

后来，巴菲特的这段话广为流传，不仅承揽保险业务如此，从事股票投资也是一样的道理。我们之所以不投年化收益率 4% 的债券，而是选择预期收益率超过 10% 的股票，也是为了以更剧烈的收益波动来换取更高的投资回报。"甘蔗不能两头甜"，股票在某些年份不赚钱是很正常的，因为股票并不知道地球公转一周是一年。

　　巴菲特之所以跟大家科普这些知识，主要的考虑是，总有一天伯克希尔会面临巨灾保险的大额赔付，到那个时候，他不希望看到股东因为恐慌而售出手中的股票。放在较长的时间周期去考量，这样的赔付是必然会发生的，但它不会动摇伯克希尔资本帝国的根基。有相应的知识储备，才能遇事不慌，从容以对。

301. 巴菲特卓越的保险运营能力

　　在 1996 年致股东的信里，巴菲特提到伯克希尔接下了两笔保险大单。先是在年中的时候，与全美保险签约承保佛罗里达飓风保险，这是当时单一公司独立承担单一风险的最高纪录；紧接着在年底的时候，又与加州地震局签约地震保险，保额比飓风保险还高出一倍。巴菲特认为，伯克希尔的"霹雳猫"业务具有强大的履约能力。

　　按照巴菲特的测算，自家承保的"霹雳猫"业务，最大的单笔赔付金额不会超过 6 亿美元，不到伯克希尔净值的 3% 或市值的 1.5%，属于完全可以承受的范畴。但是，对于美国的大多数保险公司而言，6 亿美元简直就是一笔天文数字。巴菲特向大家保证，凡是伯克希尔旗下保险公司签发的保单，出险后 100% 可以得到理赔。

　　加州发生大地震的概率有多大？发生大地震后伯克希尔要赔付多少钱？对于这些问题，巴菲特心中并无确切的答案。不过，巴菲特明白一点，要做好准备，把保费收入的 90% 花在理赔和费用上。保险跟投资一样，每年的业绩会有很大的波动，因此必须运行很长一段时间以后，才能知道自己到底在干什么。

　　在我看来，巴菲特具有极其卓越的保险运营能力，自己创造的保额纪录，最后只能被自己打破，可以说是难逢对手。与此同时，巴菲特小心翼翼地勒住了"巨灾保险"的缰绳，谨防它万一失控，给伯克希尔造成不可挽回的损失。对于普通投资者而言，如果没有丰富的保险从业经验，对保险股的投资还是以谨慎为宜。

302. 伯克希尔回顾保险业务 30 年

在 1997 年致股东的信里，巴菲特系统回顾了伯克希尔从事保险业务 30 年以来的得失。1967～1997 年，伯克希尔旗下掌握的浮存金从 1730 万美元增长至 70.93 亿美元，年复合增长率约为 21.7%。更重要的是，浮存金整体的成本为负。也就是说，它虽然表现为伯克希尔的负债，但实际上发挥着股东权益的作用。

在谈及"霹雳猫"保险业务时，巴菲特认为，要根据概率来制定合理的费率。举个例子：两颗骰子要掷出 12 点，其概率只有 1/36。如果每年掷一次，庄家每次可以收取 100 万美元的赌注，但如果赌客掷出 12 点，庄家则要支付 5000 万美元。那么在很长的一段时间内，庄家可能都会以为每年 100 万美元得来全不费工夫，殊不知其背后有着巨大的风险。

在谈及盖可保险的经营业绩时，巴菲特掩饰不住内心的喜悦和兴奋。1997 年，盖可保险的保单增长率高达 16%，保单数量创下了 20 年以来的新高。为了奖励大家，巴菲特给盖可保险全公司的 10 500 名员工开出了 7100 万美元的高额奖金。对于掌舵的托尼·奈斯里以及公司元老洛里默·戴维森，巴菲特表达了衷心的感谢。

除了巨灾保险和车险业务以外，伯克希尔旗下还有一些小型的保险公司和保险业务。比如说，国民赔偿保险、Homestate 保险、劳动退休金保险、中部州保险、堪萨斯银行家保险，这五家保险子公司的平均承保利润率为 15%，也给伯克希尔创造了可观的收益。30 年来的筚路蓝缕、辛苦耕耘，如今让巴菲特享受着全面开花的胜利的果实。

303. 巴菲特再论盖可保险

在 1998 年致股东的信里，巴菲特再次谈到了盖可保险优秀的商业模式。盖可保险为客户提供低成本的直销服务，由于是保险公司直接接洽客户，因此第一年刚接的保单通常没有什么利润可言，只有到第二年客户愿意续保的时候，公司才开始产生利润。很多同业公司之所以没有效仿盖可保险，就是因为它们不愿意负担第一年的成本。

为了调动大家争取新业务的积极性，巴菲特特意将第一年的新保单排除在员工奖励的计算之外。在巴菲特的领导和托尼·奈斯里的管理下，盖可保险经营得相当出色。1998 年，盖可保险向工作超过 1 年的 9313 名员工发放了 1.03 亿美元的现金红利，约占当年员工薪资总额的 32.3%。与此同时，有 4612 名员工获得了职务上的升迁。

巴菲特说："在伯克希尔，我们始终认为，要教像托尼这样杰出的经理人如何经营公司，是一件相当愚蠢的事。"巴菲特对伯克希尔的经理人只有三项要求：第一，把公司当成自己的企业来经营；第二，把公司当成自己和家人在世界上唯一的资产来对待；第三，在有生之年，你没办法卖掉这家公司，要一直与它相伴。

巴菲特这些话是说给现有的经理人听的，也是说给潜在的收购对象听的。如果你满足巴菲特的收购标准，你可以随时打电话给巴菲特。巴菲特还特意声明，除了芒格之外，他不会把这件事告诉任何人。这样一来，就打消了很多人保护隐私的担忧。可以说，巴菲特既是精通投资的"大神"，也是深谙人性的"大师"。

304. 盖可保险的 1999 年

在 1999 年致股东的信里，巴菲特谈到了盖可保险当年的经营形势相当喜人。1993～1999 年，盖可保险新增的自愿保单数量从 346 882 笔增长至 1 648 095 笔，有效的自愿保单总量从 2 011 055 笔增长至 4 328 900 笔。盖可保险的营销费用，也从 1995 年的 3300 万美元增长至 1999 年的 2.42 亿美元，预计在 2000 年会突破 10 亿美元。

盖可保险有两项极为重要的竞争优势：一是其新增保单的获客成本，远远低于同业水平；二是其续约保单的营运成本，更是创下了全美保险业者的最低水平。之所以能取得如此瞩目的成就，一方面离不开托尼·奈斯里和全体员工的辛勤工作，另一方面也与巴菲特合理的薪酬考核机制息息相关。

在 1995 年巴菲特入主盖可保险之前，其管理层的做法是，将每年的新增保单成本跟年终奖挂钩。由于新增保单成本远高于续保保单成本，导致新增保单反而成了对员工的一种"惩罚"，这无疑会大大削弱员工开拓新市场和新业务的积极性。巴菲特买下盖可保险之后，只有两项指标与年终奖挂钩：一是保费增长率；二是续保保单的承保获利情况。

据巴菲特测算，要维持盖可保险的现有业务，每年 5000 万美元的广告费就够了。多投入的广告费，现在则主要是用于新保单的开发。盖可保险的蒸蒸日上，离不开全体员工的共同努力，其中也包括前任董事长洛里默·戴维森。1999 年 11 月，戴维森以 97 岁的高龄谢世，包括巴菲特在内的盖可保险全体同仁，都深深地缅怀他。

305. 盖可保险短期成本上升

在 2000 年致股东的信里，巴菲特谈到盖可保险的营销费用时说："我们额外投入的经费，并没有为我们增加相应的咨询电话，而且平均每个咨询电话的成交率也首次出现下滑。这些不利因素的出现，导致我们获客成本大幅增加。"这种现象引起了巴菲特的高度警惕，他也认真剖析了其中的原因：

首先，盖可保险的广告在一些媒体上的曝光过于频繁。大量且密集的广告资讯，其效果绝对是边际效应递减的。作为受众，第一遍看还有点新鲜感，第二遍、第三遍看就会有些麻木了。其次，盖可保险的客户开发已接近"天花板"，愿意通过直销方式投保的客户基本上已"应保尽保"。还有一些群体（比如老年人），还没有完全接纳直销保险。再次，盖可保险的审核标准趋严，由于前一年度发生保险事故的频率和程度都有所提高，盖可保险的费率向上动态调整，再加上承保的标准提高，导致其相对于竞争对手的吸引力略微下降。最后，美国财险行业排名第一的美国州立农业保险公司浮存金成本高达 23%，意味着同行要么承担同样的高成本，要么就损失客户。

巴菲特判断，如果美国州立农业保险公司能够继续忍受高额的承保损失，那盖可保险肯定不会跟进，在短期内的增长势头就有可能会放缓。但是，盖可保险拥有一项重要的竞争优势，对于同质化的保险产品而言，"低成本"和"低价格"永远是吸引客户的重要法宝。这种固若金汤的"护城河"，从 1951 年巴菲特首次介入盖可保险时，就一直存在。

306．"9·11"事件对保险业的冲击

在 2001 年致股东的信里，巴菲特给出了伯克希尔保险事业的浮存金规模数据：盖可保险 42.51 亿美元，通用再保险 193.1 亿美元，其他保险业务 6.85 亿美元，其他再保险业务 112.62 亿美元，合计 355.08 亿美元。虽然浮存金的规模创下历史新高，但其成本率大幅飙升至 12.8%，这是自 1984 年以来最惨淡的纪录。

究其原因，最主要的是 2001 年发生了举世震惊的"9·11"事件，给保险业者造成了巨大的赔付损失。在过去，保险业的费率厘定和产品定价主要依赖于历史数据，也就是从经验出发，来估算未来发生保险事故的概率和程度。然而，谁也没有想到，财产保险历史上最大的理赔竟然跟传统的巨灾保险（比如飓风、地震等）没有任何关系。

巴菲特坦言，在"9·11"事件爆发之前，他曾经想到过这一层风险，但并没有把自己的顾虑转化为实际行动。"诺亚方舟原则"说，"重要的不是预测洪水，而是建造方舟"，巴菲特认为，由于自己没能很好地遵守这一原则，致使伯克希尔处于风险暴露之下。虽然伯克希尔有能力应对"9·11"事件的冲击，但它没有因此收到过一分钱的保费。

虽然"9·11"事件给伯克希尔带来深刻的教训，但经此一役，伯克希尔在保险业的竞争优势反而大幅提升。原因在于，伯克希尔拥有大量的流动资

产、极高的非保险事业盈余、有利的税务架构，以及能够容忍短期业绩不佳的优质股东，这让伯克希尔有能力承担比竞争对手更高的潜在风险。沧海横流，方显英雄本色，这也是行业逆境时伯克希尔的最好写照。

307. 承保的三大原则

在 2001 年致股东的信里，巴菲特提到了保险业承保的三大原则：第一，只接受能够评估和衡量的风险，对同业为争抢客户而竞相杀价的行为，采取"不跟随"的策略；第二，严格限制承保的业务内容，避免公司因为单一业务蒙受巨大损失，导致偿付能力不足；第三，不跟有道德瑕疵的人打交道，不要妄想从坏人身上占到任何便宜。

拿着"三大原则"这把尺子，巴菲特对旗下的保险业务逐一进行了对照。其中，通用再保险在 2001 年出现了大幅的承保亏损，其主要原因就是对损失准备提列不当。再保险业的周期很长，如果搞不清楚自己的成本，长期采取过低的保费定价，这就像手握一颗定时炸弹，可能在未来某个时候爆发危机。

相对而言，由阿吉特·贾因负责的再保险业务，让巴菲特颇感欣慰。自 1986 年阿吉特·贾因加入伯克希尔以来，对于他经手的所有保单，巴菲特都一清二楚，从来都没有发现过他出现违背"三大原则"的情况。"9·11"事件发生以后，阿吉特·贾因变得异常忙碌，他对伯克希尔承保的巨灾保险保单进行了全面梳理，迅速摸清了风险底数。

由托尼·奈斯里经营的盖可保险，是伯克希尔旗下最大的原保险公司。2001 年，盖可保险经营良好，浮存金增加了 3.08 亿美元，保费收入增长了 6.6%，承保获利 2.21 美元（意味着浮存金的成本为负）。可见，保险业对管理层营运和管理能力的依赖程度较高，因此选择合适的经理人就显得尤为重要。

308. 伯克希尔保险业务再创辉煌

在 2003 年致股东的信里，巴菲特谈到了旗下保险业务取得的良好业绩："我们的成绩相当出色，在伯克希尔跨入保险行业的 37 个年头里，虽然我们有 5 年的浮存金成本超过 10%，但其中有 18 个年头都享有承保利得。2003 年，伯克希尔累积的浮存金再度创下历史新高，这些资金不但没有成本，还额外贡献了 17 亿美元的税前承保利得。"

伯克希尔之所以能在保险业一路"披荆斩棘"，主要得益于旗下拥有优秀的经理人。从保险业本身来看，各家保险公司销售的都是无差异化的保单产品，没有任何明显超出同行的竞争优势，因此也很难享有品牌上的溢价。所以，真正想要在保险业脱颖而出，必须依赖于管理层的智慧、品格以及对承保纪律的严格遵守。巴菲特点名表扬的保险业务高管包括：

一是通用再保险的乔·布兰登和塔德·蒙特罗斯，在他们的努力下，通用再保险渐渐恢复了元气，并在 2003 年荣获了 AAA 信用等级，这在全球主要的再保险公司中是绝无仅有的。

二是伯克希尔再保险业务的阿吉特·贾因，他的专长是处理各种超大型、非寻常的风险。

三是盖可保险的托尼·奈斯里，在他的领导下，盖可保险的保费收入从 1992 年的 22 亿美元增长至 2003 年的 81 亿美元。

更重要的是，盖可保险一直保持着优异的承保业绩。由于"长尾效应"的存在，保险公司几乎可以随心所欲地操控短期的盈余数字。因此，经理人的能力和品格，也就成了影响一家保险公司经营成败的关键因素。

309. "剩者为王"的保险业

在 2004 年致股东的信里，巴菲特提到，自 1967 年伯克希尔买下国民赔偿保险公司以后，财险便一直是伯克希尔的业务支柱之一。伯克希尔可以掌控和使用的保险浮存金，已经从 1967 年的 2000 万美元，一路增长至 2004 年的 461

亿美元。当然，浮存金的规模固然重要，但更重要的是取得浮存金的成本。

总体来看，伯克希尔自介入保险业以来，取得浮存金的成本为负。这也就意味着，这些浮存金比无息贷款的质量更高，因为它相当于别人付费来请巴菲特保管资金。但是，巴菲特强调，并不是所有的保险公司都能积累高质量、大规模的浮存金。由于保险业同质化竞争严重，行业里的大部分公司都不能产生很好的承保业绩。

那么，伯克希尔是如何摆脱行业困境，在保险业拥有持续竞争优势的呢？巴菲特说，他在保险业采取的管理思想，是其他同行绝对无法复制的。1986～1999年，国民赔偿保险公司的营业收入持续下滑，前后长达十余年，但巴菲特并没有放松承保标准。巴菲特明白，只要愿意降价，自然能将大笔保费收入囊中，但这显然是不可持续的。

美国绝大多数的保险公司，都无法忍受长期的营业收入下滑，所以在行业陷入恶性竞争的时候，大家都会竞相降价，牺牲承保利润以换取营业收入。巴菲特却保持了常人难以企及的思想定力，在行业疯狂的时候不跟风，等到行业经历一轮出清之后，原先丢失的客户又会重新回到伯克希尔的怀抱。在保险业，其实也是"剩者为王"。

310. 如何才能不裁员

在2004年致股东的信里，巴菲特提到，美国大多数保险公司无法忍受营业收入的持续下滑，这恰恰构成了伯克希尔保险业务的优势。通常而言，业务萎缩带来的负面效应是企业会大规模裁员。于是乎，很多员工为了保住饭碗，不惜将不当定价合理化，这样做实际上是将风险暴露延后，在将来可能会积累更大的风险。

为了避免出现这一倾向，巴菲特一再承诺，伯克希尔旗下的保险公司绝不会因为业务萎缩而裁员。1986～2000年，国民赔偿保险公司的保费收入从3.66亿美元下滑至6800万美元，降幅约为81.42%；相比之下，员工人数仅仅从

403 人下降至 230 人，降幅约为 42.93%。2003 年，行情向好，其保费收入恢复到 5.95 亿美元，员工人数也恢复到 337 人。

巴菲特还提到一条小经验：要想在行业不景气的时候尽量不裁员，就必须做到在行业景气的时候尽量少招人。30 年前，汤姆·墨菲曾告诉巴菲特，新增一名年薪 2 万美元的员工，要像看待一件 300 万美元的提案一样慎重。因为一旦完成招聘，再想辞退这名员工，其实并不是一件容易的事儿。俗话说，请神容易送神难，就是此理。

这给我的启示是：如果大家只想维持普通的朋友关系，彼此没有利益瓜葛，会相处得非常融洽；一旦大家开启了深度的合作关系，彼此又不是特别匹配的话，就特别容易产生矛盾。从陌生人变成熟人，是一段愉快的体验，而一旦熟人重新变成陌生人，就不仅仅是路人，而是陌路人。因此，无论挑选合伙人还是投资者，一定要慎之又慎。

311. 保险业的历史数据适用于未来吗

在 2005 年致股东的信里，巴菲特提到，当年发生的飓风灾害异常严重，让保险业和再保险业遭受了沉重打击。事实上，在 2004 年以前的 100 年时间里，美国总共只发生了 59 次 3 级以上飓风。没想到，2004 年发生了 3 次 3 级飓风，2005 年发生了 4 次 3 级飓风，其中包括美国有史以来破坏性最大的"卡特里娜"飓风，造成了超过 2000 亿美元的经济损失。

巴菲特说，大气、海洋或者其他偶然因素，是否已经大大改变了飓风发生的频率和强度，至今仍是一个未解之谜。巴菲特不禁陷入沉思：这种更频繁、更剧烈的飓风袭击，到底只是一种偶发的异常现象，还是由于气候、水文等因素的影响已经成为常态？如果已经常态化，将来会不会发生比"卡特里娜"飓风更大的灾害？

无论是通用再保险的乔伊，还是国民赔偿保险的阿吉特，抑或是巴菲特本人，都对这些问题的答案一无所知。毕竟，保险业和再保险业的经营主要依靠海量的历史信息和数据，然后根据大数法则来确定保险产品的价格。历史只能给未来提供参考，如果有一天，这些历史数据呈现的规律不再适用于未来，那该怎么办？

巴菲特的办法是，遵循 17 世纪法国数学家帕斯卡提出的应对之道。帕斯卡曾参与过一场关于上帝是否存在的赌局，他的逻辑是：无论上帝是否存在，赌上帝存在都是最佳选择。用一句俗语讲："宁可信其有，不可信其无。"巴菲特对承保巨灾保险的态度是：尽最大的努力，做最坏的打算，求最好的结果。

专题 47

合理负债

312. 警惕企业的"债务危机"

在 1980 年致股东的信里，巴菲特写道："无论如何，我们都期望保持适当的流动性、合适的负债比例与结构，并保留充裕的资本实力。虽然这种保守的态度将使得我们的投资回报率因此打了点儿折扣，但这也是唯一让我们感到安心的方式。"不难看出，为了保持稳健的财务状况，巴菲特宁愿牺牲一定的收益率，也要留足偿债的安全边际。

根据 2021 年巴菲特致股东的信所述，伯克希尔持有的现金及现金等价物高达 1400 亿美元。虽然 2020 年以来，经济形势动荡，股市整体差强人意，但巴菲特及伯克希尔旗下事业几乎没有受到较大的冲击。相反，巴菲特手上还有大笔资金，在伺机收购那些急于打折出售的优质资产。

反观很多企业家和上市公司，虽然顺境时风光一时，逆境时却原形毕露，其中绝大部分案例中，公司并非经营出了问题，而是遭遇了难以逆转的债务危机。比如看到的一条新闻，新光圆成的控股股东新光集团，从 2018 年下半年起就连续被爆出债务违约，苦苦打拼多年的上市公司，最后一地鸡毛。

在我看来，巴菲特的过人之处，绝不仅仅体现在高超的投资水平上，他对风控的把握，也到了炉火纯青的地步。纵观巴菲特的投资生涯，虽然也遭遇过挫折，但无论顺境还是逆境，几乎都没有遇到过致命的危急时刻。挽狂澜于既倒，扶大厦之将倾，其实并不是值得骄傲的事情。真正的高手，都明白"上工治未病"的道理。

313. 保持合理的债务结构

在 1983 年致股东的信里，巴菲特写道："我们很少大幅举债。当真的要这么做时，我们倾向于把债务建立在长期固定利率的基础上。我们宁愿放弃很多具有吸引力的投资机会，也不愿意过度融资。保守的做法虽然有时会使我们的绩效打了点儿折扣，但考虑到我们对投保人、贷款人与全体股东的受托责任，这是唯一让我们感到心安的做法。"

熟悉巴菲特的投资者都知道，巴菲特曾经多次表达过他对举债的谨慎态度。伯克希尔的账上永远有大量的现金储备。根据 2021 年致股东的信所披露的数据，当年伯克希尔持有的现金和国债等现金等价物，合计大约为 1440 亿美元。而且巴菲特和芒格还郑重做出承诺，公司将永远保留超过 300 亿美元的流动性。

巴菲特之所以这么做，是因为他一直居安思危，拥有非常强烈的忧患意识和非常保守的底线思维。当形势一片大好的时候，巴菲特也异常冷静，他曾经说过："回想一下 1941 年 12 月 6 日、1987 年 10 月 18 日、2001 年 9 月 10 日，这些时点告诉我们，不管今天有多么平静，明天永远是不确定的。"

在我看来，无论在任何时候，充足的现金流都是最好的防御性武器。账上保留适度的现金，它不会给你创造高额的回报，但是能保证你在遇到极度困难时不被击倒。近些年来，我们看过国内很多曾经红极一时的上市公司，没有因为自身的业务经营而倒闭，倒是因为沉重的债务危机而坍塌，很是值得我们深思。

314. "底线思维"与"安全边际"

在 1987 年致股东的信里，巴菲特写道："我们对举债的兴趣相当有限。虽然可以肯定的是，伯克希尔能够依靠提高举债来增加投资回报，而且即便这样做，我们的负债比例也还是相当保守的，我们有信心应对比 20 世纪 30 年代的'大萧条'更差的经济环境。但是，我们还是不愿意这样做。"

由此可以看出巴菲特对债务的保守态度。作为企业家和投资家，巴菲特始终坚持"底线思维"，给自己留足"安全边际"。他思考问题的出发点，并不是在乐观的预期下获得良好的收益，而是在最坏的情况下得到合理的结果。简而言之：尽最大的努力，做最坏的打算。能过苦日子，好日子自然也就不在话下。

有一条非常热门的新闻——巴菲特在 2022 年第二季度巨亏 3000 亿美元，这主要是缘于他的主要持仓股票（如苹果、美国银行、美国运通）出现了 20% 以上的跌幅。由于伯克希尔没有巨额债务，同时持有的是长期资金，因此这并不会动摇伯克希尔的根基。但如果加了杠杆，情况肯定就会不一样。

对于投资者来说，要明白"盈亏同源"的道理。任何一种投资体系，都不可能让你抓住所有的上涨，避免所有的下跌。既然有涨有跌，那么加杠杆的唯一作用就是助长助跌。虽然上涨的时候你赚得更多，但是下跌的时候也会赔得更多。更可怕的是，由于"市场先生"是疯癫的，所以但凡加了杠杆，就始终会存在爆仓的风险。

315. 举债与投资

在 1987 年致股东的信里，巴菲特谈到，虽然伯克希尔一贯奉行保守的财务政策，但也不会很偏激地认为"借钱是万恶之源"。只要债务风险可控，正常和适度的举债是被允许的。巴菲特举债的原则之一就是，要处理好资产端和资金端的关系，投资收益必须能够覆盖投资成本。

这条原则其实非常通俗易懂。举个简单的例子，假设你找银行融资 100 万元，贷款利率5%。如果你的投资收益超过5万元，除了还给银行的本息，自己还能额外赚一点儿；如果你的投资收益达不到5万元，那么自己还要贴钱进去。如果这时候再找银行借新还旧，很容易陷入债务泥潭，直至因无力偿还而导致"爆雷"。

巴菲特说，最理想的状态是资金端成本低、资产端收益高。不过，资金便宜的时候，市场的流动性充裕，资产价格通常也比较昂贵。反之，资产便宜的时候，往往意味着市场的无风险利率很高，此时的融资成本也很高。如果一边举债一边投资，就很可能出现顾此失彼的情况。毕竟，"甘蔗不能两头甜"。

怎么解决这种矛盾呢？巴菲特的应对之策是，不能等到想投资的时候再去举债，而是把举债和投资的时间点错开。在资金便宜的时候，承担适度的债务，承受一定的成本，但不急于投资。等到资产价格便宜的时候再出手，如果以五年为期，大概率可以覆盖其间的债务成本。

316. 遵循安全边际，谨防过度负债

在1990年致股东的信里，巴菲特写道："负债的'信徒'们相信，高额的负债可以让管理层前所未有地专注工作，就像在汽车方向盘上装一把匕首，可以提高司机的注意力一样。我们承认，这样做固然可以使司机更加警觉，但是，如果汽车遇上一个哪怕极小的坑洞或冰裂，就足以导致发生致命的灾难。"

巴菲特纵横投资界和企业界数十年，见过很多本身运营还不错的公司因为发行了太多债务，导致现金流因无法兑付本息而陷入困境。巴菲特举了一个例子——坦帕电视台收购案。当时，收购方动用了大量负债进行收购。电视台产生的全部营业收入也无法抵偿负债的利息。这种情况下，电视台注定会破产。

在中国A股市场，也出现过因过度负债而导致企业破产的案例，比如已经退市的新光圆成。从2011年开始，新光圆成控股股东新光集团陆续发行了11只债券，走上了借新还旧的死亡螺旋。2018年9月，新光集团出现约30亿元

的债务违约，成为推倒其商业帝国的第一张多米诺骨牌。

历史不会简单地重复，但一定会踏着相似的韵脚而来。如何避免这样的债务悲剧发生在自己身上呢？巴菲特说，格雷厄姆的《聪明的投资者》的最后一章给出了答案，那就是给自己足够多的容错空间，即便对未来的预测不准，也不至于遭遇太大风险。如果浓缩成四字箴言，那就是：安全边际。

317. 伯克希尔只允许出现三种负债

在 2005 年致股东的信里，巴菲特写道："我们不会让伯克希尔为了并购或经营目的而发生任何大量的债务。根据传统的商业智慧，也许我们在财务上显得过于保守。如果我们在资产负债表中加入适当的财务杠杆，无疑能够安全地增加盈利。但我们要懂得，再长的一串让人心动的数字乘以零，结果也只能是零。"

巴菲特说，在伯克希尔，只有三种债务是被允许的：一是在某些短期投资策略中，利用回购协议买入美国国债等高流动性证券；二是对于有些付息的应收账款组合，巴菲特认为自己熟悉其风险特征，可能会为了收购相关标的而向银行举债；三是伯克希尔的某些子公司虽然有较高的债务，但是有债务及利息支付能力，而且伯克希尔并没有为这些债务提供担保。

巴菲特之所以对债务采取谨慎态度，是因为他明白：伯克希尔的很多董事、高管以及股东，都把自己和家族的大部分身家放在了伯克希尔，公司一旦出现任何问题，对他们而言可能就是灭顶之灾。此外，如果公司出现债务风险，对那些投保多年的客户，也会造成无法弥补的伤害。

在我看来，无论投资还是经营，巴菲特始终将确定性和安全性放在第一位，这是一种对股东、员工、客户极其负责的态度。反观国内某知名房企，截至 2023 年有超过 7000 亿元的债务压顶，债权人收回资金的希望非常渺茫。所谓债多不愁，实际上是变相绑架了那些信任你的人。而信任一旦被透支，事业也就无从谈起。

318. 克莱顿房屋独善其身

在 2008 年致股东的信里，巴菲特写道："众所周知，美国的房贷政策出了问题，我们的经济为此付出了巨大的代价。这场愚蠢游戏的核心是，人们通常认为，房屋的价格肯定会随着时间而上升，任何下降都是可以忽略不计的。这个前提几乎贯穿所有的房屋交易行为和交易价格。"

2008 年以前，很多美国人相信房价永远涨。有这样的心理预期，借款人敢借，贷款人敢贷。结果就出现了这样的情况："那些不该买房的人借钱买房；那些借钱给别人买房的人本就不该借。"在房价一路上行的时候，皆大欢喜；一旦房价开始下行，贷款人就会发现，借款人根本就无力支付月供。

然而，在美国房地产市场崩塌期间，伯克希尔旗下克莱顿房屋公司的 198 888 名借款人仍然能够继续支付月供，没有给公司造成任何额外损失。巴菲特说，这些借款人并没有很好的信用风险评级，却能表现如此良好，其核心原因在于：克莱顿房屋公司在审批贷款申请时，会考虑月供是否和借款人的实际收入相匹配。

巴菲特指出，大多数的弃房断供行为，其实并非房价低于房贷引起的，而是借款人还不起月供引起的。因此，对于房贷，须考虑的首要因素就是借款人的还款能力，或者说借款人的月收入能否覆盖月供，这才是投资思维；而寄希望于房价的上涨，其实是一种投机思维。当大潮退去的时候，就知道是谁在"裸泳"。

319. 巴菲特为什么厌恶杠杆

在 2010 年致股东的信里，巴菲特写道："在短缺之时，渴望借钱的人才知道，信用就像氧气，在充足的时候，人们不会注意到它的存在；当它消失的时候，人们才会意识到它的重要性。甚至，信用的短暂缺失也会让公司陷入困境。"为了应对突如其来的信用风险，巴菲特始终坚持八字方针：避免债务，远离杠杆。

巴菲特说，不可否认，有些人通过财务杠杆变得非常富有，但杠杆通常也会令人穷困潦倒。加杠杆的路径无非是这样：①加杠杆→归零；②加杠杆→赚了大钱→继续加杠杆→归零；③加杠杆→赚了大钱→继续加杠杆→赚了更多钱→接着加杠杆→还是归零。无论多么大的数字，只要乘以零，结果都是零，这是加杠杆几乎无法逃脱的宿命，只是或早或晚的问题。

巴菲特对债务和杠杆的厌恶，其实是从小就深受家庭环境影响的。巴菲特的爷爷恩尼斯特曾经给他的五个孩子（也就是巴菲特的爸爸、叔叔和姑姑）写过内容相同的一封信。在信中，恩尼斯特语重心长地告诫孩子们："拥有 1000 美元现金，放在伸手就可以拿到的地方，比这笔现金能够带来的再多的收益都有价值。"

巴菲特明白，伯克希尔有很多股东和保险客户都将身家性命托付于他。因此，巴菲特绝不会为了多赚一两个点的收益，而拿股东和客户的资金去冒险。截至 2010 年，伯克希尔保险业务发生的最高理赔金额是 30 亿美元，而巴菲特手中持有的现金在 200 亿美元左右。这样的安全边际能让伯克希尔保持充足的流动性，始终立于不败之地。

专题 48

现金为王

320. 哪有什么"大而不倒"

在 2009 年致股东的信里，巴菲特回忆一年前的金融危机时写道："2008 年 9 月，美国金融系统的心脏骤停，当时伯克希尔是金融系统流动性和资本的供给者而不是需求者。在危机达到顶峰时，我们向企业界投入了 155 亿美元。除了我们，别的企业当时只能指望联邦政府的救助。"

正如巴菲特所说，在 2008 年美国次贷危机和全球金融危机期间，很多知名的大企业不得不求助政府。比如，2008 年 3 月，贝尔斯登出现了严重的流动性危机，在美联储的干预下，摩根大通同意以 2.4 亿美元收购贝尔斯登；再如，2008 年 9 月，雷曼兄弟申请破产保护，美联储向危在旦夕的美国国际集团提供了 850 亿美元紧急贷款。

巴菲特并不相信大而不倒那一套说辞，所以他绝不会寄希望于陌生人的仁慈。在伯克希尔，巴菲特常年保有价值超过 200 亿美元的现金及现金等价物。虽然这笔资产的收益率很低，但它可以保证伯克希尔有能力应对任何突如其来的冲击。牺牲博取更高收益率的同时，也让巴菲特能够享受到夜夜安眠、高枕无忧的宁静。

在我看来，"弓拉满，弦绷紧"的做法，表面上是对资金极致高效的利用，实质上却忘了投资最重要的原则之一：预留足够的安全边际。事实证明，每一次危机都是一次财富的大洗牌。陷入危机的企业被迫低价卖身，而运营稳健的企业则可以趁机买下很多便宜的优质资产。明天很美好，但今天很残酷。活下去，才能看得到美好的未来。

専題 49

投机之殇

321. 投资与投机

在 1992 年致股东的信里，巴菲特写道："价值投资的说法根本就是多余的，如果投资不是寻找潜在价值的行为，那什么才是投资呢？明明知道自己为一只股票付出的成本远远高出价值，还寄希望于短期内以更高的价格卖出的行为，只能算是投机。投机虽然并不违法，也不违背道德，但是也很难赚到钱。"

人类金融史上，曾经出现过多起由投机引发的"泡沫"事件。远至 17 世纪的"荷兰郁金香泡沫"和 18 世纪的"英国南海公司泡沫"，近至 20 世纪 90 年代的"日本股市大泡沫"和 21 世纪初的"美国科技股泡沫"，不一而足。各种泡沫依托的媒介虽然不同，但最终无一不是惨淡收场。

巴菲特认为，"投资"一词本身就包含了价值的意味。换言之，无价值，不投资。但在投资圈里，价值投资却常常遭人误读。有人说，价值投资就是以较低的市净率或市盈率买入股票；也有人说，价值投资就是买入那些有成长潜力的股票。这些理解都是片面的，或者说是有失偏颇的。

巴菲特指出，那些需要资金，却只能创造较低回报的公司，其成长对于投资者来说反而是有害的。比如，投资者如果将大笔资金投入获利无望的航空业，自己又怎么可能赚得到钱呢？当且仅当投入的每一美元可以在未来创造超过一美元的价值时，公司的成长才有意义。

322. 巴菲特对投机者发出警告

在 2000 年致股东的信里，巴菲特写道："投资与投机之间永远只有一线之隔。再也没有什么比大笔不劳而获的金钱更容易让人丧失理性了，当市场上所有的参与者都沉浸在欢愉的气氛中时更是如此，再正常的人也会像参加舞会的灰姑娘一样被冲昏了头脑。"不难看出，巴菲特对当时盛行的投机氛围感到深深的担忧。

巴菲特以灰姑娘的故事做比喻，灰姑娘明明知道零点的钟声一响，舞会上所有虚幻的美好都会现出原形，但还是对此恋恋不舍。与之类似，市场上的一些参与者明明知道继续将大笔的资金投入到投机活动中，有可能陷入万劫不复的境地，但还是舍不得错过股市狂欢的每一分钟，因为他们不愿意舍弃眼前看似唾手可得的利益。

巴菲特说，这些投机者都打算待到泡沫破灭前的最后一刻再离开。然而，这场股市泡沫狂欢的时钟上却根本没有时针！所有人都觉得自己比别人更聪明，却从来不曾想过，自己也有可能成为"击鼓传花"的最后一棒。1999 年，一家券商发布了一项调查报告，投资人对未来 10 年的平均年化收益率预期高达 19%，这显然是不切实际的。

市场上的一切投机活动，都没有实质地"财富创造"，仅仅只是在进行"财富转移"。很多上市公司玩的把戏是，不断制造各种虚幻的"利好"消息，不断刺激股价上涨，然后大股东高位套现，留下一群不明真相的群众接盘站岗。这样的故事在每一轮财富泡沫中都会重复上演。作为一名理性投资者，不参与、不助推泡沫是保护自己的最好方法。

专题 50

衍生品的风险

323. 巴菲特论金融衍生品交易

在 2002 年致股东的信里，巴菲特用非常集中的篇幅，详尽讨论了他对金融衍生品的看法。巴菲特的总体评价是："对于金融衍生品交易，我和芒格的看法完全一致，无论是对于参与交易的双方还是整个经济体系而言，金融衍生品交易都像一颗颗定时炸弹。"巴菲特之所以厌恶金融衍生品，主要有以下两点原因：

第一，变量复杂，潜在风险巨大。金融衍生品的价格取决于许多变量，有的金融衍生品合约期限甚至超过 20 年，要想全部厘清，非常困难。比如，截至 2002 年底，通用再保险的还有金融衍生品合约 14 384 份，交易对象 672 位。合约条款和变量让人看得眼花缭乱，想得头脑发昏。对金融衍生品价值的评估，即便是专业的会计师，也常常会有不同的看法。

第二，推波助澜，形成骨牌效应。很多金融衍生品交易合约会约定，其中一方一旦遭遇信用评级下调，必须立刻提供质押担保给交易对手，这必将促使其加速陷入流动性危机。这种屋漏偏逢连夜雨的窘境，跟股市下跌导致杠杆投资客追加保证金是同样的道理。美国长期资本管理公司（LTCM）的轰然倒塌，就与其从事的金融衍生品交易有着莫大的关系。

巴菲特总结说："金融衍生品交易是金融的毁灭性武器，它所带来的风险虽然是潜在的、未知的，但绝对有致命的可能。"在我看来，设计金融衍生品的初衷，是为了通过此类交易，让某些无法承受特定风险的人群实现风险转移，结果却酝酿了更大的系统性风险。从事金融衍生品交易无异于一场"豪赌"，普通投资者应尽量远离。

324. 巴菲特评价通用再保险

在 2003 年致股东的信里，巴菲特提到了清理通用再保险金融衍生品的痛苦经历：2002 年初，当巴菲特开始着手清理时，通用再保险有 23 218 份流通在外的合约，总计有 884 位交易对象；经过两年的努力，到 2003 年底，通用再保险还有 7580 份流通在外的合约，总计有 453 位交易对象。巴菲特说，有些交易对象的名字他都不会念，更别说评估其信用了。

伯克希尔清理金融衍生品的代价非常高昂，2002 年产生了 1.73 亿美元的税前损失，2003 年产生了 0.99 亿美元的税前损失。金融衍生品背后隐藏的风险是无法准确预测和评估的。对金融衍生品研究得越多，就越会感到自己掌握的信息是多么有限。在这一行，往往是无知者无畏，真正有经验的投资者，会选择远离金融衍生品。

巴菲特还开展了自我检讨，他认为，如果自己能当机立断关掉通用再保险的金融衍生品部门，至少可以为伯克希尔的股东减少 1 亿美元的税前损失。巴菲特还说，正是自己的犹豫不决，导致伯克希尔承受了这一代价。如果换作芒格做主，他一定会快刀斩乱麻，让伯克希尔早早地从金融衍生品的苦海中脱离出来。

在我看来，巴菲特用自己投资通用再保险的深刻教训，揭示了金融衍生品的巨大风险。作为普通投资者，我们千万不要碰金融衍生品。此外，巴菲特再一次展示了自己的管理艺术：提到功劳时，都是大家的；提到过错时，都是自己的。事实上，巴菲特这样的低姿态，不但丝毫无损于"股神"的光辉形象，反而让我们更加感受到他的虚怀若谷。

325. 巴菲特彻底关闭衍生品交易业务

在 2005 年致股东的信里，巴菲特详述了通用再保险退出金融衍生品交易的艰难历程：通用再保险原有 23 218 份未平仓合约，2005 年初减至 2890 份，2005 年初继续减至 741 份。为此，伯克希尔在 2005 年付出了 1.04 亿美元的损失。自接手这项工作以来，伯克希尔的累计损失高达 4.04 亿美元。

回顾历史，通用再保险在 1990 年设立了金融衍生品部门，其初衷是为了满足某些保险客户的特殊需求。但随着时间的推移，金融衍生品交易渐渐偏离了原来的轨道。2005 年，巴菲特清算合约时，发现有的合约约定的期限居然是 100 年！这哪里是投资，哪里是保险，分明就是赌博！

巴菲特说，当他最终将通用再保险的金融衍生品部门关闭之后，终结了这些"剪不断、理还乱"的风险点，他终于长舒一口气，感到了前所未有的解脱与轻松。值得一提的是，挑战这样高难度的工作，不但没有让巴菲特赚到钱，反而让他亏了一大笔钱。

専題 51

巴菲特犯过的错误

326. 辛苦不赚钱的零售业

在 1966 年致合伙人的信里，巴菲特提到了投资霍克希尔德 – 科恩百货公司的案例。据巴菲特自述，这是巴菲特合伙基金有史以来首次协议买入整家公司，这笔投资占到合伙基金净资产的 10% 左右。需要说明的是，当时巴菲特合伙基金只持有霍克希尔德 – 科恩百货 80% 的股份，另外就是惠勒 – 芒格公司持有 10%，戈特斯曼的基金持有 10%。

虽然巴菲特非常清楚，这笔交易是以三流的价格买进二流的企业，但他认为，霍克希尔德 – 科恩百货拥有一流的管理层，而且他之前也有在零售业的工作经验，因此信心满满。然而，零售业的竞争实在是太激烈了：当管理层想出一个好主意来提升销量时，竞争对手很快就会如法炮制，因此巴菲特一直处于疲于奔命的状态。

1969 年，巴菲特勉强以成本价将霍克希尔德 – 科恩百货甩卖给了通用超市。在卖出的那一刻，巴菲特和芒格如释重负。芒格说："我有两天非常开心，分别是买入公司的那一天和卖出公司的那一天。"

对于巴菲特而言，虽然这是一笔不太成功的投资，但他从中学到了很多关于商业和投资的经验。首先，别贪图便宜，别买烂公司。烂公司是时间的敌人，买的时候便宜，但随着时间的推移，公司的内在价值会不断下降，卖的时候也很便宜；其次，选择商业模式优秀的企业，否则，再优秀的管理层也可能无所作为。

327. 捡"烟蒂股"的投资之弊

在1989年致股东的信里，巴菲特回顾了25年以来犯过的投资错误，首要的就是买下伯克希尔的控制权。当时的巴菲特非常清楚，纺织业是个没有什么前景的行业，只不过是伯克希尔的价格太诱人。事非经过不知难，等到巴菲特真正开始经营伯克希尔的时候，才发现捡"烟蒂股"并不是理想的投资模式。

首先，"烟蒂股"之所以便宜，是因为它有这样或那样的问题。一个问题刚刚解决，另一个问题又冒出来，让人应接不暇，疲于应付；其次，买"烟蒂股"可以赚到一次估值差，但公司的业绩基本上没有增长。随着时间的推移，"烟蒂股"不但没有价值创造，反而不断出现价值流失。

巴菲特在谈到这些问题时，深感切肤之痛，也由此诞生了很多经典语录。比如，"厨房里不会只有一只蟑螂"；再如，"时间是优秀企业的朋友，却是平庸企业的敌人"；还如，"以合理的价格买入一家优质公司，远胜于以便宜的价格买入一家平庸公司"。这些如今我们耳熟能详的话，都是当年巴菲特用真金白银换来的。

巴菲特说，在买下伯克希尔纺织厂之后，他并没有立刻醒悟，而是陆陆续续又买了巴尔的摩百货公司、霍克希尔德－科恩百货公司、多元零售公司……虽然巴菲特的出价很便宜，这些公司也都由优秀的经理人掌舵，但巴菲特并没有赚到多少钱。阅读巴菲特的好处之一，就是我们可以跳过他走过的弯路，直接走上"买好公司"的投资之路。

328. 巴菲特反思投资美国航空

在 1996 年致股东的信里,巴菲特用很长的篇幅反思了自己对美国航空的投资。巴菲特早前听过维珍航空总裁理查德·布兰森的一句话:"如何才能成为一名百万富翁,实际上也没什么窍门。你得先成为一名亿万富翁,然后再买一家航空公司。"巴菲特不信邪,于是在 1989 年投资了 3.58 亿美元,买入了美国航空优先股,股息率为 9.25%。

巴菲特投资美国航空的原因包括:第一,巴菲特很欣赏美国航空 CEO 埃德·科洛德尼;第二,在巴菲特投资之前,美国航空具有长期的盈利记录;第三,优先股可以给予投资者一定的保护。不过,巴菲特忽略了一个重要事实:航空业属于没有价格管制、市场充分竞争的行业,而美国航空的成本高居不下,还停留在以往有利润的时代。

1990～1994 年,美国航空累计亏损 24 亿美元。陷入亏损的美国航空显然无力支付巨额的优先股利息。值得庆幸的是,优先股合约里有一项条款,如果延期支付股息,则加收 5 个百分点的罚息。也就是说,美国航空要为它拖欠的资金支付约 14% 的利息。到 1996 年下半年,美国航空恢复盈利,并着手清偿它对伯克希尔约 4790 万美元的欠款。

1996 年初,巴菲特曾试图以 3.35 亿美元卖掉这笔优先股,但没能如愿以偿。截至 1997 年,巴菲特累计收到了 2.4 亿美元来自美国航空的股息。巴菲特开玩笑说,有位朋友问他怎么这么笨,鉴于自己在美国航空上的表现,他认为朋友说得很有道理。巴菲特的自嘲也告诉我们,强者从来都是甘于示弱、敢于示弱的。

329. 2008 年的两次投资失误

在 2008 年致股东的信里,巴菲特盘点了当年自己犯过的两大错误。一是投资康菲石油。巴菲特在石油价格接近顶峰的时候,买入了大量的康菲石油股票，糟糕的买入时机让伯克希尔的股东付出了数十亿美元的代价。二是投资爱尔兰银行。在银行股价看起来很便宜的时候，巴菲特斥资 2.44 亿美元买入，最终以 2700 万美元卖出，亏损幅度高达 89%。

这并不是巴菲特第一次犯错。1985 年，巴菲特关闭了伯克希尔的纺织业务，并承认当初买下伯克希尔纺织厂是完全错误的；1996 年，巴菲特开始处理手里持有的美国航空优先股，并自嘲不够聪明；2001 年，巴菲特回顾了买下德克斯特鞋业后的糟糕境况，并为自己当年的换股后悔不迭。

这也不是巴菲特最后一次犯错。2012 年，伯克希尔持有 4.15 亿股特易购股票，持仓成本约 23 亿美元；2013 年，特易购管理层卖掉了 1.14 亿股股票；2014 年，特易购的经营状况加速恶化，公司的市场份额不断下滑，边际利润率大幅下降，各类财务问题也随之浮出水面……投资特易购让伯克希尔损失了 4.44 亿美元，约占其净资产的 0.2%。

在我看来，巴菲特的坦诚，一方面表现在他对投资经验毫无保留地分享，另一方面体现在他对所犯错误从不掩饰地记录。巴菲特在投资上犯过的错误，丝毫不会影响他"股神"的光辉形象。对了就是对了，错了就是错了，错了以后改正，这实际上给我们普通投资者也提供了一条可复制的投资之路。

专题 52

"过错"与"错过"

330. 巴菲特的因袭与革新

在 1983 年致股东的信里,巴菲特写道:"35 年前,我在课堂上学到,要重视实质的资产,并规避那些主要依靠经济商誉的公司。如今,我的想法和做法都已经有了明显的转变。当初的偏见虽然并没有让我出现过错(commission),但却导致了很多错过(omission)。"对于巴菲特的这番话,我是这样理解的:

首先,只注重资产,并没有过错。我们来看巴菲特早期的投资案例,无论桑伯恩地图公司还是登普斯特农具公司,市场价值都远远低于账面价值,巴菲特买入的时候享有很高的安全边际,所以他最终还是在这些投资上赚到了钱。只不过,与烂公司为伍,需要花大气力去改造公司,时常会觉得心累。

其次,不重视盈利,会导致错过。如果把投资的目光都聚焦在便宜(但不优质)的资产上面,就会很容易对那些盈利能力较强(但不便宜)的企业视而不见。比如 1972 年的喜诗糖果,有形净资产只有 800 万美元,所以巴菲特觉得 2500 万美元的出价有点高。但如果考虑到当年喜诗糖果的税后利润有 200 万美元,这笔交易其实是非常划算的。

巴菲特经常引用凯恩斯的一句名言:"困难不在于认同新观点,而在于摆脱旧观点。"试想，如果巴菲特还在深度价值投资的窠臼里，那他肯定会错过曾经的可口可乐和如今的苹果。巴菲特的难能可贵之处就在于，他虽然依靠旧观点赚了很多钱，但还是义无反顾地接受新观点，勇于实现对自己的突破和革新。

331. 巴菲特投资房利美始末

在 1991 年致股东的信里，巴菲特提到，自己在投资时犯的很多重大错误，不是过错，而是错过。换言之，不是买错了，而是没买或者买少了。当然，并不是所有的错过都会让巴菲特反思。巴菲特说，错过微软、错过苹果都没关系，因为他本来就没有在早期发掘这些优秀公司的能力。但错过能力圈内的优质公司，他会非常遗憾。

举个例子，1988 年巴菲特决定花费 3.5 亿～4 亿美元，买进 3000 万股房利美的股票。当时，巴菲特很熟悉房利美所处的行业，所以他同时买进的还有房地美。巴菲特非常欣赏房利美的总裁麦克斯韦，认为他是不可多得的人才。巴菲特还专程跑到华盛顿去拜访麦克斯韦，麦克斯韦表示非常欢迎伯克希尔和巴菲特的投资。

巴菲特买了 700 万股房利美（不到计划仓位的四分之一），房利美的股价就开始高歌猛进，巴菲特立即停止了买入。后来，巴菲特觉得区区 700 万股实在太少，不值得浪费时间精力去关注，索性连这 700 万股也给卖了。这一卖出造成了巨大的损失，仅仅在 1991 年，伯克希尔就因此少赚了 14 亿美元。

这给我的启示主要有两点。第一，追涨杀跌是新手容易犯的错误，不追涨却是高手容易犯的错误。股价涨了，但只要还是被低估的状态，就值得入手。2022 年以来，西方石油价格一路飙升，巴菲特也一路增持，可见他已经完全克服了成本"心魔"。第二，损失不仅是看得见的，还有看不见的。努力的意义在于，尽量避免与机会擦肩而过。

332. 2007 年的三次失误

在 2007 年致股东的信里，巴菲特谈到了自己在投资上犯过的错误。由于巴菲特并没有聘请投资顾问，也没有董事会成员或投资银行家给他出谋划策，所有的投资决策都是巴菲特自己做出的，因此巴菲特称自己做错的为非受迫性失误。巴菲特提及的三家公司分别是喜诗糖果、德克斯特鞋业、达拉斯－沃斯堡 NBC 电视台。

1972 年，卖方开价 3000 万美元出售喜诗糖果，但巴菲特坚持 2500 万美元的最高出价，所幸最后还是顺利成交，不然这些年喜诗糖果赚到的 13.5 亿美元就要落入别人的腰包了。更重要的是，对喜诗糖果的投资实际上是巴菲特为优质企业支付溢价的尝试。如果没有投资喜诗糖果的成功经历，巴菲特可能也不会在后来的可口可乐上赚到大钱。

在收购喜诗糖果的时候，大都会广播公司的汤姆·墨菲给巴菲特提供了以 3500 万美元收购达拉斯－沃斯堡 NBC 电视台的机会，巴菲特没有接招，这家电视台后来价值 8 亿美元，让巴菲特后悔不迭；另外，1993 年巴菲特以 25 203 股伯克希尔 A 类股票换股买入了德克斯特鞋业，这让伯克希尔的全体股东白白损失了 1.6% 的公司股份。

在我看来，巴菲特没有投资达拉斯－沃斯堡 NBC 电视台属于错过，投资德克斯特鞋业则属于过错。投资中容易犯的错无非就这两种：要么是该买的没有买，要么是不该买的买了。相对而言，后者造成的损失可能会更严重一些。毕竟，该买的没有买只是少赚点儿钱，而不该买的买了容易亏钱。唯有少亏钱，盈利才能自然来。

第
6
章

公司治理

专题 53

信息披露

333. 巴菲特为什么不公开谈论股票

在 1987 年致股东的信里，巴菲特写道："现在这个社会中，大型的投资机会相当稀缺，弥足珍贵。除非法令有特别要求，否则我们不可能向潜在的竞争对手透露我们的动向，就像我们不能期待对手向我们告知他的想法一样。"这就像打牌，如果你亮明了牌面，无疑相当于给竞争对手送上一记助攻。

巴菲特作为公众人物，保持自己的持股隐私也并不容易，他可以悄悄地买卖，但达到一定规模之后就必须披露，媒体也会蜂拥而至。对于媒体的公开报道，巴菲特一般采取"不回应、不评论"的态度。因为无论是承认还是否认，都相当于直接或间接地表明了自己的立场。有鉴于此，巴菲特对于持股相关的敏感信息一般都是三缄其口。

巴菲特避而不谈正在交易的股票，除了遵守合规要求、保守商业秘密、避免误导大众的考虑，还有一个很重要的原因是要对伯克希尔的全体股东负责。巴菲特一直视股东为自己的合伙人，如果把公司的一些关键信息透露给外界，有可能会侵害股东的权益。巴菲特这样做，对股东很公平。

在我看来，总体上巴菲特对社会的回馈是非常慷慨的，他一直无私地分享自己对投资的认知和见解。多年以来,《巴菲特致股东的信》已经成为投资者的必读经典。巴菲特影响力的波及范围也早就远远超出了伯克希尔的股东群体。如果不是巴菲特把数十年的投资心法倾囊相授,我们走上正确的投资道路可能要晚很多年。

334. 阅读让我们获得更多真知

在 1996 年致股东的信里,巴菲特说自己和芒格已经决定正式跨入 21 世纪,以后伯克希尔的年报和季报都会在官网上公布。发布电子版的好处在于,股东们可以第一时间看到信息,也能避免有些股东因为更换地址而收不到纸质版财报的麻烦。不过,当时还有很多股东家里没有电脑,巴菲特贴心地表示,还是会给大家寄送纸质版的年报。

如今,我们可以非常便捷地从网络上获取巴菲特历年致股东的信的原文,以及关于巴菲特投资动向的新鲜资讯。另外,我国关于巴菲特的出版物也越来越多了,这些出版物极大地开阔了我们的投资视野。《巴菲特致股东的信》《巴菲特之道》《巴芒演义》《滚雪球》《巴菲特传》等都是我常备的案头书。

我们能有机会接触到巴菲特的投资思想,跟互联网的发展是密不可分的。试想,如果你根本都不知道世界上还有巴菲特这个人,不知道有价值投资,纯粹靠自己的悟性,是很难走上价值投资这条道路的。以巴菲特之天赋异禀,他也是在看完格雷厄姆《聪明的投资者》之后才顿悟的,可见"高人指路"的重要性。

335. 媒体的报道偏差

在 2009 年致股东的信里,巴菲特写道:"我们决不试图讨好华尔街。我们不在意那些根据媒体或者分析师的评论买卖股票的投资者。我们希望合伙人之所以投资伯克希尔,是因为他们和我们有着共同的目标,并愿意对一家他们理解的企业进行长期投资。为了构建理想的股东群体,我们设法和股东直接沟通，并提供他们所关心的各种信息。"

　　巴菲特之所以强调和股东"直接沟通"，是因为他和媒体发生过的一段不太愉快的经历。巴菲特在伯克希尔2008年的年报中写过一句话："我们能够确定的是，整个2009年的经济将步履蹒跚。可能还不只是2009年，也许未来几年的经济都将如此。不过，这一结论并不能告诉我们，未来的股票市场将是上涨还是下跌。"

　　结果，很多新闻媒体以"巴菲特：未来美国经济将步履蹒跚"为题开始大肆报道。这话虽然是巴菲特说的，但是媒体的表达是不完整的，只强调了前半句，很容易让投资者产生"巴菲特对股市感到悲观"的错觉。事实上，媒体报道的时候，道琼斯指数收于7063点，并在2009年底涨至10 428点。如果投资者听信媒体的一面之词，将承受很高的"踏空"风险。

　　我们常常也会遇到和巴菲特类似的情况，比如《论语》讲"父母在，不远游"，还有下半句是"游必有方"；再如爱迪生说"天才是99%的汗水+1%的灵感"，还有下半句是"这1%的灵感往往比99%的汗水更重要"。如果我们断章取义，不免得出片面甚至错误的结论。多读一手资料，少看二手信息，可以降低被误导的风险。

专题 54

股东指定捐赠计划

336. 股东指定捐赠计划的实施

在 1981 年致股东的信里，巴菲特提到，在芒格的建议下，伯克希尔向股东抛出了"股东指定捐赠计划"，受到广大股东的热烈欢迎。符合条件的股票（也就是在伯克希尔的股东名册上登记了真名实姓的股票）有 932 206 股，参与率高达 95.6%；即便是将巴菲特相关的股份剔除在外，参与率也超过 90%。

很显然，伯克希尔的股东喜欢自行决定将自己的钱捐到哪里。习惯于"家长式"教育的公司治理人士会非常讶异地发现，在填写指定捐赠表格的时候，没有任何一名股东愿意按照高管的指导去做自己的慈善捐赠决策，也没有任何一名股东提议自己对应的慈善捐赠份额要给公司董事配捐，捐给董事选择的慈善机构或事业。

而在很多大型企业，拿股东的慈善份额给董事配捐的做法，在当时是一项非常流行、日益增长、秘而不宣的政策。巴菲特强调说，无论是伯克希尔负责业务运营的经理人，还是母公司的高管，都不会拿伯克希尔的慈善基金去捐赠宽泛的全国慈善项目或者个人青睐的慈善活动，除非他们以股东的身份这样做。

巴菲特对股东利益的重视体现在方方面面，从慈善捐款这件事上就可见一斑。巴菲特认为，如果公司高管想给自己的母校捐款，那就应当自己出钱，而不是拿着公司的钱（本质上是股东的钱）去慷他人之慨。巴菲特几乎从不以伯克希尔的名义捐款，他捐的都是自己的个人财富，这一点尤其令人肃然起敬。

337. 股东指定捐赠计划的废止

在 2003 年致股东的信里，巴菲特提到，1981～2002 年，伯克希尔执行了一项股东指定捐赠计划，股东可以指定伯克希尔捐赠给其喜爱的慈善机构。二十余年，伯克希尔通过此项计划，累计捐出 1.97 亿美元。伯克希尔在创造商业价值的同时，也积极履行社会责任，巴菲特和芒格都以此为荣。

然而在 2003 年，这项捐赠计划却不得不终止，其导火索就是社会舆论对堕胎问题的争议。多年来，伯克希尔依据股东的指定，捐赠过很多主张堕胎的组织。由于支持和反对堕胎的人群都不在少数，因此伯克希尔也常常收到来自反对捐赠阵营的抗议。巴菲特认为，这些抗议试图干涉伯克希尔股东对于捐赠的自由选择权，属于简单粗暴的无理要求。

然而到了 2003 年，宠厨的产品受到了来自抗议者的广泛抵制。从巴菲特的角度讲，他坚决捍卫股东根据自身喜爱选择捐赠的自由，而且，股东指定捐赠相对自行捐赠要享有一定的税收优惠。不过，宠厨的员工仅仅因为母公司的捐赠而遭受各种抵制，是巴菲特不愿意看到的。权衡再三，巴菲特还是停止了伯克希尔层面的股东捐赠计划。

巴菲特发起伯克希尔股东指定捐赠计划，本意是为了做慈善。然而，当"做慈善"这件事情本身导致旗下的宠厨业务受到不利影响，导致宠厨的员工遭到无辜牵连时，巴菲特认为这实在称不上什么慈善之举。在我看来，对于企业而言，真正的慈善，首先是对员工负责，然后才是对社会负责。巴菲特从员工的切身利益出发，无疑是非常明智的做法。

专题 55

独立董事与董事独立

338. 巴菲特谈公司治理

在 2002 年致股东的信里，巴菲特非常集中地谈到了他对公司治理的看法。从事商业活动 40 余年以来，除了伯克希尔，巴菲特还曾担任过 19 家上市公司的董事，和超过 250 位董事有过互动。巴菲特认为，作为一名合格的"独立董事"，必须满足三个条件：丰富的商业经历、积极的工作态度、以股东利益为导向。

但是以巴菲特的观察来看，很多公司董事虽然彬彬有礼且学识渊博，但他们对产业的了解极其有限，也不会站在股东的立场去质疑不恰当的并购决策或不合理的薪资报酬。举例来说，投资公司的董事并没有为投资人争取合理的管理费，因为这样做对他们一点好处都没有，而基金管理人又特别在乎管理费，那么谁胜谁负是可以想象得到的。

上市公司董事之所以很难保持"独立性"，跟他们从上市公司领取高额薪酬有莫大关系。很多董事领取的薪酬达到 5 万美元以上，占他们总收入的比重超过 20%。在这种情况下，他们很可能不敢斗胆冒犯 CEO 或者其他董事。为了尽可能规避"独立董事不独立"的怪象，伯克希尔仅仅会给董事象征性地支付一点报酬。

巴菲特选任伯克希尔董事的思路是这样的：首先，挑选出那些长期持有大量伯克希尔股份的股东，这类人通常工作积极且重视股东利益；其次，再从中挑选出具有丰富商业经验的人，这一项难度相对更高一点；最后，巴菲特家族成员（比如霍华德·巴菲特）会一直留在董事会，以确保伯克希尔的企业文化始终不变。

339. 伯克希尔的公司治理

在 2003 年致股东的信里，巴菲特在谈到伯克希尔的公司治理结构时说："当企业做出一些愚昧的事情时，独立董事要有勇于挑战总裁的勇气，这才是真正的独立，也是担任独立董事必须具备的重要特质之一。"不过，巴菲特坦言，具有这种特质的董事极其罕见，他们必须道德高尚，且和一般股东的利益相一致。

伯克希尔的 11 名董事中，每一位（及其家族成员）都至少持有价值 400 万美元的伯克希尔股票，有的持股时间长达 30 年之久。所有董事的持股都和一般股东一样，是从公开市场上买来的。巴菲特和芒格从来都不主张给董事或高管发放期权，而是给予他们相应的现金酬劳，然后由他们自行决定是否买入伯克希尔的股票。

伯克希尔为董事支付的薪酬平平，并且没有投保任何的董事责任险。这样一来，一旦伯克希尔出现不利局面，董事面临的风险可能远远高于一般股东。通过这样的制度设计，伯克希尔实现的局面是：如果股东赢，董事就大赢；如果股东输，董事就大输。换言之，董事和股东在同一条船上。

除了保持独立性，巴菲特对董事的期许还有三点：第一，具备丰富的商业经验；第二，以股东利益为导向；第三，在这家企业拥有真正的利益。其中第一点尤为重要，如果对企业或行业缺乏必要的认知，则很难对企业真正起到"建言献策"的作用。巴菲特挑选的董事完全符合上述条件，他们也为伯克希尔的事业注入了源源不断的活力。

340. 理想的公司董事

在 2004 年致股东的信里，巴菲特提到，股东利益与公司总裁的个人利益并非完全一致。董事作为股东派驻董事会的代表，必须关注三个关键问题：第一，公司总裁是否胜任岗位？第二，总裁的薪酬是否合理？第三，总裁提出的并购案是否有损原有的股东权益？有的董事可能缺乏勇气或智慧来反驳总裁的决定，这对公司是不利的。

巴菲特认为，最不独立的董事，当属那些依赖董事薪酬过活的人。原因很简单，如果董事薪酬在你的总收入中占比很低，那你根本就不会为各种利益所羁绊，完全可以做出独立的决策；如果董事薪酬在你的总收入中占比很高，那做任何决策，你首先考虑的不是公正与否，而是会不会损害自己的利益。

伯克希尔的董事会堪称典范：第一，每位董事至少将 400 万美元以上的身家放在伯克希尔；第二，董事的股份不是靠期权或赠予获得的；第三，相对于总收入而言，董事领取的薪酬相当有限；第四，伯克希尔并没有为董事安排任何董事责任险。因此，伯克希尔的董事和股东完全在同一条船上。

在我看来，理想的公司董事至少要具备两种特质。第一，有能力。像巴菲特这样，有丰富的商业经验，又有多家公司董事的任职经历的人，就非常适合作为董事为公司出谋划策。第二，有态度。一般而言，如果公司董事本来就是股东，那他就和公司利益相关，会更关注公司的经营和发展。

341. 资深董事巴菲特

在 2019 年致股东的信里，巴菲特写道："近些年来，公司董事会的构成及其发挥的作用，成了企业界的热门话题。曾几何时，关于董事会责任的讨论还大多限于律师圈，而如今，机构投资者和政界人士也开始表态。我之所以有资格参与有关公司治理的讨论，其中的原因之一在于，在过去的 62 年里，我曾在 21 家上市公司担任过董事一职。"

　　巴菲特担任过董事的 21 家上市公司分别是：伯克希尔、蓝筹印花、大都会 /ABC、可口可乐、数据文档、登普斯特、通用发展、吉列、卡夫亨氏、马拉开波石油、万星威、奥马哈国民银行、平克顿、波特兰天然气公司、所罗门兄弟、桑伯恩地图、论坛石油、美国航空、沃拿多、华盛顿邮报、威斯科金融。

　　作为资深董事，巴菲特对高昂的董事袍金持强烈的批评态度。有些 CEO 物色董事人选时，并不想找不听话的"斗牛犬"，而是想把温顺的"可卡犬"带回家。那些看重甚至渴求袍金的董事通常会被归为"独立董事"。而实际上，如果董事获取财富主要依赖于公司发放的袍金，那么他们基本上会对管理层言听计从。

　　在巴菲特心目中，理想的董事画像是这样的：有商业头脑，以股东利益为导向，对伯克希尔抱有强烈的兴趣和特殊的感情。事实上，伯克希尔的很多董事都重仓持有公司股票，与其他股东共进退。这让我想到了一句话："吃百姓饭，穿百姓衣，莫道百姓可欺，自己也是百姓。"董事自己也是股东，自然也就更能设身处地去维护股东利益。

专题 56

高管与员工薪酬

342. 选择决定命运

在 1985 年致股东的信里，巴菲特提到，伯克希尔旗下很多事业的经理人，利用他们领到的奖金，在股市买进本公司的股票，他们与公司的其他股东站在同一阵营。

众所周知，巴菲特很少通过期权、员工持股计划等方式实行激励，而是直接给优秀的员工发放高额的现金奖励。在伯克希尔，奖金发放不封顶，完全与每个人所做的贡献相关，多劳多得。

在这种情况下，无论是管理层还是普通员工，都有自行配置资本的权利。如果看好公司的前景，那么可以去买自家公司的股票；如果看淡公司的前景，那么也可以选择将自己拿到的奖金配置到其他地方。

对于优质公司的管理层而言，拿自己在公司取得的薪酬买入自家公司的股票，是明智的选择。

343. 伯克希尔的薪酬标准

在 1994 年致股东的信里，巴菲特写道："在设定薪资报酬标准时，我们不会吝于提出重奖的承诺，但必须在各经理人的职权范围内论功行赏。当我们将大额资金投入某项事业时，我们会将利息成本算到其经理人的头上；当我们收到来自经理人的大额闲余资金时，我们也会将同等的利息记在其功劳簿上。"

在伯克希尔内部，如果你需要资金，总部可以给你提供强大的财务支持。但诚如巴菲特所言，所有的资金都不是免费使用的，你使用资金，就得支付成本；你贡献资金，就能收到利息。这样奖罚分明，既保证了集团内部不同板块之间的资金协同，又不至于出现权责利不对等的情况。

巴菲特评价旗下经理人的表现，完全依据经理人自身的表现，与伯克希尔的整体表现无关。比如说，巴菲特支付给拉尔夫的报酬，完全看斯科特－费泽的经营业绩。只要斯科特－费泽经营得当，哪怕伯克希尔整体表现糟糕，也不会影响拉尔夫的薪水。毕竟，拉尔夫只对斯科特－费泽负责，而巴菲特和芒格要对全局负责。

据巴菲特透露，伯克希尔在买下斯科特－费泽之后，只花了5分钟就和拉尔夫达成了薪酬协议，多年以来只字未改，双方都觉得非常公平合理。由此可见，巴菲特给旗下经理人的待遇是非常优厚的。相比之下，巴菲特作为伯克希尔的总负责人，每年只象征性地领取10万美元的薪水，堪称高风亮节。

344. 伯克希尔的薪酬原则

在1996年致股东的信里，巴菲特谈到，盖可保险高管和员工的薪酬激励政策主要看两项指标：一是自主上门的保单的增长率；二是常规保单（留在盖可保险超过一年的保单）的获利情况。简单理解，先要稳住原有业务，保证它是赚钱的；在此基础上，积极拓展新业务。按照这样的KPI考核思路，盖可保险公司上下都知道真正重要的是什么。

推而广之，巴菲特总结了伯克希尔薪酬体系的三大原则。第一，考核标准个性化。比如，盖可保险的保单增长率指标就不适用于喜诗糖果。第二，考核指标可量化。新业务增长了多少，老业务赚了多少钱，都可以算得一清二楚。

第三，奖罚落实精准化。伯克希尔不搞"大锅饭"，谁的贡献大，谁领取的薪酬就高，反之亦然。

1996年，盖可保险的9000名员工领到了总额近4000万美元的奖金，占盖可保险当年盈利的16.9%。巴菲特承诺，只要盖可保险继续保持优异的经营业绩，他就不吝于给全体员工发放对应的奖励。而对于负责投资业务的卢·辛普森，则只以他过去四年的平均投资绩效为考核依据，盖可保险的承保绩效与他无关。

巴菲特之所以要将薪酬激励政策精准到人，是因为他敏锐地意识到，不合理的薪酬奖励办法不但会浪费股东的钱，而且会让旗下的经理人由于分心而产生不当行为。人性本无善恶，趋利避害是本能。好的制度能让坏人变好，坏的制度也能让好人变坏。一套得当的KPI考核体系对于企业运营至关重要。

345. 平等与公平

在2005年致股东的信里，巴菲特盛赞了吉列公司CEO吉姆·科特斯的管理能力。在2001年科特斯进入吉列以前，吉列正在为以前错误的资本配置决策而痛苦不堪。吉列收购金霸王电池，让股东们损失了数十亿美元。在对金霸王电池的收购中，吉列付出的成本远远超过它所获得的回报。

科特斯加入吉列以后，开始逐步严格财务纪律，全面收紧业务，推动市场营销。科特斯采取的一系列改革举措大幅提升了吉列的内在价值。2005年，吉列并入宝洁，实现强强联合，进一步增强了实力。科特斯为吉列的发展做出了巨大的贡献，他也因此获得了丰厚的薪酬回报。巴菲特认为，这一切都是理所当然的。

不过，巴菲特指出，在美国企业界，像科特斯这么卓越的CEO实属凤毛麟角。然而，即便是一位非常平庸的CEO，也可以从公司不合理的薪酬制度中捞得不少好处。比如说，如果授予CEO相当于公司1%股份的10年期股票期权，那么在这10年内，CEO大概率不会分红，而会大量回购公司股票。即便公司业务没有任何增长，CEO也能获利不菲。

我曾看过一篇公开报道，2010年，惠普公司CEO赫德因性丑闻辞职，却获得 4000 万美元的离职金，最后买单的实际上是全体股东。类似的案例屡见不鲜，也招致了巴菲特的猛烈抨击。在我看来，巴菲特看重的是"程序公平"而不是"结果平等"。如果优秀和平庸享受的都是"结果平等"的待遇，那才是最大的不公平。

346. 巴菲特谈薪酬制度

在 2006 年致股东的信里，巴菲特提到，除了伯克希尔，自己还在其他 19 家公司的董事会任职。其中，18 家公司都将巴菲特排除在薪酬委员会之外，只有 1 家公司让巴菲特在薪酬委员会任职。但是，当公司对重大问题进行表决时，巴菲特的提议总是被否决。所幸巴菲特是伯克希尔薪酬委员会的唯一成员，他有权决定伯克希尔旗下 40 家子公司的薪酬制度。

伯克希尔旗下的 40 家子公司业务类型不同，商业模式不同，对资本的要求也不同。对此，巴菲特采取了不同的激励方式。但无论哪一种薪酬安排，巴菲特都力求简单和公正。巴菲特坦言，安排经理人的薪酬几乎没有占用一点儿自己的时间。巴菲特入主伯克希尔 42 年来，也没有经理人因为薪酬问题而选择跳槽到别处。

巴菲特对经理人的考核标准严格遵循"权利和义务对等"的原则。如果伯克希尔整体表现不佳，但子公司表现良好，子公司经理人依然会拿到高额薪酬回报；反之，如果伯克希尔整体表现良好，但子公司表现不佳，子公司经理人则会两手空空。在美国企业界，有很多 CEO 表现平平，却常年领取天文数字的薪酬，这种情况绝对不会在伯克希尔发生。

巴菲特认为，之所以有这么多公司将自己排除在薪酬委员会之外，主要是因为自己太过于"独立"。巴菲特的"独立"有利于维护股东利益，但对于董事或高管而言，却未必是一件好事。在我看来，巴菲特真正做到了"能者多劳，奖罚分明"，最大限度避免了"吃大锅饭"，避免了"劣币驱逐良币"，调动了大家干事创业的积极性。

专题 57

股东利益至上

347. 以合伙人的心态对待股东

在 1983 年致股东的信里，巴菲特写道："虽然伯克希尔的组织形式是公司制，但我们是以合伙人的心态来经营企业的。我和芒格视伯克希尔的股东为有限合伙人，而我和芒格则是普通合伙人。我们所有的董事都是伯克希尔的大股东，他们超过一半的家族财产是伯克希尔的持股。换言之，我们吃自己做的饭。"

作为一家公众上市公司，伯克希尔的股票可以在二级市场自由流通。所以从组织形式来看，巴菲特确实没有必要像基金经理一样，凡事都要对自己的投资伙伴有所交代。但是，巴菲特非但没有怠慢伯克希尔的股东，反而把他们看作合伙人，看作自己的家人一般。也正因为如此，巴菲特才会在每年的致股东信里跟股东坦诚沟通。

有了巴菲特作为标杆和示范，伯克希尔董事会的表现也非常出色。正如巴菲特所说，董事会成员基本上也是公司的大股东，跟公司在同一条船上，跟全体股东在同一条船上。据我所译的《超越巴菲特的伯克希尔》一书统计，伯克希尔的 13 名董事全部持有公司股票，合计拥有 22.54% 的所有权以及 37.70%

的投票权。

这给我的启示是，评价一个人不仅要听其言，还要观其行。夸夸其谈谁都会，但往往真金白银才见真章。通常而言，你把钱放在哪里，你的心就会在哪里。对于企业的管理层而言，如果他本身也是重要股东，至少说明他有意与公司共进退；对于一名基金经理而言，如果他管理的基金自己也投资了很多钱，至少说明他是真心诚意的。

348. 君子"忧道不忧贫"

在 1985 年致股东的信里，巴菲特写道："股价的巨幅波动无法使股东整体受益。到头来，所有股东的获利总和必定与公司的盈利相等。我个人的偏好，是期望公司股价的表现尽量与公司的内在价值接近。唯有如此，公司的所有股东在持股期间，才能都与公司共生共荣。"

这个道理不难理解，巴菲特不希望股东之间"互掏腰包"。股价高了，势必对新进及买入的股东不公平；股价低了，势必对持有及卖出的股东不公平。一般而言，不希望自家公司股价被低估是人之常情。但由于虚荣心作祟等，很多上市公司的老板并不介意自家公司股价被高估，甚至可能美其名曰"市值管理"。巴菲特能对此保持不偏不倚，实在难能可贵。

由此，我想到《古文观止》里收录的一篇文章《叔向贺贫》，讲述了这样一个故事：韩宣子空有正卿的虚名，却没有正卿的收入，不够和其他的卿大夫交往，为此很发愁。叔向却前去祝贺他。韩宣子不解，叔向解释说，如果财富超过德行，必然招致祸患，历史上有栾武子等正面案例，也有郤昭子等反面教材，所以君子"忧道不忧贫"。

投资的时候，如果你买了一只股票，短时间内就获得了巨大的收益，但却没有做深入的研究，其实内心不但不会感到喜悦，反而会掠过一丝惶恐不安。因为我们明白，靠运气赚的钱，总有靠实力赔进去的时候。这给我的启示是，一个人的财富、地位和声誉，一定要配得上自己的才华、能力和修养。

349. 公平的股权分配方案

在 1985 年致股东的信里，巴菲特提到了伊利诺伊国民银行和信托公司事件的进展，事情的原委是这样的：1969 年，巴菲特以 1550 万美元的对价，买下了伊利诺伊国民银行和信托公司 97.7% 的股份。1978 年，美国银行业监管部门通知巴菲特，按照美国的《银行控股公司法》，伯克希尔将不被允许继续持有伊利诺伊国民银行和信托公司的股权。

为了剥离银行类资产，巴菲特专门成立了罗克福德银行集团，用以承接此前伯克希尔持有的伊利诺伊国民银行和信托公司的股权。巴菲特订立了伯克希尔和罗克福德银行集团的换股比例，除了巴菲特，其他所有股东都有权自行决定，是选择继续持有伯克希尔的股份，还是持有新成立的罗克福德银行集团的股份。

公平起见，巴菲特采用了一种古老的分配方式：作为上述政策的制定者，巴菲特让其他股东先选，剩余的股份由自己全包。大家要多一点儿银行股份，自己就要少一点儿，反之亦然。这样一来，其他股东就不必担心这次股份分配会有显失公平之处了。就像小孩子分蛋糕一样，负责切蛋糕的小孩子要等到最后才能分到蛋糕。

当时，罗克福德银行集团共有 41 086 股，伯克希尔的股价约每股 425 美元，按照 1∶1 的兑换比例计算，罗克福德银行集团的估值约为 1750 万美元，占当时伯克希尔市值的 4% 左右。1985 年，伊利诺伊国民银行和信托公司被正式出售，每股股票为股东带来的收益，与当时伯克希尔股票的内在价值相当。为此，巴菲特相当欣慰。

350. 如何赢得他人的信赖

在 1988 年致股东的信里，巴菲特花了很大篇幅来解释当年一般通用会计原则（GAAP）的变动，但巴菲特明白，伯克希尔的很多股东并非专业人士，却一直支持着巴菲特的事业。原因有三点：第一，巴菲特和芒格的身家也集中在伯克希尔；第二，巴菲特和股东同甘共苦；第三，巴菲特创造的历史纪录令人满意。

这三点原因就是巴菲特和众多股东维系良好关系的核心。其中，第一点和第二点表明了巴菲特的态度，他始终和股东在同一条船上。股东赚钱的时候，他赚得更多；股东亏钱的时候，他也亏得更多。第三点也表明了巴菲特的能力，光有一腔热血是不够的，还必须给股东创造不菲的回报，这样信任关系才会更加稳固。

站在股东的角度，其实他们懂不懂会计、财务和投资都没关系，因为他们找到了巴菲特，这是一条通往成功投资的捷径。奥马哈小镇有很多普通市民很早就实现了财务自由，就是因为他们在早期就投资了巴菲特。比如巴菲特早期的助手丹·莫奈，靠着跟巴菲特合作积累起来的巨额财富，在 55 岁就结束了自己的律师生涯，光荣退休。

这给我的启示是，作为基金经理，如果想赢得他人的信赖，就得通过实际行动表明自己的态度和能力。第一，自己管理的基金，自己一定要投钱，这跟厨师吃自己做的饭同理；第二，基金的收益来自业绩报酬而非管理费，与客户建立双赢的关系；第三，不断精进自己的投资水平，用业绩说话。

351. 巴菲特与投资者的良性循环

在 1994 年致股东的信里，巴菲特写道："我可以向大家保证，我的绝大部分身家都将继续放在对伯克希尔的持股上。我们不会在央求各位参与我们投资的同时，自己却把钱投在他处。巴菲特家族、芒格，还有 20 世纪 60 年代投资巴菲特合伙基金的很多老朋友，他们的资产也以伯克希尔的股票为主。"

巴菲特从来没有把投资人仅仅看成客户，而是把投资人当成朋友，处处以诚相待。在合伙基金时期，巴菲特不收取管理费，只对超过无风险收益率的收益部分收取一定比例的业绩报酬。在伯克希尔时期，巴菲特更是和所有股东同进退：如果大家赚钱，他也赚钱；如果大家亏钱，他也亏钱，而且根据持股比例，他会亏得更多。

巴菲特的人格、巴菲特的诚意，和《客户的游艇在哪里：华尔街奇谈》中银行家的做派形成了鲜明对比。当然，巴菲特不仅有态度，还有能力。1984年，伯克希尔仅仅持有 17 亿美元的股票投资组合，税前利润只有 600 万美元；到 1994 年，伯克希尔持有的股票投资组合增长至 180 亿美元，税前利润增长至 3.84 亿美元。

追随巴菲特的投资者几乎都赚得盆满钵满。反过来，他们也更加坚定了持有伯克希尔股票的信心。在巴菲特身上，我看到了人际关系和事业发展的良性循环：他以自己的德才兼备，赢得了越来越多的信赖和尊重，这种成就感又推动着巴菲特走向更高的人生巅峰。

352. 伯克希尔的五类投资者

在 2020 年致股东的信里，巴菲特在谈到早年投资岁月时写道："我和芒格的公司都没有机构投资者，这些个人投资者要么凭自己的直觉，要么听从朋友们的建议，得出正确的结论：我和芒格极度厌恶资本的永久性损失，除非我们预期能够合理地管理好合伙人的钱，否则我们绝不会接纳。"紧接着，巴菲特谈到了伯克希尔的五类投资者：

一是巴菲特本人；二是指数基金，被动地持有伯克希尔股票；三是主动管理的机构投资者，它们会根据自己对公司估值或企业前景的判断，买入或卖出伯克希尔股票；四是一部分个人投资者，他们跟那些活跃的机构投资者的行为方式类似；五是数以百万计的个人投资者，他们仅仅是相信巴菲特会代表他们的利益，不论将来发生什么。

斯坦·特鲁尔森就是第五类投资者的典型代表。特鲁尔森是奥马哈一位慷慨的、令人愉悦的眼科医生，和巴菲特私交甚笃。2020 年 11 月 13 日是特鲁尔森的 100 岁生日。1959 年，特鲁尔森和其他 10 位年轻的奥马哈医生一起，与巴菲特携手成立了一家合伙公司。此后，他们每年都会来一次巴菲特家里，和巴菲特夫妇共进晚餐庆祝。

巴菲特和合伙人、股东的这种信任关系，时常会让我的心头涌起莫名的感动。巴菲特是幸运的，他在早年还籍籍无名的时候，就获得了那么多人毫无保留的信任；以特鲁尔森为代表的早期投资人也是幸运的，虽然他们不懂投资，却获得了常人难以企及的投资回报。这种人际关系的良性循环令人神往。

第
7
章

财务政策

专题 58

内部融资

353. 伯克希尔的融资政策

在 2003 年致股东的信里，巴菲特提到伯克希尔的融资政策：当年伯克希尔对外举债 20 亿美元，然后以融资成本加 1 个百分点的利率，将这笔钱贷款给克莱顿房屋公司。大家也许会好奇，伯克希尔满手都是现金，为什么还要借钱再贷款给子公司呢？主要原因在于，巴菲特认为，子公司可以得到集团的融资支持，但必须付出相应的对价。

不仅仅是对克莱顿房屋公司，伯克希尔对其他子公司也是一视同仁。当子公司有资金盈余时，可以提供给总部，然后由总部给子公司结算利息；当子公司有资金需求时，可以求助总部，然后由子公司给总部结算利息。这样"资本不免费"的政策，既发挥了集团内部的协同效应，又避免了"劣币驱逐良币"的负面影响。

按照同样的思路，巴菲特对旗下业务的经理人也做到了"有奖有罚，奖罚分明"。比如说，卢·辛普森作为盖可保险的投资经理，他的绩效考核只跟盖可保险的投资业绩挂钩。如果伯克希尔表现很好，盖可保险表现不好，辛普森只能领到微薄的收入；反之，如果伯克希尔表现不好，盖可保险表现很好，辛普森仍然可以拿到丰厚的报酬。

专题 59

透视盈余

354. 巴菲特首提"透视盈余"

在 1990 年致股东的信里，巴菲特提到，GAAP 的记账规则并不能完全反映公司真实的盈利情况。比如说，伯克希尔持有大都会/ABC 公司 17% 的股份，可以分得的利润为 8300 万美元，但伯克希尔财报上实际认列的投资收益只有 53 万美元（60 万美元股息收入减去 7 万美元税负）。

再比如说，可口可乐每年也会产生大量的留存收益。如果公司利用留存收益低价回购自家的股份，就变相增厚了现有的股东权益。除此之外，可口可乐也可以将这笔钱以股息的形式派发给股东，然后由股东自行买入可口可乐的股票。分红要缴股息红利税，其实是效率更低的方式，但采用这种方式，股东记录的收益反而更高。

为了更准确地反映公司真实的经营情况，巴菲特创造性地提出了"透视盈余"的计算方法。以 1990 年为例，伯克希尔所投公司当年的留存收益是 2.5 亿美元，如果将这些留存收益全部派发的话，大约要缴纳 3000 万美元的股息红利税。伯克希尔原本的账面盈余是 3.7 亿美元。这样一来，伯克希尔 1990 年的"透视盈余"就是 5.9 亿美元（= 2.5 亿美元 − 0.3 亿美元 + 3.7 亿美元）。

巴菲特定下一个目标，就是伯克希尔每年的"透视盈余"能够增长 15%。巴菲特没有说希望公司的股价每年增长 15%，也没有说希望公司的账面净利润每年增长 15%，可见他一门心思都投入在公司的经营上。

355. 巴菲特再提"透视盈余"

在 1994 年致股东的信里，巴菲特再次提到"透视盈余"的概念，其计算公式为：透视盈余 = 公司账面盈余 + 被投资公司的未分配利润 × 伯克希尔的持股比例 − 未分配利润部分的应缴所得税。为了让大家有更直观的感受，巴菲特列明了伯克希尔"透视盈余"的主要来源：

1994 年，伯克希尔的账面盈余是 6.06 亿美元。同时，伯克希尔还持有美国运通、可口可乐、吉列公司、盖可保险、房地美、富国银行、大都会/ABC 等公司的股权，这些公司或多或少都有一些保留盈余。按照伯克希尔的持股比例，其应获得的未分配利润是 4.92 亿美元。按照 14% 的税率来算，应缴纳约 0.69 亿美元的股息红利税。

这样一来，伯克希尔的透视盈余就是 10.29 亿美元（= 6.06 亿美元 +4.92 亿美元 − 0.69 亿美元）。相比 6.06 亿美元的账面盈余，10.29 亿美元的透视盈余更能反映企业真实的经营状况和盈利能力。巴菲特的目标是，透视盈余能够以每年 15% 的速度增长，这样才能保证股票的内在价值以相同的速度增长。

在我看来，巴菲特没有使用 GAAP 评价自己的经营业绩，并不是因为他不精于财务，而是因为他对企业的业务和财务有着深刻的洞察和理解。抛开业务谈财务，很容易陷入"呆会计"的陷阱；抛开财务谈业务，又很容易沦为"假大空"的臆想。唯有做到"业财融合"，两者相互配合，相互印证，才能为投资提供更科学的参考。

356. 以"透视盈余"衡量经营实绩

在 1996 年致股东的信里，巴菲特再次谈到"透视盈余"的概念，并跟大家一起温习了其计算方法。简单理解透视盈余的意义，伯克希尔投资了很多公司，只有分红的那部分被记录在伯克希尔账面上，不足以完全反映伯克希尔的经营成果，透视盈余解决了这一问题。

以 1996 年为例，伯克希尔的账面盈余是 9.54 亿美元。除此之外，伯克希尔还持有 10.5% 的美国运通、8.1% 的可口可乐、3.6% 的迪士尼、8.4% 的房地美、8.6% 的吉列公司、4.3% 的麦当劳、15.8% 的华盛顿邮报、8% 的富国银行。由于伯克希尔拥有的仅仅是这些公司的少数股权，因此只能以实际收到的分红金额入账。

如果算上这些公司应当给伯克希尔的未分配盈余，总共大约是 6.61 亿美元。按照 14% 的股息红利税税率来算的话，如果这些分红到账，伯克希尔要缴纳 9300 万美元的股息红利税。这样一来，伯克希尔的透视盈余就是 15.22 亿美元（= 9.54 亿美元 +6.61 亿美元 -0.93 亿美元）。相比之下，伯克希尔的账面盈余显然是低估了伯克希尔的经营实绩。

根据 GAAP，持股 20% 以下、持股 20%～50%、持股 50% 以上对应的是不同的会计记账规则。在我看来，巴菲特创造了"透视盈余"这一概念，实际上是对持有不同股权比例的企业一视同仁。这里面深层次的，是巴菲特早就刻入基因的"买股票就是买企业"的投资和经营理念。巴菲特不仅仅是"股神"，也是名副其实的"经营之神"。

专题 60

股东盈余

357. 巴菲特的会计课

在 1986 年致股东的信里，巴菲特又为大家上了一堂生动的会计课，他认为"股东盈余"是比"净利润"更准确的估值依据。股东盈余＝财报上的盈利数据（a）＋折旧摊销以及一些其他非现金成本（b）－工厂和设备的维持性资本支出（c）。从计算公式上看，股东盈余并不是能够从财报中直接得到的数据，而是要结合自己对企业的理解来估算。

以斯科特－费泽公司为例，如果它没有被伯克希尔收购，那么它 1986 年的净利润大约是 4023 万美元；它被伯克希尔收购后，由于伯克希尔支付了溢价，导致其记录在伯克希尔利润表上的净利润大约是 2861 万美元。对于同一家公司而言，仅仅是会计处理的差异，就会导致净利润产生如此巨大的差异。

如何计算斯科特－费泽公司的股东盈余呢？巴菲特解释说，维持性资本支出（c）不是一个精确的数值，计算这一数值要靠自己的判断。从斯科特－费泽公司的经营实际来看，它的维持性资本支出（c）接近收购前的（b）。也就是说，斯科特－费泽公司的股东盈余在 4023 万美元左右。如果采用收购后的利润数据，则存在对股东盈余的低估。

由此，巴菲特得出结论："会计数字是商业语言，对于评估企业价值和追踪企业发展，有着莫大的帮助。但是，会计仅仅是评价公司的起点。会计有助于商业思考，却永远也无法代替这种思考。"给我的启示是，要想做好投资，精通会计语言是基本功。如果既懂财务又懂业务，投资就会更加得心应手。

专题 61

财务审计

358. 巴菲特论财务审计

在 2002 年致股东的信里,巴菲特非常集中地谈到了他对财务审计的看法。巴菲特说:"公司审计委员会没有能力进行稽核,唯有公司外部独立的会计师才有能力判断公司的财报是否可疑。如果不正视这一现实,而是把焦点只放在审计委员会的组织架构上的话,那么任何与之有关的改革都必将徒劳无功。"

巴菲特认为,会计师要能够回答四个问题:第一,如果由你独立负责本公司的财报编制,那么你编制的财报是否会和公司现在的财报有所不同?第二,你认为自己是否了解本公司有关财务管理和企业经营的所有必要信息?第三,如果你是本公司 CEO,你认为本公司是否遵循了必要的内部稽核程序?第四,你是否知悉管理层有任何操纵财务的举动?

巴菲特还给投资者提出三个建议:第一,要对账务有问题的公司保持警惕,如果一家公司迟迟不肯将股票期权列为成本、费用,则要千万小心;第二,如果一家公司的财报附注晦涩难懂,通常暗示着管理层不值得信赖;第三,要对习惯性夸大公司成长预期的公司保持警惕,很少有企业能一帆风顺,过于乐观通常有害无益,或者弊大于利。

在我看来，由于会计师事务所是从上市公司取得审计报酬的，如果它们的审计结果不符合上市公司的预期，上市公司很有可能会以更换审计机构相要挟，所以大多数情况下，只要上市公司做得不是特别过分，会计师事务所都会出具"标准无保留意见"的审计报告，但它并不意味着公司财报是百分百真实的，投资者一定要有一双看透财报的"火眼金睛"。

专题 62

市值、账面价值与内在价值

359. 内在价值和账面价值

在 1983 年致股东的信里，巴菲特写道："账面价值是会计名词，是记录资本与累积盈余的财务投入；内在价值则是经济名词，是估计未来现金流入的折现值。账面价值告诉你已经投入的；内在价值则是预计你能从中获得的。"为了深入浅出地说明两者的区别，巴菲特举了一个简单的例子：

两个小孩一起上学，所交的学费是一样的，这意味着家长在他们身上的投入也是一样的，两者具有同等的账面价值。但是，小孩毕业以后，由于能力存在差别，在社会上获得的财富是不一样的，因此两者可能有着不同的内在价值。很显然，越是优秀的小孩，越是能获得更好的发展，也就拥有更高的内在价值。

这其实跟投资公司的原理是一样的。在伯克希尔，同样的一美元，投资到纺织业务和投资到喜诗糖果，产生的经济价值是完全不一样的。前者是"价值毁灭"，后者是"价值创造"。也正因为如此，市场给不同企业的估值是不一样的。通常而言，利润率越高的企业，其合理的市净率也就越高。

在我看来，账面价值代表过去的投入，市场价值折射当下的预期，内在价值反映未来的前景。如果过去的投入是放在一项具有前景的事业上，那么投资者对当下的预期就会更高，反之亦然。通常而言，平庸企业的账面价值可能会高于内在价值，投资者对这类企业的估值也不会高，这也是出现"破净股"的重要原因之一。

360．"价值创造"与"价值毁灭"

在 1983 年致股东的信里，巴菲特谈到了"账面价值"和"内在价值"的区别。简而言之，账面价值代表投入的历史成本，而内在价值取决于未来的发展前景。如果账面价值高于内在价值，说明企业资产的盈利能力较差，这样的企业属于"价值毁灭"型；如果内在价值高于账面价值，说明企业资产的盈利能力较强，这样的企业属于"价值创造"型。

1965 年，巴菲特刚接手伯克希尔的时候，公司的每股账面价值是 19 美元。巴菲特认为，此时的账面价值远远高于内在价值。因为构成账面价值的资产，主要就是那些利润率很低的纺织设备。

1983 年，巴菲特认为，伯克希尔的内在价值已经远远超过其账面价值。一方面是因为，按照 GAAP，伯克希尔旗下的很多公司，只能以成本与市价孰低法计算价值，而市价远远超过账面价值（成本）；另一方面是因为，伯克希尔旗下的很多优质企业，拥有很高的经济商誉，远远高于账面上记录的会计商誉。

在我看来，优质资产和劣质资产的核心区别，就在于其盈利能力。如果一家企业的 ROE 长期低于 5%，甚至为负数，投资这样的企业是很难赚到钱的。与好人为伍，与优质企业为伴，我们才能成就更好的自己。

361．账面价值≠内在价值

在 1987 年致股东的信里，巴菲特写道："真正重要的是每股内在价值而非账面价值的增长。很多时候，一家公司的账面价值与其实际价值一点儿关系也没有。"巴菲特举例说，LTV 钢铁公司宣告破产时，还有 6 亿美元的账面价值，实际上一文不值；而 Belridge 石油公司账面价值不到 2 亿美元，却能以 36 亿美元的高价卖给壳牌石油公司。

巴菲特说的这种情况，在我们身边也很常见。比如 2022 年 8 月的中国工商银行，市值 1.49 万亿元，净资产 3.26 万亿元，市净率约 0.46 倍；而此时的贵州茅台，市值 2.38 万亿元，净资产 1895 亿元，市净率约 12.56 倍。两家公司都是万亿市值的知名企业，后者的市净率水平却是前者的 27 倍。

可见，合理的市净率水平是多少，并没有"一刀切"的标准。我们知道，合理的市盈率水平就是市场无风险收益率的倒数，比如当无风险收益率是 3%～4% 时，企业的市盈率区间就在 25～33 倍。由于 PB=PE×ROE，从这个公式出发，我们就很容易理解，企业的市净率水平，取决于企业自身的盈利能力（ROE）。

用同样 1 美元的资产，不同公司创造的净利润完全不一样，而且净利润的自由现金流含量也完全不一样，所以市场给予的市净率水平也会有所不同。越是盈利能力强、盈利质量高的资产，越容易获得溢价。

362. 伯克希尔的"滚雪球"

在 1992 年致股东的信里，巴菲特写道："我和芒格都非常清楚，在未来 10 年内，标普 500 指数的表现无法像过去 10 年那么好。而且我们相信，以伯克希尔目前的规模而言，我们也不可能像过去那样取得大幅超越指数的表现。"巴菲特之所以罕见地做出"预测"，是因为他相信股市的表现不可能长期超越企业本身的业绩。

巴菲特的断言是否应验了呢？我们来看两组数据：1982～1991 年，标普 500（含股息）的累计涨幅为 502.20%；1992～2001 年，标普 500（含股息）的累计涨幅为 337.64%。总体而言，巴菲特的预测非常准确。不过要注意一点，股市是在 2000 年和 2001 年才出现下跌的。这也从侧面说明，预测股市单年度的涨跌毫无意义。

从 1992 年开始，巴菲特在年报首页放上了公司每股净资产变化与标普 500 指数变化的对比。不过，每股净资产的变化也只能作为参考，因为它只反映了净资产的增减，并没有体现净资产的绩效。长期的"增收不增利"显然不是理想的状态，只有在保持一定盈利水平的基础上，净资产的增长才是有意义的。

伯克希尔早年的净资产，主要集中在不赚钱的纺织业务上，盈利能力是远远弱于标普 500 成分股的。随着时间的推移，巴菲特将越来越多的资金投入优质的企业中，伯克希尔每股净资产的盈利能力也在大幅提升。净资产增长，净资产收益率提高，这种双向的提振，推动着伯克希尔的"滚雪球"事业渐入佳境、走向辉煌。

363. 真正重要的是内在价值

在 1994 年致股东的信里，巴菲特再次谈到了"账面价值"和"内在价值"之间的关系。巴菲特说，账面价值容易计算，但真正重要的是内在价值。1964 年伯克希尔每股账面价值是 19.46 美元，这一数字肯定是高于其内在价值的；1994 年伯克希尔每股账面价值是 10 083 美元，而这一数字则显著低于其内在价值。

两者的区别在于，1964 年伯克希尔的净资产主要分布在不赚钱的纺织业务上，无论继续经营还是破产清算，能收回的资金都远远赶不上公司的账面价值；经过 30 年的努力，伯克希尔的面貌已经发生了巨大的变化，伯克希尔的主要资金都在优质业务上，其净资产的获利能力已经大大增强，公司内在价值要远远高于账面价值。

这给我的启示是，对一家企业估值，如果以市净率（= 市值 / 净资产）为依据，一定要结合企业净资产的盈利能力来看。根据公式：PE=PB/ROE，如果以市盈率作为依据，市盈率已经考虑了"净资产"和"净资产的盈利能力"这两大因子。从这个角度讲，市盈率估值比市净率估值更科学、更全面，也更贴近商业的本质。

364. "极大化"与"极小化"的愿景

在 1996 年致股东的信里，巴菲特谈到伯克希尔的股价与内在价值之间的关系。在过去的几年里，伯克希尔股价的增长速度远远超过内在价值的增长速度。巴菲特认为，这种情况很难一直持续下去，伯克希尔的股价也不存在被低估的可能性。

到了 1996 年，伯克希尔账面价值同比增长了 31.8%，而市值的同比增幅仅仅为 6.2%，这一局面就比以前要相对合理一点。长期而言，由于市场价格和内在价值不会有大幅度的偏离，所以伯克希尔股东的整体收益一定和企业的经营获利相一致。

如果一名股东长期持有伯克希尔的股票，那他的所得体现的就是公司的经营业绩。如果在一个较短的时间周期内，股票被高估卖出，或者被低估买入，这位股东都会占其他股东的便宜。通常而言，有经验的投资者会在这个"游戏"中占得上风。

巴菲特并不喜欢股东之间"互掏腰包"，他有两大目标：第一，让股东获得的权益极大化，这有赖于公司的稳健经营；第二，让股东之间互占便宜的空间极小化，这就需要公司的股价与业绩保持基本同步。

365. 巴菲特强势回归

在 2002 年致股东的信里，巴菲特首先向股东汇报了伯克希尔的经营业绩：每股账面价值增长 10%，每股市值下跌 3.8%，同期标普 500 指数下跌 22.1%，巴菲特再次取得遥遥领先于市场的投资成绩。时光回到 1999 年，当年伯克希尔每股市值下跌 19.9%，同期标普 500 指数上涨 21%，一时间，巴菲特成为投资界"群嘲"的对象。

然而，2000～2002 年，巴菲特再度强势回归。从市场涨跌表现来看，这三年伯克希尔分别跑赢标普 500 指数 35.7 个百分点 [26.6%-（-9.1%）]、18.4 个百分点 [6.5%-（-11.9%）]、18.3 个百分点 [-3.8%-（-22.1%）]。巴菲特再次用实力证明，股神就是股神。价值也许会迟到，但从来不会缺席。

回顾巴菲特 1999～2002 年致股东的信，我发现一件很有意思的事，巴菲特在 1999 年并没有特别沮丧，在 2000 年以后也没有特别兴奋。无论市场涨还是跌，无论自己领先还是落后于指数，巴菲特始终将自己的情绪波动控制在极其微小的幅度以内。巴菲特之所以能做到如此淡定，有主观和客观两个方面的原因。

主观上，巴菲特对所持有的股票有着充分的认知，明白它们的内在价值究竟是多少，所以跌了也不诚惶诚恐，涨了也不喜形于色；客观上，由于巴菲特使用伯克希尔作为投资平台，所以丝毫不用担心"客户低位赎回资金"等私募基金经常面临的难题。巴菲特在 1969 年解散合伙基金，可以说是非常深谋远虑的。

366. 伯克希尔的内在价值

在 2005 年致股东的信里，巴菲特写道："我写这份报告，就是为了提供相应的信息，方便股东估算伯克希尔的内在价值。"估算内在价值是投资的重中之重。不过，这一数据往往并不精确，甚至可能存在严重的偏差。总体而言，公司的发展前景越不明朗，计算出来的内在价值就越有可能谬以千里。

评估伯克希尔内在价值的优势在于，伯克希尔拥有种类众多、相对稳定的现金流，同时拥有很好的流动性，以及很少的债务；其劣势在于，伯克希尔拥有 68 种经营性质和财务性质迥异的业务，再加上伯克希尔庞大的投资规模，如果只是简单地分析合并报表，根本不可能对其内在价值做出合理的估计。

较为合理的做法是，先单独评估伯克希尔的每一类业务。当然，伯克希尔的总体价值有可能会高于或低于四类业务的价值之和。这主要取决于两点：第一，伯克希尔作为一家企业集团，是否存在"协同效应"？各公司是单独运作更好，还是作为集团的一分子运作更好？第二，在集团的管理下，资本配置是改善了还是恶化了？

伯克希尔旗下的保险业务之所以能够顶住保费收入下滑的压力，坚决不以牺牲利润为代价换取保费，就是因为有集团强大的财务实力做后盾；伯克希尔从一些子公司回收资金，又投入到具有良好资本回报率的项目上，整体的资本配置显然改善了。有鉴于此，我们可以断定，伯克希尔的总体价值大于旗下四类业务的价值之和。

367. 伯克希尔连续三年跑输指数

在 2006 年致股东的信里，巴菲特给股东们汇报了伯克希尔取得的骄人成绩：当年公司实现净利润 169 亿美元，每股账面价值增长了 18.4%。从 1965 年巴菲特接手公司开始算起，每股账面价值从 19 美元增长至 70 281 美元，年复合增长率为 21.4%。在美国商界，只有极少数公司（比如埃克森美孚）比伯克希尔的年度净利润更高。

我们回头看看伯克希尔 2003～2005 年的股价表现：2003 年，伯克希尔每股市值上涨 15.8%，同期标普 500 指数上涨 28.7%；2004 年，伯克希尔每股市值上涨 4.3%，同期标普 500 指数上涨 10.9%；2005 年，伯克希尔每股市值上涨 0.8%，同期标普 500 指数上涨 14.9%。也就是说，连续三年，伯克希尔股价都跑输了指数。

之所以出现这种情况，是因为市场有时候对，有时候不对，而巴菲特在绝大多数时候都是对的。那么，当市场不对的时候，比如高估值的冲向更高估值，伯克希尔这么庞大的"身躯"显然很难跟上指数的涨幅。连续三年跑输指数，对于一般的基金经理而言，是巨大的压力。此时，伯克希尔作为持股平台的优势就发挥出来了。

理论上讲，如果你是伯克希尔的股东，在 2005 年对伯克希尔的业绩表现不满意，那么你大可直接卖掉股票，这并不会给巴菲特带来资金赎回的压力，最多也只会造成伯克希尔股价的轻微波动而已。接下来的 2006 年和 2007 年，伯克希尔大幅跑赢指数。巴菲特最终用实力证明，股神就是股神，该来的总会来。

368. 伯克希尔账面价值缩水最严重的一年

在 2008 年致股东的信里，巴菲特披露了当期业绩：伯克希尔每股账面价值跌幅约 9.6%，每股市值跌幅约 31.8%，同期标普 500 指数跌幅约 37%。2008 年是伯克希尔账面价值缩水最严重的一年，在此之前，只有 2001 年伯克希尔账面价值出现过下跌，跌幅约 6.2%。巴菲特一再强调"不要亏损"，其实是从账面价值而非市值的角度说的。

2008 年金融危机席卷全球，不单单是伯克希尔，整个美国企业界和投资界哀鸿遍野。在市场陷入极度悲观之际，巴菲特回顾了美国在 20 世纪的经历：两次世界大战，20 世纪 30 年代初的大萧条，20 世纪 80 年代初的恶性通货膨胀……其实都比 2008 年的金融危机困难得多。

巴菲特认为，尽管面临着种种重大考验，但整个 20 世纪，道琼斯指数从 66 点上升到了 11 497 点，民众的实际购买力提高了将近 7 倍。

在这一年，巴菲特和芒格的做法跟以往也没有什么不同，他们的精力依然集中在四项目标上：一是维持伯克希尔的流动性，保持适度的债务规模；二是持续地巩固旗下子公司的"护城河"；三是收购新业务，为增长持续注入新动力；四是培养杰出的核心运营管理团队，为伯克希尔的事业提供人才支持。

369. 伯克希尔市值与内在价值的差异

在 2009 年致股东的信里，巴菲特提到了观测伯克希尔业绩的两个角度：1965～2009 年，伯克希尔每股市值的年均复合增长率约为 22%，每股账面价值的年均复合增长率约为 20.3%。两者每年不到 2 个百分点的微小差异，导致 45 年后的差距为：伯克希尔每股市值累计增长 8015 倍，每股账面价值累计增长 4341 倍。

巴菲特解释说，之所以伯克希尔市值表现优于账面价值表现，主要是因为：1965 年，由于伯克希尔的盈利能力较差，所以股价相对内在价值打了很大的折扣；到了 2009 年，由于伯克希尔的盈利能力得到大幅改善，所以股价相对内在价值反而享有了很高的溢价。总体而言，市值跟内在价值的表现是长期同步的。

不过，虽然长期同步，但是短期却经常不同步。以账面价值计，巴菲特连续跑赢标普 500 指数年数的最高纪录是 18 年（1981～1998 年）；以市值计，巴菲特连续跑赢标普 500 指数年数的最高纪录是 8 年（1976～1983 年）。由于市场波动常常是非理性的，巴菲特能连续 8 年跑赢市场实属不易，这也追平了彼得·林奇的纪录。

巴菲特认为，衡量伯克希尔表现的最佳指标是其内在价值而非市值。以五年期内在价值来衡量的话，在 1965～2009 年的 9 个五年期内，伯克希尔的每股账面价值增幅均高于同期指数涨幅。巴菲特知道如何衡量自己，不被市场评价裹挟，这样的投资人生想想都觉得非常美好。

370. 伯克希尔内在价值的三个组成部分

在 2010 年致股东的信里，巴菲特指出，虽然伯克希尔的内在价值无法精确计算，但它有三大组成部分，可以作为评估内在价值的重要依据，分别是：投资分部（包括保险浮存金、股票、债券和现金等价物）、经营分部（包括保险和投资之外的企业经营收益）、留存收益。巴菲特估算伯克希尔的内在价值，很大程度上要参照这三大组成部分：

一是投资分部。截至 2010 年，伯克希尔掌控的保险浮存金规模达到 660 亿美元，这为巴菲特的股票投资提供了充足的"弹药"；1970～2010 这 40 年间，伯克希尔每股投资金额从 66 美元增长至 94 730 美元，年复合增长率约为 19.9%。截至 2010 年，伯克希尔的证券投资市值规模约 1580 亿美元。

　　二是经营分部。在保险和投资之外，伯克希尔还积极参与非上市公司的并购和经营。特别是 2000 年以后，伯克希尔将业务重心从"买股票"更多地转向"买企业"。1970～2010 年的 40 年间，伯克希尔的每股税前利润从 2.87 美元增长至 5926 美元，年复合增长率约为 21%，与同期伯克希尔股价的年复合增长率 22% 相差无几，显示出业绩和股价的长期同步。

　　三是留存收益。相比于投资和经营，留存收益的使用和评价标准，存在一定的主观性。留存收益究竟用于分红还是再投资，并没有绝对的好坏或对错，要看留存收益的资金运用效率。

　　综上所述，伯克希尔的内在价值主要取决于三点：投资赚了多少钱，经营赚了多少钱，以及赚来的钱是如何运用的。

専题 63

营业盈余与投资盈余

371. 股权投资与证券投资

在 1995 年致股东的信里，巴菲特写道："我们最希望的投资方式，还是以公平合理的价格取得一家公司的全部股权。不过，如果能够在股市以更低的股价买入一家公司的部分股权，我们也很乐于尝试。事实上，相比于那些坚持单一做法的投资者，这种双管齐下的做法，让我们拥有绝佳的优势。"

从 1965 年起，巴菲特就以伯克希尔为平台，一手抓股权投资，一手抓证券投资，开启了事业的伟大征程。截至 1995 年，伯克希尔的每股投资金额为 22 088 美元，年复合增长率 33.4%；每股营业盈余 258.2 美元，年复合增长率 14.7%。巴菲特说，他从来都没有设想过什么结果，只是在朝着既定的方向努力。

1995 年的伯克希尔，优势和劣势都很明显。优势在于，伯克希尔笼络了一大批优秀的经理人，他们夜以继日地为公司创造着财富；巴菲特和芒格也非常善于资本配置，他们知道如何有效利用闲余资金。劣势在于，伯克希尔已经到了"资金大于主意"的阶段，对一项投资的要求是又"好"又"大"，这无疑使难度更高了。

从伯克希尔 1965～1995 年的投资实践看，每股投资金额要远远高于每股营业盈余，说明巴菲特在早期更重视投资而非经营。在我看来，相较于投资股票，买下整家公司需要更多的资金和人脉。巴菲特先从股票投资起步，继而逐步拓展到股权投资领域，最后将两者完全打通，从而构成了自己独特的竞争优势。

372. 衡量内在价值的两项指标

在 1996 年致股东的信里，巴菲特首次给股东提供了一张表格，用于帮助股东评估伯克希尔的内在价值。这张表格提供了两项指标，其一是伯克希尔的每股投资金额（包括现金和现金等价物），其二是伯克希尔的每股营业盈余（扣除利息和营运成本）。1996 年，伯克希尔的每股投资金额增长了 29%，每股营业盈余增长了 63%。

时间拉长来看，1965～1995 年，伯克希尔的每股投资金额从 4 美元增长到 22 088 美元，年复合增长率约为 33.4%；每股营业盈余从 4.08 美元增长到 258.2 美元，年复合增长率约为 14.7%。就增速而言，每股投资金额要远远高于每股营业盈余。不难看出，伯克希尔前期的发展主要集中在股票投资上，其次才是股权投资或企业并购。

巴菲特的逻辑是这样的：只有实现每股投资金额和每股营业盈余的增长，才能实现内在价值的增长，进而推动市值的增长。不过，由于伯克希尔的规模体量日渐庞大，过多的资金会对收益率产生显著的不利影响。此外，股市的无序波动，以及"霹雳猫"业务的盈利波动，也会给伯克希尔的业绩稳定性造成一定干扰。

伯克希尔能够在投资和经营两方面取得"双丰收"的骄人成绩，和巴菲特对资本的节制是密不可分的。除了"开源"，巴菲特还非常注重"节流"，无论手头多么宽裕，他始终把控制成本开支摆在重要的位置上。很多共同基金每年的营业费用率都在 2% 左右，相当于间接减少了投资人的收益。而在伯克希尔，赚到的每一分钱都会装进股东的口袋。

373. 企投家巴菲特

在 1997 年致股东的信里，巴菲特展示了伯克希尔当年的经营业绩：相较 1996 年，每股账面价值增长了 34.1%，每股市值增长了 34.9%，同期标普 500 指数增长了 33.4%。尽管这三项指标的增幅近乎一致，但账面价值和市值都不是伯克希尔追求的最终目标。伯克希尔最看重的是内在价值的增长，其衡量标准是每股投资金额和每股营业盈余。

1997 年，伯克希尔每股投资金额增长了 33.5%（约 9543 美元），每股营业盈余增长了 70.3%（约 296.43 美元）。1967～1997 年，每股投资金额从 41 美元增长至 38 043 美元，年复合增长率约 25.6%；每股营业盈余从 1.09 美元增长至 717.82 美元，年复合增长率约 24.2%。两者的增长速度相仿，只不过投资金额的基数更大一些。

巴菲特强调，不能把伯克希尔只看成一家投资公司，因为它还有很多经营业务。数据显示，伯克希尔的营业盈余已经从 1967 年的 100 万美元增长至 1997 年的 8.88 亿美元。而且，伯克希尔全部的开销（包括投资部分的开销）都是由经营业务承担的，1997 年当年开销包括 660 万美元的营运费用、6690 万美元的利息支出，以及 1540 万美元的股东捐赠。

长期以来，公众都更关注巴菲特"股神"或者"投资家"的身份，可能的原因有二：第一，伯克希尔的投资业务体量确实大于经营业务体量；第二，从全球范围来看，股民人数远远多于企业家人数，他们更关注巴菲特是如何投资的，而不是如何经营的。在我看来，对巴菲特更准确的定义是"企投家"，也就是"企业家"和"投资家"的双重身份。

374. 伯克希尔首次出现经营亏损

在 1999 年致股东的信里，巴菲特再次谈到了衡量伯克希尔内在价值的两大指标：每股投资金额、每股营业盈余。前者反映的是伯克希尔作为投资公司的表现，后者反映的是伯克希尔作为经营主体的表现。两者合在一起，可以大致反映伯克希尔的全貌，也可以体现巴菲特投资家和企业家的双重身份。

1969～1999 年，伯克希尔的每股投资金额从 45 美元增长至 47 339 美元，年复合增长率约 25.4%；1999 年，伯克希尔的每股营业盈余表现不佳，当年仅录得 –458.55 美元的负收益。这是自巴菲特 1996 年首次在致股东的信里提出内在价值的衡量标准以来，第一次出现每股营业盈余为负值的情况。

为什么会出现这种情况呢？并不是因为伯克希尔旗下的大多数事业表现不佳，而是当年受到了若干重大负面因素的影响。比如，通用再保险发生了巨大的承保损失，盖可保险的承保利润也出现了一定程度的下滑。另外，伯克希尔实质的经济商誉逐年增长，但提到的会计商誉是逐年减少的，财报数据也仅供参考。

巴菲特说，虽然他和芒格无法对伯克希尔的内在价值做一个精确的估值，但可以肯定的是，这一数值会远远超过其 578 亿美元的账面价值。比如《布法罗新闻报》、喜诗糖果等的内在价值在其账面价值的 15～20 倍之间。也就是说，如果它们是上市公司的话，市净率是 15～20 倍。这样的溢价，通常只有优秀的企业才能享有。

375. 巴菲特谈营业盈余

在 2003 年致股东的信里，巴菲特写道："缺乏大量价格便宜的股票并不会困扰我们，我们把目光聚焦于具备以下三项特点的公司：一是拥有长期竞争优势；二是由德才兼备的经理人经营；三是可以用合理的价格买到。"在股权投资领域，巴菲特参与了很多起企业并购，这是伯克希尔盈余增长的重要来源。

巴菲特首次披露了伯克希尔营业盈余的增长情况。1964～2003 年，伯克希尔营业盈余从 20 万美元一路增长至 54.22 亿美元，每股营业盈余从 0.15 美元一路增长至 3531.32 美元。1968～2003 年，伯克希尔每股营业盈余的年复合增长率约 22.8%，跟伯克希尔的股价涨幅相当接近，这也是业绩和股价"长期同步"的重要例证。

有趣的是，巴菲特在统计伯克希尔每股营业盈余增长率的时候，特意以1968 年而不是 1964 年为基期，一方面考虑到 1964 年的基数过低，可能导致较长周期内年化收益率被高估；另一方面是因为巴菲特在 1968 年收购了国民赔偿保险公司，这是他走上并购之路的开端。巴菲特给出了两个区间的增长率，就是希望给大家提供多维的参考。

巴菲特坦言，自己负责提供尽可能准确和公允的数据，股东可以自行判断他对数据的解释是否合理。在我看来，巴菲特特别坦诚，他不但没有夸夸其谈，甚至连早期的低基数都被他剔除在统计之外。有些华尔街人士的老奸巨猾、爱慕虚荣，和巴菲特的温柔敦厚、不慕名利，形成了鲜明对比。越读巴菲特，就越是折服于他的人格魅力。

376. 双面巴菲特

在 2005 年致股东的信里，巴菲特再次更新了衡量伯克希尔内在价值的两个指标的数据：截至 2005 年，伯克希尔的每股投资金额 74 129 美元，每股营业盈余 2441 美元。1965～2005 年，每股投资金额年复合增长率 28%，每股营业盈余年复合增长率 17.2%；1995～2005 年，每股投资金额年复合增长率13%，每股营业盈余年复合增长率 30.2%。

不难看出，巴菲特在投资早期，以购买股票为主；在投资中后期，以企业并购为主。巴菲特说，他和芒格的目标是：能够实现每股投资金额和每股营业盈余双双增长。巴菲特希望做到左手抓证券投资，右手抓股权投资，两手抓，两手都要硬，这实际上体现了巴菲特作为投资家和企业家的双重身份。

巴菲特有一句名言："因为我是优秀的企业家，所以我是成功的投资家；因为我是成功的投资家，所以我是优秀的企业家。"本质上说，股票代表企业所有权的一部分，经营企业和投资股票的思路是一样的。

专题 64

会计商誉与经济商誉

377. 经济商誉与会计商誉的区别

在 1983 年致股东的信里，巴菲特专门写了一篇详细的附录，介绍了"经济商誉"和"会计商誉"的区别。所谓"会计商誉"，指的是按照 GAAP 的要求，用收购价格减去收购资产的公允价值，其差额记为会计意义上的"商誉"；所谓"经济商誉"，指的是优质企业有能力创造远超市场收益率的回报水平，这种超额回报的资本化就是经济意义上的"商誉"。

例如，1972 年，蓝筹印花公司收购喜诗糖果时，喜诗糖果的有形净资产是 800 万美元，蓝筹印花公司的出价是 2500 万美元。收购完成后，在蓝筹印花公司的资产负债表上，就会产生 1700 万美元的"商誉"。按照当时 GAAP 的要求，这 1700 万美元必须在余下的 40 年内进行摊销。也就是说，每年要从公司盈利中扣除 42.5 万美元。

但是，巴菲特认为，每年从公司盈利中扣除的 42.5 万美元并非公司真实的经济成本。比如，1983 年，喜诗糖果仅仅凭借 2000 万美元的有形净资产，便获得了超过 1300 万美元的税后盈余。这也就意味着，从收购之日算起，会计商誉逐渐减少，经济商誉却在以不规则但非常稳健的方式持续增加。

很显然，对投资者真正有价值的企业资产是"经济商誉"而非"会计商誉"。如果我们碰到"会计商誉"科目余额较大的企业，一定要多加留意，因为这通常意味着，公司历史上有过溢价收购。而"经济商誉"不会直接体现在财务报表上，它通常是一笔"隐形资产"，因为有它的存在，很多优质企业才得以获得较高的净资产收益率。

378. 摊销对账面价值的影响

在1994年致股东的信里，巴菲特以斯科特－费泽为例，给大家上了一堂关于商誉和摊销的会计课。1986年，伯克希尔斥资3.152亿美元，买下了净资产为1.726亿美元的斯科特－费泽。收购对价超过公司账面价值1.426亿美元，在伯克希尔的资产负债表上记录为商誉，并且每年摊销。

1986～1994年，这项收购产生的商誉累计的摊销金额为8840万美元，尚未摊销的金额还有5420万美元（＝14 260万美元－8840万美元）。1994年底，斯科特－费泽的净资产为9400万美元。根据GAAP，伯克希尔对斯科特－费泽的投资成本记录为1.482亿美元（＝9400万美元＋5420万美元）。

虽然伯克希尔对斯科特－费泽的投资成本越来越低，但斯科特－费泽的净利润却实现了实实在在的增长，斯科特－费泽的内在价值也随之增长。也就是说，在伯克希尔的资产负债表上，斯科特－费泽的内在价值与账面价值的差额已经越来越大。之所以出现这种情况，一方面是因为GAAP，另一方面得益于斯科特－费泽总裁拉尔夫的高效运营。

巴菲特特意提到，由于收购斯科特－费泽的1.426亿美元的溢价，在购买的时候就已经完成支付，因此每年的摊销费用并不会产生真正的现金流出或者税负支出，所以也不具有任何实质性的经济意义。巴菲特多次强调，会计是商业的语言，但它只是理解商业的起点而非终点，说的就是此理。

379. 商誉摊销与商誉减值

在 2002 年致股东的信里，巴菲特写道："我们按照'购买法'计算的会计调整数大幅减少，其原因在于 GAAP 已经过修正，不再要求商誉必须摊销，此举使得我们的账面盈余增加，但对实质的经济价值并无影响。"以伯克希尔所占股权比例计算，其 2001 年和 2002 年按"购买法"计算的会计调整数分别为 –6.99 亿美元、–0.65 亿美元，降幅超过 90%。我们来看看我国现行会计准则对"商誉"的处理方法：

根据《企业会计准则第 20 号——企业合并》相关规定，购买方对合并成本大于合并中取得的被购买方可辨认净资产公允价值份额的差额，应当确认为商誉。比如说，甲方花费 1000 万元收购乙方 100% 股权，乙方的可辨认净资产只有 800 万元，那么在甲方的资产负债表上就会产生 200 万元的商誉。

根据《企业会计准则第 8 号——资产减值》相关规定，企业合并所形成的商誉，至少应当在每年年度终了进行减值测试。企业一旦计提商誉减值，就会产生一笔费用，在当年的利润表里予以扣除，可能导致公司利润出现同比大幅下滑，并诱发股价暴跌。类似于"商誉暴雷"的表述，在财经媒体的公开报道里并不鲜见。

由于商誉无须摊销，很多企业在开展并购的时候，会有意做高"商誉"，做低"可辨认净资产"。这样一来，企业就更容易通过操纵未来年份的折旧，达到调节利润的目的。而卖家只关心收到的总对价，不关心其中"商誉"和"可辨认净资产"的占比。因此，如果我们碰到"商誉"金额较大的企业，一定要多加留意。

380. 盖可保险的两种商誉

在 2010 年致股东的信里，巴菲特深情回忆了投资盖可保险的经历。1951 年，巴菲特无意中得知，自己的老师格雷厄姆是盖可保险的董事会主席，他瞬间就对这家公司有了兴趣。一个星期六的早晨，巴菲特登上了前往华盛顿的列车，敲开了盖可保险的大门，时任盖可保险副总裁的洛里默·戴维森热情接待了巴菲特。随后，巴菲特重仓买入了盖可保险。

20世纪70年代，盖可保险因经营不善而陷入困境。伯克希尔斥资4600万美元，买入了盖可保险大约1/3的股票。随着盖可保险不断回购并注销自家股票，伯克希尔的持股比例达到50%；1996年，伯克希尔斥资23亿美元，买下了盖可保险剩余50%的股权，盖可保险成为伯克希尔的全资子公司。

按照伯克希尔的出价，盖可保险的估值约为46亿美元。然而，当时盖可保险的有形净资产只有19亿美元，相当于有27亿美元的溢价。当然，由于伯克希尔买的是盖可保险50%的股权，所以实际记录的商誉是14亿美元。会计商誉一旦确定，除非企业的内在价值降低，否则不会再有变化。

然而，盖可保险的经济商誉却一直在增长。1995年，盖可保险的保费收入约28亿美元；2010年，其保费收入增长至143亿美元。通过投资盖可保险的故事，巴菲特生动地诠释了两点：①优质公司的内在价值可以远远超过其账面价值；②随着时间的推移，优质公司的内在价值也在不断增长，正所谓"成长是价值的安全边际"。

专题 65

报表利润与真实经营

381. 报表利润代表真实经营状况吗

在 1985 年致股东的信里，巴菲特写道："今年出售证券的收益特别高，但并不表明今年就是丰收的一年。出售证券就好像大学生的毕业典礼，四年来所学的知识，一朝获得正式认可，而事实上毕业当天，你可能一点儿长进都没有。账面上列出的出售损益根本无法反映我们当年度的实际表现。"

1984 年，伯克希尔出售证券获得的税前盈余是 1.05 亿美元，税后盈余是 0.72 亿美元；1985 年，出售证券获得的税前盈余是 4.69 亿美元，税后盈余是 3.25 亿美元，增幅巨大。其中的主要原因在于，巴菲特卖掉了通用食品的持仓。自 1979 年起，巴菲特开始买入通用食品。截至 1984 年底，以市值计，通用食品已是伯克希尔的第二大重仓股。

1985 年，菲利普·莫里斯对通用食品提出了并购要求，浮盈巨大的巴菲特也乐意出售手中持股。巴菲特认为，这笔投资之所以能成功，主要有四点原因：第一，买入价很便宜；第二，公司本身很优秀；第三，公司拥有能干的管理层；第四，新的买家愿意出高价。其中，前三项是核心原因。巴菲特一向认为，对于投资而言，"买入"比"卖出"更为关键。

出售证券对当年盈利产生重大影响的案例在我们身边也并不鲜见。比如腾讯控股 2021 年度业绩显示，归母净利润为 2248 亿元，同比大增 60%。但实际上，这并不是所谓的"大超预期"，而主要是因为处置了京东的股票。非国际财务报告准则下的归母净利润只有 1238 亿元，这才能更真实地反映腾讯当年的经营状况。

382. 巴菲特巨亏 3000 亿？

伯克希尔 2022 年第二季度财报显示，归属于公司股东的净亏损为 437.55 亿美元（约合人民币 2958 亿元），2021 年同期为净利润 280.94 亿美元，此次净亏损金额已经高于 2020 年同期亏损的 232.9 亿美元。媒体也开始连篇累牍地报道，"巴菲特罕见巨亏 3000 亿"之类的标题随处可见。

2022 年第二季度，伯克希尔的营业收入为 762 亿美元，高于去年同期的 691 亿美元；营运利润为 93 亿美元，高于去年同期的 67 亿美元。也就是说，伯克希尔旗下子公司的经营情况一切正常。只不过是因为伯克希尔的股票持仓很大，一旦股市出现一定幅度的波动，股票的公允价值就会受到很大影响，进而影响伯克希尔的财报数据。

根据巴菲特 2021 年致股东的信披露的信息，截至 2021 年底，伯克希尔的股票持仓市值合计 3507.19 亿美元，其中前三大持仓分别为苹果（1612 亿美元）、美国银行（460 亿美元）、美国运通（248 亿美元），前三大持仓占比约 66.15%。而在 2022 年第二季度，这三家公司的股价跌幅都超过 20%。

不难看出，造成伯克希尔第二季度亏损的原因，主要就是股市的短期波动。粗略估算一下，亏损幅度约 12.48%（= 437.55 亿美元 /3507.19 亿美元），属于极其正常的情况。但媒体如果这样写，远远不如"巨亏 3000 亿"更吸引眼球。2022 年伯克希尔股价自高点以来的最大跌幅约 27%，如果照此套路，其实也可以写成"惊！伯克希尔第二季度股价蒸发万亿"。

在我的印象里，近 3000 亿元的净亏损，应该是创下了伯克希尔单季度的"亏损"纪录。这能说明什么呢？只能说明伯克希尔和巴菲特的投资是非常成功的。毕竟，没有巨额的投资成本和投资收益，怎么可能有巨额的浮亏记录呢？

383. 巴菲特清仓房地美

在 2000 年致股东的信里，巴菲特列出了伯克希尔超过 10 亿美元的股票投资，主要持仓包括：可口可乐、美国运通、吉列公司、富国银行、华盛顿邮报公司。与此同时，巴菲特宣布，对房地美和房利美几近清仓。巴菲特没有详细解释清仓的原因，或许我们可以从房地美的财务状况来做个合理的推测：

2000～2002 年这三年，房地美净利润分别约为 25 亿、41 亿、58 亿美元，合计约 125 亿美元。然而，这是房地美利用金融衍生工具进行错误的会计处理后的结果。修正后的三年净利润分别约为 37 亿、32 亿、101 亿美元，合计约 169 亿美元。房地美的有意调低了三年的利润总和，为的就是让每年的净利润增长看起来更平滑一些。

巴菲特和芒格在购入房地美之前，就非常清楚它的商业模式远远不如可口可乐那么优越。但是，由于房地美有美国政府的背书，可以利用投资和贷款利差来获取收益，承担的实际风险远远低于一般的储蓄贷款公司，因此还是引起了巴菲特的关注。也许是房地美的业务太复杂，也许是巴菲特嗅到了风险的味道，最终巴菲特还是选择了清仓离场。

金融企业之所以复杂，主要是因为它的财报净利润跟真实的自由现金流可能存在着巨大的误差。比如，计提多少损失准备金，按照多长年限计提，都会对当年的报表净利润产生重大影响。对于大多数普通投资者而言，由于没有巴菲特"资金多于主意"的烦恼，可以优先选择一些业务简单、通俗易懂的行业或企业。

专题 66

一般公认会计原则

384. 持股比例与会计原则

在 1980 年致股东的信里，巴菲特给大家科普了持股的会计记账原则。按照 GAAP 的有关要求，当一家公司持有另一家公司的部分股权时，根据持股比例的不同，采取的记账原则也有所不同，主要包括以下三种情况：

（1）持股比例超过 50%。比如，伯克希尔持有蓝筹印花公司 60% 的股权，那么蓝筹印花公司的所有收入、费用等，都被完整地记录在伯克希尔的合并报表中。其他股东持有 40% 的所有者权益，作为"少数股东权益"进行扣减。

（2）持股比例在 20%～50%。比如，伯克希尔持有威斯科金融公司 48% 的股权，那么威斯科金融公司所有的收入和成本项都会被省略，只按照持股比例记录盈利。无论威斯科金融公司是否派发股息，其 48% 的盈利都会被计入伯克希尔的账面利润。

（3）持股比例低于 20%。比如，伯克希尔持有的华盛顿邮报公司，属于持股比例较低的财务投资。那么根据 GAAP 要求，只有在收到华盛顿邮报公司的分红时，伯克希尔才能将其计入损益表，未派发的盈利则不计入。

巴菲特之所以不厌其烦地给大家介绍会计处理细节，主要是因为，伯克希尔有很多投资都属于第三类，也就是持股比例不足 20% 的财务投资。在这种情况下，伯克希尔的真实盈利其实远远高于其账面上的记录。

385. GAAP 与真实商业世界

在 1987 年致股东的信里，巴菲特谈到了持有股票和买下公司各自的优劣势：买下公司可以拿到控制权，而且税负较轻，但往往买入价格并不便宜，持有股票则正好相反。两者还有一大区别，就是根据 GAAP，全资拥有和持有少数股权的会计记账方式不同，导致出现一种"矛盾"的现象：

对于伯克希尔经由旗下保险公司持有的少数股权，在计算其账面价值时，以股票市值列示。但是计算盈余的时候，只考虑分红的部分，而不考虑被投公司的实际盈利。比如说，1987 年，伯克希尔持有大都会 /ABC、盖可保险、华盛顿邮报的市值超过 20 亿美元，实际可分配的盈余超过 1 亿美元，最终却只能根据分红确认 1100 万美元的税后盈余。

对于伯克希尔全资拥有的子公司，情况则正好相反。无论公司是否分红，在损益表里都会记录所有的利润；无论公司的内在价值或市场价格如何变动，在资产负债表里都只按照初始的账面价值列示。比如说，伯克希尔收购的国民赔偿保险公司、内布拉斯加家具城、克莱顿房屋公司，就属于这一类。

巴菲特认为，同样是伯克希尔持有的股权，仅仅由于持股比例的不同而采取不同的记账方式，可以说是一种会计上的"精神分裂症"。这种会计处理和真实商业世界的差异会一直存在，为了减少干扰和误判，巴菲特采取的做法是，忽略根据 GAAP 编制的数字，专注于被投企业（包括控股和财务投资）的未来盈利能力。

386. 巴菲特调整业绩对比指标

在 2019 年致股东的信里，巴菲特按照惯例在首页列示了伯克希尔与标普 500 指数的业绩对比。不过，与往年不同的是，巴菲特不再展示伯克希尔的每股账面价值，仅仅保留了每股市值。巴菲特解释说，这主要是因为 2018 年美国发布了新版的 GAAP，导致账面价值不能公允地反映企业的实际经营情况，因而失去了作为参考标准的意义。

2018 年以前，除非一家公司的主业就是证券交易，否则投资组合中未兑现的浮盈不会被计入利润，而未兑现的浮亏也只有在被认为是"非暂时性"的情况下才可以计入亏损。而根据新版 GAAP，一家企业所持有的证券，即便是尚未兑现的利得和亏损也必须计入每个季度的利润表。对于伯克希尔而言，这无疑会极大地加剧业绩波动。

巴菲特举例说，2018 年股市下跌，伯克希尔未兑现的股票利得缩减了 206 亿美元之多，于是当年度的盈利就只剩下了 40 亿美元。2019 年股市上涨，伯克希尔未兑现的利得猛增了 537 亿美元，使得当年度的盈利达到了 814 亿美元。按照新版 GAAP，股市行情的变化导致伯克希尔一年的业绩暴增 1900%，实在是令人匪夷所思。

有鉴于此，巴菲特和芒格呼吁大家更多地关注伯克希尔本身的营运利润，这一块的业务和财务数据基本保持稳定。在我看来，现实世界和会计世界，其实存在联系但又完全不同。诚如巴菲特所言，会计是商业的语言，但它只是研究商业的起点，会计并不能代替商业思考。巴菲特调整业绩对比指标，就是这种商业思考的体现。

专题 67

节税与纳税

387. 投资的终极目的

在 1964 年致合伙人的信里，巴菲特写道："投资的最终目的是什么？是为了获得最多的税后收益而不是支付最少的税。巴菲特合伙基金的目标是投资收益最大化，而不是税负最小化。我们将以税法允许的最低税率，尽力增加国库收入。"

按照巴菲特的观点，如果两项投资的税前收益相同，其中一项要缴税，另一项无须缴税，后者当然更胜一筹。但是，没有必要为了少缴税而专门去调整基金组合，因为这样做无异于舍本逐末。或者说，合理避税只是顺带的事儿。

巴菲特举例说，市面上有一种"互换基金"，其原理就是让潜在投资人互换持股，以推迟缴纳资本利得税。但如果这样操作，就相当于投资者根本不想持有自己的股票，而且还要支付高达 4% 的佣金。美国规模最大的互换基金，年化收益率也仅有 2.6%。

依法纳税与合理节税，其实并不矛盾。在美国税法允许的范围内，通过长期持有股票、公司内部税负抵扣等方式，确实可以做到有效率地"节税"；但巴菲特在纳税方面也从不含糊，他在 13 岁那年就填了 7 美元的纳税单，到 74

岁那年，当年纳税申报单已经达到 10 249 页，缴纳税金超过 31 亿美元。

388. 从"投资者痛苦指数"看 A 股

在 1979 年致股东的信里，巴菲特提出了"投资者痛苦指数"的概念，这一指数主要与两个指标有关：一是通货膨胀率，二是股东承担的所得税税率（包括股息红利税和资本利得税）。当通货膨胀率加上所得税税率超过企业的净资产收益率时，意味着投资者的购买力出现了下降。

举个简单的例子，如果企业的净资产收益率为 15%，投资企业使投资者的名义购买力从 100 上升到 115，但如果要承担 5% 的通货膨胀率，外加 10% 的所得税，则意味着投资者的实际购买力还是只有 100。或者说，企业每年给投资者带来的回报，刚好被通货膨胀和应缴所得税抵消。

投资的本质是，牺牲当下的购买力，换取未来更多的购买力。投资者要的并不是账面财富的增加，而是未来购买力的增加。巴菲特举例说，1964 年，伯克希尔的每股账面价值大约和半盎司黄金的价值相等；到 1979 年，虽然巴菲特辛苦耕耘了 15 年，每股账面价值也增长了，但还是大约等值于半盎司黄金。

我们来看看国内的投资环境。按照 2024 年的经济状况和现行政策：第一，我国一直维持着 2%～3% 的低通胀水平，这意味着我们的财富不会迅速贬值；第二，我国目前没有资本利得税，个人投资者的证券收益无须缴税；第三，我国目前实行差异化的股息红利税政策，持有 1 年以上的股票可以免征个人所得税。用"投资者痛苦指数"衡量的话，目前 A 股的投资者还是非常幸福的。

389. 通货膨胀的利与弊

在 1980 年致股东的信里，巴菲特写道："高通货膨胀率相当于对资本额外征了一次税。对于每位投资者来说，面对通货膨胀就像是在一部下行的扶梯上拼命向上奔跑一样，最后的结果却可能是越跑越往后退。"这一经典论断，与巴菲特在 1977 年发表的《通货膨胀如何欺诈股票投资者》一文中的观点一脉相承。

巴菲特举例说，假设一位投资者的年化收益率是 20%，而当年的通货膨胀率高达 12%，倘若适用 50% 的高所得税税率，则这位投资者的实际收益率可能是负的。我们算一下，年化收益率 20%，如果按照 50% 的所得税税率计算，投资者实际年化收益率只有 10%，扣减掉通货膨胀率之后，其实际收益率为 −2%。

我们要知道，20% 的年化收益率已经是极高的投资水平，市场上只有极少数人能达到。由此可见，高通货膨胀率对投资的负面影响之大。目前，中国基本上维持着 2%～3% 的温和通胀水平，这是比较良性和健康的状态。

但在一些恶性通胀的国家，比如津巴布韦，其 2022 年 5 月的年通胀率升至 131.7%。这意味着，你之前赚取的所有财富，一年后的购买力都只剩下原来的 43%。即使你有再高超的投资水平，获得的实际收益率依然是负的。

390. 企业的税负成本能否转嫁给消费者

在 1986 年致股东的信里，巴菲特提到了当年通过的《租税改革法案》及其对伯克希尔产生的影响。一直以来，关于所得税由谁承担的争论就没有停止过。一派认为，不管税率多高，企业都会转嫁给消费者，因此反对调涨税率；另一派则认为，调涨税率带来的成本是由企业承担的，对消费者并没有影响。

对此，巴菲特的观点是：如果政府调降企业所得税税率，有一部分企业会将减税带来的利益全部收入囊中，最后实际获得利益的是企业的股东；还有一部分企业只能将减税带来的利益让渡给消费者，自身无法从中获益。两者的区别在于这家企业是否具有竞争优势，其获利能力是否受到政府管制，等等。

巴菲特举例说，如果是竞争激烈或者受到管制的行业，政府减税导致企业减少成本，最后一定会反映在产品价格上。比如电力企业，减税后电价会下跌，但企业获利并不会增加；相反，如果是强势且不受政府管制的行业，降税的好处会直接使股东获利。巴菲特认为，伯克希尔持有的企业大多属于后者。

391. 递延所得税的威力

在 1989 年致股东的信里，巴菲特写道："如果年底我们将持有的有价证券按照市价全部出清，我们要支付的所得税金额将高达 11 亿美元。递延所得税负债就好比美国国库借给我们的无息贷款，到期日由我们自行决定。如果情况允许的话，我们偏爱长线投资，相较于疯狂的短线进出，它会带来更多的利润。"

之所以会产生递延所得税负债，主要是因为企业持有的交易性金融资产（新金融工具准则称之为"以公允价值计量且其变动计入当期损益的金融资产"）和以公允价值计量的投资性房地产，其公允价值变动会计入当期利润，但税务部门选择在这些资产出售时，一次性记录盈亏并计算应纳税额。应缴税而未缴的部分，即递延所得税负债。

比如说，1989 年巴菲特出售了一定数量的股票，总共产生了 2.24 亿美元的资本利得，按照 34% 的资本利得税税率计算，为此支付的税款约 7600 万美元，这一数据远远低于出售全部股票应缴纳的 11 亿美元税款。这部分递延所得税负债，继续以投资资本的形式存在，为伯克希尔贡献着巨额利润。

巴菲特举例说，如果 1 美元每年翻倍，资本利得税税率为 34%，采取两种投资方式：第一种方式，每年卖掉再买入，20 年后自己持有 25 250 美元，缴纳税款 13 000 美元；第二种方式，买入后一直持有，20 年后自己持有 69.2 万美元，缴纳税款 35.65 万美元。无论是对于企业还是政府，后者都获利更多，这就是递延所得税的威力。

392. 巴菲特的纳税观

在 1993 年致股东的信里，巴菲特写道："今年我们总共缴纳了 3.9 亿美元的所得税，其中 2 亿美元是企业所得税，1.9 亿美元是资本利得税。此外，我们投资的公司还向联邦政府和外国政府缴纳了超过 4 亿美元的企业所得税。伯克希尔直接或间接缴纳的税款约占美国企业给联邦政府缴纳所得税总额的 0.5%～1%。"

按照巴菲特的说法，美国只需要有 100～200 家像伯克希尔这样的企业，就可以撑起企业所得税的一片天。伯克希尔一直是纳税大户，比如，1986 年，巴菲特以 172.5 美元 / 股的价格买入 300 万股大都会 /ABC 公司的股票，1993 年，以 630 美元 / 股的价格卖出其中的 100 万股，所缴纳的资本利得税为：100 万 ×（630−172.5）×35%=1.60（亿美元）。

对于伯克希尔缴纳的巨额企业所得税和资本利得税，巴菲特和芒格毫无怨言。他们认为，自己已经获得了超出自身贡献的回报，那么，既然他们经营企业和投资股票赚到了钱，通过纳税的方式返还给社会，也是分内之事。

393. 巴菲特再论税收递延

在 1993 年致股东的信里，巴菲特写道："即便我们经营的是一家免税机构，我和芒格还是会坚持遵守'买入并持有'的策略，这是我们认为最好的投资方式，同时也最符合我们的个人特质。这样做的好处之一是，我们只有在实现资本利得的时候才需要缴税。"为了说明税收递延的巨大威力，巴菲特讲到了漫画书中的一个小故事：

故事的主人公叫李尔·艾伯纳，有一天他爱上了一位来自纽约的女明星。这位女明星只对百万富翁感兴趣，所以一贫如洗的李尔·艾伯纳只好跑到智慧老人那里去求助。智慧老人告诉他，你只要有 1 美元本金，连续翻倍 20 次，就可以得到 1 048 576 美元（$=2^{20}$）。

巴菲特说，按照每年翻倍的速度和 35% 的联邦资本利得税税率计算，如果每年都缴纳一次税款的话，那艾伯纳要到 20 年之后才能积累到 22 370 美元；如果仅在变现的时候一次性缴纳税款的话，那艾伯纳只需要 7.5 年就可以积累到 100 万美元，两者差距悬殊。如果时间拉长到 27.5 年，届时艾伯纳支付了 7000 万美元的税款之后，自己还能获得 1.3 亿美元的收益。

通过这个小故事，巴菲特告诉我们，即便是同样的回报增长速度，投资于同样的投资对象，比每年更换投资项目实现的投资收益要高得多。为什么我们提倡"长期持有"？原因之一就是为了保证"复利效应"不被打断。当然，巴菲特也一再强调，即便是没有税收递延，他依然会选择"买入并持有"。好的投资机会是稀缺的，想要通过频繁换股来获利是不现实的。

394. 巴菲特对企业所得税的态度

在 1996 年致股东的信里，巴菲特写道："对于伯克希尔必须支付如此高额的税款，我和芒格欣然接受。我们对整个社会的贡献，远远比不上社会给予我们的。要不是身在美国，伯克希尔不可能有这样的繁荣景象。"对比很多绞尽脑汁偷逃税款的富人，巴菲特的做派可以说是光明磊落，踏踏实实从社会赚钱，大大方方给国家交钱。

1996 年，伯克希尔总共缴纳了 8.6 亿美元的企业所得税。这笔数字有多大呢？打个比方，如果全美有 2000 家跟伯克希尔一样的义务纳税人，那美国税务部门无须再征收任何名目的税种，就可以保证当年的预算实现收支平衡。巴菲特以纳税为荣，他认为这是一种他回馈社会的重要方式。

除了积极缴纳企业所得税，巴菲特对于征收财产税也持明确的支持态度。巴菲特认为，取消财产税意味着政府必须增加其他税收甚至借钱，才能够保证各类开销，而借款的利息和本金终归还是会以更高的税收的形式转嫁于民。在联邦预算保持赤字的情况下，削减财产税其实是一种"伪善"的做法。

395. 依法纳税与合理节税

在 1998 年致股东的信里，巴菲特写道："今年伯克希尔和通用再保险缴纳的联邦所得税达到 27 亿美元，这笔钱足够支持美国政府半天以上的开销。也就是说，全美国只要有 625 家像我们一样的纳税人，那么其他的美国公司和

2.7 亿美国公民都不必再缴纳任何形式的联邦所得税。伯克希尔的股东可以说是'功在国家'。"

作为盈利大户和缴税大户，巴菲特和芒格对依法纳税的态度一贯是支持的。巴菲特说，他和芒格身为美国公民，唯有身处美国这样的社会，他们的事业才得以繁荣发展。所以，即便每年都缴纳巨额税款，他们也是心甘情愿的。

伯克希尔承担的税负并不轻，无论企业的盈利还是股票的资本利得，都必须支付 35% 的联邦所得税。另外，伯克希尔的大部分股票都是由旗下的保险事业所持有的，免税收入比例只有 59.5%，远低于大部分美国企业所享受的股利收入免税比例。伯克希尔为并购通用再保险而发行新股，单是交给美国证监会的手续费就有 3000 万美元。

在我看来，税金就像保险金一样，人们都希望自己出钱而不要收钱。作为客户，你收到保险公司的理赔款，就说明你发生了保险事故；作为公民，你收到政府的救济金，就说明你的生活过得并不如意。相反，缴税多，买保险多，说明自己赚得也不少。明白了这个道理，我们也可以像巴菲特那样，既努力赚钱，又积极纳税，这样的生活状态是很阳光的。

396. 政府是企业的合伙人

在 2000 年致股东的信里，巴菲特写道："很多人以为股票是伯克希尔在投资时的首选，实际上并非如此。自从 1983 年我们开始披露经营准则后，我们就一再公开表示，我们偏爱买下整家公司而非一家公司的少数股权。"其中的理由之一是巴菲特喜欢和一群三观一致的经理人共事。除此之外，还有税负方面的考虑。

根据美国税法，持有一家公司 80% 以上的股权，比持有一家公司的少数股权，对伯克希尔要有利得多。如果伯克希尔持股 80% 以上的公司税后盈余是 100 万美元，那么它无须缴纳任何股息税。如果伯克希尔选择在今后卖出这家公司，公司历年保留的税后盈余也算在它的成本里，伯克希尔不用为此支付任何的资本利得税。

而如果伯克希尔持有的是上市公司的股票，假设持股比例是10%，上市公司每年赚1000万美元，那么伯克希尔依照比例分得的100万美元承担的税负包括：14万美元的股息税（按照股息税税率14%计算），35万美元的资本利得税（按照35%的资本利得税税率计算）。而且，伯克希尔选择出售上市公司时，上市公司的保留盈余还会被征税。

由此可见，无论买下整家公司，还是买下部分股票，伯克希尔都要和政府共享投资收益，只不过前者共享的比例会更少一些。因此，巴菲特得出一个重要结论：政府是企业的主要合伙人之一。明白了这一点，就不必太担心政府的行为动机。企业兴，则政府税源足，反之亦然。政府与企业共生共荣，才是健康的政商关系。

397. 纳税光荣

在2003年致股东的信里，巴菲特写道："2003年，伯克希尔总计缴纳了33亿美元的企业所得税，约占全美所有企业上缴企业所得税总额的2.5%，而伯克希尔的市值仅占全美企业总市值的1%。我们肯定可以跻身全美纳税大户前10名。"回望过去，伯克希尔的纳税额占所有美国企业纳税总额的比重不断上升。

我们来看一组数据：1985年，伯克希尔缴纳了1.32亿美元的联邦所得税，同期美国企业合计缴纳了610亿美元，伯克希尔占比0.22%；1995年，伯克希尔缴纳了2.86亿美元的联邦所得税，同期美国企业合计缴纳了1570亿美元，伯克希尔占比0.18%；而到了2003年，伯克希尔的纳税额已经占到了全美企业纳税总额的2.5%。

我们再来看另一组数据：2003年，美国联邦政府收到的税收总额为1.782万亿美元，是伯克希尔当年所缴纳税额的540倍。这就意味着，只要全美拥有540个像伯克希尔这样的纳税人，那么其他美国人民和美国企业无须再向美国政府缴纳一分钱的税款，也可以维持美国政府的正常运转。

　　巴菲特最早的纳税记录，可以追溯到 1944 年，当时他还只是一名 13 岁的报童，他的第一笔应纳税额是 7.1 美元。与一些名人热衷于偷税漏税的做法不同，巴菲特期望伯克希尔能在将来缴纳更多的联邦所得税，因为这代表着公司赚到了更多的钱。踏踏实实赚钱，大大方方缴税，堂堂正正做人，这就是巴菲特的"纳税观"。

专题 68

并购的会计处理

398. 购买法与权益合并法

在 1999 年致股东的信里，巴菲特谈到，按照 GAAP，对并购案的会计处理有两种方法，一种是"购买法"，可以用现金或者股票交易；另一种是"权益合并法"，只可用股票交易。如果使用"购买法"，则会产生"商誉"科目，这意味着公司日后每年都要提列一笔金额庞大的商誉摊销费用作为损益的减项。

巴菲特说，虽然很多会计原则也无法反映企业的真实状况，比如折旧费用的提列也无法准确地反映资产价值减损的实际情况，但至少这种做法与现实发展的方向是一致的。"商誉"科目的问题在于，如果你买的是一家优质公司，经济意义上的商誉不但不会减少，反而会随着时间的推移而增加。然而，会计意义上的商誉却一直在减少。

巴菲特认为，要想以较为公允的方式进行并购案的会计处理，并购公司应以公允的价格认列其投资成本，当公司账上出现经济商誉以后，这项资产应当继续保留在账上，而不是分年摊销。万一在并购完成之后，公司的经济商誉真的出现减损，那就按照一般的资产价值减损原则来做判断和处理。

在参与并购时，巴菲特倾向于用现金而不是换股，一方面是因为他看重伯克希尔的股权价值，另一方面是因为换股的税负损耗很高，而如果采用现金支付的方式，则可以在未来摊销商誉费用的时候抵减相应的企业所得税。不过，如果卖方坚持要以换股的方式完成交易，而巴菲特又特别喜欢这家公司，他偶尔也会做出让步。

专题 69

存货的计价方式

399. 后进先出法与先进先出法

在 1973 年致股东的信里，巴菲特在谈到纺织业务时写道："由于原材料价格在 1973 年大幅上涨，且有迹象显示这一情况将延续至 1974 年，我们已经采用了'后进先出'的存货计价法。这一方法更能实现收支平衡，并将由于库存产生的利润降至最低。"所谓后进先出法，简单理解就是，先买进来的后卖出去，首先发生的成本计为期末存货成本。

为什么在原材料价格上涨的情况下，采用后进先出法容易做低当期利润呢？其实也很容易理解：同样的货物，越早买来的，价格越低；越晚买来的，价格越高。在收入一定的情况下，采用后进先出法计算的成本必然要高于采用先进先出法计算的成本，因此采用后进先出法得出的当期利润更低。换言之，不同的存货计价方式会对利润表产生影响。

按照我国的会计准则要求，目前企业可以采用"个别计价法""先进先出法""加权平均法"，计算当期销售产品所对应的营业成本。"个别计价法"非常准确，但其主要适用的对象是大件商品；"先进先出法"假设最早采购的存货最先发出，逻辑上比"后进先出法"更为合理；"加权平均法"则可以细分为

"期末一次加权平均法"和"移动加权平均法"。

在巴菲特致股东的信里，我们可以看到大量关于会计细节的表述和讨论。会计是商业的语言，如果不懂会计，就无法真正理解一家企业的日常运营。如果只热衷于谈商业模式，谈行业赛道，则很容易误入"假大空"的歧途。毕竟，高谈阔论容易，但真实的财务数据不会说谎。

第
8
章

会计诡计

专题 70

股票期权

400. 巴菲特对期权的态度

在 1985 年致股东的信里，巴菲特谈到了期权制度的弊端：对于公司股东而言，必须要权衡公司股价上升的潜力和下跌的风险；但对于期权的持有人而言，却不用负担资本成本，也不必面对股价下跌的风险。当然，巴菲特只是批评不加分辨地滥用期权，他对期权的总体看法有以下三点：

第一，期权应与公司整体表现相关。巴菲特举例说，如果一个球队的整体水平不行，但是能够得到 0.350 分的优秀球手也值得被重奖；反之，即使一个球队的整体水平再好，但是一位只能得到 0.150 分的平庸球手也不应获得任何奖励。从这个逻辑讲，期权应该授予那些对公司负整体责任的高管。

第二，期权结构应精心设计。期权结构的设计，至少要考虑到公司的留存利润以及置存成本。此外，无论将公司的股权卖给内部人士还是外部人士，如果定价过低，都会有损股东权益。将心比心地想，既然管理层不愿意低价把股票卖给收购方，那为什么要低价卖给自己呢？所以说，期权的定价应当合理。

第三，期权激励可以灵活处理。巴菲特说，伯克希尔旗下有一些优秀的经理人并不同意他对固定价格期权的看法。因为他们已经建立起一套行之有效的公司文化,可以拿期权作为一种激励工具。如果是这种情况,虽然低效率和不公平有可能会侵蚀期权计划,但只要利大于弊,仍然可以保留期权。

401. 巴菲特谈期权

在 1998 年致股东的信里,巴菲特集中地谈到了他对股票期权的看法。当时,伯克希尔刚刚以换股的形式完成了对通用再保险的收购。结果巴菲特发现,通用再保险给员工发放了大量期权,期权奖励的兑现主要跟公司股价挂钩。为了打破这种不合理的状况,巴菲特要求通用再保险把原本的期权奖励换成等值的现金发放。

巴菲特之所以对期权持有偏负面的态度,主要是由于期权作为一种奖励形式,按照会计原则可以不计入公司的成本,最后往往导致期权被滥用。巴菲特举例说,今年盖可保险的广告预算是 1.9 亿元,如果我们没有选择现金支付,而是给予广告商等值的伯克希尔股票期权,难道仅仅因为它没有被记录在会计账簿上,就当一分钱的成本都没有发生吗?

毫无疑问,给员工的期权奖励不是平白无故"变"出来的,它一定会对公司的真实盈余造成影响。巴菲特坦言,他和芒格在给有期权的公司做盈余修正时,调整的幅度经常在 5% 以上,有时候甚至会超过 10%,幅度之大甚至会影响到他的投资决策。有时候巴菲特发现一家还不错的公司,但仅仅是期权的问题,也可能导致他放弃并购。

针对期权的问题,巴菲特发出了"灵魂三问":"如果期权不算是一种报酬的话,那它算什么?如果期权不算是一种费用的话,那它算什么?如果费用不必计入损益表并且不会对利润产生影响的话,那它应当去往何处?"对期权的态度,也反映了巴菲特看重经济实质而不看重账面数字,这正是他能做好经营和投资的根本原因所在。

专题 71

EBITDA

402. EBITDA 的荒谬性

在 2000 年致股东的信里，巴菲特写道："在伯克希尔，所谓翔实客观的报告，是指如果我们今天的角色互换，我希望各位能够提供所有我们想要知道的信息，包括：目前有关公司经营的重大讯息、CEO 对于公司长远发展的真正想法，以及为解释这些讯息提供辅助的财务资料。"将心比心，推己及人，这就是巴菲特的人格魅力所在。

巴菲特首先对息税折旧摊销前利润（EBITDA）表示出了极大的不屑和忧虑。巴菲特反问道："难道公司的经营管理层真的认为，牙仙拿牙齿就可以换来大笔的资本支出吗？"言下之意是，对于很多企业而言，资本支出是刚性的，并不是不用花钱的。所以，巴菲特很少采用通用的财务指标，而是由自己亲自解释公司的实际经营情况。

巴菲特对发布报告的标准，除了"翔实"，还做到了"及时"和"公平"。巴菲特选择在周五收盘后，在官网上公布伯克希尔的年报和季报，这样一来保证所有人获取信息的时间都是相同的，二来让股东能够在周一开盘前充分获取信息，从而为自己的投资决策提供辅助和参考。

　　在我看来，巴菲特具有极强的"同理心"，他总是站在股东的角度考虑，知道股东的利益关切是什么，然后尽量用通俗易懂的文字，不厌其烦地给大家做详细的说明和解释。世间有大智慧的人也许并不少，但像巴菲特这样能俯下身子跟大家坦诚交流的投资大家，可能放眼整个投资圈，也是凤毛麟角。遇上了，就一定要好好珍惜。

专题 72

保险会计

403. 投资保险业的难点

在 1984 年致股东的信里，巴菲特提到了财险业经营的一大盲点，那就是其主要的成本是对客户的理赔，而真实的理赔成本其实很难精确估量。比如，如果一名客户在 1979 年受伤，理赔金额是 1 万美元，那么保险公司就必须在当年度计提 1 万美元的损失准备金。如果在 1984 年，双方最终达成的赔付金额是 10 万美元，那当年必须认列 9 万美元的损失。

巴菲特列出一组数据，1980～1984 年，这些年伯克希尔旗下保险公司当年报告的税前承保损失，和一年后的校正数字，简直是天壤之别。以 1984 年为例，当年报告的税前承保损失是 4500 万美元，但当年真实发生的损失其实是 2800 万美元。剩下的 1700 万美元，是 1983 年少计入的税前承保损失金额。换言之，保险业的财报数据可能有很严重的失真现象。

当然，这种失真现象未必是由于主观故意行为。因为即便是保险业者尽最大的努力，也很难估算出准确的损失情况。如果多估了损失，则会低估公司当年盈利；如果少估了损失，虽然公司当年盈利会提高，但是也意味着要缴纳更多的企业所得税，还会因此带来很多潜在的理赔风险和隐患。

　　而且，一旦存在调节损失和利润的空间，就一定会被别有用心者利用。巴菲特指出，并不是所有损失准备金的不当提列都是无心之过，其中有相当大的比例是出于管理层的私心，他们会刻意去美化当期报表，制造虚假繁荣景象。对于普通投资者而言，如何计算保险公司的自由现金流，是值得关注的一大难点。

404. 保险业的盈利真实性

　　在 2001 年致股东的信里，巴菲特写道："保险业的会计，可以说是一场自己评分的考试。对于保险业者自行统计的财务报表数据，核查的会计师通常都不会有太大的意见。一家面临财务困难的公司通常对于自我评分的要求都不会太高，毕竟没有人会想要给自己签下死刑的判决书。"对于保险业可能操纵财报的动机，巴菲特可谓是一语道破。

　　巴菲特还说，即便是保险公司有足够的诚意，主观上愿意老老实实地做账，客观上也很难保证恰当地提列损失。巴菲特讲了一个段子：有一位旅居海外的人士，某一天突然接到姐姐的电话通知，说他们的父亲刚刚过世。他当即表示，自己虽然赶不回来参加葬礼，但是愿意承担所有的丧葬费用。

　　后来，此人收到了一张 4500 美元的丧葬费用账单，他本以为到此结束，谁知以后每个月都还会收到 10 美元的账单。他不解地问姐姐这究竟是怎么回事，姐姐说："哦，我忘了告诉你，父亲的寿衣是租来的。"巴菲特借此说明，在保险公司日常经营中，就有很多类似的"租来的寿衣"，有时候会隐藏多年不被发现，却无时无刻不在消耗着公司的资源。

　　对于通过会计手段调节报表盈利的做法，巴菲特是非常反感的。巴菲特认为，一家处于亏损边缘的保险公司，如果通过人为操控，降低"损失准备"来美化业绩，这是一种"揠苗助长"式的功利主义行为。如果只看眼前，不顾长远，最终还是会自食苦果。

405. 巴菲特评价保险业的"损失调整"

在 2001 年致股东的信里，巴菲特写道："不当的概念是正确思考的敌人。当一家公司或者基金管理人使用诸如 EBITDA、预测财务报告（pro-forma）等名词时，通常代表着他们意图引导你错误地接受某些与现实存在严重偏差的概念。"在保险业，"损失调整"就属于这种被广泛运用同时也存在严重偏差的名词。

对于保险公司而言，事先很难精确地计算出保险损失的最终成本，只能依靠合理的估算，并据此为保险产品定价提供参考。20 世纪 70 年代早期，盖可保险曾经发生过重大经营危机，主要就是因为它连续多年严重低估了"损失准备"，因而大大低估了其产品成本，导致公司在不自知的情况下，以极低的价格销售保单，结果卖得越多，亏得越多。

当保险公司发现之前计提的"损失准备"与实际发生的损失完全不符时，就会将"损失调整"搬出来。2001 年，通用再保险将以前年度总计 8 亿美元的累计损失，全部以"损失调整"的方式，反映在了当年的财务报表上。这也就意味着，以前年度高估了盈余数据，为此公司额外支出了很多奖金和企业所得税。

巴菲特说，"损失准备"提列不足是财产保险行业普遍存在的问题。背后的原因不难理解，作为一名经营者，尤其是以经理人的身份参与经营管理的时候，你肯定会希望自己在任时的财务数据更"好看"一些，而"损失准备"的计提刚好给你提供了调节和发挥的空间。在很大程度上，保险业的数据未必是完全可信的，我们在投资时要多加留心。

专题 73

财务舞弊

406. 会计欺诈

在 1988 年致股东的信里，巴菲特写道："有些骗子运用丰富的技巧和想象力，让交易记录符合 GAAP，却与经济实质背道而驰。多年以来，我和芒格见过很多会计诈骗案，鲜有人因此受到处罚，有些甚至都没有被发现。用钢笔窃取一大笔钱，比用手枪抢劫一小笔钱要安全得多。"有很多常见的会计诡计，这里试举两例：

（1）虚增利润。根据损益表，利润＝收入－费用＋收益－损失，那么想要做高利润数据，就有两种方式：一是虚增收入或收益，比如在不发生真实现金流入的情况下，通过持续增加应收账款来确认收入；二是低估费用或损失，比如将费用支出归类为购买厂房、设备的资本性支出，达到延迟确认费用的效果。

（2）虚增经营性现金流。比如通过延迟向供应商支付货款，来提高当期的经营性现金流，但这样做显然会对未来的现金流产生负面影响；再比如，将应收账款打折出售，这样虽然提前收回了现金，但无疑也会透支未来的现金流。类似这样"竭泽而渔"的做法，都是不合适的。

巴菲特讲了一个段子：管理层问会计师，2+2 等于几？会计师回答说，那要看你想要多少。如果管理层心术不正，就很有可能在报表上费尽心思。巴菲特认为，GAAP 是每个企业必须遵守的标准，而不是试图逾越的障碍。在我看来，粉饰报表的行为，不但欺骗了投资者，也会对管理层的决策产生误导，最终害人害己。

407. 巴菲特批驳财务乱象

在 1998 年致股东的信里，巴菲特写道："很多公司会将多年来积累的商誉，在某个单一会计年度提列损失。公司之所以这样做，可能是为了将过去累计的垃圾一次性出清，或是为了虚增未来年度的盈余。华尔街只关注未来年度的盈余高了 5 美分，而不介意公司当年的盈余少了 5 美元，公司就是抓住了这一心理。"

巴菲特举例说，这就像打一场高尔夫球赛，你本来的水平是 91 杆、94 杆、89 杆、94 杆、92 杆，这样的成绩只能说是差强人意；如果你玩一点儿数字游戏，把成绩变成 140 杆、80 杆、80 杆、80 杆、80 杆，总杆数仍然是 460 杆，给外界的感觉却是你的水平大幅提高，且稳定在 80 杆的极佳水平。

一项统计数据显示，1998 年美国上市公司宣布提列的特别开支（包括重组费用、研发支出、与并购有关的各项减记费用，等等）就高达 1369 项，金额合计 721 亿美元。相比之下，1997 年《财富》"世界 500 强"的盈利之和也不过只有 3240 亿美元而已。可见，利用会计制度的"漏洞"来展示"财技"，已经是美国企业界司空见惯的现象。

巴菲特所说的财务乱象，并不是 20 世纪 90 年代美国上市公司所独有的，我们每天面对的投资市场中也有这样的现象。比如，有的上市公司集中计提商誉减值，其实是一种"财务洗大澡"的手法。作为投资者，碰到上市公司有类似的做法，一定要提高警惕。

408. 巴菲特抨击会计诡计

在 2000 年致股东的信里，巴菲特对上市公司使用"财务诡计"美化报表的行径进行了猛烈的抨击，他写道："近年来，确实有很多大企业，习惯将公司的盈利引导至刚好符合分析师或大股东的盈利预期，这在业界已经成为常态。这实在是一种堕落的行为，但不幸的是，这在华尔街和企业界却大受欢迎。"

巴菲特所说的情况，是市场上长期且普遍存在的现象。例如美国绿山咖啡公司，其在 2005～2008 年的业绩增长非常迅速，公司 CEO 劳伦斯·布兰福德就经常在媒体上向投资者吹嘘："2007 年我司的销售收入同比增长 52%，绿山咖啡连续 20 个季度销售收入保持两位数的增长，连续 8 个季度销售收入增长超过 25%。"

我们知道，销售收入连续 5 年保持超过 10% 的增长，连续 2 年保持超过 25% 的增长，这样的企业已经非常罕见了。大家注意，"连续 20 个季度的增长"比"连续 5 年的增长"要求更苛刻，绿山咖啡公司连每个季度销售收入的增长都是非常匀速的、标准的。然而，这种"教科书式"的增长，却是利用会计政策"做"出来的业绩，为的就是符合投资者的预期。

巴菲特说，投资只需要学好两门课：一门是如何面对市场波动，一门是如何评估企业价值。给企业估值就涉及读财报。在资本市场，很多上市公司的财报都不一定是公允真实的。上市公司的管理层出于种种目的，可能会利用一切手法来操纵和美化报表。在投资的时候，对于不合常理的现象，咱们应本着"疑罪从有"的原则，多加关注。

409. 巴菲特谈安然的倒掉

在 2001 年致股东的信里，巴菲特写道："虽然安然公司已经成为企业舞弊的典型案例，但在美国企业界，这种贪婪的行为绝非个例。"紧接着，巴菲特讲了一个段子：在一场高端宴会上，有位女士对一位总裁说："只要你想要，我愿意为你做任何事。"只见那位总裁笑逐颜开，毫不犹豫地说道："那好，请给我更多的股票期权。"

巴菲特提到的安然公司，原本只是一家默默无闻的天然气生产商，在短短几年时间内就摇身一变，成了一家大型商品交易公司。1995～2000年，安然公司的营业收入从92亿美元暴涨至1008亿美元。同期，净利润却仅仅从5亿美元增长至10亿美元。营业收入暴涨10倍，净利润却只是勉强翻倍，令人疑窦丛生。

其实，安然公司并非通过大型并购来实现这一增长的，它给外界传递的这些"喜人"的财务数据都只是假象。真实情况是，安然公司把很多经纪业务收入的交易总额全部确认为销售收入，从而制造了虚假繁荣。比如说，拿到一笔1亿美元的经纪业务，如果收取1%的服务费，应确认的收入是100万美元，而不是安然公司记录的1.01亿美元。

安然公司财务舞弊行为被曝光之后，遭到了监管部门的严厉处罚，投资者纷纷离场，安然公司最终以破产的结局惨淡收场。为其提供服务的安达信会计师事务所也未能幸免，从此国际"五大"会计师事务所只剩下"四大"。"安然的倒掉"已经过去了二十余年，但留下来的深刻教训仍然值得我们每一个投资者和经营者警醒。

专题 74

数字游戏

410. 格雷厄姆的讽刺

在 1990 年致股东的信里，巴菲特以附录的形式发表了格雷厄姆所写的一篇未公开发表的文章《美国钢铁公司宣布彻底现代化的方案》。这是一篇讽刺性的小短文，大意是说，美国钢铁公司计划实施彻底的现代化，然而它的制造或销售政策没有任何变动，只是在财务和会计上进行了运作，其手段大致如下：

第一，将公司的固定资产从原来的 13 亿美元减记为 −10 亿美元。这样一来，公司每年不但可以少计 4700 万美元的折旧费用，还可以增加 5000 万美元的折旧利益，公司可以因此增加 9700 万元利润。

第二，将普通股面值减少到 1 美分，然后所有的薪资和奖金均以认股权证的形式发放，每年可减少 2.5 亿美元管理费用支出。

第三，将存货价值调低至 1 美元。这样不仅可以消除存货损耗的可能，还可以因为出售存货每年增加至少 1.5 亿美元的收益。

第四，将优先股改成折价 50% 发行的公司债，既可以减少股息支付，又可以通过赎回自家折价发行的公司债券而获利。

第五，建立 10 亿美元的或有负债，以应对潜在损失出现的风险。

通过一系列财务上的运作，美国钢铁公司的资产负债表和损益表大变样：虽然公司的营业收入仍然是 7.65 亿美元，但是由于减少了 2.5 亿美元的薪酬开支，折旧费用从 4700 万元变成 -5000 万美元，公司的每股盈利大幅上升。通过这则近乎荒诞的案例，巴菲特是想提示我们：要做好投资，必须具备识破上市公司"会计诡计"的能力。

411. 并购支付溢价的两种情况

在 1997 年致股东的信里，巴菲特写道："如果我们给被并购方支付溢价的话，必须至少满足以下的条件之一：要么是相对于被并购方，伯克希尔的股价被高估；要么是两家公司合并后，所赚得的利润高于两家公司独立营运时的利益之和。"不过，伯克希尔的股价很少被高估，合并后也很少有企业真正能和伯克希尔发挥"协同效应"。

20 世纪 60 年代中期，美国企业界非常流行通过并购来发挥所谓的"协同效应"。假设有两家公司——艾博电路公司和贝克尔糖果公司，两家公司的净利润都是 100 万美元，发行股票都是 20 万股，每股盈利都是 5 美元。唯一不同的是，电路公司的市盈率是 20 倍，股价是 100 美元；糖果公司的市盈率是 10 倍，股价是 50 美元。

电路公司的管理层如果想打造企业集团，他们可以提出以 2:3 的换股比例并购糖果公司。合并后的企业集团财务数据如下：净利润 200 万美元，发行股票 33.33 万股，每股盈利 6 美元。于是我们看到，新的企业集团每股盈利增长 20%，似乎表明之前给的 20 倍市盈率估值是合理的。此时，股价会上涨到 120 美元。

巴菲特对这种"数字游戏"嗤之以鼻，他非常清醒地认识到，加入伯克希尔不代表营业收入能自动增长或成本能自动减少，只要被并购方还能保持并购之前的表现，就已经让人心满意足了。此外，巴菲特在买下一家公司后，也会将它原来的期权奖励改为现金发放，以反映公司真实的获利情况。

第9章

美满人生

专题 75

福：众人爱

412. 伯克希尔和股东的双向选择

在 1983 年致股东的信里，巴菲特写道："要获得最高质量的股东，并非小事一桩。任何人都可以依据自己的喜好，选择自己的股票和投资组合。没有任何公司可以依照智力、道德感、情绪稳定程度等来筛选股东。所以，股东优选学可能是一项毫无希望的事业。"不过，巴菲特还是主动作为，为伯克希尔赢得了高质量的股东群体：

巴菲特的做法是，先成为一个"德才兼备"的投资家，让自己既具备超群的投资能力，也有崇高的职业道德；然后通过每年致股东的信和股东大会等方式，向外界传播伯克希尔的经营哲学。这样一来，伯克希尔和股东之间就有了双向选择的机会。不认可伯克希尔理念的投资者虽然有权利购买其股票，但大概率是不会购买的。

在巴菲特的努力下，伯克希尔吸引到的是这样的股东群体：倾向于长期投资，把公司看成是自己的事业，重视的是公司长期的经营成果而非短期的股价波动……有了理性的股东群体，才会有理性的股价。所以，伯克希尔的股价波动幅度远小于同类上市公司。对于巴菲特而言，他可以更加集中精力，专注于投资事业。

巴菲特信心满满地说，在美国市值超过 10 亿美元、股东超过千名的上市公司里，伯克希尔的股东与经营管理者是最为契合的。换言之，这些股东没有把伯克希尔的股票仅仅当成交易的筹码，而是密切关注公司的相关信息，和巴菲特保持同频共振、步调一致。这样的投资者关系堪称业界典范。

413. 表扬别人，批评自己

在 1986 年致股东的信里，巴菲特在开篇就回顾了伯克希尔自 1965 年以来的经营业绩：每股账面价值从 19.46 美元增长至 2073 美元，年复合增长率为 23.3%。由于伯克希尔的发展主要依靠内生性增长而非外延式并购，所以伯克希尔的净资产虽然增长了百倍之巨，但增发的股份不到 1%。

巴菲特说，伯克希尔能取得良好的业绩表现，主要归功于旗下经理人的杰出表现，比如内布拉斯加家具城的 B 夫人家族、喜诗糖果的查克·哈金斯、布法罗新闻报的斯坦·利普西，等等。然后，巴菲特话锋一转，说大家都在非常努力地工作，自己却没能好好地利用他们赚取的资金。

熟悉巴菲特的朋友都知道，巴菲特一向善于"表扬别人，批评自己"，这是非常高明的领导艺术。表扬别人，可以激发别人对工作的热情；批评自己，可以保持自己对成功的清醒。巴菲特极少自夸，他字里行间流露的常常是对别人的感恩之情，以及对自己的反思。

《菜根谭》有言："盖世功劳，当不得一个矜字。"大意是说，即使有再大的功劳，如果骄傲自满，也会沦为俗流。巴菲特的虚心实腹，让他周围的人都如沐春风，最终形成了人际关系的良性循环。

414. 股东大会面面观

在 1994 年致股东的信里，巴菲特按照惯例，再次给大家介绍了 1995 年股东大会的相关安排。由于 1994 年的会场奥芬中心只有 2750 个座位，到场人数比座位略多，所以巴菲特给 1995 年的股东大会安排了新的会场——假日会议中心。那里的大厅可以容纳 3300 人，如果还不够用的话，旁边还有一间可以容纳 1000 人的会议室。

除了安排会务，巴菲特还为远道而来的股东准备了旗下公司的产品展销会。比如喜诗糖果、波仙珠宝、贾斯廷靴业、世界百科全书、内布拉斯加家具城，等等。巴菲特还提醒大家，在股东大会的前一天晚上，还可以前往罗森布拉特体育馆，观看一场奥马哈皇家队对布法罗水牛队的棒球比赛。

在我看来，巴菲特真正把股东看成自己的朋友，他觉得每年召开一次大会，让大家聚在一起，是一件非常开心的事。正如《论语》所说："有朋自远方来，不亦乐乎？"反过来想，那些不远万里赶来奥马哈的股东，本身已经用实际行动，表明了对巴菲特的敬重之心。这种相互尊重、彼此珍惜的状态，其实非常美妙。

2019 年我去参加股东大会时，全场人数大概超过 4 万人。放眼望去，虽然周围坐的都是素不相识的陌生人，但大家都热烈地交谈着，仿佛久未谋面的老朋友。大家都知道，伯克希尔就是一个大家庭，每个人都遵循着类似的价值观。而巴菲特就是大家的"最大公约数"。

415. 巴菲特的人格魅力

在 1995 年致股东的信里，巴菲特写道："我们有很多经理人根本就不必靠这份工作过活，但每天还是一样全力以赴，就像是身价不菲的职业高尔夫球选手还在打巡回赛一样。我的工作主要是给他们创造良好的环境，截至目前，我们做得还算相当成功。1965～1995 年，伯克希尔没有任何一位主要经理人另觅出路。"

诚如巴菲特所言，自 1965 年以来，伯克希尔网罗了一大批卓越的经理人，包括但不限于：盖可保险的托尼·奈斯里、卢·辛普森，飞行安全国际公司的阿尔·乌尔奇，利捷航空的理查德·桑图里，宠厨的多丽丝·克里斯托弗，威利家居的家比尔·柴尔德、肖氏工业集团的罗伯特·肖……他们来自各行各业，但都对巴菲特忠心耿耿。

巴菲特之所以能服众，一方面得益于他自身杰出的投资能力，另一方面是因为他待人宽和，不争功、不诿过。巴菲特多次在公开场合盛赞旗下经理人的表现。财经作家罗伯特·迈尔斯曾经想要采访巴菲特，巴菲特非常委婉地告诉他，还是应当多关注一下查理·芒格和其他的经营管理人员。

416. 巴菲特的嘉年华

在 1996 年致股东的信里，巴菲特在文末照例提到了 1997 年伯克希尔股东大会的安排。经过巴菲特持续多年的付出和努力，股东大会已经成了投资界的一大盛事。大会有很多道亮丽的风景线，在全球范围来说都是"只此一家，别无分店"，我概括了以下三点：

第一，来自五湖四海的股东。据统计，1996 年股东大会召开时，全美 50 个州都有股东代表出席。还有很多股东来自海外，参会股东人数达到 5000 人。由于 1996 年伯克希尔发行了 B 类普通股，股东人数翻番，因此巴菲特决定将股东大会地址改到场地规模更大的阿克萨本体育馆。

第二，琳琅满目的展品。想买吃的，有喜诗糖果；想买喝的，有可口可乐；想买穿的，有德克斯特鞋业；想买看的，有世界百科全书；想买戴的，有波仙珠宝；想买用的，有内布拉斯加家具城；想订房，有美国运通……总之，伯克希尔可以全方位满足你衣食住行的需求，可谓"巴神在手，天下我有"。

第三，睿智风趣的问答。为股东创造一个充分交流的环境，让他们能够更直观地了解伯克希尔的经营情况，这是股东大会最重要的功能，没有之一。为了给股东更多的交流机会，巴菲特和芒格展现出足够的诚意，从上午 9:30 开场，一直到下午 3:30 闭幕，中场只休息 15 分钟，这是对脑力和体力的双重考验。

我所译的《巴菲特的嘉年华》里有一句话："伯克希尔股东是一个由共同

的价值观——好学、正直、创新和团结维系的社会群体。"身为其中的一员，自然是以此为荣的。非常幸运的是，我现在也有了这样一群三观一致的朋友。平日里，大家一起聊天，一起学习，一起赚钱，人生快意，莫过于此。

417. 睿智又幽默的巴菲特

在 1999 年致股东的信里，巴菲特谈到，当年旗下各类事业实现了税前净利润 24.5 亿美元，按照伯克希尔所占股权比例计算的税后净利润为 15.57 亿美元。伯克希尔旗下的制造、零售、服务业的表现都近乎完美，唯一表现不佳的是德克斯特鞋业。这并非高管和员工不够努力，而是因为美国本土的制鞋企业毫无成本优势可言。

巴菲特特意表扬了喜诗糖果，它在 1999 年的营业利润率高达 24%。自 1972 年巴菲特花费 2500 万美元买下喜诗糖果以来，它已经给伯克希尔贡献了 8.57 亿美元的税前净利润。喜诗糖果就是一台名副其实的"印钞机"，它自身没有大额的资本支出，无须投入额外的资金就可以维持业务的高速增长，然后再将源源不断的现金输送给总部。

巴菲特还开玩笑说，查克·哈金斯刚刚接手喜诗糖果时是 46 岁，当时公司的税前净利润是 460 万美元；如今查克·哈金斯已经是 74 岁高龄，公司的税前净利润高达 7400 万美元。对于哈金斯年龄和喜诗糖果税前净利润之间"神奇"的对应关系，巴菲特和芒格亲切地称为"哈金斯定律"。

在我看来，巴菲特身上有两大优点：睿智和幽默。单单睿智的人，你会觉得他有些无趣，有些高冷，有些犀利，有些不近人情，甚至让人不想靠近；单单幽默的人，你会觉得他有些滑头，有些油腻，有些轻浮，有些花里胡哨，甚至遭人嫌弃。而像巴菲特这样，既睿智又幽默的人，睿智让人折服，幽默让人亲近，是我最喜欢的。

418. 巴菲特的感恩心

在 2005 年致股东的信里，巴菲特在全文最后一段的"内心独白"是这样写的："我和芒格实属万分幸运。我们出生在美国，我们的父母非常优秀，精心抚养我们并让我们接受了良好的教育；我们的家庭生活非常美满且拥有健康的体魄；上天赋予我们商业的基因，让我们在商业上获得的回报，大大超过了其他为社会做过同样甚至更多贡献的人……"

不仅如此，巴菲特还一直做着自己感兴趣的事情，把爱好和工作完美地结合在了一起。在伯克希尔的发展之路上，巴菲特得到了很多聪明能干的经理人的助力。对于巴菲特来说，跟这群人共事本身就是一种享受。和喜欢的人一起做着喜欢的事，难怪巴菲特每天都能从床上兴奋地蹦下来，跳着踢踏舞去上班。

巴菲特每年致股东的信，无论篇幅长短，最后的一项议题一定是介绍伯克希尔股东大会的盛况，并邀请股东前来参会。在每年的股东大会上，巴菲特都能见到来自五大洲、四大洋的股东们，大家不远万里，前来参会；大家欢聚一堂，言笑晏晏；大家推杯换盏，秉烛夜谈……没有什么是比这更开心的事了。

从巴菲特的字里行间，我读出了一颗赤子之心。出生在 20 世纪 30 年代的美国白人男性有那么多，然而谁又能拥有巴菲特这般耀眼的成就呢？归根结底，外部环境固然重要，内在努力才是核心原因。然而，巴菲特绝口不提自己的努力与聪明，他总是抱着感恩的心态去对待身边的人和事。其胸襟之开阔，值得我们细细品味与学习。

419. 亲见巴芒的最后一次机会

在 2008 年致股东的信里，巴菲特照例在全文的末尾谈到了股东大会的安排。按照以往的惯例，巴菲特和芒格再次在周六下午 4:00 以后，开始接待来自北美以外的股东。2008 年 5 月举行的伯克希尔股东大会上，巴菲特和芒格亲自接待了 700 多名外国股东。巴菲特知道大家不远万里前来奥马哈只是为了见他一面。巴菲特的这一安排，着实非常暖心。

试想，如果时光回到 2009 年 2 月，当你读到这一段时，也许会觉得稀松平常。因为在会后接待北美以外的股东是巴菲特和芒格的常规动作。但现在我们知道，从 2010 年开始，由于外国股东人数越来越多，巴菲特和芒格根本没有时间和精力跟大家一一合影、签名，他们最终取消了这一环节。

也就是说，2009 年的股东大会是北美以外的股东和巴菲特、芒格最后一次近距离接触的机会。自此以后，要想和巴菲特合影留念、共进午餐，基本上要花费天价。但是，站在 2009 年，又有多少人能意识到这是多么难得的一次机会呢？大多数人的想法可能是：没关系，错过了今年还有明年。殊不知，很多时候，说过的再见，再也没有见。

早在 2001 年和 2004 年，杨天南老师就两度前往奥马哈，并和巴菲特、芒格留下了珍贵的合影。如今看来，这是多么明智的决定啊！对于优秀的人来说，他们的时间越来越宝贵，他们的资源越来越稀缺，所以我们跟他们接触得越早，难度也就越小，成本也就越低。早早地下注优秀的人，其实跟股票"逢低买入"的投资原理是一样的。

专题 76

禄：赚得多

420. 巴菲特的惊人业绩

在 1961 年致合伙人的信里，巴菲特完整回顾了 5 年以来的投资成绩。1957 年是巴菲特设立合伙基金的第一年，到 1961 年底运行满 5 年，基本上达到评价一只基金长期业绩的最低年限。巴菲特花式"炫技"，全方位展示了他的投资水平：

首先，跟指数比。1957～1961 年，道琼斯指数累计收益率为 74.3%，巴菲特合伙基金累计收益率为 251.0%；扣除普通合伙人的业绩提成后，有限合伙人的累计收益率为 181.6%；按单年度来看，巴菲特连续 5 年跑赢指数，连续 5 年实现正收益。

其次，跟同行比。巴菲特选取了美国两家最大的开放式共同基金、两家最大的封闭式基金，这 4 家基金管理的总资产规模高达 35 亿美元。1957～1960 年，4 家基金的累计收益率分别为 36.0%、42.5%、38.3%、44.8%，基本与道琼斯指数相当，同期巴菲特合伙基金费后收益率为 107.2%。

当然，巴菲特的情商非常高，他对比之后，不忘了加上一句："如果要我管理这么多的资金，并且还要遵守投资方面的诸多限制，我也不会做得比这些基金公司更好。"字里行间，看得出巴菲特为人非常谦逊、善良。在春风得意的时候不忘形，也是投资人非常宝贵的品格。

421. 巴菲特的完美答卷

在 1963 年致合伙人的信里，巴菲特再次展示了合伙基金的骄人战绩：1963 年，道琼斯指数收益率为 20.7%，合伙基金收益率为 38.7%，有限合伙人收益率为 30.5%；1957～1963 年，道琼斯指数年化收益率为 10.0%，合伙基金年化收益率为 27.7%，有限合伙人年化收益率为 22.3%。

无论以单一年度，还是七年为期限；无论绝对收益，还是相对收益；无论基金表现，还是客户回报，巴菲特的成绩都堪称完美。用任何指标、从任何角度去衡量，这样的业绩都无懈可击。取得这样的成绩，巴菲特也没有膨胀，而是异常冷静地断言：大幅超越指数的成绩，是不可长期持续的。

当然，巴菲特又解释说，即便无法大幅超越指数，只要每年以微弱的优势领先，随着时间的推移，当初微不足道的差距，在复利的作用下，最终也会呈现天壤之别。例如，同样的 10 万美元，在年化 12% 和年化 16% 的收益率水平下，30 年后的盈利分别为 290 万美元和 848 万美元。

巴菲特的字里行间充满了理性和克制。他非常自信，认为过去七年自己做得不错，同时他又非常务实，认为未来很难继续保持如此优异的业绩。巴菲特没有忽悠他的合伙人，或者说，他非常重视合伙人的"预期管理"。通过长期的理念宣教与疏导，巴菲特和合伙人配合得非常默契，这对合伙基金的平稳运行是非常关键的。

422. 投资的科学评价标准

在 1966 年致合伙人的信里，巴菲特写道："我们持有的各项投资可根本不晓得一年有 365 天，也不晓得各位合伙人和税务局要求按年汇报投资业绩。因此，我们不能按照公历年度来衡量投资业绩，而必须采用其他的业绩比较基准。就像一家零售商如果以西尔斯作为比较基准，那只要每年都击败对手，就肯定会看到前方胜利的曙光。"

巴菲特这段话，阐述了我们衡量事物的两种标准——主观标准和客观标准。比如一年 365 天就是一项人为划分的主观标准。但是股票并不知道一年是 365 天，它是不会以一年为周期波动的。再比如道琼斯指数就是一项相对科学的客观标准，你可以据此来衡量自己的投资水平，是否在平均水平之上。

我们常常讲，投资的两项目标是"跑赢大盘"和"绝对盈利"。其中，"跑赢大盘"就属于客观标准，"绝对盈利"就属于主观标准，两者其实是相辅相成的。在一个较长的时间周期内，因为经济是增长的，指数是向上的，"跑赢大盘"就必然会实现"绝对盈利"。但反过来说，"绝对盈利"并不意味着一定能"跑赢大盘"。

在我看来，主观标准靠规定，客观标准靠比较。主观标准会规定一个绝对值，但能不能实现其实取决于很多外部因素；客观标准是比较相对值，适用的场景会更多一些。比如你参加高考，给自己设定 600 分或 650 分，其实意义不大，因为高考是要排名次的。我们多用一些"比较"思维，很多生活中的问题就会迎刃而解。

423. 巴菲特合伙基金成立 10 周年

在 1966 年致合伙人的信里，巴菲特总结了合伙基金成立 10 周年以来取得的业绩。1966 年，道琼斯指数收益率为 −15.6%，合伙基金收益率为 20.4%，有限合伙人收益率为 16.8%；1957～1966 年，道琼斯指数年化收益率为 8.3%，合伙基金年化收益率为 28.8%，有限合伙人年化收益率为 23.2%。

站在 1966 年的时间节点上，巴菲特可谓意气风发，少年得志。这一年，巴菲特才 36 岁，但是他已经取得了连续 10 年超越指数的优异投资业绩。巴菲特合伙基金的管理规模也从 1957 年的 105 100 美元，扩大到 54 065 345 美元。有钱、有经验、年富力强，可谓人生赢家。

但是，巴菲特并没有被眼前的胜利冲昏头脑。他告诉自己的投资人，合伙基金在过去 10 年取得的投资业绩，并不能线性延伸到今后 10 年。或者说，今后 10 年几乎不可能重复此前的辉煌业绩。其中的主要原因是，未来的投资环境发生了变化，投资管理竞争更加激烈，同时基金规模还在不断增长。

我一直觉得，学习巴菲特，不仅仅要学习他卓越的投资水平，更要学习他质朴的精神底色。连续 10 年取得出色业绩，不但没有自我膨胀，反而在思想和行动上都保持着理性和克制，这样的品格实属罕见。有幸读到巴菲特，相当于找到了人生的样板。甚至不需要创新，就原原本本按照巴菲特说的去做，人生大概率也不会太差。

424. 巴菲特调整投资目标

在 1967 年致合伙人的信里，巴菲特计划将合伙基金的投资目标，从每年超过道琼斯指数 10 个百分点，修改成每年超过道琼斯指数 5 个百分点。巴菲特给出的理由如下：

第一，环境的变化。过去 20 年没有发生过类似 20 世纪 30 年代大萧条的事件，市场上被低估的股票数量越来越少。根据巴菲特自述，过去 3 年，他的大部分收益，都来源于同一个投资项目。

第二，风格的变化。当时，市场上最热门的投资方法并不是企业估值分析，而是预测市场走势。但是，巴菲特并没有放弃自己固有的投资方法，转而追逐热点，这也意味着他必须放弃一些看起来很容易获得的利润。

第三，资产的变化。巴菲特明确提出，"合伙基金日益增加的资金量，开始在某种程度上拖累我们的业绩"。这似乎表明，巴菲特开始从"主意多于资金"的阶段，逐步过渡到"资金多于主意"的阶段。

第四，心态的变化。巴菲特刚刚成立合伙基金时，基金规模只有 10 万美元，而此时已经增长到 6500 万美元。相对于年轻时，此时巴菲特赚钱的动力开始阶段性减弱。但后来我们知道，这只是暂时的，巴菲特到现在也没有停止追逐梦想的脚步。

425. 乐观，但不盲目自信

在 1985 年致股东的信里，巴菲特提到，这一年伯克希尔的账面价值增长了 6.1 亿美元，增幅为 48.2%。在巴菲特过往的投资经历中，只有 1976 年账面价值的增幅 59.3% 高于这一数值。因此，巴菲特认为 1985 年的业绩纯属偶然，就如同哈雷彗星造访一般，这辈子再也不会有了。

然而，巴菲特没有料到，1998 年，伯克希尔的每股账面价值增长率达到 48.3%，又一次创造了收益神话。这至少可以说明：一方面，巴菲特一向习惯于向股东"抛低球"，尽量不给股东太高的收益预期，避免"希望越大，失望越大"；另一方面，巴菲特的工作重心一直在企业经营而非股价波动上，所以能够持续给股东带来惊喜。

不过，巴菲特明显感到，有两项因素会成为伯克希尔发展的"掣肘"：一是日渐稀有的投资机会，与 10 年前被明显低估的市场相比，当下并没有太多优质的投资机会；二是日渐庞大的资产规模，与 10 年前相比，伯克希尔持有的股票资金规模增长了 20 倍。能够满足这一体量的投资标的，在市场上本来就不多见。

巴菲特坦言，以后再想保持相同的收益率，几乎难如登天。因为随着资金规模的增长，同样的收益率意味着更大的绝对金额。不过，巴菲特还是对自己和伯克希尔有信心，认为有能力取得超过市场平均水平的成绩。乐观但又不盲目自信，保守但又有进取之心，巴菲特这样的心态非常值得学习。

426. 伯克希尔 1996 年再创佳绩

在 1996 年致股东的信里，巴菲特首先通报了伯克希尔当年的经营业绩：公司账面价值增长 36.1%（相当于 62 亿美元），每股账面价值增长 31.8%，股价上涨 6.2%，同期标普 500 指数上涨 23%。1965～1996 年，伯克希尔每股

账面价值从 19 美元上涨到 19 011 美元，涨幅接近 1000 倍，年复合增长率约
23.8%。

我们可以看到，虽然伯克希尔的经营表现较好，但股价的涨幅大幅低于指
数的涨幅，这也说明了短期股价的波动性和随机性。细心的朋友可能发现了，
公司账面价值的涨幅高于每股账面价值的涨幅，这主要有两个原因：1996 年 5
月，伯克希尔增发了一些 B 类股票；1996 年 12 月，伯克希尔以增发新股的方
式收购了飞安国际。

巴菲特说，之所以一再强调每股账面价值，原因在于它能反映伯克希尔取
得的实质进展。不过，账面价值也只能视为参考指标，真正重要的并不是账面
价值，而是内在价值。在伯克希尔发行 B 类股票的时候，巴菲特给每名股东
都配发了股东手册，目的就是阐述伯克希尔的宗旨，以及内在价值等名词的
释义。

在我看来，巴菲特能跟股东保持互相信任的融洽关系，很大程度上得益于
巴菲特出色的沟通能力。巴菲特会坦诚地告诉股东：我做了什么，为什么要这
样做，这些对股东的价值是什么，我希望得到什么样的股东。这实际上是在做
三观上的"双向选择"，喜则留，厌则走。当身边围绕的都是志同道合的朋友
时，事业何愁不兴呢？

427. 避免成为"涨水的鸭子"

在 1997 年致股东的信里，巴菲特开门见山地谈到了公司当年的业绩：
1997 年，伯克希尔账面价值增加了 80 亿美元，伯克希尔 A 类股票价格和 B
类股票价格均增长了 34.1%。巴菲特接手伯克希尔 33 年以来，伯克希尔的每
股账面价值从当初的 19 美元增长到 1997 年的 25 488 美元，年复合增长率约
24.1%。

无论短期业绩还是长期业绩，巴菲特的表现都堪称卓越。难能可贵的是，
面对这样的骄人成绩，巴菲特却一如既往地保持着谦虚和警惕。他说："面对

一路上涨的行情，大家一定要避免成为那只嘎嘎叫的鸭子，以为是自己高超的泳技让自己冲上巅峰。面对狂风巨浪，小心的鸭子反而会谨慎地关注，大浪之后，水里的鸭子都到哪里去了。"

巴菲特说这段话的背景是，在 1997 年，虽然伯克希尔账面价值增长了34.1%，市值增长了 34.9%，但同期标普 500 指数也增长了 33.4%，市面上大多数指数基金的业绩也相当不错。而且，在牛市，指数基金不必负担税负成本，伯克希尔则每年都要向联邦政府缴纳企业所得税。

以 1997 年为例，伯克希尔要上缴高达 42 亿美元的企业所得税，相当于公司年初账面价值的 18%。巴菲特透露的这一细节让我思考：近 10 年来伯克希尔没有跑赢指数，除了自身规模过大的原因，缴纳的巨额税款会不会也是核心的原因之一呢？如果是这样的话，现在的伯克希尔表现还能跟指数持平实属不易。

428."常青树"巴菲特

在 2006 年致股东的信里，巴菲特宣布捐出自己 99% 以上的财富。以巴菲特当时持有的伯克希尔股票计算，如果他没有进行慈善捐赠的话，现在的持仓市值已经高达 2449 亿美元（截至 2023 年 6 月），是当之无愧的世界首富。即便在捐献了超过半数的财富之后，如今的巴菲特依然坐拥千亿美元身家，常年位居"福布斯富豪榜"前 5 名。

早在 1993 年，巴菲特就荣登"福布斯富豪榜"榜首，他以 83 亿美元的身家，成为当年的美国首富。三十多年来，美国及全球富豪榜上的风云人物去了来，来了去，所谓"你方唱罢我登场"，又堪称"城头变幻大王旗"。只有巴菲特等极少数人，随着世事变迁，岁月流转，始终屹立不倒。

在资本市场，我们常常能看到很多大起大落、人生沉浮，但在巴菲特身上，我们能看到一个非常有趣的现象：以 10 年为周期，巴菲特总是越来越好。60 岁的巴菲特比 50 岁的巴菲特更富有，80 岁的巴菲特比 70 岁的巴菲特更快乐……

　　究其原因，与巴菲特稳健的投资风格密不可分。巴菲特曾说，自己宁要"确定的好成绩"，也不要"有希望的绝佳成绩"。也就是说，相较收益率，巴菲特更看重确定性。短期来看，在任何时候、任何阶段，总有人比巴菲特赚得更多；但长期来看，巴菲特的财富一定是稳步增长的，这大概就是他能成为企业界"常青树"的"秘密"吧！

专题 77

寿：活得久

429. 资产和负债

在 1986 年致股东的信里，巴菲特提到公司新购置了一架飞机。这是有史以来，巴菲特为自己购置的第一件"奢侈品"。作为顶级富豪，巴菲特在生活上一贯保持着朴素的作风。比如说，巴菲特很少住五星级酒店，不喜欢收藏名画、名酒等艺术品，也没有购置豪华游艇。那么，巴菲特为什么要买一架私人飞机呢？

巴菲特这样做，主要是出于两点考虑。一是保护个人隐私。1985 年，巴菲特登上了福布斯全球 400 位富豪榜，在企业界和投资界声名渐起，乘坐私人交通工具，自己会多一点儿私人空间。二是自由支配时间。20 世纪 80 年代，巴菲特逐渐进入美国的政商名流圈，有很多社交活动，私人飞机能让他的出行更加便利。

从会计意义上讲，你购置的飞机、汽车、房屋都是资产；但从财务意义上讲，只有能给自己带来现金流入的物品，才能被称为"资产"，否则就是"负债"。但对于巴菲特而言，他不是纯粹为了享受和消费的，一架私人飞机虽然耗费巨大，但是能够给他提供便利、节省时间，这就算是一项资产。

一件物品究竟是不是资产，并不取决于物品本身，而取决于它的用途。比如，你购置了一辆汽车，如果只作为普通家用，那它会产生汽油费、保养费等支出，所以实际上是一项负债。但如果你开着这辆汽车去跑营运，或者用它在生意场上给你"撑场面"，它能够产生收入，就是一项资产。财务意义上的资产和负债，比会计意义上的资产和负债更接近商业的本质。

430. 巴菲特回应"大卡车事件"

在 1993 年致股东的信里，巴菲特开玩笑说，经常有股东提问："如果你被卡车撞了该怎么办？"虽然提问的方式不太礼貌，但考虑到巴菲特是伯克希尔的灵魂人物，他的一举一动都与公司未来发展和股东利益息息相关，股东的顾虑也并非完全没有道理。更何况，巴菲特年事渐高，身体健康状况也是股东关注的焦点之一。

为了打消股东的疑虑，巴菲特按照公司股东与管理层的关系，把所有的企业分为三类：第一类，董事会里没有控股股东。比如我国很多国企就是这样的，控股股东是国资委，董事是政府委派的。第二类，控股股东同时也是公司高管。比如伯克希尔就是这样的，巴菲特是大股东，也是 CEO。第三类，控股股东不参与公司的日常经营管理。

巴菲特认为，如果想要保持一流的管理水平，第三种情况最为有利。因为第一种情况存在"代理成本"，股东和管理层的利益不完全一致；第二种情况，股东和管理层是相同的人，即使做错了也不会罢免自己；只有在第三种情况下，控股股东既可以监督和调整管理层，又不至于对管理层的日常经营管理造成过多的干扰。

巴菲特说，目前伯克希尔还处于第二种情况，无论大家接不接受，他都将继续以大股东和经理人的身份掌舵。巴菲特的妻子苏珊和儿子霍华德也都进入了伯克希尔董事会，如果将来巴菲特先于妻子离世，伯克希尔就会演变成第三种情况，他已经为"大卡车事件"提前做好了准备。但意外并没有发生，巴菲特一直非常健康，这也是全体股东的幸运。

431. 耐心的价值

在 1994 年致股东的信里，巴菲特在谈及投资时，援引了泰德·威廉姆斯的一席话："如果你想成为一名优秀的击球手，首先你得选择一记好球来打，这是教科书里的第一课。如果强迫自己在不够理想的击球区挥棒，我绝对无法成为击球率 0.344 的明星球员，最多也只是击球率 0.250 的普通球员。"巴菲特说，他和芒格也秉持同样的观点。

巴菲特之所以拿棒球来比喻投资，是因为两者的核心要素都是两个字：耐心。威廉姆斯之所以能成为一流的击球手，是因为他会等待球进入理想区再挥棒。不过，棒球的比赛规则是，如果连续三次不挥棒，选手会惨遭淘汰，即"三振出局"。相比而言，投资更具有优势，在找不到合适的投资机会时，可以一直"呆坐"不动。

学习价值投资的乐趣之一在于，它教给我们的不仅仅是投资的知识，更是人生的智慧。在我看来，无论投资还是打球，抑或是成就人生的事业，都遵循着同样的底层逻辑，那就是：不轻易挥棒，不降格以求，追求一击必中，一发入魂。价值投资入心入骨以后，我们很自然地也就迎来了自己的价值人生。

432. 兴趣与工作的关系

在 1995 年致股东的信里，巴菲特写道："我们有很多经理人，他们喜欢现在的工作，而且做得非常出色。说他们在工作或许是错误的，他们只不过是把自己的大部分时间，花在了自己擅长的生产活动而非休闲活动上而已。"说到工作和兴趣的关系，我认为有两种情况是比较理想的。

第一种情况：兴趣就是工作，突出表现为"爱一行，干一行"。比如巴菲特就是这样的，他很早就找到了自己的兴趣——商业和投资。巴菲特 6 岁起卖可乐，12 岁起买股票，到现在 90 多岁了，跟童年时代相比的话，人生的志趣也没有发生太多变化。在投资领域经历了长时间的复利积累，兴趣越来越浓，事业也越来越顺。

第二种情况：把工作当兴趣，突出表现为"干一行，爱一行"。比如稻盛和夫就是这样的，他年轻时遭遇过很多挫折，大学学的是有机化学，最后却误打误撞进入了无机化学领域。稻盛和夫并不是一开始就对研究陶瓷材料感兴趣，但是他拥有一种"超能力"——把工作变成自己的兴趣。只要深入钻研，倾注心血，就会对工作产生感情。

在我看来，"巴菲特式"的人生当然是最理想的，在很年轻的时候就坚定地知道自己将来要走的路，从未彷徨和迷茫，这样的人生无疑是幸运的。不过，对于大多数普通人来说，可能会走弯路，会跌跌撞撞，也许"稻盛和夫式"的人生才更有借鉴意义。不管正在从事什么工作，能够把它变成自己的兴趣，也是一种稀缺的品质。

433. 近朱者赤，近"巴"者寿

在 2020 年致股东的信里，巴菲特写道："有很多投资者从合伙公司时期就紧紧跟随着我，他们或他们的子孙后代现在仍然持有大量的伯克希尔股票。"巴菲特举例说，斯坦·特鲁尔森就是这些老伙计中的典型代表。特鲁尔森是奥马哈的一位眼科医生，为人慷慨大方，和巴菲特私交甚笃。

1959 年，特鲁尔森和其他 10 位年轻的医生一起，携手巴菲特成立了一家合伙公司。这些医生创造性地将合伙公司命名为"Emdee"。此后，他们每年都会来巴菲特家里，与巴菲特夫妇共进一餐庆祝晚宴。1969 年，合伙公司解散时，所有的医生都选择继续持有他们收到的伯克希尔股票。

2020 年 11 月 13 日，是特鲁尔森的 100 岁生日。特鲁尔森当年在合伙公司的两位伙伴现在也都步入耄耋之年，大家都还持有着伯克希尔的股票。当时的巴菲特已经 90 岁，芒格已经 96 岁，这让我想到一个有趣的问题：成为伯克希尔的股东，是否会使人长寿？

　　仔细想想，其实长寿的远远不止伯克希尔的股东群体，还包括巴菲特的师友故交、商业伙伴，等等。本杰明·格雷厄姆、沃尔特·施洛斯、凯瑟琳·格雷厄姆、比尔·鲁安、卢·辛普森、大卫·戈特斯曼……都是 80 岁以上的高龄。这群人心态平和、待人坦荡、精神富足、无忧无虑，又怎么可能不长寿呢？

第
10
章

精神不朽

专题 78

立德：巨额慈善捐赠

434. 巴菲特宣布捐赠巨额财富

在 2006 年致股东的信里，巴菲特表示，自己已经把持有的大量伯克希尔股票捐赠给了 5 家济世为怀的基金会。根据《巴菲特之道》的相关记载，2006 年 6 月 26 日，巴菲特在纽约公共图书馆宣布了自己的财产安排，其中给三个子女及已故妻子的基金会合计 60 亿美元，给盖茨基金会的捐助则高达 300 亿美元。

巴菲特强调，自己做出捐赠决定，并不是出于税务筹划的考虑，而是觉得，自己的开销不及自己所赚财富的 1%，那么就意味着，99% 的财富他根本用不上，但是别人却用得上。既然如此，与其把这笔钱牢牢攥在自己手里，倒不如让它回到社会。人生于天地之间，最终匿于天地之间；财富取之于民，最终也应用之于民。

更难能可贵的是，巴菲特并没有成立自己的基金会，而是直接将巨额财富捐赠给盖茨基金会。因为巴菲特认为，自己更擅长赚钱，盖茨基金会更擅长花钱。既然如此，为什么自己还要费尽心力去花钱呢？直接捐给盖茨基金会不是更好吗？巴菲特从来没有考虑过个人的名利，而是时时以理性的角度思考和处理问题。

　　盖茨评价巴菲特说："他将被人记住，不仅仅是作为最伟大的投资家，更是作为最伟大的投资美德家。"对此，我深表赞同。我在之前的文章里也多次提到过，巴菲特真正达到了庄子笔下"至人无己，神人无功，圣人无名"的境界。学习巴菲特，一开始可能是为了赚钱，但随着学习的深入，越来越为他的人格魅力所折服。

435. 巴菲特的"遗嘱"

　　2023 年 11 月 21 日，也就是美国感恩节的前夕，伯克希尔官网发布了一篇新闻稿，巴菲特在文中谈到了自己的身后事。很多财经媒体动辄以"巴菲特的遗嘱"为标题来谈论此事，但我查阅了原文，新闻稿只谈到了巴菲特对遗嘱相关事项的安排，并非遗嘱本身。严谨起见，我将这份新闻稿提及的内容概括为巴菲特的"遗嘱"而非巴菲特的遗嘱。

　　巴菲特当日宣布：将 1600 股伯克希尔 A 股转换为 240 万股伯克希尔 B 股，并将这些 B 股捐赠至四个家族基金会。其中，苏珊·汤普森·巴菲特基金会收到 150 万股，舍伍德基金会、霍华德·巴菲特基金会和诺沃基金会各收到 30 万股。上述捐款和巴菲特在 2022 年感恩节的捐款如出一辙。它们兑现了巴菲特在 2006 年做出的终生承诺，并将一直持续至巴菲特离世。

　　巴菲特及其子女有一个共同的信念：虽然在包括美国在内的世界大部分地区，巨额财富的代际传承都是合法且普遍的，但这不可取。此外，富有并不会使人变得聪明或邪恶。巴菲特也赞同这样的观点：资本主义虽然有其固有的弱点，包括它在财富分配上存在着巨大的鸿沟，以及政策对公民的影响有点反复无常，不过它已经创造了奇迹，并将继续创造奇迹。

　　有一种"阴谋论"认为：巴菲特捐钱并非为了做慈善，而是为了避税。对此，我只能用两句话来评价：一句是"以小人之心度君子之腹"，另一句是"燕雀安知鸿鹄之志哉"。谁又会傻到为了规避最多 50% 的遗产税，而去捐赠 99% 的财富呢？格局和视野决定了一个人的认知。在我心中，巴菲特是真正的为国为民。

专题 79

立功：万亿财富帝国

436. 巴菲特的投资风格

在 1958 年致合伙人的信里，巴菲特提到了当年合伙基金持股比例最高的一只股票——联合城国民信托公司。巴菲特以这只股票为例，向合伙人介绍了他的投资风格：

第一，好价格。当时，联合城国民信托公司的每股盈利大约是 10 美元，巴菲特认为其内在价值大约是 125 美元 / 股，而当时的市价是 50 美元 / 股。巴菲特花了 1 年左右的时间，以 51 美元 / 股的均价买入了公司 12% 的股份，成为公司第二大股东。

第二，好公司。当时，联合城国民信托公司的总资产约为 5000 万美元，大约是奥马哈第一国民银行或美国国民银行总资产的一半。其第一大股东是另一家大银行，持有其 25.5% 的股份。巴菲特认为，这家公司盈利能力强大，且公司管理层非常友好。

第三，好前景。当时，联合城国民信托公司的股东只有 300 名左右，每月的成交量只有两笔，交易处于非常不活跃的状态。但是，巴菲特认为，公司的盈利能力终将推升公司股票的内在价值和市场价格，无论经过 1 年还是 10 年，公司股票的价格最终会达到 250 美元 / 股。

巴菲特总结说，好价格决定了抵御市场波动的能力较强，好公司决定了内在价值会稳步提升，好前景决定了投资人最后会获得较好的收益。作为当时的第一重仓股，巴菲特合伙基金在这只股票上投入了 10%～20% 的基金资产。一年后，巴菲特发现了更好的投资机会，以 80 美元 / 股的价格售出了这家公司的股票，获利约 60%。

437. 三种投资类别

在 1961 年致合伙人的信里，巴菲特首次明确提出了合伙基金涉及三种投资类别，分别是低估类、套利类、控制类。巴菲特不会事先计划三种投资的比重分配，三种投资的比重分配取决于投资机会出现的时间。我们简单介绍一下以下三种投资：

（1）低估类投资。顾名思义，就是买那些价值被低估的证券，这类证券在巴菲特合伙基金里所占的比例最大。买低估的股票，其要义在于"买得便宜"，正如巴菲特所言，"我们对买入时点的选择，远远强于对卖出时点的选择"。低估类投资跟市场的关联性很强，往往跟大盘保持着同涨共跌。但巴菲特相信，长期而言，这类投资会跑赢道琼斯指数。

（2）套利类投资。套利类的机会大多来源于公司合并、清算、重组、分立等。这类投资一般为个别的机会，跟市场的总体表现无关，因此当遇到熊市的时候，套利类的投资收益往往表现非常出色。巴菲特认为，套利类投资的实现时间、金额和阻碍因素都是可以预测的，收益的确定性很高，因此他会使用一部分借款进行投资，借款的上限为净资产的 25%。

（3）控制类投资。这类投资可以视为股权投资的雏形，也就是买入相当多的股份，达到影响公司经营决策或者控制公司的程度。巴菲特做两手准备，在低估类和控制类投资间实现自由切换——低估类投资在买入之后上涨，则获利了结；在买入之后不涨，则买入更多，直到成为控制类投资。

438. 巴菲特的前瞻性思考

在 1961 年致合伙人的信里，巴菲特开始讨论关于基金管理规模的话题，他会经常问自己："如果合伙基金的资金大幅增加，对业绩会有怎样的影响？"当时，巴菲特管理的合伙基金总资产大约是 400 万美元，还远远不到"资金大于主意"的临界点，但他做了很多有前瞻性的思考：

（1）对于财务类投资来说，资金规模越大，越容易对投资收益率产生负面影响。原因很简单，买入 10 000 股通用汽车的股票均价，通常会略高于买入 100 股或 1000 股的均价。对于某些小盘股，买入 10 000 股简直是不可能完成的任务。但对于 1961 年的巴菲特合伙基金，这种影响程度有限。

（2）对于控制类投资来说，资金规模越大，反而越容易实现"控制"目标。毕竟，如果你想入主任何一家公司，成为它的控股股东或者实际控制人，都需要花费很多资金。而且，你的单笔投资金额越大，你的竞争对手就越少，这对实现更多的控制类投资是有利的条件。

在我看来，巴菲特说的这些其实就是证券投资和股权投资的区别。证券投资对起始资金规模的要求不高，甚至资金规模越小反而越容易发现投资机会；而股权投资对资金规模的要求较高，单笔投资规模越大，越容易获得投资额度。对于广大普通投资者来说，如果投资方法正确，股市是实现财富增值的绝佳途径。

439. 巴菲特的投资原则

在 1962 年致合伙人的信里，巴菲特再次向有限合伙人强调了自己固守的投资原则。通过这种方式，巴菲特首先向合伙人介绍了自己的投资理念，然后就是双向选择的过程——如果彼此觉得合适，就在一起；如果至少有一方觉得不合适，那就没有必要在一起。巴菲特讲到的内容主要包括以下几点：

（1）可以承诺和不能承诺的事项。不能承诺的是收益，投资的原则就是风险自担，盈亏自负。可以承诺的事项包括：①以股票内在价值为投资依据；②留有一定的安全边际，降低本金永久性损失的风险；③巴菲特的全部身家都放在合伙基金里，这已经不是管理人跟投了，而是管理人领投。

（2）衡量业绩的标准及周期。衡量合伙基金的业绩水平，重要的不是它的绝对收益，而是它相对于道琼斯指数的相对收益。比如 1962 年，指数下跌了 7.6%，合伙基金上涨了 13.8%，虽然盈利的绝对值并不高，但它相对于指数跑赢了 21 个百分点，因此巴菲特觉得非常满意。衡量业绩，单一年度意义不大，最好以 3～5 年为考量周期。

（3）不预测市场的短期走势。巴菲特认为，预测市场短期走势既没有可能，又没有必要。如果有限合伙人觉得预测短期走势很重要或者很有用，那他可能就不适合投资巴菲特合伙基金。巴菲特的想法非常明确，那就是找到合适的人、合适的资金，而不是一味追求规模。

440. 投资类别的调整

在 1964 年致合伙人的信里，巴菲特将过去的投资类别从三种（低估类、套利类、控制类）调整为四种。原来的低估类被重新归为"产业资本视角"，新增的低估类则命名为"相对低估"，它们之间的区别主要如下：

产业资本视角，顾名思义，主要是从私人所有企业的角度，去评估股权的投资价值。这类投资可进可退，如果买入之后股价上涨，则抛售获利；如果买入之后一直不涨，则持续买入，直至变成控制类投资，化被动投资为主动投资。一言以蔽之，或赚钱，或躺赚。

相对低估，顾名思义，主要是基于同类公司相对价值。比如两家石油公司，主营业务相同，盈利能力相近，但如果甲公司的市盈率只有 10 倍，而乙公司的市盈率是 20 倍，则从相对估值的角度讲，甲公司是适合投资的对象。

在提到相对低估时，巴菲特讲述了一种叫作"配对交易"的新的投资方法，希望通过这一方法大幅降低估值方法变化所导致的风险。后来在有一年的伯克希尔股东大会上，巴菲特解释了这种方法。但是，这种方法由于准确率不高，实践效果相当一般，最终还是被巴菲特放弃了。

441. 甜蜜的负担

在 1965 年致合伙人的信里，巴菲特在论述复利的时候，将标题从以前的"复利之乐"改为"复利之苦"，原因就在于，巴菲特合伙基金的规模在过去的 10 年取得了巨大的增长。1956 年，巴菲特刚刚创业的时候，合伙基金净资产为 105 100 美元；到 1966 年初，合伙基金净资产已经达到 43 645 000 美元。

我们可以计算一下，10 年的时间，巴菲特合伙基金的规模增长了 414 倍，这一速度是非常惊人的。之所以基金规模出现如此巨幅的"膨胀"，一方面得益于巴菲特较高的收益率带来的投资回报，另一方面则是由于巴菲特长期保持着良好的业绩，吸引了越来越多的外部资金。

正是在这一背景下，巴菲特开始意识到，过快增长的基金规模，可能会降低合伙基金的收益率。在此之前，巴菲特一直处于"主意大于资金"的状态，而从此之后，巴菲特可能要面临"资金大于主意"的问题。当然，对于巴菲特而言，这其实是一种"甜蜜的负担"，或者说，"幸福的烦恼"。

为了应对这一局面，巴菲特宣布，原则上不再允许新的合伙人加入，连自己的家人都不例外。巴菲特甚至跟妻子苏珊说，如果他们又有了孩子，那苏珊要负责为孩子们寻找其他的合伙基金（而不是巴菲特合伙基金）。可见，巴菲特既坚持原则，又真正做到了为合伙人的利益着想。这样"德才兼备"的资产管理人，无疑是市场上的稀缺资源。

442. 巴菲特首谈退休

在 1969 年致合伙人的信里，巴菲特首次提到了打算退休的想法。1957～1969 年，道琼斯指数年均复合增长率为 7.4%，巴菲特合伙基金年均复合收益率为 29.5%，其中有限合伙人年均复合收益率为 23.8%。更让人瞠目的是，巴菲特连续 13 年跑赢指数，连续 13 年实现正收益，为什么在此时选择退休呢？

先谈客观原因。此时巴菲特合伙基金的规模已经超过 1 亿美元，市场上同时满足被低估且属于大盘的公司数量非常少，巴菲特很难找到合适的投资机会。当时的市场流行预测和趋势投资，但是巴菲特不愿意拿别人的钱来碰运气，他宁愿以英雄的姿态谢幕，这样至少可以保持一份非常完美的投资记录。

再谈主观原因。巴菲特自述，投资已经占据了他成年之后所有的时间和精力。如果继续从事投资，那他就对很多合伙人负有受托责任，以他的性格，他必然会全力以赴去做。这样一来，巴菲特就不可能再有时间去做其他事情了。巴菲特认为，防止出现这种局面的唯一办法就是让自己停下来。

当然，后面的事情我们也知道，巴菲特并没有停下来，而是稍做休整，就以伯克希尔作为投资平台，继续他波澜壮阔的投资生涯。我不禁想到曹操的一句诗："老骥伏枥，志在千里。"对于巴菲特而言，投资是生活的全部乐趣所在，投资只有进行时，没有完成时。

443. 伯克希尔的过去、现在与将来

在 2014 年致股东的信里，巴菲特在结尾附上了《经营伯克希尔 50 周年总结》。首先，巴菲特重申了伯克希尔对被收购公司的六项标准：一是对于大型收购，税前利润至少要达到 7500 万美元；二是具有长期的盈利历史记录；三是具有较高的净资产收益率，且负债较少；四是拥有优秀的管理层；五是业务简单；六是报价明确。紧接着，巴菲特讲述了伯克希尔的"前世今生"。

回顾过去，买下伯克希尔是对巴菲特"冲动的惩罚"。巴菲特坦言，自己犯下的第一个错误是，仅仅因为和原大股东西伯里·斯坦顿置气，自己转卖为买，拿下了伯克希尔的控制权；自己犯下的第二个错误是，此后一系列的投资都是以巴菲特合伙公司持股 69% 的伯克希尔开展的，实际上其他 31% 的外部股东搭乘了巴菲特及其合伙人的"便车"。

站在当下，伯克希尔是一家庞杂的大型企业集团。此时的伯克希尔拥有一批具有良好经济前景的优质公司，一群德才兼备、热爱工作的管理层，多元化的业务、一系列稳定的现金流及大量的流动资金，以及坚如磐石的企业文化。

除此之外，很多企业的股东和高管在考虑卖出公司时，会首选伯克希尔。

展望未来，后巴菲特时代的伯克希尔会继续前行。为了保证伯克希尔企业文化的延续性，巴菲特计划由儿子霍华德担任公司的非执行董事长，虽然不参与公司的日常运营，但是有权解聘不合格的 CEO（虽然这是极小概率事件），并由合适的候选人分别接任管理和投资的核心岗位。未来的伯克希尔，一定会继续扬帆远航。

444. 伯克希尔股票首破 60 万美元大关

2024 年 2 月 14 日，伯克希尔 A 类股票的收盘价达到 601 000 美元 / 股，这是伯克希尔的股价首次突破 60 万美元大关。按照当时的汇率计算，一股伯克希尔 A 股，大约价值 430 万元人民币。随着股价的上涨，目前伯克希尔的总市值突破 8800 亿美元，约合人民币 6.3 万亿元。

1962 年，巴菲特首次买入伯克希尔的股票；1965 年，巴菲特以伯克希尔作为投资平台，开启了自己投资事业的伟大征程。巴菲特对投资是极其专注的，用他自己的话讲，"投资几乎占据了我成年以后的 18 个春秋里的全部时间和精力，除非我把自己从投资中抽离出来，否则我不可能在未来的岁月里追求新的目标"。

终其一生，巴菲特确实没有再去"追求新的目标"。尽管巴菲特早就实现了财务自由，但他仍然以伯克希尔为画布，孜孜不倦地描绘着他在投资上的宏伟蓝图。可以说，像巴菲特这样纯粹和专注的投资家，在世界投资史上都是不多见的。无论是财富的绝对值，还是收益的相对值，抑或从事投资的年限，几乎无人能出其右。

巴菲特的投资思想大约在 20 世纪 90 年代中后期开始传入中国。所以，我们这一代的中国投资者无疑是非常幸运的。与早些年间信息匮乏的情况不同，现在巴菲特投资思想的精华对我们来说几乎触手可及。对我来说，学习巴菲特就像是一种修行，苟日新，日日新，又日新，这样的人生是非常惬意的。

专题 80

立言：投资集大成者

445. 阅读的价值

在 1987 年致股东的信里，巴菲特写道："在投资的时候，我们从来不把自己当成宏观经济分析师、市场分析师或者证券分析师，而是把自己当成企业分析师。"巴菲特的这一阐述与格雷厄姆"股票是企业所有权的一部分"的观点一脉相承。与此同时，巴菲特也强调了自己的"不为清单"：不预测宏观经济，不分析市场走势，而是专注于企业研究。

自从 19 岁时读到《聪明的投资者》，巴菲特就摒弃了技术分析等"图表派"，一直将精力集中于企业的基本面上。只不过在早年间，巴菲特受格雷厄姆影响太深，目光仍然在"烟蒂股"上。巴菲特曾经买过登普斯特农具公司、霍克希尔德－科恩百货公司和伯克希尔，这些廉价的三流公司都曾给他带来痛苦的记忆。

经过 20 年的摸爬滚打之后，巴菲特才得出我们现在耳熟能详的那条结论：以合理的价格买入优秀的公司，胜过以便宜的价格买入平庸的公司。我们现在看来稀松平常的一句话，却是巴菲特花费很多时间和真金白银才悟出来的道理。如果我们能理解这一点，在投资上就可以少走很多弯路。

曾经不止一次有人问过巴菲特，该如何成为一名成功的投资者，巴菲特的回答始终是：尽你所能，阅读一切。因为你面临的困难，思考的问题，前人都面临过，都思考过，也给出过明确的答案，白纸黑字就写在某本书里。你看或者不看，它都在那里。如果投资有捷径的话，那就是读一流投资家的书。

446. 盘点巴菲特的 100 条"金句"

很多媒体在采访我时，都会问到一个相同的问题："普通人可以向巴菲特学习什么？"每次我都会说："股民可以学习投资之道，高管可以学习经营之道。但无论你从事什么职业，是什么年龄，都可以学习巴菲特的表达之道。"巴菲特在历年股东大会上的发言，以及他历年致股东的信，充分展示了他的口头和书面表达能力。

在 2022 年致股东的信里，巴菲特列出了芒格的很多"金句"。其实，巴菲特作为伯克希尔的董事长兼 CEO，在六十余年的投资生涯中，结合自己经营和投资的经历，也创造了很多脍炙人口的"金句"。我从巴菲特历年致股东的信里，摘录出 100 条著名"金句"，下面让我们一起来领略一下股神的睿智与幽默吧。

（1）你不可能在所有的时候满足所有人。有人关注短期高回报的投资，有人关注长期的资本增值，有人关注市场的动态，你不可能面面俱到。

（2）伯克希尔的总股本是有限的，股东的席位也是有限的。相较于目前的股东，很难找到一批更适合坐在伯克希尔股东席位上的人。

（3）虽然伯克希尔的组织形式是公司制，但我们是以合伙人的心态来经营企业的。我和芒格视伯克希尔的股东为有限合伙人，而我和芒格则是普通合伙人。

（4）我们用公司的长期成长来衡量公司是否成功，而不是用每月的股价变动来衡量公司是否成功。

（5）芒格家族 90% 以上的资产和我 99% 的资产都放在伯克希尔的股票上，

我们财富的主要形式就是持有的伯克希尔股份。换言之，我们吃自己做的饭。

（6）我和芒格无法向你保证结果。但我们可以保证的是，只要你是我们的合伙人，在任何时候，你的金融资产都会和我们自己的资产保持完全一致的增长。

（7）我们的长期经济目标，是伯克希尔每股内在价值的年复合回报率最大化。

（8）伯克希尔和它的长期股东会从下跌的股市中受益，就像食客会从食品降价中获得好处一样。

（9）我们很少大幅举债。我们宁愿放弃很多具有吸引力的投资机会，也不愿意过度融资。保守的做法虽然有时会使我们的绩效打了点儿折扣，但考虑到我们对投保人、贷款人与全体股东的受托责任，这是唯一让我们感到安心的做法。

（10）只有当相关业务能够带来诱人的增量回报时，对投资者来说，成长才是有利的。换句话说，投入的每一美元，都要能创造超过一美元的长期市场价值。

（11）发行新股实际上就是出售公司的一部分股权，我们对它的估值方式与对整家公司的估值方式并无二致。

（12）无论价格如何，我们都没有兴趣卖掉伯克希尔拥有的优质资产。

（13）我们对所有股东一视同仁。

（14）你的财富在哪里，你的心就在哪里。在伯克希尔，董事与所有股东都在同一条船上。

（15）我们只喜欢与那些我们喜欢的、尊敬的、信任的人打交道。

（16）与令人大倒胃口的人一起工作就像是为了钱而结婚。如果你已经很富有，这么做简直就是疯了。

（17）在伯克希尔，我们始终认为，要教像托尼这样杰出的经理人如何经营公司，是一件相当愚蠢的事。

（18）我们不会忽视眼前的业绩，但我们永远不会以牺牲核心竞争力为代价，去满足短期的业绩表现。

（19）芒格非常喜欢富兰克林的一句话："一盎司的预防，胜过一磅的治疗。"但有时候，无论多少治疗，都无法弥补犯过的错误。

（20）一家能明智地配置资本的纺织公司是一家出色的纺织公司，但不是一家出色的公司。

（21）如果你发现自己上了一条长期漏水的船，那么换一条船，可能比修补漏洞更有成效。

（22）如果资本回报率普普通通，那么拥有"投得越多，赚得越多"的投资记录就不是什么了不起的管理成就。因为即便你是躺在摇椅里管理运营的，也可以得到同样的结果。

（23）一位 0.350 分的击球手，哪怕为三流球队效力，他的表现也应当得到巨额奖励；一位 0.150 分的击球手，哪怕为一流球队效力，他的表现也不应得到任何奖励。只有对整个球队负责的人士，他们的奖励才应与球队的比赛结果挂钩。

（24）我们可以承受金钱的损失，甚至大笔的金钱损失，但我们无法承受名誉的损失，哪怕一丝一毫都不可以。

（25）成功投资的关键是，在好公司的市场价格远远低于其价值时出手。

（26）我们愿意无限期地持有一只股票，只要我们预期公司的内在价值能以令人满意的速度提升。

（27）在投资的时候，我们从来不把自己当成宏观经济分析师、市场分析师或者证券分析师，而是把自己当成企业分析师。

（28）市场先生在那里服务你，而不是指导你。你会发现他的钱袋更有用，而不是脑袋。

（29）一个投资者如果想成功，必须将两种能力结合在一起，一是判断优秀企业的能力，二是将自己的思维和行为与市场情绪隔离开来的能力。

（30）只有那些在不久的将来会成为股票卖家的人才应该乐于看到股价上涨。潜在的买家应该更喜欢降价。

（31）当你读到写着"市场下跌，投资者亏钱"的标题时，大可一笑了之。在你的脑海中，可以把它改成"市场下跌，卖出者亏钱，但投资者会赚钱"。

（32）大多数套利者必须把大部分时间花在监控交易进展和相关股票的市场走势上。我和芒格都不希望这样度过我们的一生。如果发家致富要靠整天盯着股票行情，那有什么意义？

（33）从现在到未来一年的时间内，对于股市、利率或商业活动会如何变化，我们不会，过去不会、未来也不会发表任何评论。

（34）令人惊讶的是，"有效市场理论"不仅受到学术界的追捧，还受到许多投资专业人士和企业高管的欢迎。他们观察到"市场经常有效"是正确的，但得出的"市场总是有效"的结论却是错误的。两者之间的区别，犹如"白天不懂夜的黑"。

（35）在任何形式的比赛中，无论是经济上、心理上还是身体上，如果你的对手被教育说"思考无用"，这将是一个巨大的优势。从自私的角度来看，格雷厄姆这一派可能应该捐赠大学的教授讲席，以资有效市场理论的永久教学。

（36）当我们持有拥有优秀管理层的优秀企业的一部分股权时，我们最喜欢的持有期限是永远。有的人在持股表现良好时急于出售并入账利润，却固执地抓住令人失望的业务，彼得·林奇将这种行为恰如其分地比作"拔除鲜花，浇灌杂草"，我们的做法与此恰恰相反。

（37）模糊的正确胜过精确的错误。

（38）真正的投资者应该对股市波动持欢迎态度。

（39）我们将寻找那些简单易懂的企业。如果能发现显而易见的机会，为什么要大海捞针呢？

（40）通过定期投资指数基金，一无所知的投资者实际上可以胜过大多数投资专业人士。矛盾的是，当意识到自己的局限性时，"傻钱"也就不傻了。

（41）如果你是一名具有一定知识储备的投资者，能够理解企业的经济特质，并找到5～10家价格合理、拥有重要长期竞争优势的公司，那么对你来说，传统的多元化就毫无意义。

（42）寻找产业中的超级明星股，是我们唯一能够获得成功的机会。

（43）我们认为，对那些交易频繁的机构来说，用"投资者"来形容它们，就像称"一夜情"为浪漫主义一样荒谬。

（44）既然很难找到优秀的企业和杰出的管理层，我们为什么要抛弃已被验证的事物呢？我们的座右铭是："如果一开始你就成功了，就别再另觅他处。"

（45）以合理的价格买入一家优质公司，远胜于以便宜的价格买入一家平庸公司。

（46）"成长"和"价值"是相辅相成的："成长"始终是计算"价值"的要素之一。"成长"作为变量的作用，可能微不足道，也可能巨大无比；其影响可能是负面的，也可能是正面的。

（47）价值投资的说法根本就是多余的。如果投资不是寻找潜在价值的行为，那什么才是投资呢？

（48）明明知道自己为一只股票付出的成本远远高出价值，还寄希望于短期内以更高的价格卖出的行为，只能算是投机。投机虽然并不违法，也不违背道德，但是也很难赚到钱。

（49）当下任何股票、债券或企业的价值，都取决于以适当利率折现的，其资产剩余寿命期限内预计发生的现金流入和流出。

（50）我们坚持在买入时的安全边际。如果一只股票的价值仅是略微高于其价格，我们没有兴趣购买。

（51）我们非常有耐心。无论多有天赋或多么努力，有些事情都需要时间：即便可以让九个女人同时怀孕，也不可能让她们在一个月内生下孩子。

（52）成功投资上市公司股票的艺术，与成功收购全部公司股权的艺术，并无二致。

（53）仅仅因为这些股票已经在投资者的投资组合中占据主导地位，就建议他卖掉这些最成功的股票持仓，这好比建议公牛队卖掉迈克尔·乔丹，原因竟然是他对球队太重要了。

（54）我们倾向于选择那些不太可能发生重大变化的企业和行业。快速变化的行业环境可能会带来巨大的胜利，但它缺乏我们寻求的确定性。

（55）作为投资者，我们对新兴行业的看法很像我们对太空探索的态度：我们可以摇旗呐喊，但不愿意躬身入局。

（56）许多身处高科技或新兴行业的企业，其增速可能远远快于那些"注定成功"的公司。但我宁要"确定的好成绩"，也不要"有希望的绝佳成绩"。

（57）终此一生，我和芒格也只能筛选出极少数"注定成功"的公司。

（58）你不必成为懂得任何公司的专家，或者，你也不必成为懂得很多公司的专家。你需要的仅仅是，能够正确地评估在你能力圈内的公司。

（59）投资只需学好两门功课就足够了：如何看待市场波动，如何评估企业价值。

（60）如果你不打算拥有一只股票 10 年，那么就不要考虑拥有它 10 分钟。

（61）当你持有一个盈利总额不断增长的投资组合，年复一年，你的投资组合的市值也会随之不断增长。

（62）等待完美一击的机会，意味着将步入名人堂的旅途；不分青红皂白地挥棒乱击，意味着将失去成功的入场券。

（63）时间是优秀企业的朋友，却是平庸企业的敌人。

（64）我们并不是拥有越过七尺跨栏的能力，而是专注于越过一尺跨栏。

（65）相比于摆脱困境，通常简单地坚守那些容易理解且显而易见的目标，利润会更丰厚。

（66）我们倾向于避开恶龙，而不是杀死它。

（67）在绝大多数情况下，杠杆只会加速事情的运转。

（68）再长的一串让人心动的数字乘以零，结果也只能是零。

（69）信用就像氧气，在充足的时候，人们不会注意到它的存在；当它消失的时候，人们才会意识到它的重要性。

（70）对于这些现金"奶牛"而言，它们的价值并不取决于交易，而是取决于它们的产奶能力。

（71）股价下跌对我们有利，股价上涨对我们有害。

（72）对于理性的买家而言，乐观主义才是敌人。

（73）如果历史书是致富的关键，那么福布斯富豪榜上的名字将会是图书管理员。

（74）智者开头，愚者收尾。

（75）对于金融衍生品，我们一致将其视为定时炸弹。

（76）预言家的墓地里，有一大半都躺着宏观经济学家。

（77）在伯克希尔，我们很少对宏观经济做出预测，我们也很少看到有人可以长期做出准确的预测。

（78）居住和使用应是买房时的首要动机，买房不应该被视为盈利或再融资的手段。

（79）别人恐惧我贪婪，别人贪婪我恐惧。

（80）对于企业高管和投资经理来说，资本配置是其工作的重中之重。

（81）以低于公司每股内在价值的价格回购股票，可以即刻显著提升股东价值。

（82）持有 9 张 10 美元的钞票，会比持有 1 张 100 美元的钞票更富有吗？

（83）对赌场有利的事情，未必对赌客有利。过度活跃的股市是企业的扒手。

（84）最令我和芒格感到欢呼雀跃的，莫过于我们找到了那种既有超强竞争力，又由我们信任与尊敬的管理层经营的企业。

（85）以一般的价格购买极好的企业，胜过以极好的价格收购一般的企业。

（86）一件事情如果不值得做，那就不值得做好。

（87）重要的不是预测洪水，而是建造方舟。

（88）不要问理发师，是否需要理发。

（89）对于那些终其一生都在亏损的公司而言，它不是在创造价值，而是在毁灭价值。

（90）总有一根针，在等待着每一个泡沫。

（91）我们从未试图在不成气候的公司里，挑选出微乎其微的赢家。

（92）股市情绪悲观之时，才是超额回报的机会出现之日。

（93）会计数字仅仅是企业估值的起点，而不是终点。

（94）就像打棒球一样，投资者要盯住的是球场，而不是记分牌。

（95）一家公司在没有财务杠杆的情况下，剔除商誉的摊销影响，其净资产的获利能力，是评估其财务吸引力的最佳标准。

（96）证券投资吸引我的原因之一，就在于能以自己喜欢的方式生活，而不必穿得像个成功人士。

（97）一项以复利增长的单项投资，比一系列同样成功的投资，实现的财富要多得多。

（98）在一个有限的世界里，高增长率必定会走向自我毁灭。

（99）只拥有"皇冠上的钻石"的一部分，也远远胜过拥有一颗人造钻石的全部。

（100）如果一生之中能找到适合自己的偶像，你无疑是幸运的。

结　语

永恒的价值：从价值投资到价值人生

自从将巴菲特和芒格视为我的人生偶像，我便开始寻找身边的同路人。我欣喜地发现，在全球的各个角落，有着一群和巴菲特类似的投资者，他们热爱生活、积极向上，物质上是富裕的，精神上也是富足的。对他们来说，投资就是生活，生活就是投资，这不就是我所向往的人生状态吗？他们年龄分布很广，来自不同地域，却遵从着近乎一致的投资和生活方式。

他们是一群什么样的人呢？我给他们的集体画像是：热爱阅读，每天把大量的时间和精力用于学习和思考；追求上进，始终保持着对万事万物的好奇心；生活简单，善于对很多不重要的事情说"不"；不事张扬，虽然拥有财富，但并不热衷于感官的刺激和享乐；热衷公益，在实现财务自由之后，以教学、演讲、捐款等各种方式惠及他人、回报社会……

窃以为，最富有的人不一定是最值得羡慕的。以快乐的方式，用睿智的方法，实现物质和精神上的双重富足，才是值得向往的生活。当我们真正感到精神富足的时候，物欲是非常低的。也只有当自己的物欲被限制在合理的水平以内时，我们才能真正成为金钱的主人，而不会为钱所累，沦为金钱的奴隶。

在我看来，我们追求的是有价值的人生。所谓"价值投资"，只不过刚好是"价值人生"在投资上的反映。从价值投资到价值生活，再到价值人生，背后支撑我们的是同一套价值观体系。让价值投资成为生活的一部分，让价值人生成为人生的主基调，这就是永恒的价值。

附

录

附录 A

解读 2021 年巴菲特致股东的信

2022 年 2 月 26 日晚，巴菲特发布了 2021 年度致股东的信。这封信延续了 2020 年度的风格，写得简明扼要，总共只有 11 页。我在通读全文的基础上，结合自己的理解，写了一点儿心得，供大家参考。

1. 伯克希尔的业绩表现

按照惯例，巴菲特首先列出了 1965～2021 年伯克希尔和标普 500 指数的业绩表现对比，包括伯克希尔的每股市值表现和标普 500 指数（含股息）的市场表现。2018 年以前，巴菲特还会列出伯克希尔的每股账面价值表现，作为对市场价值的追踪参考指标之一。

从单一年度业绩看，2021 年伯克希尔每股市值上涨 29.6%，同期标普 500 指数上涨 28.7%，伯克希尔以微弱的优势领先。从长期历史业绩看，1965～2021 年，伯克希尔的年化复合回报率为 20.1%，平均每年领先标普 500 指数近 10 个百分点。在此期间，伯克希尔每股市值上涨至 3.64 万倍，同期标普 500 指数上涨至 302 倍。

再往前看，1964～2020 年，伯克希尔每股市值上涨至 2.81 万倍。这里有个非常直观的数据，可以从中感受复利有多么巨大的威力。2021 年，以上一年度的数据为基准，伯克希尔每股市值增长了 29.6%，但如果以 1964 年的初始数据为基准，伯克希尔每股市值整整增加了 8300（= 36 400 - 28 100）倍。也就是说，如今一年的努力，抵得上 1964 年的 8300 倍。

再往前看，1964～2009 年，伯克希尔每股市值上涨 8019 倍。也就是说，1964～2009 年伯克希尔的全部积累，前前后后总共 45 年的努力，所获得的回报加在一起，还赶不上 2021 年一年。或者说，巴菲特 79 岁之前所有的财富，也只相当于 2021 年一年新增的财富。对于价值投资来说，时间就是朋友，时间就是财富。

我们来看看财富增值的三要素：本金、收益率和时间，其中往往最容易被忽视的就是时间，但最重要的恰恰也是时间。本金、收益率都是有天花板的，对于年轻人而言，最大的财富或者说优势，就是时间。按照正确的理念，早一点儿开始投资，未来实现财务健康，几乎是百分百确定的事儿。

2. 股东拥有什么

巴菲特说，伯克希尔拥有各种各样的公司，有些是全资控股，有些只是部分持股。简单理解，巴菲特做投资，主要就是两种方式：要么通过股权投资（一级市场）买入一家企业；要么是通过证券投资（二级市场）买入一家企业的部分所有权。

无论哪一种投资渠道，巴菲特都是对那些拥有护城河以及一流 CEO 的企业进行有意义的投资，而不是把股票看成交易的筹码。巴菲特给自己的定位一直就是"企业分析师"，而不是"投资分析师""股票分析师"或"宏观经济分析师"。

1998 年的伯克希尔股东大会上，有位股东向巴菲特提了一个脑洞大开的问题："如果美国司法部要求伯克希尔的业务必须立即一分为二，你可以选择有价证券，也可以选择经营企业，请问你会保留哪一部分？"

巴菲特回答说："任何时候我都会选择经营企业，因为它更有趣。我希望我们拥有可口可乐、迪士尼或吉列 100% 的股份，但这不会发生。如果我必须要放弃其中一项，我会放弃有价证券。"

也就是说，从内心来讲，巴菲特更喜欢投资企业而不是买卖股票。那巴菲特为什么还要投身证券市场呢？这是因为他认为，在股票市场进行投资，有时确实可以用便宜的价格买到非常优秀的企业。这种"守株待兔"的做法在谈判交易中太罕见了。

举个简单的例子，1973 年，巴菲特开始买入华盛顿邮报时，这家公司的市值只有 8000 万～1 亿美元，而当时巴菲特给它的估值是 4 亿～5 亿美元。试想，巴菲特有没有可能从凯瑟琳·格雷厄姆手上以 1 亿美元的价格买到华盛顿邮报呢？答案是否定的。但是，巴菲特可以从二级市场以 1 亿美元市值对应的股价买到华盛顿邮报 10% 的股票。

在我看来，既然投资企业和买卖股票的方法完全一样，那么我们完全没有必要刻意区分一级市场和二级市场。只不过，由于二级市场存在大量的"接盘侠"，更容易找到优质的投资机会。如果是创业的话，我的思路是从二级市场起步，然后再根据实际情况，逐步延伸到一级市场，尽量减少股价波动的干扰。

3. 伯克希尔贡献了大量的企业所得税

巴菲特在信里说："在 2021 年，我们缴纳了 33 亿美元企业所得税，而美国财政部报告的企业所得税收入总额为 4020 亿美元。"由此可见，伯克希尔缴纳的税金占全美企业所得税总额的 1/128，也就是说，美国只要有 128 家像伯克希尔这样的企业，那么其他公司都无须交税了。

但是回首往事，伯克希尔的发展也并不是一帆风顺的。从 1955 年伯克希尔与哈撒韦合并算起，一直到 1964 年，在长达 9 年的时间里，虽然公司员工也很努力，但伯克希尔的净资产还是从 5140 万美元跌至 2210 万美元，其间总共只向政府缴纳了 337 359 美元的所得税。平均算下来，每天才 100 美元。

巴菲特认为，伯克希尔的股东并不是公司发展壮大的唯一受益者。伯克希尔的历史，生动地体现了美国政府和美国企业之间无形且往往不被承认的金融合作关系。伯克希尔有一位"沉默的合作伙伴"——美国财政部。伯克希尔经营之初，每天向财政部缴纳 100 美元；现在，伯克希尔每天向财政部缴纳约900 万美元。

巴菲特的这段话，深刻地阐明了美国政府和企业之间的关系——企业发展，才能保证政府税源充足；企业衰落，政府也会面临财政压力。所以，政府和企业是共生共荣的，而不是此消彼长。从这个角度看，我们完全没有必要担心，政府的政策导向会长期朝着不利于企业发展的方向倾斜。企业有序稳定发展，才符合政府的根本利益。

以腾讯为例，2016～2020 年的企业所得税分别为 102 亿元、157 亿元、145 亿元、135 亿元和 199 亿元，2021 年最新公布的员工人数是 85 858 人。对于这样一家既解决了大量就业又缴纳了大量税款的"巨无霸"企业而言，政府没有任何动机去打压或干扰它的发展，即使采取一定的监管措施，也是为了让企业今后的经营更加稳健、更加规范。

4. 浮存金规模连创新高

巴菲特说，伯克希尔在 1967 年斥资 860 万美元收购了国民赔偿保险公司，现在已成为保险"浮存金"领域的世界领先者。根据巴菲特在 2019 年致股东的信里列示的数据（见表 A-1），伯克希尔拥有的浮存金，已经从 1970 年的3900 万美元，增长到 2019 年的 1294 亿美元。截至 2021 年底，浮存金的规模更是高达 1470 亿美元。

表 A-1　伯克希尔历年浮存金规模（1970～2019 年）

年	浮存金规模（百万美元）
1970	39
1980	237
1990	1 632

（续）

年	浮存金规模（百万美元）
2000	27 871
2010	65 832
2018	122 732
2019	129 423

资料来源：2021 年巴菲特致股东的信。

对于投资者而言，浮存金是一笔非常美妙的资金。从资金性质来说，浮存金属于公司负债。保险公司是前置收费的商业模式，它把保费收进来了，但暂未赔付出去，其间产生的沉淀资金就是浮存金。但浮存金又和其他的负债不一样，它可以作为长期资金用于投资。只要保险公司不发生承保亏损，浮存金的成本就等于零，相当于无风险、无利息的杠杆资金。

巴菲特经常说，一名真正的投资者面对市场下跌应该感到高兴。因为这意味着，用同样的资金，你可以买入更多的股票；或者同样的股票，你花费的资金会更少。但是，大家想一想，感到高兴的前提是，你手上有可以入场的资金。在很大程度上，浮存金就扮演了这种角色。1470 亿美元的浮存金，让巴菲特有能力在任何时候出手。

5. 伯克希尔的四大支柱

巴菲特提到了伯克希尔业务的"四大支柱"，分别是保险业务、苹果公司、伯灵顿北方圣达菲铁路公司、伯克希尔 – 哈撒韦能源公司。这四块业务占据了伯克希尔整体价值的很大一部分，我们分别来看看：

第一，保险业务。1967 年，巴菲特买下国民赔偿保险公司，开启了利用保险浮存金投资的生涯，其浮存金规模从最初的 1900 万美元，一路增长到 2021 年的 1470 亿美元。巨额的浮存金为巴菲特的投资提供了源源不断的低成本甚至零成本资金。正如巴菲特所说，"保险业务是为伯克希尔量身定做的"。

第二，苹果公司。巴菲特是从 2016 年才开始买入苹果的，截至 2021 年底，伯克希尔持有的苹果市值高达 1612 亿美元，相比于 311 亿美元的持仓成本，浮盈高达 1301 亿美元，这是伯克希尔目前持仓的最大单笔浮盈。苹果公司留存的大部分现金都用于了公司股份回购，这样能以较少的损耗来增加股东权益。

第三，伯灵顿北方圣达菲铁路公司（BNSF）。BNSF 目前是伯克希尔的第三大持仓资产，2021 年的利润为 60 亿美元，占当年伯克希尔归属于股东的净利润 897.95 亿美元的 6.68%。虽然巴菲特不太喜欢资本密集型行业，但是伯克希尔的体量实在是过于庞大，买入 BNSF 可以安放大量资金，同时也可以获得相对较好的收益。

第四，伯克希尔 – 哈撒韦能源公司（BHE）。BHE 和 BNSF 一样，也是非常典型的公用事业类公司，目前已经是美国风能、太阳能和输电领域的领军企业。相较于 2000 年巴菲特首次买入时，BHE 的利润增长了 30 多倍。买入这样和国计民生息息相关的企业，实际上是下注美国经济的整体增长。

6. 伯克希尔的主要持仓股票

截至 2021 年底，伯克希尔持仓股票的成本为 1046 亿美元，市值为 3507 亿美元，浮盈 2461 亿美元。相比于 2020 年，前 15 大重仓股的变动不大，主要的持仓——苹果公司、美国银行、美国运通、可口可乐、穆迪公司等股票基本上没有买卖，大部分公司的市值都有不同程度的上涨。仔细看表 A-2，有很多有意思的细节。

表 A-2　伯克希尔普通股持仓明细（2021）

公司名称	股份数量	持有公司股份占比（%）	成本（百万美元）	市值（百万美元）
苹果公司	907 559 761	5.6	31 089	161 155
美国银行	1 032 852 006	12.8	14 631	45 952
美国运通	151 610 700	19.9	1 287	24 804
可口可乐	400 000 000	9.2	1 299	23 684

（续）

公司名称	股份数量	持有公司股份占比 （%）	成本 （百万美元）	市值 （百万美元）
穆迪公司	24 669 778	13.3	248	9 636
威瑞森通信公司	158 824 575	3.8	9 387	8 253
美国合众银行	24 669 778	9.7	5 384	8 058
比亚迪	143 456 055	7.7	232	7 693
雪佛龙	225 000 000	2.0	3 420	4 488
纽约银行梅隆公司	38 245 036	8.3	2 918	3 882
通用汽车	52 975 000	3.6	1 616	3 106
伊藤忠商事株式会社	89 241 000	5.6	2 099	2 728
三菱株式会社	81 714 800	5.5	2 102	2 593
特许通讯公司	3 828 941	2.2	643	2 496
三井株式会社	93 776 200	5.7	1 621	2 219
其他持仓			26 629	39 972
合计			104 605	350 719

资料来源：2021年巴菲特致股东的信。

第一，苹果公司是绝对的重仓。2021年，伯克希尔持有的苹果公司股票数量维持不变，但持股比例从5.4%上升到5.6%，主要是由于苹果公司利用账上现金不断回购，增加了股东权益。以成本计，苹果公司占伯克希尔总持仓的29.72%；以市值计，苹果公司占伯克希尔总持仓的45.95%。巴菲特在苹果上的浮盈达1301亿美元，占全部浮盈2461亿美元的比重约为52.85%。

第二，绝大多数股票都已经实现浮盈。在前15大持仓中，论盈利的绝对值，当属可口可乐第一；论盈利的相对值，美国运通上涨至19倍，可口可乐上涨至18倍，穆迪公司上涨至39倍。唯一还没有浮盈的公司是威瑞森通信公司，这家公司在2020年进入名单，2021年获巴菲特小幅加仓。由于买入时间较短，暂时浮亏约12%。

第三，巴菲特的持仓风格非常集中。除去前15大持仓，其他持仓股票的成本占比为25.46%，市值占比为11.40%，盈利占比为5.43%。可见，像巴菲特这样千亿美元的资金管理规模，投资也主要集中在头部企业，我们就更没有必要分散投资了。从结果来看，1/4 的其他持仓只贡献了 1/20 的利润，也说明了巴菲特精选的重仓股表现优异。

第四，巴菲特的投资目光转向亚洲。在前 15 大持仓中，有 4 家亚洲公司，分别是中国的比亚迪，日本的三菱、三井和伊藤忠商事株式会社。巴菲特对比亚迪的投资最早可以追溯到 2008 年。持有比亚迪 14 年以来，任由其涨涨跌跌，巴菲特一股未卖，目前浮盈 33 倍。对三家日本公司的投资合计为 58 亿美元，都是近期新入手的公司，占其持仓成本的比重为 5.57%。

7. 持有巨量美国国债

巴菲特说，伯克希尔的资产负债表包括 1440 亿美元的现金和现金等价物。其中，1200 亿美元是以一年期的美国国债的形式持有的。巴菲特和芒格承诺，伯克希尔将始终持有超过 300 亿美元的现金和现金等价物。按照目前的持仓情况，伯克希尔的仓位（现金和现金等价物占伯克希尔总资产的比例）在 80% 左右。

为什么要持有 1440 亿美元的现金？主要是巴菲特和芒格早就到了"资金大于主意"的阶段，他们找不到满意的投资机会来安放这 1440 亿美元。在此之前，他们宁愿持有现金也不愿意冒险。由于现金的收益会拉低回报率，所以巴菲特的投资收益率实际上比公布出来的数据会更高一些。

当然，一直持有现金，也不是让巴菲特感到舒服的状态。从巴菲特对日本公司的投资也可以看出，为了有效配置资金，巴菲特开始在海外寻找投资机会。不过，即便有合适的投资机会，伯克希尔也会保有至少 300 亿美元的现金。这主要是为了面对可能来临的流动性危机，保证伯克希尔在任何时候都不立于危墙之下。

8. 股票回购

巴菲特说，我们可以通过三种方式增加股东权益。第一种方式是购买优质企业，通过收购或内生增长来促进伯克希尔内在价值的提升；第二种方式是购买优质股票，但目前市面上没有太多值得入手的机会；第三种方式就是回购伯克希尔的股票。

巴菲特回购股票的原则很简单，只有当公司股票的市场价格显著低于其内在价值时，才会启动回购。这样，以较小的代价回购一些股票，然后注销，公司现有股东的权益就会得到提升。巴菲特早年投资的盖可保险就是如此，他原本持有盖可保险 33% 左右的股份，盖可保险不断回购公司股票，最后他的持股比例达到 50%。

2021～2022 年，巴菲特斥资 517 亿美元，回购了伯克希尔约 9% 的流通股。2022 年之后，巴菲特又花费 12 亿美元，小幅回购了伯克希尔的股票。这样一来，相当于所有股东的权益都增加了 10%。不过巴菲特也强调，伯克希尔的回购机会不多，因为伯克希尔的大部分股东都具有较好的金融知识储备，一般也不会轻易出让手里的筹码。

9. 缅怀故人

2021 年，伯克希尔子公司 TTI 的创始人兼 CEO 保罗·安德鲁斯去世了。巴菲特在信里回顾了安德鲁斯让人钦佩的一生：1971 年，29 岁的安德鲁斯遭到通用动力公司辞退，为了解决生计问题而选择创业，公司第一年的销售额达到了 11.2 万美元。如今，TTI 的产品在市场上超过 100 万种，年销售额达 77 亿美元。

2006 年，安德鲁斯有一位好友英年早逝，这也让他开始思考——万一自己哪一天离世，事业和员工怎么办？如果将企业卖给竞争对手，那么势必会遭到大幅裁员；如果将企业卖给杠杆收购商，那么公司有可能被转手或者拆分。最后，安德鲁斯选择了伯克希尔，选择了巴菲特。仅仅一次会面，一顿午餐，他们就达成了这笔交易。

在这个故事里，我们可以看到巴菲特人际交往和事业发展的良性循环是如何发生的：2000 年，巴菲特收购了沃斯堡的一家公司，约翰·罗奇曾在此担任 CEO，是罗奇介绍巴菲特认识了安德鲁斯。后来，巴菲特收购 TTI 以后，有一次去沃斯堡访问，顺便见了 BNSF 的 CEO 马特·罗斯，最后促成了伯克希尔对 BNSF 的收购。

伯克希尔的大部分企业收购都没有经过投行等中介机构，原因有二：一是巴菲特从 20 世纪 80 年代起，就在致股东的信里昭告天下，只要是符合条件的企业，都可以来找他谈；二是巴菲特积累了很多人脉，在业界也享有很好的口碑，经常是朋友的朋友想卖公司，朋友第一时间就想到了巴菲特。巴菲特很少主动寻求收购机会，大部分收购都是卖家主动找上门的。

10. 教学相长

多年来，巴菲特除了做好投资，还一直热衷于写作和教学。他说："教学就像写作一样，帮助我发展和厘清了自己的思路。查理把这种现象称为猩猩效应：如果你和一只猩猩坐在一起，向它仔细解释一个你所珍视的想法，你可能会留下一只迷惑不解的灵长类动物，但你自己的思路会更清晰。"

对此，我深有同感。当我尝试着把自己的思路写下来的时候，发现自己的逻辑更清晰了。当我尝试着把自己的观点讲给大家听的时候，发现自己对事物的理解更深刻了。近年来，我通过写公众号文章、开视频号直播等一系列方式，跟大家分享我对投资的认知，我很享受这个过程，我自身也因此获益颇多。

巴菲特还谈到了对年轻人的建议：一定要跟喜欢的人在一起，做自己喜欢的事儿，即便有一些经济和现实上的考虑，也永远不要放弃追求，因为当我们找到那种热爱的工作时，我们就不再只是为了谋生而工作了。巴菲特说自己早年做证券经纪人，芒格早年做律师，那些都不是他们自己想要的工作。等做了投资之后，才真正体会到"跳着踢踏舞去上班"的快乐。

[冠亚说：在这封不长的信里，巴菲特有一段话感人肺腑："公平地说，我们的股东应该承认，实际上应该大肆宣扬，伯克希尔是由于公司在美国运营而繁荣发展的。如果没有伯克希尔，我们的国家在1965年以后依然会表现得非常出色。然而，如果没有我们的国家，伯克希尔永远不会成为今天的样子。当你看到国旗时，请说声谢谢。"

巴菲特这番话非常谦虚，他认为美国可以离开伯克希尔，但是伯克希尔离不开美国。巴菲特的话语里，饱含了一颗爱国的赤子之心。这并不是巴菲特第一次公开表扬美国，他曾经无数次说过，他非常幸运地中了"卵巢彩票"，他之所以能取得现在的成就，主要是因为搭乘了美国经济的"顺风车"。

当然，我们必须明白，所谓幸运，从来都只是强者的谦辞。说到底，伯克希尔的成功，背后是巴菲特长达五十余年的辛勤耕耘和付出。巴菲特的难能可贵之处在于，他从来不争功，不诿过，这是极其高明的领导艺术。

回到我们自己身上，我们今后能否在中国投资成功，很大程度上就取决于国家是否繁荣昌盛，人民是否安居乐业，企业是否朝气蓬勃。强大的国家，优秀的企业，才会为优秀的投资提供土壤。无论是跟周边时有冲突的国家横向对比，还是跟历史上积贫积弱的时代纵向对比，我们生活在当今的中国，无疑是非常幸运的。]

附录 B

解读 2022 年巴菲特致股东的信

从 2017 年开始，巴菲特致股东的信就写得越来越简短，从来没有超过 20 页的篇幅。2022 年致股东的信只有 10 页。或许巴菲特是觉得，值得阐述的人间大道，值得分享的投资秘诀，都已经在过去 60 年的岁月里讲得清清楚楚、明明白白。毕竟，在投资的世界里，最重要的不是标新立异的见解，而是历久弥新的常识。

1. 过往业绩

2022 年，伯克希尔每股市值上涨 4%，同期标普 500 指数下跌 18.1%。巧合的是，我管理的基金也是上涨 4%，同期沪深 300 指数下跌 21.6%，我们都算是大幅跑赢指数。

1965～2022 年，伯克希尔每股市值年复合回报率约 19.8%，同期标普 500 指数年复合回报率约 9.9%。伯克希尔在长达 57 年的时间里，保持着超过指数两倍的年均增幅，殊为不易。

1964～2022 年，伯克希尔每股市值累计增长至 3.79 万倍，同期标普 500 指数累计增长至 247 倍。同样的 1 万美元，在 1964 年分别投入伯克希尔和标普 500 指数，到 2022 年分别会获得 3.79 亿美元和 247 万美元。不同的选择，成就不同的人生。

值得注意的是，以财富净值论，247 万美元大约只占 3.79 亿美元的 0.65%，连零头都不到。每年一倍的收益率之差，最后造就的财富总额差距，可不是494 万美元和 247 万美元的一倍之差，而是 3.79 亿美元和 247 万美元的巨大差距，这也再次说明了：起初看似不起眼的微小差距，随着时间的推移，最终会变成难以逾越的鸿沟，这正是复利的巨大威力。

2. 致敬股东

巴菲特说，他和芒格的本职工作，就是替伯克希尔的股东打理财富。通常人们的想法是，现在存一笔钱，将来退休后，能够靠这笔钱的增值来维持体面的生活。但是伯克希尔的股东并不是这样的，他们当中的很多人早就实现了财务自由，也从来没有把股票兑换成现金的想法。或者说，他们是"终身储蓄者"。

安德鲁·基尔帕特里克曾写过一篇文章《巴菲特的早期投资者》，写到了很多伯克希尔股东的精彩故事。比如说，巴菲特的早期合伙人米尔德里德·奥赛梅去世后，捐给了林肯大学 1 亿美元的遗产，这是当时林肯大学有史以来收到的最大的单笔捐赠。

巴菲特和股东之间的"鱼水"关系一直是我所向往和追慕的。巴菲特真正做到了"德才兼备"：第一，他能力超群。无论是管理合伙企业还是经营伯克希尔，巴菲特的业绩都非常出色，能够给投资人创造不菲的回报；第二，他品质高尚。管理合伙企业期间，巴菲特不收管理费，只收取非常合理的业绩报酬，经营伯克希尔期间，更是把自己 99% 以上的财富投入伯克希尔，与股东同呼吸、共命运。

巴菲特的专注，巴菲特的坦诚，也赢得了股东们的"忠心耿耿"和"死心塌地"。伯克希尔股票的换手率水平远远低于市场同类公司，股东也并不关心伯克希尔短期的财务状况，因为他们对巴菲特抱有百分百的信任。我希望在不久后的将来，我和我的客户也不仅仅只是商业合作的关系，更是投资上的好伙伴，私下里的好朋友。事业和生活合二为一，客户和朋友合二为一，人生就会越来越自洽。

3. 双管齐下

巴菲特说，他和芒格替股东打理财富，主要有两种形式：一种是证券投资，一种是股权投资。价值投资理论的"四大基石"之一就是——股票是企业所有权的一部分。从这个角度讲，证券投资和股权投资的思考方式是相同的，唯一的区别只不过是参股还是控股而已。正因为两种投资是相通的，所以巴菲特才说："因为我是优秀的企业家，所以我是成功的投资家；因为我是成功的投资家，所以我是优秀的企业家。"

最近我刚好在读 2005 年巴菲特致股东的信，巴菲特在信中提供了两组数据：截至 2005 年，伯克希尔每股投资金额为 74 129 美元，每股税前利润为 2441 美元。1965～2005 年，每股投资金额年复合增长率为 28%，每股税前利润年复合增长率为 17.2%；1995～2005 年，每股投资金额年复合增长率为 13%，每股税前利润年复合增长率为 30.2%。

不难看出，巴菲特在投资早期，以购买股票为主；在投资中后期，以企业并购为主。巴菲特说，他和芒格的目标是：每股投资金额和每股税前利润能够双双实现增长。巴菲特希望做到左手抓证券投资，右手抓股权投资，两手抓，两手都要硬，这实际上体现了巴菲特作为投资家和企业家的双重角色。

如果一定要说证券投资和股权投资有什么区别，巴菲特认为主要体现在价格上：在证券市场，股票有时会以低得不可思议的价格出售，这是因为市场充斥着悲观情绪的时候，很多不明情况的散户会疯狂抛售；在并购市场，并购方的交易对手往往是企业原来的创始人或大股东，他们非常清楚自家企业的价值，因此很少会给予买方折价，甚至经常会有溢价。

有鉴于此，我决定选择从二级市场，而不是一级市场开始创业。虽然无论在一级市场还是二级市场，分析和研究企业的方法都是一样的，但是起步的时候，二级市场显然是简单模式。等到在二级市场做到足够规模的时候，可以再考虑向一级市场延展业务。

4. 少即是多

巴菲特入主伯克希尔58年以来，无论证券投资还是股权投资，都做得有声有色，风生水起。然而，巴菲特却始终保持着谦逊的本色，他认为虽然自己交出了一份"体面"的成绩单，但其实大多数投资决策只能说是"马马虎虎"。巴菲特甚至还自嘲说，自己是因为运气好，才得以从美国航空和所罗门兄弟的灾难中逃生。

在我看来，善于自嘲的人往往是那些内心真正强大的人。弱者不敢承认自己的错误，往往是担心自己的举动会招来他人更多的鄙薄；强者敢于直面自己的错误，一方面是因为他非常坦诚，另一方面是因为他根本不用在意别人的目光。我在很早的时候听过一句话，"眼泪是强者的专利"，现在想来，颇有道理。在这封信中，巴菲特回顾了两笔成功的投资案例：

1988～1994年，伯克希尔累计买入4亿股可口可乐，总成本约13亿美元。1994年，伯克希尔收到可口可乐的分红7500万美元；2022年，伯克希尔收到可口可乐的分红7.04亿美元，伯克希尔靠分红就已经收回了投资可口可乐的成本。截至2022年底，伯克希尔持有的可口可乐市值约250亿美元，这笔钱看上去就像是白送的。

1991～1995年，伯克希尔累计买入4946万股美国运通，总成本约14亿美元。1994年，伯克希尔收到美国运通的分红4100万美元；2022年，伯克希尔收到美国运通的分红3.02亿美元。截至2022年底，伯克希尔持有的美国运通市值约220亿美元，这笔钱看上去也像是白送的。

伯克希尔持有的可口可乐或美国运通市值，大约占伯克希尔净资产的5%。

巴菲特说，假设在 20 世纪 90 年代，我们买的不是可口可乐或美国运通呢？那么当初投入的 13 亿美元，到现在只占伯克希尔净资产的 0.3%。这给投资者的启示是：繁花绚烂盛开，蓬蒿默然枯萎。[⊖]

正因为如此，巴菲特才引用彼得·林奇的话说，千万不要"拔除鲜花，浇灌杂草"。杂草易得，鲜花难求，千万不要放弃手里的优质筹码，转而去追逐劣质股票。投资如此，交友又何尝不是如此呢？如果我们身边本来就有一群志同道合、同频共振的朋友，我们又何必要放弃他们转而投入陌生人的怀抱呢？

巴菲特说，真正好的投资机会，大概每 5 年才会碰到一次。纵观巴菲特 60 年的投资生涯，他真正引以为豪的，确实只有美国运通、华盛顿邮报、可口可乐等寥寥数笔投资。拿最近 10 年来说，巴菲特最成功的投资可能只有一笔，那就是买入苹果，但恰恰是这一笔，让巴菲特创造了历史上单笔股票赚钱最多的纪录。

5. 保险帝国

巴菲特说，去年伯克希尔收购了由乔·布兰登担任首席执行官的财产意外保险公司 Alleghany，此举使伯克希尔掌控的保险浮存金从 1470 亿美元增加到 1640 亿美元。自 1967 年收购第一家财产意外保险公司——国民赔偿保险公司以来，伯克希尔通过收购、运营和创新将浮存金的规模增加至 8000 倍。这里有两点值得关注：

第一，经理人的价值。

在 2003 年致股东的信里，巴菲特谈到了旗下保险业取得的良好业绩："我们的成绩相当出色，在伯克希尔跨入保险行业的 37 个年头里，虽然我们有 5 年的浮存金成本超过 10%，但其中有 18 个年头都享有承保利得。2003 年，伯

⊖　引自巴菲特 2023 年致股东的信原文：The weeds wither away in significance as the flowers bloom.

克希尔累积的浮存金再度创下历史新高，这些资金不但没有成本，还额外贡献了 17 亿美元的税前承保利得。"

伯克希尔之所以能在保险业一路披荆斩棘，主要得益于旗下拥有优秀的经理人。从保险业本身来看，各家保险公司销售的都是无差异化的保单产品，没有任何明显超出于同行的竞争优势，因此也很难享有品牌溢价。所以，真正想要在保险业脱颖而出，必须依赖于管理层的智慧、品格，以及严格遵守承保纪律。

巴菲特点名表扬的保险业务高管，就包括上文提到的乔·布兰登。彼时，乔·布兰登临危受命，正接受巴菲特的指派和委托，在通用再保险"救火"。在他的努力下，通用再保险渐渐恢复了元气，并在 2003 年荣获了 AAA 信用等级，这在全球主要的再保险公司中，是绝无仅有的。如今，乔·布兰登又给伯克希尔贡献了一记好球。

第二，浮存金的价值。

在 1998 年致股东的信里，巴菲特谈到了浮存金的重要意义。伯克希尔掌控的浮存金规模从 1967 年的 1700 万美元一路增长至 1997 年的 70.93 亿美元。由于收购了通用再保险，1998 年伯克希尔掌控的浮存金规模更是飙升至 227.62 亿美元。巴菲特认为，评估保险业最重要的就是浮存金的规模及成本。

所谓浮存金的规模，就是指保险公司收取了客户的保费之后，在产生赔付之前，沉淀在保险公司的资金，它是会计意义上的负债，却是经济意义上的所有者权益；所谓浮存金的成本，就是指保险公司在支出赔付和费用之后，发生的承保损失；如果还有承保盈利，它就是负成本。

自 1967 年涉足保险业以来，伯克希尔掌控的浮存金规模逐年增长，而且总体上的浮存金成本为负，这就相当于以负利率从银行借钱，既安全又划算。巴菲特之所以无惧于熊市，跟他拥有的源源不断的浮存金有着莫大的关系。充足的"弹药"，精准的"枪法"，两者结合在一起，形成了非常完美的商业闭环。

巴菲特还特意强调，对于大多数投资人而言，由于保险的承保和理赔并不是发生在单一年度的，因此要想准确衡量一家保险公司的浮存金成本非常困难。他们除了被迫接受保险公司提供的财务报表数据，别无他法。可见，巴菲特买保险公司和普通投资者买保险股的逻辑，是完全不同的。

6. 股票回购

2022 年，伯克希尔通过股票回购，实现了每股内在价值非常小幅的增长。伯克希尔重仓的苹果公司和美国运通也在积极回购股票。巴菲特说，回购相关的数学计算并不复杂：当股票数量减少时，你所持有的我们众多的企业的所有权就会上升。

在 1999 年致股东的信里，巴菲特就说过，回购的出发点绝不是刺激公司股价上涨，而是综合考虑三大条件做出的决定：第一，公司要留足可以支付维持性资本开支的资金；第二，公司每一美元的留存收益，必须要创造高于一美元的市场价值；第三，如果公司还有余钱的话，那就要考虑公司股价是否被低估，只有被低估才有回购的价值。

巴菲特还解释说，以前伯克希尔很少回购，主要有三大原因：第一，巴菲特对伯克希尔的评价一向比较保守，他不会轻易认定伯克希尔处于被低估的状态；第二，巴菲特的大部分精力还是放在如何配置资本上，眼光向外而不是向内；第三，伯克希尔的股东以长期股东为主，股票交易量很小，也很难进行大规模的回购，对增厚股东权益的作用非常有限。

举个简单的例子，假如巴菲特有机会以低于内在价值 25% 的价格，买回伯克希尔 2% 的流通股，那么公司每股内在价值的实质增幅，也就只有 0.5% 而已。如果再考虑到资金的机会成本，可能回购的作用就进一步弱化了。在我看来，回购作为一种资本配置手段，永远是和分红、再投资等放在一起比较，然后由我们做出最优选择。

7. 一路走来

1965 年，伯克希尔还只是一家濒临破败的纺织企业；在巴菲特超过半个世纪的不懈努力下，如今的伯克希尔已经跻身世界 500 强企业，并且是前 10 名榜单上的常客。巴菲特还提供了另一个观察视角：

2021 年，标普 500 指数成分股的 500 家公司，总收入为 1.8 万亿美元。截至 2022 年底，伯克希尔是其中 8 家巨头的最大单一股东，这 8 家公司分别是：美国运通、美国银行、雪佛龙、可口可乐、惠普、穆迪、西方石油和派拉蒙环球。

除了这 8 家公司，伯克希尔还持有伯灵顿北方圣塔菲铁路运输公司 100%的股份，以及伯克希尔 - 哈撒韦能源公司 92% 的股份，如果这两家公司是上市公司，它们将取代标普 500 指数成分股中的两家现有公司。

巴菲特说，总体来看，我们拥有的这 10 家公司，使得伯克希尔在未来比任何一家美国公司，都能更广泛地与美国经济保持一致性。在我看来，最近 10 年，伯克希尔创造的收益率大约与标普 500 指数收益率相仿，其中重要的原因之一就是，伯克希尔本身的持仓，已经相当于一款微缩版的标普 500 指数。

我们今天看到的伯克希尔，并不是本该如此。若不是巴菲特力挽狂澜，若不是巴菲特另辟蹊径，伯克希尔可能早就随着纺织业务的衰朽而埋没在历史尘埃中。这让我想到一句话："世界上本没有正确的选择，我们只不过是通过自己不懈的努力，让自己当年的选择看起来正确。"伯克希尔不是必然会成为一家世界级的投资平台，是因为巴菲特的辛勤耕耘，才让不可能变成可能。

8. 纳税光荣

2012～2021 年，美国财政部收到了约 32.3 万亿美元的税收收入，同时产生了约 43.9 万亿美元的财政支出。这 10 年间，伯克希尔缴纳的联邦所得税总额为 320 亿美元，约占美国联邦政府税收收入的 1/1000。也就是说，只要美国有 1000 家像伯克希尔这样的企业，其他美国公民和美国企业将不用再向政府缴纳一分钱的联邦所得税。巴菲特曾多次表示，以纳税为荣。

9. 智者芒格

杨绛先生曾说："我正站在人生的边缘上，向后看看，也向前看看。向后看，我已经活了一辈子，人生一世，为的是什么呢？我要探索人生的价值。"如今，芒格虽已仙逝，但他的价值依然永存世间。让我们跟随巴菲特的脚步，一起重温芒格那些经久不衰的智者睿语吧：

- 世界上到处都是愚蠢的赌徒，他们做得远远不如耐心的投资者。
- 如果你不能正确地看待世界，就好比管中窥豹，所见非实。
- 我唯一想知道的是，我会死在哪儿，所以我就不会去那儿。还有，尽早写下你的讣告，然后采取相应的行动。
- 如果你不介意自己是否理性，你就不会为之努力。然后你就不够理性，结果会很糟糕。
- 耐心是可以习得的。长时间保持注意力，能够专注于一件事，会是一个巨大的优势。
- 你可以从逝者身上学到很多。品一品你崇拜和憎恨的逝者。
- 如果你能游到航海的巨轮之上，就别在下沉的木舟之中逃生。
- 你不工作，伟大的公司也在替你工作，平庸的公司则不然。
- 巴菲特和我并不关注市场泡沫。我们寻求良好的长期投资，并坚定地长期持有。
- 本·格雷厄姆曾说："短期而言，市场是一台投票机；长期而言，市场却是一台称重机。"如果你持续创造价值，那么一些聪明人迟早会注意到并开始买入。
- 在投资时，没有什么是百分百确定的。因此，加杠杆很危险。一串奇妙的数字乘以零，总归是等于零。人生只需富一次。

- 你无须拥有很多也能致富。
- 如果你想成为一名伟大的投资者，你必须不断学习。你必须随着世界的变化而变化。
- 多年以来，巴菲特和我一直讨厌铁路股，但世界发生了变化，最终出现了四条对美国经济至关重要的大型铁路。我们意识到变化很晚，但晚做总比不做好。

最后，巴菲特加上了芒格数十年来经常念叨的两句口头禅："巴菲特，再想想；你很聪明，我是对的。"

芒格说的很多名言都让我拍案叫绝。比如芒格一直提倡，"要和已故的伟人交朋友"。已故的伟人，已经"赢得生前身后名"，那么他一生的成就是被历史验证过的，是经受住了历史的考验的。这样的精华人生难道还不值得我们学习吗？

我一直提倡学习传统文化，其实也是和芒格同样的思路：诗经楚辞、先秦散文、唐诗宋词、明清小说，之所以能够流传至今，是因为它们足够经典；那么我们就有理由相信，它们还能再往下流传一千年。人生在世，精力有限，多读经典，实际上是减少了我们的试错成本。

10. 股东大会

巴菲特历年致股东的信，无论篇幅长短，最后的一项议题，一定是介绍伯克希尔股东大会的盛况，然后邀请股东前来参会。在每年的股东大会上，巴菲特都能见到来自五大洲、四大洋的股东们，大家不远万里，前来参会；大家欢聚一堂，言笑晏晏；大家推杯换盏，秉烛夜谈……没有什么是比这更开心的事了。关于股东大会的盛况，详见我所译的《巴菲特的嘉年华》一书。

顺便提一句，写作本文之时，我已经计划 2023 年 5 月再赴奥马哈。为什么要去？其实有很多理由：第一，2019 年我去过一次，时隔 4 年，我的思想更加成熟了，故地重游也许会别有一番滋味。第二，以我当时的状态看，未来只会更加忙碌，虽然当时也有重重压力，但当年也许是未来 10 年中最轻松的一年。第三，当时芒格已经 99 岁了，即便是我有时间去，他还有时间来吗？后来的事实证明，去见芒格最后一面，是我 2023 年最正确的决定，没有之一。

[冠亚说：2022 年巴菲特致股东的信，读来让人无限感慨。它就像一位老朋友，每年都跟你叙述这一年来发生的故事。很多故事似曾相识，因为很早以前，巴菲特就跟你讲过。难能可贵的是，很多投资者是明白了这些道理，而巴菲特却是把这些道理融入了自己的投资和生活，并坚持执行了一辈子。

这篇读后感写得非常轻松，主要是因为有"我读巴芒"这一系列的积累。在我看来，巴菲特致股东的信，就像一部永远未完待续的连续剧，精彩永远在后面；又像是一部跌宕起伏的史诗，忠实地记录了巴菲特和伯克希尔一起走过的两万多个日日夜夜。如果让我用一个词来概括自己的体会，我会说——不忘初心。

站在 2023 年，回望 1965 年，巴菲特历经千帆，归来仍是少年。]

附录 C

解读 2023 年巴菲特致股东的信

2024 年 2 月 24 日，伯克希尔官网如期公布了 2023 年巴菲特致股东的信。今年的信依旧篇幅简短，全文只有 16 页，延续了自 2017 年以来的一贯风格。值得一提的是，巴菲特用一整页的篇幅缅怀和致敬了芒格。痛失芒格的巴菲特并没有意志消沉，而是继承芒格的遗志，继续领航伯克希尔。今年的伯克希尔股东大会一切如常，届时我也会三访奥马哈，并跟大家分享一线的见闻。

1. 缅怀芒格

缅怀故人是巴菲特一项深情的传统。在历年致股东的信里，巴菲特提及的故人包括但不限于本杰明·格雷厄姆、菲利普·费雪、大卫·多德、比尔·鲁安、沃尔特·施洛斯、卢·辛普森、汤姆·墨菲、罗斯·布鲁姆金、凯瑟琳·格雷厄姆，等等。

缅怀芒格，巴菲特给予了最高礼遇。在 2023 年致股东的信里，巴菲特在文首发表了题为《伯克希尔的缔造者——查理·芒格》的纪念文章，话语平实，明白晓畅。言辞恳切，感人至深。我在这里给出了自己的译稿，供大家参考。

伯克希尔的缔造者——查理·芒格

查理·芒格逝于 2023 年 11 月 28 日，离他 100 岁生日只差 33 天。

芒格虽然是奥马哈人，生于斯，长于斯，但一生中 80% 的时间都在外地度过。因此，直到 1959 年，他 35 岁时，我才第一次见到他。1962 年，他决定从事资产管理工作。

三年后，芒格告诉我，我取得伯克希尔的控制权是个愚蠢的决定。他说得没错。但是，他向我保证，既然木已成舟，他会告诉我如何纠正错误。

在我接下来的叙述中，请记住，芒格和他的家人没有给我当时管理的小型投资合伙企业投过一分钱，而我曾将巴菲特合伙企业的资金用于收购伯克希尔。此外，我们都不曾想到，芒格以后会拥有伯克希尔的股票。

尽管如此，芒格也在 1965 年建议我："巴菲特，别再买伯克希尔这样的公司了。但现在你控制了伯克希尔，建议你以一般的价格购买极好的企业，而不是以极好的价格收购一般的企业。换而言之，摒弃从你的偶像本杰明·格雷厄姆那里学到的一切。格雷厄姆的方法虽然有效，但只适用于较小的管理规模。"在经历了反复和犹豫之后，最终我听从了他的建议。

多年以后，芒格成为我经营伯克希尔的合伙人。每当我原来的投资习惯浮出水面时，是他一次次让我恢复理智。芒格一直扮演着这个角色，直至去世。我们以及跟随我们的早期投资人，最终过上了我和芒格连做梦都想不到的好日子。

事实上，伯克希尔能有今天，芒格是当之无愧的"设计师"，而我则是负责施工的"总包商"。我所做的，只是日复一日地构建和落实他的愿景。

芒格从来没有试图为他作为"设计师"的角色而争取荣誉，而是让我享受众人的致谢和赞美。芒格之于我，在某种程度上，一半是长兄，一半是慈父。即使芒格知道自己是对的，他也会让我掌控大局；当我犯错时，他没有，真的从来没有提及过我的错误。

在现实世界中，伟大的建筑总是与设计师紧密相连，而那些浇筑混凝土或安装窗户的人很快就会被遗忘。伯克希尔已经成为一家伟大的公司，尽管由我长期负责施工，但芒格设计师的身份，应当永远被世人铭记。

读这篇短文时，我的内心泛起阵阵感动。如果在芒格活着的时候，巴菲特讲这些话，难免会给人一种感觉：这是不是说给芒格听的？如今斯人已逝，巴菲特依然高度评价芒格，甚至比以往的历次评价更高，可以说是真正的肺腑之言。

巴菲特经常说，是芒格让我从猩猩进化成了人类；芒格则说，才没有，没有我的话，巴菲特依然会取得举世瞩目的成就。芒格经常说，绝大多数人到了古稀之年就停滞不前了，但巴菲特依然在进步；巴菲特则说，芒格才是伯克希尔的设计师，我只是总包商，负责落实他的宏伟蓝图。

究竟是巴菲特幸运地遇上了芒格，还是芒格幸运地遇上了巴菲特，似乎是个很难回答的问题。我只想说，我很羡慕巴菲特此生遇上了芒格，也很羡慕芒格此生遇上了巴菲特。借用上文巴菲特对芒格的评价，我认为他俩的关系是：半父半兄半知己，一生一世一双人。

2. 股东画像

巴菲特给伯克希尔股东的画像是：他们是那些信任伯克希尔管理其储蓄的投资者，而不是期望转手倒卖股票的投机者。他们类似那些为了购买农场或物业而储蓄的人，而不是那些更喜欢用闲钱购买彩票或热门股票的人。

早在2020年致股东的信里，巴菲特就详细描述过伯克希尔的五类股东：

一是巴菲特本人，也就是伯克希尔的创始股东。由于巴菲特每年都会向多家慈善组织捐出自己所持的伯克希尔股份，所以这一类在将来会不复存在。

二是指数基金，近年来规模迅速扩张。由于伯克希尔是标普500成分股，指数基金仅仅是被动持有伯克希尔的股票，它买卖股票仅仅是出于权重的考虑。

三是主动管理型基金，这一类成分相对复杂。有些管理人是长期主义者，交易很少；有些管理人依靠算法，指导速度以纳秒计的买进和卖出交易。

四是一些个人投资者，他们的做法与大多数机构投资者相似。当这类个人投资者看到其他具有吸引力的投资机会时，会卖出伯克希尔的股票来筹集资金。

五是伯克希尔的长期股东。这些投资者加入伯克希尔，就没有再想过离开，就像巴菲特早期的合伙人一样。确实有很多投资者从巴菲特合伙公司时期就紧随巴菲特，他们或他们的子孙后代，现在仍然持有大量的伯克希尔股票。

在 2023 年致股东的信里，巴菲特再次强调，第五类投资者才是他真正珍视的：他们给予了巴菲特无条件的信任，相应地，巴菲特给予了他们丰厚的投资回报。这种人际关系的良性循环令人悠然神往。

如果说股东群像有点儿抽象，那么巴菲特还提供了一个绝佳的股东样板：他的妹妹伯蒂。伯蒂和她的三个女儿都将大部分储蓄投资于伯克希尔股票。伯蒂虽然不是经济或金融方面的专家，但她每天阅读商业新闻，对投资有基本的认知，能准确地辨别谁是在推销，谁才值得信任。

其实，我心目中理想的客户群体，跟巴菲特心目中理想的股东群体，几乎是一模一样的：

如果你特别爱好和擅长投资，那你完全可以自己管理自己的钱，不必买我的基金。

如果你对投资一无所知，上涨时贪婪，下跌时恐慌，这对我会造成干扰，那也不必买我的基金。

如果你有正确的投资理念，但能力还不足以支持独立投资，或者没有时间和精力来专研投资，那么咱们的合作可能才是理想的：密切配合，各得其所；步调一致，相互成就。

3. 运营成绩

衡量伯克希尔的业绩有两种方式，一种基于财务会计数据，另一种基于实际运营成果。

从财务会计数据看，伯克希尔的净利润情况如下：2021 年盈利 900 亿美元，2022 年亏损 230 亿美元，2023 年盈利 960 亿美元。正因为如此，2023 年致股东的信刚一发布，就有很多财经媒体打出了"巴菲特 2023 年狂赚 6900 亿"的耸人标题，与去年报道的"巴菲特 2022 年巨亏 1600 亿"形成鲜明对比。

其实，稍有常识的投资者都会知道，"狂赚 6900 亿"也好，"巨亏 1600 亿"也罢，只不过是媒体抓人眼球的噱头而已。造成这种业绩波动的主要原因在于，伯克希尔持有大量股票，股价在短期内的随机波动，会使得伯克希尔的一些财务会计数据不能真实地反映企业的经营情况。

2022 年 8 月，我曾写过一篇文章《巴菲特二季度巨亏 3000 亿？》，解释了伯克希尔业绩波动的原因：伯克希尔的股票持仓规模很大，股市一旦出现一定幅度的波动，就会对股票的公允价值造成很大影响，进而影响伯克希尔的财报数据。这次的道理也是一样的，只不过是换个数字而已。

从实际运营成果看，如果剔除股票市值波动的影响，伯克希尔的"运营收益"是这样的：2021 年盈利 276 亿美元；2022 年盈利 309 亿美元；2023 年盈利 374 亿美元。

你看，伯克希尔既没有在 2022 年"巨亏"，也没有在 2023 年"狂赚"，有的只是净利润的稳步增长。正所谓"也无风雨也无晴"，这，才是真正的伯克希尔。

财务会计数据和实际运营成果发生偏离的情况，我们经常会遇到。比如说，腾讯 2021 年财报刚出炉时，我看到有朋友发朋友圈说："净利润 2248 亿，大超预期。"其实，如果我们看非国际财务报告准则本公司权益持有人应占盈利的话，净利润是 1238 亿元，同比只增长了不到 1%，不存在所谓的大超预期（见图 C-1）。

国际财务报告准则与非国际财务报告准则的计量方法的区别，其中很重要的一项就是"来自投资公司的（收益）/ 亏损净额"。比如说，腾讯 2021 年度来自投资公司的收益净额就是 1667 亿元，其对净利润和企业真实经营情况的扭曲程度，并不亚于股票市值波动对伯克希尔的影响。

	截至 12 月 31 日止年度		
	2021 年	2020 年	同比变动
	（人民币百万元，另有指明者除外）		
收入	560 118	482 064	16%
毛利	245 944	221 532	11%
经营盈利	271 620	184 237	47%
年度盈利	227 810	160 125	42%
本公司权益持有人应占盈利	224 822	159 847	41%
每股盈利（每股人民币元）			
－基本	23.597	16.844	40%
－摊薄	23.164	16.523	40%
非国际财务报告准则经营盈利	159 539	149 404	7%
非国际财务报告准则本公司权益持有人应占盈利	123 788	122 742	1%
非国际财务报告准则每股盈利（每股人民币元）			
－基本	12.992	12.934	—
－摊薄	12.698	12.689	—

图 C-1　腾讯控股财务表现摘要（2021 年）

资料来源：腾讯控股 2021 年年报。

　　正如腾讯的非国际财务报告准则计量数据是用于辅助投资者理解真实的腾讯一样，巴菲特每次都会在伯克希尔年报中列示运营收益，其实也是为了辅助伯克希尔的股东理解真实的伯克希尔。伯克希尔规模太大了，业务太繁杂了，买的股票太多了，以至于它按照 GAAP 最终列示的净利润几乎没有任何参考价值。

　　巴菲特补充说，剔除股票波动对净利润的影响，并不是说投资股票不重要；恰恰相反，巴菲特一生中的大部分时间，都持有大量的股票。只是说，股票波动和企业经营不能混为一谈。财务数据只是分析企业的起点，但它并不能代替真正的商业思考。

4. 业务目标

巴菲特说，伯克希尔的目标很简单：拥有那些具有良好基本面且具有长期竞争力的企业，无论全资控股，还是持有一部分股票。巴菲特坦言，他最喜欢的一类企业是那些未来能够以高回报配置额外资本的稀有企业。

巴菲特做投资，向来是一手抓企业并购，一手抓股票投资。用我的话来说，这叫"双轮驱动"；用他自己的话来说，这叫"双性恋"。整体而言，巴菲特更喜欢买下整家公司而不是股票，原因有二：一是巴菲特对子公司能施加影响力，子公司经理人做得不好，可以换人。二是控股公司有节税效应。子公司向伯克希尔分红无须缴税，但买卖股票则要缴纳高昂的资本利得税。

当然，买卖股票也有它的优势——能占到市场先生的便宜。股市经常会让巴菲特有机会以非常荒谬的价格买下非控股公司的非凡业务，这一价格远远低于转让控制权的谈判交易价格。股权投资很少出现错误定价，是因为购买方的交易对手是原股东，此时购买方通常处于信息不对称的劣势一方。

买整家企业和买小份股票，其实各有利弊，前者的优势刚好是后者的劣势，反之亦然。对于我们普通投资者而言，目前买卖股票不用缴纳个人所得税，这是 A 股的一大福利。另外，我们的资金规模还没有大到足以收购一家上市公司。所以，在当下阶段，普通投资者安安心心地做好股票投资就可以了。

至于巴菲特最喜欢的企业类型，这也不是他第一次提及。早在 1992 年致股东的信里，巴菲特就谈到过这一话题：

抛开价格不谈，最优质的企业，往往在很长一段时间内，能以很高的回报率使用大量增量资金。最糟糕的企业则恰恰相反，只能以极低的回报率持续使用越来越多的资金。不幸的是，第一类企业很难找到：大多数能产生高回报的生意对资金的需求相对较少——如果公司以股息的形式分配大部分利润或进行大量的股票回购，通常公司的股东会因此而受益。

巴菲特提到了区分公司优劣的重要标准：好公司使用增量资金时，依然可以保持较高的回报率；烂公司对增量资金的需求很大，但创造的回报率却很低。不过，对于好公司而言，存在一个悖论：真正的好公司往往对增量资金的需求很小，此时对增量资金最好的处理方式就是分红或回购。

喜诗糖果就是如此。美国人每年消耗的糖果数量是有限的，喜诗糖果的业绩增长主要靠提价而不是增量，它产生的利润又花不了，只能"勉为其难"地给伯克希尔总部输送源源不断的现金。

5. 资本帝国

巴菲特提到，伯克希尔现在的净资产规模创下了美国企业之最。截至 2023 年底，伯克希尔的净资产高达 5610 亿美元。这是什么概念呢？其他 499 家标普 500 指数成分股的净资产之和是 8.9 万亿美元，也就是说，以净资产计，伯克希尔独占标普 500 的 6%，如此庞大的规模着实令人惊叹不已。

巴菲特非常坦诚地说，在这个国家，只剩下少量公司能够对伯克希尔的发展产生重大影响，可是它们已经被市场翻过无数遍了。有些我们有能力评估，有些我们则不能。如果我们要买下它们，价格必须具有吸引力。在美国以外，基本上没有哪家公司对伯克希尔的资本配置有意义。总之，我们没有可能再创造惊人的业绩了。

这其实是非常容易理解的：早年的巴菲特，面对的投资市场如同汪洋大海，他可以恣意地遨游其间。就算错过了一个理想的投资对象也没关系，很快就会出现另一个；现在的巴菲特，面对的投资市场如同家中浴缸，目之所及，可以看到的投资对象屈指可数。当然，不是市场容量变小了，市场也在扩容，只不过速度远远赶不上巴菲特领导的伯克希尔。

2023 年，伯克希尔每股市值上涨 15.8%，同期标普 500 收益率（含股息）为 26.3%，巴菲特没有跑赢指数。这也很正常，毕竟伯克希尔及其持有的子公司，本身就相当于一个小型的标普 500，无论如何狂奔，谁又能将自己的影子远远地甩在身后呢？有的朋友可能会拿巴菲特也没跑赢指数来安慰自己，我也不太赞成。你扪心自问一下，你的管理规模，到了显著影响收益率的程度吗？

风物长宜放眼量。如果我们拉长时间来看，1965～2023 年，伯克希尔年化增长率为 19.8%，同期标普 500 年化收益率为 10.2%，巴菲特依靠着早年积累的超高收益率，依然大幅超越指数；1964～2023 年，伯克希尔每股市值增长 4.38 万倍，同期标普 500 增值 311 倍，完全不可同日而语。

在股票市场，投资人往往以买到"十倍股"为荣；若是投中"百倍股""千倍股"，则担得起一线投资家之名；伯克希尔可是名副其实的"万倍股"，这还不是靠巴菲特投出来的，而是他积数十年之功、耗了一辈子心血浇灌出来的"资本之花"。试问，天下英雄谁敌手？

6. 基业长青

巴菲特说，伯克希尔始终奉行的原则是：永远不要冒永久损失的风险。得益于美国经济的繁荣和复利的威力，如果你一生中做了几个正确的决定，避免了严重的错误，必然会有所回报。长期以来，伯克希尔持有的现金和美国国债数量，远远超过了传统观点所认为的必要水平。

超过必要水平，意味着极其充裕的安全边际。伯克希尔奉行极端的财务保守主义政策让巴菲特有理由相信，伯克希尔完全有能力应对前所未有的金融危机。当经济动荡发生时，伯克希尔的目标是协助国家"灭火"，而不是成为许多无意或有意"点火"的公司之一。纵观巴菲特历年致股东的信，字里行间始终充满着"防风险"的忧患意识。

在我看来，对待杠杆的态度就如同官员对待贿赂的态度一样，一定要坚决杜绝"第一次"。很多人的侥幸心理是：只此一次，下不为例。事实上，但凡有了第一次，就一定会有第二次、第三次乃至无数次，直至爆仓，几无例外。谨慎负债，不加杠杆，其实就是巴菲特所谓的不那么秘密的武器，也是伯克希尔基业长青的基石。

7. 股票投资

2021 年及以前，巴菲特在每年致股东的信里，都会列出伯克希尔的主要持仓明细；从 2022 年起，巴菲特不再公布持仓列表，但依然会就一些具有代表性的股票做一些业务点评。2023 年提及的公司包括：

美国运通、可口可乐：2023 年，巴菲特没有购买或出售美国运通或可口可乐的股票，延续了他一贯的风格。巴菲特最早买入美国运通是在 1964 年，距今已有 60 年；最早买入可口可乐是在 1988 年，距今已有 36 年。巴菲特从中得出的经验是：一项出色的业务可以抵消许多不可避免的平庸决策，当你找到真正出色的业务时，就坚持下去，耐心终有回报。

西方石油公司：美国政府在 1975 年建立了战略石油储备，以减轻本国已被严重削弱的自给自足能力。西方石油公司每年的石油产量接近战略石油储备的全部库存。如果美国国内石油产量保持在 500 万桶油当量 / 日，严重依赖外国石油进口，那么美国今天会非常紧张。西方石油公司的发展，完全符合国家利益和股东利益。

日本五大商社：自 2019 年以来，巴菲特向日本伊藤忠、丸红、三菱、三井和住友等五家公司累计投入了 1.6 万亿日元，其中 1.3 万亿日元并不需要巴菲特自掏腰包，而是伯克希尔依靠自身良好的金融信用，在日本发行了利率低、期限长的日元债券筹集的资金。低融资成本，高投资回报，何乐而不为呢？截至 2023 年底，伯克希尔的日本股票持仓市值约 2.9 万亿日元，赚得盆满钵满。

8. 股权投资

我们在前文提到，伯克希尔 2023 年实现的运营收益是 373 亿美元。其中包括：保险承保利润 54 亿美元，保险投资收益 96 亿美元，铁路利润 51 亿美元，公用事业和能源利润 23 亿美元，其他业务一共实现利润 149 亿美元。铁路和能源这两大巨无霸，其利润占伯克希尔运营收益的比重约为20%，因此巴菲特单独做了点评。

伯灵顿北方圣达菲铁路公司（BNSF）：铁路对美国经济的未来至关重要。没有铁路，美国就无法运转，BNSF是覆盖北美的六大铁路系统中最大的一家。尽管BNSF在2023年的盈利下降幅度超出了巴菲特的预期，但巴菲特依然表示，百年之后，BNSF仍将是美国和伯克希尔的重要资产。

伯克希尔-哈撒韦能源公司（BHE）：巴菲特再次对BHE的收益感到失望，当然，这并不是公司经营层面的问题，而是跟宏观监管政策息息相关。美国一些州的监管环境已经引发了公用事业相关企业零利润甚至破产，在这种情况下，曾经被视为美国最稳定行业之一的公用事业公司很难再预测其盈利和资产价值。

巴菲特当年买入BNSF和BHE，本身就有很多投资之外的考虑，包括对美国经济社会的责任，对公用事业容纳巨额资本的估量。他对这两家公司的预期也仅仅是获得合理的投资回报。对于我们大多数投资者而言，有可能终其一生，也不用面对巴菲特的这种烦恼——毕竟我们管理的资产规模，远没有到非要买一家巨无霸不可的地步。

9. 股东大会

2024年的巴菲特股东大会一切如旧，只不过，独独少了芒格。行文至此，不禁让我想到了一首诗："去年今日此门中，人面桃花相映红。人面不知何处去，桃花依旧笑春风。"

有点儿过于伤感了，我们还是来聊聊开心的。这一年，巴菲特给大家分享了几条冷知识：

（1）芒格一生经历了15位美国总统，而美国历史上，迄今一共只有45位总统。

（2）早在20世纪90年代，格雷格·阿贝尔就在奥马哈生活了6年，那时巴菲特居然完全不认识他。

（3）伯克希尔总部在 1970 年从新英格兰迁往奥马哈。在此之前，伯克希
尔在新英格兰驻扎了 81 年之久。

（4）巴菲特的妹妹伯蒂，早年只是奥马哈的普通中产阶层。1980 年，伯
蒂听从巴菲特之言，在投资中仅仅保留了伯克希尔的股票和一些共同
基金。如今，伯蒂在捐献了上亿美元之后，依然非常富有。

奥马哈具有神奇的魔力，能让人重新焕发活力与生机，巴菲特还搞怪地来
了一段：这到底是怎么回事？是奥马哈的水、奥马哈的空气具有神奇魔力吗？
是类似于短跑牙买加、长跑肯尼亚或俄罗斯棋王的某种神秘地球现象吗？一定
要等到有一天人工智能揭开谜底吗？真是经典的巴氏幽默！

[冠亚说：2023 年巴菲特致股东的信，读起来既新鲜，又如旧时相
识。自从信奉价值投资，巴菲特就融入了我的投资和生活。在我心中，
巴菲特既是一位德高望重的伟大导师，又是一位和蔼可亲的邻家大爷。

哦，还有一条很重要的信息，巴菲特说："格雷格·阿贝尔已经
为明天成为伯克希尔的 CEO 做好了一切准备。"隐隐地，巴菲特似乎
在和大家道别。

这句话让我下定决心，今年一定还要再去奥马哈。就像去年我问
自己：我可以等，芒格还能等吗？今年我也问自己：我可以等，巴菲
特还能等吗？

2023 年 5 月，我带着《巴菲特的嘉年华》参加了巴菲特的嘉年
华，并有幸偶遇了巴菲特指定的接班人格雷格·阿贝尔。如今想来，
仍觉美好……

2024 年 5 月，我带着《超越巴菲特的伯克希尔》飞赴奥马哈打
卡。伯克希尔的精彩依旧，似乎具有一种鲜明的昭示意义：岁月流转，
时光变迁，巴菲特的思想是不朽的。]

致　　谢

我一直有个观点，如果说成长有什么捷径的话，那就是向领域里最顶尖的人物学习。在投资行业，巴菲特的投资年限最长，业绩最佳，理论最完整，案例最翔实，自然成了我学习的首选。我花了大约两年的时间，通读了巴菲特历年致股东的信、历年股东大会问答，并写下了约 50 万字的读书笔记，这也是这本书重要的创作源泉。

感谢伟大导师巴菲特和芒格先生。"我本可以忍受黑暗，如果我不曾见过太阳。"当我读到巴菲特和芒格的投资思想后，就如同遇到了生命里的一道光。关于投资的一切，已被巴菲特和芒格道尽。我们曾经或正在困惑的问题，巴芒二老早就给过标准答案。巴菲特和芒格的投资和人生智慧，教会了我如何做人，如何生活，如何处世，是我取之不尽，用之不竭的宝贵财富。

感谢前辈唐朝和杨天南老师。天南老师译有《巴菲特致股东的信》《巴菲特之道》等多部投资经典，他的一句"让那些照亮过我们的，去照亮更多人"，成了我翻译、写作、分享的重要动力。唐朝老师著有《巴芒演义》《投资研习录》等多部作品，他对价值投资的透彻理解、对巴芒掌故的信手拈来、对企业分析的深入研究，无一不是我学习的榜样。

感谢著名画家、北京师范大学范治斌老师，为本书封面精心创作了巴菲特和芒格的水墨肖像，透过挥洒自如的笔墨，巴芒生动的形象跃然纸上，与中国风完美融合。我本人热爱中国传统文化，在写作中也引用了一些古典诗词与传统典籍，这种相得益彰是投资类书籍"独一份"的存在。

感谢武汉大学吴思老师、中南财经政法大学文豪老师、《巴伦周刊》彭韧老师、厚恩投资张延昆老师等为本书撰写书评和推荐序，既是对作品的肯定，也为本书增加了不同视角的客观专业评价。

感谢机械工业出版社的编辑老师。正是在出版社老师的鼓励和支持下，我才先后翻译出版了《巴菲特的嘉年华》《比尔·米勒投资之道》《超越巴菲特的伯克希尔》等三本著作。如今，我又迎来了自己的第四本书，也是我写作的第一本书，完成了从译者到作者的身份转变。在可以预见的未来，我期待有更多的精彩作品出炉。

感谢广大读者朋友们！若不是数以万计的读者陪伴着我，很难想象我会持续地创作和输出。大家的每一句肯定、每一声赞美，都是我不断精进、永不止步的重要动力。还记得《超越巴菲特的伯克希尔》上架不到 2 小时，2000 本签名版就告售罄，这让我收获了满满的成就感。作为译者和作者，大家爱看我的书，就是对我最大的认可和褒奖。

感谢我的家人们！无论是以前我从金融监管部门离职，还是现在我选择以投资为业，家人们都给予了无条件的尊重与支持。你们永远是我安放心灵的栖息地、克服困境的避风港、人生成长的加油站。此外，还要感谢我的公司同事和合作伙伴，大家对我的信任，就是我肩上沉甸甸的责任。我一定会恪尽职守，不负所托。

回望过去，我们携手并肩，一起走过。展望未来，愿我们继续结伴前行。尽管还会遇到艰难险阻、惊涛骇浪，但我坚信，有价值投资的智慧之光照耀，我们终究会柳暗花明、繁花似锦。

推荐阅读

序号	中文书名	定价
1	股市趋势技术分析（原书第11版）	198
2	沃伦·巴菲特：终极金钱心智	79
3	超越巴菲特的伯克希尔：股神企业帝国的过去与未来	119
4	不为人知的金融怪杰	108
5	比尔·米勒投资之道	80
6	巴菲特的嘉年华：伯克希尔股东大会的故事	79
7	巴菲特之道（原书第3版）（典藏版）	79
8	短线交易秘诀（典藏版）	80
9	巴菲特的伯克希尔崛起：从1亿到10亿美金的历程	79
10	巴菲特的投资组合（典藏版）	59
11	短线狙击手：高胜率短线交易秘诀	79
12	格雷厄姆成长股投资策略	69
13	行为投资原则	69
14	趋势跟踪（原书第5版）	159
15	格雷厄姆精选集：演说、文章及纽约金融学院讲义实录	69
16	与天为敌：一部人类风险探索史（典藏版）	89
17	漫步华尔街（原书第13版）	99
18	大钱细思：优秀投资者如何思考和决断	89
19	投资策略实战分析（原书第4版·典藏版）	159
20	巴菲特的第一桶金	79
21	成长股获利之道	89
22	交易心理分析2.0：从交易训练到流程设计	99
23	金融交易圣经II：交易心智修炼	49
24	经典技术分析（原书第3版）（下）	89
25	经典技术分析（原书第3版）（上）	89
26	大熊市启示录：百年金融史中的超级恐慌与机会（原书第4版）	80
27	敢于梦想：Tiger21创始人写给创业者的40堂必修课	79
28	行为金融与投资心理学（原书第7版）	79
29	蜡烛图方法：从入门到精通（原书第2版）	60
30	期货狙击手：交易赢家的21周操盘手记	80
31	投资交易心理分析（典藏版）	69
32	有效资产管理（典藏版）	59
33	客户的游艇在哪里：华尔街奇谈（典藏版）	39
34	跨市场交易策略（典藏版）	69
35	对冲基金怪杰（典藏版）	80
36	专业投机原理（典藏版）	99
37	价值投资的秘密：小投资者战胜基金经理的长线方法	49
38	投资思想史（典藏版）	99
39	金融交易圣经：发现你的赚钱天才	69
40	证券混沌操作法：股票、期货及外汇交易的低风险获利指南（典藏版）	59
41	通向成功的交易心理学	79

推荐阅读

序号	中文书名	定价
42	击败庄家：21点的有利策略	59
43	查理·芒格的智慧：投资的格栅理论（原书第2版·纪念版）	79
44	彼得·林奇的成功投资（典藏版）	80
45	彼得·林奇教你理财（典藏版）	79
46	战胜华尔街(典藏版)	80
47	投资的原则	69
48	股票投资的24堂必修课（典藏版）	45
49	蜡烛图精解:股票和期货交易的永恒技术（典藏版）	88
50	在股市大崩溃前抛出的人：巴鲁克自传（典藏版）	69
51	约翰·聂夫的成功投资（典藏版）	69
52	投资者的未来（典藏版）	80
53	沃伦·巴菲特如是说	59
54	笑傲股市（原书第4版.典藏版）	99
55	金钱传奇：科斯托拉尼的投资哲学	69
56	证券投资课	59
57	巴菲特致股东的信：投资者和公司高管教程（原书第4版）	128
58	金融怪杰：华尔街的顶级交易员（典藏版）	80
59	日本蜡烛图技术新解（典藏版）	60
60	市场真相：看不见的手与脱缰的马	69
61	积极型资产配置指南：经济周期分析与六阶段投资时钟	69
62	麦克米伦谈期权（原书第2版）	120
63	短线大师：斯坦哈特回忆录	79
64	日本蜡烛图交易技术分析	129
65	赌神数学家：战胜拉斯维加斯和金融市场的财富公式	59
66	华尔街之舞：图解金融市场的周期与趋势	69
67	哈利·布朗的永久投资组合：无惧市场波动的不败投资法	69
68	憨夺型投资者	59
69	高胜算操盘：成功交易员完全教程	69
70	以交易为生（原书第2版）	99
71	证券投资心理学	59
72	技术分析与股市盈利预测：技术分析科学之父沙巴克经典教程	80
73	机械式交易系统：原理、构建与实战	80
74	交易择时技术分析：RSI、波浪理论、斐波纳契预测及复合指标的综合运用（原书第2版）	59
75	交易圣经	89
76	证券投机的艺术	59
77	择时与选股	45
78	技术分析（原书第5版）	100
79	缺口技术分析：让缺口变为股票的盈利	59
80	预期投资：未来投资机会分析与估值方法	79
81	超级强势股：如何投资小盘价值成长股（重译典藏版）	79
82	实证技术分析	75
83	期权投资策略（原书第5版）	169
84	赢得输家的游戏：精英投资者如何击败市场（原书第6版）	45
85	走进我的交易室	55
86	黄金屋：宏观对冲基金顶尖交易者的掘金之道（增订版）	69
87	马丁·惠特曼的价值投资方法：回归基本面	49
88	期权入门与精通：投机获利与风险管理（原书第3版）	89
89	以交易为生II：卖出的艺术（珍藏版）	129
90	逆向投资策略	59
91	向格雷厄姆学思考，向巴菲特学投资	38
92	向最伟大的股票作手学习	36
93	超级金钱（珍藏版）	79
94	股市心理博弈（珍藏版）	78
95	通向财务自由之路（珍藏版）	89

巴芒投资学

分类	译者	书号	书名	定价
坎宁安作品	王冠亚	978-7-111-73935-7	超越巴菲特的伯克希尔：股神企业帝国的过去与未来	119元
	杨天南	978-7-111-59210-5	巴菲特致股东的信：投资者和公司高管教程（原书第4版）	128元
	王冠亚	978-7-111-67124-4	巴菲特的嘉年华：伯克希尔股东大会的故事	79元
哈格斯特朗作品	杨天南	978-7-111-74053-7	沃伦·巴菲特：终极金钱心智	79元
	杨天南	978-7-111-66880-0	巴菲特之道（原书第3版）	79元
	杨天南	978-7-111-66445-1	巴菲特的投资组合（典藏版）	59元
	郑磊	978-7-111-74897-7	查理·芒格的智慧：投资的格栅理论（原书第2版·纪念版）	79元
巴菲特投资案例集	杨天南	978-7-111-64043-1	巴菲特的第一桶金	79元
	杨天南	978-7-111-74154-1	巴菲特的伯克希尔崛起：从1亿到10亿美金的历程	79元